中国工程院院士

是国家设立的工程科学技术方面的最高学术称号，为终身荣誉。

中国工程院院士传记

栾恩杰传

航空工业出版社

人民出版社

内容提要

栾恩杰，我国自动控制技术和航天工程管理专家、中国工程院院士、国际宇航科学院院士，是中国月球探测工程首任总指挥。他参加或主持我国多个战略导弹型号和航天重大工程研制工作，在我国固体潜地战略导弹从无到有、陆基机动战略导弹系列化发展、我国深空探测新领域开辟、我国深空探测工程创立等方面，取得了一系列开拓性和创造性成果，为我国国防科技和航天事业发展作出了卓越贡献。本书讲述了栾恩杰的家世渊源，求学经历，从事型号研制、载人航天、深空探测等重大工程，首推航天白皮书等心系国防、立志航天、矢志拼搏的典型事迹，他学识渊博、技术精湛、治学严谨，具有深厚的爱党爱国情怀和崇高的品质，值得年轻一代的科技工作者学习。

本书可供从事航天事业的技术、管理人员阅读，也可供想了解航天、关注航天的读者参考。

图书在版编目（CIP）数据

栾恩杰传 / 本书编写组编；东玲执笔. -- 北京：航空工业出版社，2024. 12. --（中国工程院院士传记）.
ISBN 978-7-5165-3911-8

Ⅰ. K826.16

中国国家版本馆 CIP 数据核字第 2024RT8697 号

中国工程院院士传记　栾恩杰传
Zhongguo Gongchengyuan Yuanshi Zhuanji　Luan Enjie Zhuan

航空工业出版社出版发行
（北京市朝阳区京顺路 5 号曙光大厦 C 座四层　100028）
发行部电话：010-85672666　010-85672683　　读者服务热线：010-85672635
北京富泰印刷有限责任公司印刷　　全国各地新华书店经售
2024 年 12 月第 1 版　　2024 年 12 月第 1 次印刷
开本：710 × 1000　1/16　　字数：405 千字
印张：28　　插页：32　　定价：98.00 元

中国工程院院士　栾恩杰

1940 年 10 月，栾恩杰出生在温馨幸福的家庭。他是家中的长子，有四个弟弟。这是少年栾恩杰与父母和两个弟弟的合影

栾恩杰（前排居中）与四个弟弟生活在不同的城市，难得相聚，这是他近年来与弟弟们相聚一堂时的合影

1971 年 1 月，栾恩杰与王胜萍在广西桂林举办了简朴的婚礼，这是他与妻子的新婚合影

栾恩杰与妻子育有一儿一女，这是拍摄于 1980 年的全家福
（妻子王胜萍、女儿栾颖强、儿子栾旭曦）

2022 年春节，栾恩杰与家人合影（前排左起：妻子王胜萍、栾恩杰，后排左起：女婿尹健、女儿栾颖强、儿子栾旭曦、儿媳蒲洪波）

2009 年 4 月，栾恩杰与家人们（前排左起：外孙女尹德杉、妻子王胜萍、栾恩杰、孙女栾齐靓，后排左起：女儿栾颖强、儿子栾旭曦）

栾恩杰（中）与黄纬禄（左一）总师交流工作

1988年9月，“巨浪”潜地导弹经过十余年的研制，终于发射成功，时任“巨浪”潜地导弹型号任务行政总指挥的栾恩杰（左一）与“两总”们喜笑颜开

1989 年 9 月，原航天工业部张钧部长与栾恩杰（左）交谈

1989 年，栾恩杰（左五）出席型号定型会议时与“两总”代表们合影

1990年，型号工作总结会后，原国务委员兼国防部部长、中央军委原副秘书长张爱萍（左四）与栾恩杰（左五）等合影

1990年，发射“亚洲一号”卫星是国务院、中央军委确定的重点任务，栾恩杰担任“亚洲一号”卫星发射试验大队大队长。1990年4月，栾恩杰（左二）在西昌卫星发射中心

1990 年 4 月，“亚洲一号”卫星发射成功，栾恩杰（左）在政协礼堂向中宣部等八个部委介绍“亚洲一号”卫星发射情况

20 世纪 90 年代，中国和巴西联合研制中巴地球资源卫星。1994 年 4 月，栾恩杰（右一）陪同巴西外长等访华团成员参观卫星总装厂房

1996 年 9 月，栾恩杰（左一）作为航天工业总公司型号负责人，参加某型号首批装备订货签字仪式

1987 年、1992 年、1997 年，栾恩杰分别当选为中共第十三届、第十四届、第十五届中央候补委员，这是 1997 年 9 月出席中国共产党第十五次全国代表大会时的留影

1998年，国家航天局职能由航天工业总公司调整到新成立的国防科工委（国家航天局），栾恩杰局长（左）与首任局长刘纪原亲切握手

1999年10月，担任新中国成立50周年国庆阅兵装备领导小组副组长的栾恩杰（左三）与时任中国人民解放军总装备部、航天工业总公司领导在北京天安门城楼上出席国庆大典

栾恩杰（左三）在基地指导某型号试验

1999 年 7 月，栾恩杰作为中国政府代表团团长，率团出席在奥地利举行的第三次联合国探索及和平利用外层空间会议并发言

2000 年 11 月，全国政协副主席、
中国工程院院长宋健与栾恩杰（前排居中）交流

2001 年 8 月，栾恩杰（右）前往海南文昌调研新火箭发射场选址

改革开放以来，中国和欧洲开展的空间合作取得了良好进展。2001 年 8 月，栾恩杰（左五）参观欧洲空间局

2002 年 8 月，栾恩杰（左五）会见俄罗斯航空航天局局长高普切夫（左四）一行

探月工程是国家航天局牵头组织的一项重要工作。2003 年 2 月，栾恩杰在探月工程筹备会上作报告

2003 年 10 月，担任载人航天工程任务副总指挥的栾恩杰在“神舟五号”发射命令书上签字

2003 年 10 月，“神舟五号”发射成功，时任国防科工委主任张云川（左三）、副主任兼国家航天局局长栾恩杰（左一）在“神舟五号”载人飞船返回舱搭载物品交接仪式前与航天员合影

2003 年、2008 年，栾恩杰当选为中国人民政协第十届、第十一届政协常务委员，被任命为中国人民政协第十一届全国委员会教科文卫体委员会副主任。他在加强科技资源投入的顶层设计和宏观调控、制定科技资源共享法规、成立科技资源共享管理机构、完善大型科学仪器协作共享机制等方面，积极向国家建言献策。这是他于 2004 年 3 月在第九届全国政协二次会议大会上发言

2004年1月,探月工程获得国务院立项,栾恩杰担任探月工程首期总指挥。2006年,栾恩杰（左）与孙家栋总设计师在“嫦娥一号”总装厂房检查工作

2006年，原国防科工委主任刘积斌（左四）赴专家咨询委调研，与原国防科工委班子成员合影（左三为栾恩杰）

栾恩杰（居中）对哈工大充满深厚的感情，对母校的航天技术研究给予了指导。这是他于2006年4月在哈工大深圳研究生院作《中国航天发展及探月工程》讲座后留影

经过4年艰苦细致且富有成效的研制工作，“嫦娥一号”准备进场开展卫星发射工作。2007年8月，栾恩杰（右五）出席“嫦娥一号”试验队出征仪式

2007年10月，在西昌卫星发射中心召开发射“嫦娥一号”卫星指挥部会议，这是栾恩杰（前排居中）在会议上讲话

2007年10月，“嫦娥一号”卫星发射圆满成功，这是栾恩杰（右）在西昌指挥大厅的情景

2007 年 10 月，“嫦娥一号”卫星发射成功后，栾恩杰激动万分，满怀成功的喜悦

2007 年 12 月，香港理工大学授予栾恩杰荣誉工程学博士学位，以表彰他在航天领域的杰出成就及对社会的卓越贡献。这是他在荣誉博士学位颁授仪式上留影

2008 年 3 月，栾恩杰（右）与叶培建院士参加十一届政协一次会议

2008 年 11 月，“嫦娥一号”卫星拍摄的全月球影像图正式发布。这是栾恩杰在讲解“嫦娥一号”获取的全月影像图的情景

2009 年 9 月，栾恩杰（右）当选为中国工程院院士，这是他接受徐匡迪院长颁发院士证书时的情景

2010 年 9 月，“嫦娥二号”卫星进场，栾恩杰（左）在西昌卫星中心发射“嫦娥二号”卫星前与国防科工局陈求发局长讨论问题

栾恩杰担任中国遥感应用协会第四届理事长，2011年8月在协会年会暨高分专项区域应用交流会上讲话

2013年3月，俞正声主席向栾恩杰（左）颁发第十一届全国政协常委纪念牌

鉴于栾恩杰（中）在中国月球探测工程中取得的突出科学成就，国际天文学联合会决定将编号第102536号小行星命名为“栾恩杰星”。这是2015年2月在命名仪式上的情景

2016年11月，中国最大推力新一代运载火箭“长征五号”在海南文昌航天发射场点火升空。这是栾恩杰在发射场接受媒体采访

2019 年 12 月，“思源人工智能科学与技术协同创新联盟”成立，栾恩杰在成立大会暨首届理事会上讲话

2020 年 12 月，80 岁的栾恩杰冒着严寒亲自前往四子王旗接“嫦娥五号”回家，兑现“待到四子王旗会，工程大计好收官”的庄严承诺

近年来，栾恩杰担任中国首次火星探测“天问一号”工程任务专家顾问组组长，2021 年 6 月，他出席了火星图像发布仪式

党中央于 2021 年颁发“光荣在党 50 年”纪念章，栾恩杰（左三）于同年 6 月在国防科技工业局授予仪式上留影

《吾家吾国》是中央广播电视总台推出的一档针对国之大家的挖掘式纪实采访节目，其第三集《栾恩杰》在中央电视新闻频道播出。这是2021年9月栾恩杰接受央视节目主持人采访时的情景

中国工程院院士传记系列丛书

本书编写工作组

成　员：韩大明　朱　毅　林　丽　李啸龙
吴运秋　方忆平　吴　锋　张海峰
吴　勤　东　玲　王庆国　屈昌海
解欣洁

总　序

20世纪是中华民族千载难逢的伟大时代。千百万先烈前贤用鲜血和生命争得了百年巨变、民族复兴，推翻了帝制，肇始了共和，击败了外侮，建立了新中国，独立于世界，赢得了尊严，不再受辱。改革开放，经济腾飞，科教兴国，生产力大发展，告别了饥寒，实现了小康。工业化雷鸣电掣,现代化指日可待。巨潮洪流,不容阻抑。

忆百年前之清末，从慈禧太后到满朝文武开始感到科学技术的重要，办“洋务”，派留学，改教育。但时机瞬逝，清廷被辛亥革命推翻。五四运动，民情激昂，吁求“德、赛”升堂，民主治国，科教兴邦。接踵而来的，是国民大革命、10年内战、14年抗日和解放战争。恃科学救国的青年学子,负笈留学或寒窗苦读,多数未遇机会,辜负了碧血丹心。

1928年6月9日，蔡元培主持建立了中国近代第一个国立综合性科研机构——中央研究院，设理化实业研究所、地质研究所、社会科学研究所和观象台四个研究机构，标志着国家建制科研机构的诞生。20年后，1948年3月26日遴选出81位院士（理工53位，人文28位），几乎都是20世纪初留学海外、卓有成就的科学家。

中国科技事业的大发展是在新中国成立以后。1949年11月1日成立了中国科学院，郭沫若任院长。1950—1960年有2500多名留学海外的科学家、工程师回到祖国，成为大规模发展中国科技事业的第一批领导骨干。国家按计划向苏联、东欧各国派遣1.8万各类科技人员留学，全都按期回国，成为建立科研和现代工业的骨干力量。

高等学校从新中国成立初期的200所增加到600多所，年招生增至28万人。到21世纪初，高等学校2263所，年招生600多万人，科技人力总资源量超过5000万人，具有大学本科以上学历科技人才达1600万人，已接近最发达国家水平。

新中国成立60多年来，从一穷二白成长为科技大国。年产钢铁从1949年的15万吨增加到2011年的粗钢6.8亿吨、钢材8.8亿吨，几乎是8个最发达国家（G8）总年产量的2倍。水泥年产20亿吨，超过全世界其他国家总产量。中国已是粮、棉、肉、蛋、水产、化肥等第一生产大国,保障了13亿多人口的食品和穿衣安全。制造业、土木、水利、电力、交通、运输、电子通信、超级计算机等领域正迅速逼近世界前沿。“两弹一星”、高峡平湖、南水北调、高公高铁、航空航天等伟大工程的成功实施，无可争议地表明了中国科技事业的进步。

党的十一届三中全会以后，实行改革开放，全国工作转向以经济建设为中心。加速实现工业化是当务之急。大规模社会性基础建设，大科学工程、国防工程等是工业化社会的命脉，是数十年、上百年才能完成的任务。中国科学院张光斗、王大珩、师昌绪、张维、侯祥麟、罗沛霖等学部委员（院士）认为，为了顺利完成中华民族这项历史性任务，必须提高工程科学的地位，加速培养更多的工程科技人才。中国科学院原设的技术科学部已不能满足工程科学发展的时代需要。他们于1992年致书党中央、国务院，建议建立“中国工程科学技术院”，选举那些在工程科学中做出重大的、创造性成就和贡献、热爱祖国、学风正派的科学家和工程师为院士，授予终身荣誉，赋予科研和建设任务，请他们指导学科发展，培养人才，对国家重大工程科学问题提出咨询建议。中央接受了他们的建议，于1993年决定建立中国工程院，聘请30名中国科学院院士和遴选66名院士共96名为中国工程院首批院士。于1994年6月3日，召开了中国工程院成立大会，选举朱光亚院士为首任院长。中国工程院成立后，全体院士紧密团结全国工程科技界共同奋斗，在各条战线上都发挥了重要作用，作出了新的贡献。

中国的现代科技事业比欧美落后了200年。虽然在20世纪有了巨大进步，但与发达国家相比，还有较大差距。祖国的工业化、现代化建设，任重道远，还需要有数代人的持续奋斗才能完成。况且，世界在进步，科学无止境，社会无终态。欲把中国建设成科技强国，屹立于世界，必须持续培养造就数代以千万计的优秀科学家和工程师，服膺接力，担当使命，开拓创新，更立新功。

中国工程院决定组织出版“中国工程院院士传记”丛书，以记录他们对祖国和社会的丰功伟绩，传承他们治学为人的高尚品德、开拓创新的科学精神。他们是科技战线的功臣，民族振兴的脊梁。我们相信，这套传记的出版，能为史书增添新章，成为史乘中宝贵的科学财富，俾后人传承前贤筚路蓝缕的创业勇气、魄力和为国家、人民舍身奋斗的奉献精神。这就是中国前进的路。

宋健

2012年6月

序

航天事业辉映历史，航天精神彪炳千秋。航天作为当今世界最具挑战性和广泛带动性的高科技领域之一，是国家综合实力和大国地位的重要体现。中国航天事业创建60多年来，在党中央、国务院、中央军委的坚强领导下，走出了一条自力更生、自主创新的中国特色发展之路，开创了“两弹一星”、载人航天、探月工程等三大里程碑为代表的一系列辉煌成就，为维护国家安全、推动科学技术进步、服务经济社会发展、促进人类文明进步作出了重要贡献。

中国航天在取得令世界瞩目的伟大成就的同时，造就了一批技术、管理精湛的航天专家。我国著名导弹控制和航天工程管理专家栾恩杰院士是其中的杰出代表。栾恩杰学识渊博、技术过硬、治学严谨、待人诚恳、品德高尚，具有赤诚奉献的品质和智慧，勇于探索和沉着果断决策的魄力，以及高超的系统工程管理能力，他在航天三个里程碑的指挥及组织实施中发挥了重要作用，作出了卓越贡献。

栾恩杰院士把对党、对祖国的深爱与所从事的事业结合起来，把航天的发展与国家的安危、人民的幸福密切联系起来，以高度的事业心和责任感忘我地工作，堪称航天人的楷模，是我们学习的典范。向栾恩杰院士及献身航天事业的工作者们致敬！

前言

浩瀚星空，看嫦娥揽月。逐梦苍穹，展大国风采。60多年来，中国航天事业取得了举世瞩目的巨大成就，形成了独具特色的航天工程管理体制，造就了一支技术精湛、作风优良的航天人才队伍，形成了具有鲜明时代特征的航天精神。一代又一代航天人无私奉献、忠诚担当，奠定了中国航天事业的基石，筑起了捍卫祖国和平的钢铁长城，实现了中华民族的飞天梦想。

老一辈科学家、工程管理专家在国家重大工程中担当重任，他们既懂技术、又懂管理，以高度的责任心、渊博的学识、丰富的经验，以及极具创造力的工程管理、组织、领导和协调能力，完成了一系列国家重大工程，推动中国成功跻身于世界航天强国前列。

航天梦想写传奇，星辰大海引路人。栾恩杰院士作为我国航天事业的重要参与者、组织者、开创者，长期从事航天领域的科技发展和型号任务、重大工程的实践，是我国航天和国防事业人才队伍的杰出代表,他的科研生涯和工程经历,是我国航天事业的历史缩影。他是“巨浪”潜地导弹和陆基机动战略导弹总指挥，参与了我国潜地固体弹道导弹和陆基机动战略导弹工程的研制。

满怀着对航天的无比热爱，志在一生“耕天”的栾恩杰提出了“大航天”的概念，倡导并组织完成了我国首部航天白皮书《中国的航天》，这在国际上被誉为“首次揭开了中国航天神秘的面纱”。作为我国探月工程首任总指挥，栾恩杰领导了这项工程从立项论证到组织实施的全过程。“待到四子王旗会，工程大计好收官”。2020年

12 月，我国探月工程完成“绕、落、回”工程目标。栾恩杰在“嫦娥五号”返回的落区时记者提问：“此时此刻你最想说的话是什么？”他回答说：“从心底，我最想呼喊的是‘祖国万岁’！”

爱党爱国、矢志奋斗的栾恩杰满怀对马克思主义的坚定信仰，从一名有志青年成长为我国重点型号工程总指挥、月球探测工程总指挥和我国著名导弹自动控制技术、航天工程管理专家，把对党忠诚的基因镌刻进守初心、担使命的报国实践中。栾恩杰的故事充分展现了中国共产党人在现代化建设的伟大征程中谱写的光荣与梦想。

一代人有一代人的责任和抱负，一代人有一代人的使命与担当。我们党领导中国革命、建设和改革的历史，就是一部时代革命史、创业史、奋斗史，就是一部培育和弘扬优良传统的历史。今天我们编撰此书，共同回顾栾恩杰为航天和国防事业拼搏奉献的历程，就是要深刻铭记党的光辉历程，学习传承党铸就的伟大精神，感悟并践行党始终不渝为人民的初心宗旨。

近年来，“嫦娥”揽月、“天问”探火、“羲和”逐日、空间站巡天……中国航天巡天探宇、逐梦苍穹。“探索浩瀚宇宙，发展航天事业，建设航天强国，是我们不懈追求的航天梦。”习近平总书记的指示是我们每一位航天人的奋斗使命，任重道远、赓续奋斗，奋力谱写航天强国建设新的篇章。愿成功永远伴随着每一位奋斗者！

目 录

引　子

2021年2月22日上午，中共中央总书记、国家主席、中央军委主席习近平在北京人民大会堂会见探月工程“嫦娥五号”任务参研参试人员代表并参观月球样品和探月工程成果展览。

10时许，人民大会堂北大厅气氛喜庆热烈。习近平等党和国家领导同志步入会场，向探月工程“嫦娥五号”任务参研参试人员代表挥手致意，全场响起经久不息的掌声。在合影环节，有两位老人分别坐在习近平总书记两侧，左侧是月球探测工程首任总设计师孙家栋院士，右侧就是月球探测工程首任总指挥栾恩杰院士。

会见结束后，栾恩杰对媒体说：“被习总书记接见，是我这辈子最感动、最受鼓舞的事情，特别是中央把孙家栋和我请到总书记两边坐，对我来说是从来没有过的礼遇，这是比得到什么奖章都重大的荣誉。我感到特别骄傲和荣幸，作为潜地导弹总指挥，经历了我国首创的‘巨浪’潜地导弹、一弹两用的‘陆基机动战略导弹’的成功，壮我国防；作为载人航天副总指挥，参与了首次载人航天成功的全过程，亲见杨利伟遨游苍穹；作为月球探测工程总指挥，指挥‘嫦娥’月球舒袖，逐梦星辰。我亲自参加了航天的这三个里程碑，有幸见证了祖国航天事业的发展和壮大。我感到特别自豪，在国家重要的行业做我喜欢的事业，党和国家又给我施展才能的舞台。我感到特别自豪，参加过祖国航天的很多首次任务。作为我国第一个外星（国际卫星）发射服务的大队长，圆满完成‘亚洲一号’卫星发射任务；参加了我国最大的‘长征五号’火箭首次发射；还有很多个首次，都让我记忆犹新。”

栾恩杰生在旧社会、长在红旗下。他说，一路走来，他做人的品格是在党的领导下逐步养成的，他的本领是在党的培养下获得的，工作业绩是在党的关怀下取得的，他获得的所有知识、工作机会、平台都是党给的。没有共产党就没有这一切，新中国改变了祖国的面貌，也改变了他家庭的命运。正是因为祖国的需要、党组织的信任，给他创造了为国报效的机会。党中央、国务院、中央军委赋予了航天人重任，这是对航天人工作的认可、褒奖、鼓励和鞭策，航天人没有辜负党和祖国的重托。而今，被国家领导人接见，代表的是中国航天人，代表的是敢打硬仗的团队，这是祖国的光荣、人民的骄傲，他永远感谢党和国家的恩情，永远感谢并肩作战的同志们的支持、鼓励和帮助。

回忆起被国家领导人接见的这激动人心的一刻，看到与习近平总书记的合影，这位可敬可爱的老人心潮起伏，心中泛起了涟漪，往事历历在目……

第一章

白山黑水出俊杰

在中国传统文化中，家庭是社会的基本单元。中国家庭提倡“家和万事兴”，重视“齐家”是“治国”的基础。良好的家庭环境在人的成长过程中起到了关键作用。栾恩杰具有的与人为善、品学兼优、聪慧睿智、精益求精等优秀品质与良好的家世渊源、家风家教息息相关。

一、家在东北，时世维艰

栾恩杰是地地道道的东北人。

山环水绕、沃野千里的中国东北地区是中国的一个地理大区，也是我国重要的工业和农业基地，对维护国家国防、粮食、生态、能源、产业安全有着十分重要的战略地位。

由于东北地区具有特殊的地理位置和丰富的煤、铁、石油等资源及粮食产量高等特点，在近现代一直是各方争夺的战略要地。1928 年 6 月 4 日，日本关东军制造“皇姑屯事件”。1931 年 9 月 18 日，关东军又制造“柳条湖事件”，并以此为借口炮击东北军大营，发动了“九一八”事变，占领了东三省，东北 3000 多万同胞饱受痛苦。英勇顽强的中国人民开始了长达 14 年的抗日战争。

1940 年 10 月 25 日，东北寒风萧瑟，天气日益寒冷，吉林省白城子（今“白城”）一户普通的栾姓满族之家，一个男孩“呱呱”坠地，作为栾家老三（父亲排行老三）家中的第一个孩子，他的出生给全家带来了无尽的欢乐和喜悦。这个孩子就是栾恩杰。

栾家籍贯是辽宁省沈阳市双楼子村，后来举家迁往黑龙江省齐齐哈尔市，无论是籍贯、出生地还是成长地都在东北，他跟别人说起来时总会说“我的家在东北”。

如今的吉林白城

栾恩杰出生的年代，东北还处于伪满时期，人们在日寇的铁蹄蹂躏下生活艰难、民不聊生，栾恩杰家也受到过严重伤害，他二伯父曾被日本人抓去服过劳役，他听家中老人说起过那段被奴役的悲苦的生活。

栾恩杰说：

“我1940年出生，生在旧社会。那时候确实是亡国奴，日本鬼子离战败还有5年，正是它要侵占中国野心最大的时候，对东北的压迫也最残酷。我记得在日本统治时期，中国人是不能吃细粮的。东北大米最好，但是东北人却吃不上东北的大米。收割后，颗粒完整的大米装在草编的袋子里面要运到日本去。如果发现中国人吃了细粮，就犯了经济罪了，就要受到惩罚，所以我们都吃粗粮。我生下来本来就小，吃粗粮不好消化，我妈妈就把粗粮嚼碎了喂我，那个时候穷人家家如此。

“因为我是男孩，而且是老大，家里人都特别高兴。那时候家里有爷爷、奶奶、姑姑、大爷、爸爸、妈妈，6个大人养我一个孩子，我属于‘娇生惯养’长大的，虽然家里经济条件并不好，但是在有限的条件下家里人都尽可能满足我的‘要求’。比如说，我看外面卖‘甜杆儿’，这种植物长得像高粱杆儿似的，但是杆儿是甜的，可以嚼着吃，像南方人吃甘蔗一样，东北人叫‘甜杆儿’。我愿意吃，就跟奶奶说要买‘甜杆儿’，奶奶马上就给我买了一捆。我扛着走，奶奶在后面跟着。我很幸运，在生活困苦的年代，家里大人们就护着我一个。我还有一个妹妹，她得了痨病。我妈妈知道日本医院里有盘尼西林（青霉素），一针就可以治好。但是，听我妈妈说，一袋面才能换一针，家里买不起。所以我妹妹在妈妈怀里夭折了，在那个年代穷人治不起病。”

二、祖父秀才，私塾先生

东北地区的“白山黑水”是满族的发祥地，辽宁省沈阳市近郊双楼村一带曾为辽金故地。双楼村为一大村，村内栾姓为众。双楼村之东大院，是嫡支中较大一户，曾在清朝出过一位举人。栾恩杰的先祖世代生活在这里，他的父亲也出生于此。栾恩杰曾在纪念父亲百年诞辰的《百年赋》中写道：“吾祖不意双楼畴亩之承，爽弃东室黄甲之荣。”

祖父栾国汉（1866—1941）重视文化传习，耕读传家，并考中秀才。栾恩杰在总结家风时写道“吾祖传继以孝治家、以志立身、以技立业、以诚立风”[①]。20世纪初，因生活艰难，在国家处于半封建半殖民地社会、国人思索救国救民出路时，栾国汉举家北迁吉林洮南[②]，在交通工具不发达的民国初年，跋涉数百公里，一路辗转迁移，最终落脚于吉林白城。

① 摘引栾恩杰与弟弟撰写的《同气连枝》散文集。
② 洮南，吉林省西北部城市，是东三省与内蒙古东部交界的中心。

栾国汉 1892 年成婚。他的妻子（1872—1957）是姚姓满族人。栾恩杰听姑母说，祖母娘家要比祖父家富裕。解放前，妇女嫁人后一般随夫姓，加上自己娘家的姓，后面冠以“氏”。1957 年祖母去世的时候，其墓碑上有“先妣：栾姚氏”字样。

栾国汉出生的年代是清同治中兴后期，由于社会稳定，家境相对宽裕，他受到了良好的教育。他与当时的其他知识分子一样喜欢读、评《红楼梦》，正所谓“开谈不说红楼梦，读尽诗书亦枉然”[①]。他没有按家谱“景”字辈排序为儿女起名，而是借用《红楼梦》“谐音寓意”之法，模仿书中贾雨村、贾宝玉、作者曹雪芹的名字为儿女起名，他的三子一女分别叫栾雨村、栾宝村、栾福村、栾雪芹。1940 年，栾恩杰出生后，他给心爱的孙子起名时又回归家谱“恩”字辈排序。2010 年重阳节前后，栾恩杰四弟栾新智、五弟栾新慧从广西柳州赴沈阳双楼村的辽金故地察祖之源迹，访族嫡本姓，寻根溯源，获“国景恩”排辈血传[②]，为续写父母百年传承积累了珍贵素材。

中国古代直至民国时期，官学招收的学生较少，私塾在 2000 余年延绵不衰。担任私塾先生的或者是秀才，或者是其他类型的读书人。私塾学生以十二三岁以下的居多，课程主要是《三字经》《百家姓》《千字文》以及“四书五经”。私塾的教学方法比较简单，学生先熟读背诵课文，然后由先生逐句讲解。除读书背诵外，还有习字课。栾国汉就是这样一位私塾先生，栾恩杰曾写过：“吾祖胸有成墨，精读朱子，家塾弟子满厅[③]。”他博学多才，与人为善，写一手好字，逢年过节的时候，乡邻上门求写门联或春联，他总是有求必应，热心助人，深受乡邻们的爱戴。

栾恩杰的祖父在 1941 年生病去世。老人们曾说，在老家北屋南墙上方曾挂过祖父的照片，照片上的他身穿十三太保纽扣的绸褂，

① 相关内容参考、引用栾新民《爷爷痴迷红楼梦——灯下随笔》。
② 摘自栾恩杰与弟弟撰写的《同气连枝》散文集。
③ 栾恩杰在 2011 年为父亲栾福村百年诞辰写的《百年赋》中的语句。

五官端正，稍瘦的脸颊，留着八字胡须，看上去慈祥中透着威严。

栾家曾经有家谱，少年时的栾恩杰曾经见过。那是一本带卷轴、拉伸起来像手风琴一样、上面写有家族世系繁衍和重要人物事迹的旧式家谱，很可惜在“文革”“破四旧”中被烧毁了。

三、祖母勤劳，宠爱孙辈

旧中国，一家几代人生活在一起，家族长者往往具有一言九鼎的威严，栾恩杰的祖母栾姚氏在家里就是如此。栾恩杰回忆说，祖母很像红楼梦里面的贾母，很有大家庭家长的威严。她平时不爱说话，也不常干预家务事，但一旦发话，家里所有人都言听计从。

自古以来都有隔辈亲的说法，祖辈与孙辈具有天然的亲情。栾恩杰是家中的长子，与二弟相差6岁，从祖母和家人那里更早享受到了宠爱和呵护。

祖母总是护着年幼的栾恩杰，不许家里其他人说他。他调皮淘气时，母亲想要批评他几句，祖母都不让。幼时的他只要出去玩儿，祖母一定会让家里人跟着，或者是他母亲，或者是姑母，或者是二伯父，总之必须有一个大人陪伴在侧，怕在外面丢了，怕被别人欺负，怕“拍花”[①]。栾恩杰每当往外跑时，听到祖母说外面有“拍花”的就不敢出去了。

水果在当时物质匮乏、生活困难的年代属于“奢侈品”。有一次，父亲给祖母买了苹果，年幼的他放学回来看到了有些眼馋，祖母心疼他，把苹果让给他吃。父亲回来之后知道了此事，操起棍子

① 意为担心被人贩子拐卖。

想要教训他，但年迈的祖母坚决不让，父亲只好作罢。

祖母不爱说话，栾恩杰总是在祖母面前说个没完，而祖母总是慈爱地看着他、笑着听他说话。勤劳的祖母身边总是有一个装有针线和其他缝纫工具的金属盒，他放学回来就喜欢趴在祖母旁边，或者躺在她怀里，捏着已经80多岁的祖母枯瘦的手，说“做个长城吧”①，就从手上到胳膊上开始往上捏，祖母默默地任由栾恩杰用她胳膊玩耍。祖母辛劳一辈子，终日的劳作导致她严重驼背，她身不离针线包、总是劳作的身影，她佝偻着身子陪他出去买“甜杆儿”的样子，永远铭刻在栾恩杰的记忆中。

栾恩杰在祖母宠爱的氛围里长大，他更懂得祖辈的爱在孩子成长过程中的重要意义。多年后，当他有了自己的孙女、外孙女时，也一样宠着、护着。无论是因为学习还是其他原因，只要家里人一责怪她们，他就把她们带走。他说，这其实是受到祖母的影响。

1957年1月，栾恩杰的祖母在齐齐哈尔去世，终年84岁，也算是高寿老人。1964年1月1日，他在哈工大复习《仪器零件及结构》功课时，曾在书上写了一段回忆祖母的文字。20世纪70年代的一天，栾恩杰在家中翻出了这本书，看到了书的尾页上写下的怀念祖母的五行字，不禁潸然泪下，心中充盈着对祖母的回忆。

四、父母姑伯，受亡国苦

旧中国的东北，人们生活在水深火热之中，生活困苦不堪，即便是私塾先生之家，生计也难以维持。

① 过去的一种游戏，一个人用两只手交替在另一个人胳膊上捏，所谓搭长城，并计数，直至捏到肩膀，再往下循环捏。

由于家境困难，栾恩杰的大伯父栾雨村（1898 年出生）刚上学不久就退学了，结婚后生活在农村。1950 年，抗美援朝开始的时候，大伯父的二儿子从吉林农村到齐齐哈尔建华厂工作，生产枪炮子弹支援抗美援朝，此间到过栾恩杰家，栾恩杰叫他二哥。后来二哥先是到四川等地的“大三线”，又随着工厂调到葫芦岛、锦西山沟的“小三线”。1955 年，大伯父一家到齐齐哈尔看望过栾恩杰祖母，之后便失去了联系。后来跟大伯父一家建立联系是栾恩杰在二院当副院长期间，他被选为十三届中央候补委员，媒体发布中央委员会名单时，栾恩杰的名字赫然在列，其名字后面标注满族，被栾恩杰大伯父家的二哥看到了，当时大伯父已经不在了。二哥通过航天二院转给栾恩杰一封信，由此联系上了二哥。栾恩杰有一次出差到靶场，路过二哥工作生活的地方曾看望过他。2015 年 8 月，栾恩杰四弟栾新智专程赶赴黑龙江省讷河市拉哈镇看望大伯父的三女儿，还写了一首长诗，栾恩杰读后兴奋之余很是感动，并写了题为《家族的情怀》的诗歌以作和。

二伯父栾宝村（1909 年出生）没念过书。他在东北沦陷时期被日本人抓去做劳工，在日本人监工下种树，劳动地点在苗圃。听二伯父说小鬼子无休止地让他干活，受尽了被剥削、被奴役之苦。1945 年，苏联红军出兵中国东北，消灭了盘踞东北的日本关东军，受尽欺侮的二伯父身无分文地回到家中，因为年龄偏大，没有文化，只能从事体力工作，一生未婚，与三弟栾福村夫妇和侄子一起生活。

姑母栾雪芹（1919 年出生）也没念过书。她从小体弱多病，患有肺结核，当时被称为“痨病”，被当成绝症看待。她因为身体不好一直没有参加工作，也是一生未婚，与三哥栾福村和侄子一起生活。

父亲栾福村（1913 年出生）天资聪颖，“吾父幼学聪敏，格物箫史，应典师友皆诚”。[①] 家里尽全力供他读书，他一直读到公办中

① 摘自栾恩杰与弟弟撰写的《同气连枝》散文集。

学初中二年级，最终还是因家境困难而辍学。在旧社会，只要会读书、识字，就被认为有文化，能读到中学的程度，已属不易。

栾福村辍学后，学习火车驾驶技术，以他当时的学业基础，竟然不输日本人，以优异的成绩顺利考取驾驶本。“学铁骑，稳准可对红线路楬，掌技艺不输东洋匠人[①]”。他聪明、勤奋，技艺超群，很快就从司炉、副司机升为司机，在白城子铁路机务段开火车，驾驶技术娴熟。栾恩杰幼时常翻父亲阅过之书，多为日文机关车（火车头）机务原理。父亲一板一眼的生活态度，精益求精的技术水平，从一业而尽其力、取其精成其功的精神，使栾恩杰非常敬仰并深受影响。

栾恩杰的母亲叫吴淑贞。她虽然没有上过学，但是做事情却极为认真。她在解放后参加街道办的扫盲班，在学习上很下功夫，每天清早起来，一边做饭，一边“波、泼、摸、佛……”地念，白天忙完家务，晚上继续学习，很晚才休息。因为她坚持不懈地学习，而且记忆力好、学习能力强，很快就能看报、读信。她的三个兄弟都读过书，二弟毕业于医科大学，小弟吴振宇学习优秀，哈工大毕业后留学苏联列宁格勒大学空气动力系，她经常把小弟从苏联寄来的照片给孩子们看，并用小弟刻苦学习、立志报效祖国的故事鼓励栾恩杰。一直以来，留学苏联的小舅成为栾恩杰奋发学习的榜样。

五、白城解放，毅然向党

白城，位于吉林、黑龙江、内蒙古三省区交界处，坐拥松辽科尔沁，臂揽嫩江、洮儿河，颈带大小兴安岭，怀抱向海、莫莫格，

① 摘自栾恩杰与弟弟撰写的《同气连枝》散文集。

虽然拥有美丽的生态风光、富饶的自然资源，但是在解放前却属于伪满洲国，处于日寇的铁蹄下。栾恩杰从出生到 1946 年，与父母、祖父（在栾恩杰 1 岁时去世）、祖母、二伯父、姑母生活在这里。

当年白城街区的马路边建有一排排住宅，其中就有铁路居宅，铁路司机、司炉工等机务段的工作人员在这里居住，火车司机栾福村家与另外一家同住一个院里。

栾福村在白城子铁路机务段开火车，承担养家糊口的重任。当时东北人称司机为“大车”，栾恩杰听母亲说，父亲开火车既稳又熟练，在白城子很出名，被称为“栾大车”。他记得父亲领他去过白城铁路机务段，抱着他上过机车头，并且对父亲出乘（大车）的铁制工具箱及递送行车路况的记录纸有很深的印象。栾福村受尽亡国之苦，为保卫铁路设施，曾夜驾机车交付抗日民主联军，从此一生追随中国共产党。

1945 年 8 月 8 日，第二次世界大战进入最后阶段，苏联政府对日宣战，苏联红军 150 万人分十三路进入中国东北，东北抗日联军教导旅予以配合。8 月 13 日，苏军进占洮南、白城子。所到之处，日伪军政人员纷纷逃亡，日伪政权土崩瓦解。8 月 15 日，日本宣布无条件投降。至此，中国人民抗日战争宣告胜利，受日本侵略奴役 14 年之久的白城各族人民获得解放。苏联红军来到白城之日，当时不满 5 周岁的栾恩杰和家人看到街道上开来一辆辆载满苏联红军的汽车，把马路都排满了。栾恩杰至今还清晰地记得，东北人管苏联红军叫“少达子”（солдат）、当官的叫“卡比淡”（капитан）。小孩都知道戴船型帽子的是苏联士兵，戴大檐帽的是苏联军官。

栾恩杰回忆说：“我五六岁的时候，苏联红军进入东北，日本鬼子就跑了，共产党的民主联军解放了白城子。那时候传说日本鬼子在走之前要把铁路司机的家轰平，不给中国留下司机。我们家住平房，我爸爸是火车司机，听说日本鬼子要把这批铁路技术人员杀光，所以我们家就撤离了，我父亲没跟我们一起走，后来才知道，他投奔了共产党。当时，我爷爷已经不在了，我二伯父被抓去当劳工了，我奶奶、姑姑、妈妈带着我随人流跑，整个住宅区的人全都跑了，听说日本投降了才回来。小鬼子投降，中国人当家了，这个感觉我小时候就很强烈。”

日本投降后，东北三省的重要战略地位更为凸显，成为国共两党争夺的焦点。中共中央审时度势，于9月19日提出“向北发展，向南防御”的战略方针，决定成立以彭真为书记的中共中央东北局，向东北派出部队13万余人、干部2万余人。之后，中共中央又发出“建立巩固的东北根据地”的指示。1945年9月，东北局领导成员到沈阳后按照中央关于东北的战略方针，决定派一支部队和一些党政干部对西满地区的白城子一带进行接收。之后，东北局任命夏尚志（东北地区较早的党员和优秀领导之一）带领从关内老解放区来的50多名干部和冀热辽部队的部分兵力到达白城子。从1945年10月中旬到1946年底，夏尚志率部相继接收了白城子等地，并建立了政权机构和武装力量。1945年11月，中共嫩江地区工委书记刘锡五、嫩江省政府主席于毅夫到白城子，宣布成立中共嫩江省白城子地方委员会、嫩江省白城子专署、嫩江军区白城子军分区，任命夏尚志为军分区司令员①。

国共双方在东北激战。工人出身的栾福村家被接收白城子的共产党部队选为可以信赖的“堡垒户”②，司令员住到了栾恩杰家。司令员一家住在栾恩杰家南屋，栾恩杰一家住在北屋。司令员看到栾恩杰姑母比较年轻，提出有机会可以送栾恩杰姑母去延安读书、工作。祖母和家人怕患有痨病的姑母身体吃不消，没有同意。

① 参考大东北V网2017年11月1日文章。

② “堡垒户”是在抗日战争时期斗争环境极端残酷的情况下，觉悟群众舍生忘死、隐藏保护共产党干部和人民子弟兵的住房关系户，是保护和积蓄抗战力量的基地。

六、听党安排，家迁鹤城[1]

1945年10月下旬，为了贯彻中共中央的战略方针，山东主力、新四军主力、三五九旅等部队陆续调兵北上进入东北。

“八一五”光复后，日伪残余势力、国民党反动势力抢先控制齐齐哈尔，组成省、市“解放委员会”，以维持反动统治。他们纠集在一起，兴风作浪，到处制造混乱，危害人民。党中央和上级党组织派干部到齐齐哈尔建立新政权，发动群众开展了斗残敌、剿土匪，发展生产、参军支前工作，使齐齐哈尔市成为东北根据地西部战略中心。

1945年11月24日，齐齐哈尔市民主政府建立。刚刚取得抗日战争胜利的齐齐哈尔并不太平，国民党残匪密谋刺杀嫩江省人民政府主席于毅夫。12月24日24时，张达、信义等匪徒潜行到省长居室。居室是里外套间格局，省长于毅夫和财政厅厅长等人在里间，省政府秘书长马识途在外间。为了保护省长的安全，马识途说“我是省长”，特务冲他开了几枪，马识途光荣牺牲。新中国成立后，公安机关将张达、信义两名主犯逮捕归案并判处死刑。幼时的栾恩杰听说过这件事，对新中国的来之不易很有感触。

1946年4月24日，齐齐哈尔解放，成为全国第一个解放的省会城市。党派遣一批干部接管齐齐哈尔铁路，栾福村就是其中之一。栾福村响应号召，服从党组织安排，随军从白城子火车机务段调到齐齐哈尔铁路局。1946年冬季，栾恩杰一家从白城子坐火车搬家，

① 齐齐哈尔被称为“鹤城”。因为在齐齐哈尔市区东南部的国家级扎龙自然保护区，栖息繁衍着世界珍禽丹顶鹤，是公认的“世界大湿地，中国鹤家乡”。

迁往齐齐哈尔。家人怕栾恩杰旅途受苦，便让他坐票车车厢，他的家人挤在火车闷罐车厢里。闷罐车厢里放着全家的生活用品，还可以生炉子、做饭，从白城子到齐齐哈尔，现在看来不到 300 千米的路程，火车走走停停，竟然走了 10 天左右才到达。栾恩杰回忆说："1946 年共产党解放了西满[①]，接管了被日本鬼子占领的西满铁路运输，把我父亲调到了齐齐哈尔铁路管理局。"

栾恩杰家住在齐齐哈尔铁路南局宅，这是伪满时期日本人建的住宅楼，从火车站往南走 400 米左右就能看到他家所在的二层小楼。一栋楼住四户，楼上、楼下各两户，栾恩杰家住在楼上。幼年淘气的他曾跟小伙伴顺着烟囱梯子爬上去到楼顶去玩耍。

栾恩杰回忆说："我们家里有榻榻米，地上铺着很厚的缝得很干净的草垫子。房屋门是拉格的。房屋里面还有日本鬼子跑的时候没来得及带走的黑色的球。后来我才知道，那是冰球。还有一张带有四爪的围棋盘。解放战争时期，要躲避国民党飞机轰炸，住宅区都要挖防空壕。我们还挖出一箱白炽灯泡，可以看出来日本鬼子还准备回来使用，小鬼子亡我之心不死。"

栾福村工作地点就在离家不远的齐齐哈尔铁路局办公大楼，也就是老一辈齐齐哈尔人常会提到的有传奇色彩的火车站。

1934 年，日本侵略者为争夺在华利益开始筹划修建齐齐哈尔铁路局办公大楼。1936 年 6 月，大楼全部竣工，当时号称"北满第一火车站"。无论是从造型、外观还是结构在当时都是一流的设计。据说车站总设计师是一个爱国的中国人，他设计时故意将火车站设计成一个中国的"中"字，被汉奸报告给日本人，日本人将设计者杀害了。

① 当时，我党把东北划分为东满、南满、西满、北满。西满就是山海关、锦州一线至沈阳、长春、哈尔滨以西地区，包括齐齐哈尔、嫩江等地。

伪满时期日本人建造的二层住宅楼（右上一户就是栾恩杰的家）

七、父亲援朝，重任誉永

栾福村解放前就毅然决然地跟随共产党，并在1949年光荣地加入了中国共产党，他时刻听从党的召唤，只要党指挥去哪里，他就义无反顾地去哪里。

解放战争时，齐齐哈尔铁路局组织向锦州运送弹药，栾福村做后方支援。抗美援朝前夕，他作为第一批铁道兵志愿军去了朝鲜。栾福村出国前的一天晚上，栾恩杰看到母亲在啜泣，当时只有10岁、还不太懂事的他不明白母亲是因为父亲要去朝鲜战场而担心落泪。此时，他玩心正盛，看到了父亲抗美援朝统一发的防寒用的羊毛大衣，大衣底边上的毛儿特别长。他刚刚学会做毽子，知道做毽子需要用狗毛、羊毛等作为材料，然后在两个铜钱中间打个楔子，把狗毛或者羊毛塞进去，再把粗糙的地方磨一磨，毽子就做好了。当时做毽子缺材料，狗毛、羊毛都不好找。此刻，他看到这件大衣上的羊毛比较长，就说“爸，用这个做毽子挺好”。平时很严肃的栾福村此时却没有责怪他，只是说“好，你就剪下来吧”。他很高兴，就真的从父亲大衣上剪下一撮羊毛准备做毽子用，父亲还显得特别高兴的样子。栾恩杰说他当时没有去想父亲为什么一反平时的严厉态度，这么“纵容”自己的顽皮，“现在回忆起来，那个时候的自己就是傻孩子，现在的 10 岁孩子可不简单，肯定是小眼睛一转就什么都明白了”，他回忆说。

栾福村随着部队从东线赴朝，先是担任中国人民志愿军铁道兵江界铁路局分局领导，负责战争期间的铁路运输、铁路线修路等工作。之后一路往南打到熙川，又担任熙川铁路局分局副局长，去解放熙川。战争很激烈，危险无时无处不在，美机对铁路狂轰滥炸，给铁路设施和人员造成极大破坏和伤害。他曾不顾个人安危，用绳子套住插在线路中间的定时炸弹，带领大家把炸弹拖出去。在运输绞杀战①中与战友英勇奋斗。因为表现出色，他获得朝鲜金日成主席颁发的勋章。

栾福村参加抗美援朝时的老照片

至今，栾恩杰仍保留着父亲在朝鲜时寄到家里的一张个人照片。栾恩杰家门框曾挂有一块“光荣家属”的牌子，国家还给他母亲办了家属优待证，这都是栾福村带给家里的荣耀。

栾恩杰回忆说：“我父亲在抗美援朝战争期间曾回国一次，那次他从朝鲜回来到沈阳开会。这次会议可以

① 指抗美援朝战争中，美军对中朝运输线的集中攻击，美军称为“绞杀战”。

带家属，我母亲带着我和弟弟们坐火车去沈阳看父亲，在那住了几天，他开完会以后直接回到朝鲜，当时看到父亲特别高兴，再见面就是停战以后了。”

1953 年抗美援朝结束后，大批志愿军回国。因为铁路运输工作没有结束，直到与朝鲜铁路运输部门做好交接才完成任务。栾福村最后一批回国，并被直接派往哈尔滨铁路管理局工作。栾恩杰母亲随后去了哈尔滨，把栾恩杰和二弟、三弟留下，由二伯父、姑母帮着照顾。之后，栾福村听从党组织安排，“逵桂援越，护路支前。柳州急调，桂林压阵，重任又履，名誉永存”[①]。他作为技术干部先到湛江铁路局，帮助筹建铁路运输事务。美越战争开战，他又被调到广西柳州，先后担任过机务处副处长、处长，之后调任桂林铁路地区办事处主任、党委书记，并在抗美援越战争中继续履行战争期间铁路运输的使命。妻子一直支持他的工作，一路跟随，栾恩杰和两个弟弟则留在了齐齐哈尔，由他二哥和妹妹帮助照顾。

栾福村有一双抗美援朝时期发给团级以上干部的牛皮靴子和含金量 57.3% 的钢笔。栾恩杰读大学的时候穿过这双靴子，也用过这支钢笔，感觉特别光荣。

栾福村对党忠诚、业务娴熟、作风廉洁的品质，对家庭责任的担当意识深深影响着他的孩子们。在广西工作时，有一次下着大雨，路局派他在现场指挥紧急救援任务，救援列车的主任以为栾福村书记可能不太懂业务，以超吊机负荷、怕吊机侧翻为理由拒不作业。栾福村对如何救援心里有数，严肃指出“吊机两侧加装有几吨重护铁，吊机有能力安全作业”，并说“出问题我负责”，在众人束手无策之时，推开为他撑伞的同事，用干净利落的手势成功地指挥机车压钩（倒车）。

自然灾害时期，已是处级干部的栾福村和普通职工一样勒紧裤腰带，经常吃不饱饭，但从不搞特殊。有人给他送东西，他一概拒

① 栾恩杰在 2011 年为父亲栾福村百年诞辰写的《百年赋》中的语句。

绝。一次同事送来土豆，他不在家，妻子推脱不下收了。他回家后大发雷霆，硬是让妻子送回去。在那段日子，他一贯健壮的身体患上肝炎。患病期间，妻子悉心照顾。患肝炎需要营养，在物质匮乏时期，妻子总能绞尽脑汁给他做好可口的饭菜，她做的打卤面、烩锅饼都是他的至爱。妻子烙着饼，他围在身后，高兴地拍着手说“又吃烩锅饼”，看上去很是幸福。

栾福村严于律己、宽以待人、与人为善，总是为他人着想。他在齐齐哈尔铁路局机务处工作期间，恰逢毛泽东主席 1949 年 12 月至 1950 年 2 月去苏联访问，途经齐齐哈尔铁路局管辖时，他受命“机务监察”，登机车随行，任务和责任重大，不敢有丝毫懈怠。在他们圆满地完成任务到达满洲里后，接到“首长要接见司乘人员”的通知，工友们兴奋无比，怕错过与首长见面的机会，他却说：“车上不能离人，你们都去，我留下。”虽然没见到毛主席，可他尽到了自己的职责。他很低调，不爱出头露面。翻开他的旧照片，几乎都是集体照，竟没有一张他站在主角位置的照片，就连那张写有“机务处全体欢送栾处长纪念”的照片也是如此。

栾福村在儿子们心目中是严肃、不苟言笑的人。栾恩杰与父亲在一起时间很少，他对父亲的感觉就是敬畏。记得有一天放学后，他在外边看别人打扑克牌，父亲下班看到了就喊他，他吓得哭着往家里跑。他说，父亲特别严肃、很少说话，一旦发起火来，五个儿子都特别害怕，因此在父亲面前不敢不听话。他上大学以后，父亲给他写信，信中主要叮嘱学习的事情，并让他要求进步，建议他在大学期间申请入党。

栾福村对家庭有担当、责任感很强。他家的组成与一般人家不同，他二哥和妹妹都未成家，和他一辈子没分家。他母亲在世时没有分家，母亲过世了，他仍然尽这份责任，努力保持家庭的完整，维系兄弟、兄妹之情，从白城子到齐齐哈尔，再到桂林，不离不弃，有困难共同承担，有快乐共同分享，兄弟姐妹间能做到数十年共同生活在一起并且和睦相处，十分难得。

栾福村以大海一样的胸怀、高山一样的臂膀、磐石一样的性格给栾恩杰兄弟们树立了一座团结和睦的丰碑。他的一生是幸福快乐的，他遇上了一位体贴、贤惠、勤劳、善良的好妻子，共同孕育了令他们称心如意的五个儿子。孩子们都事业有成，他的同事都羡慕说“栾书记教子有方，‘教五子名俱扬’”。

八、母亲贤良，以和兴家

家庭是孩子的第一所学校，父母是孩子的第一任老师。父母在孩子成长过程中扮演了重要角色，对孩子世界观、人生观、价值观、责任感的培养影响极大，良好的家风对于孩子人格的形成、品行的培养有着不可估量的作用。栾恩杰的父母就是他们兄弟成长过程的导师和引路人。

栾恩杰的家庭是充满爱的特殊大家庭。说特殊，是因为自从他爷爷去世后，这个家庭里有栾恩杰的父母、祖母，还有二伯父、姑母、栾恩杰兄弟五人。家庭成员之间关系相处得特别好，这与栾恩杰母亲的善良贤惠、通情达理、勤劳包容是分不开的。栾恩杰说：“慈母侍奉公婆胜于父母，其以长辈之命是从、以勤俭持家为责，虽有怨苦而不言，任泪水汲肠也不肯嫁怨于人。将儿女难处之事，皆揽入自己怀中。家里尊老爱幼、互敬互爱、和睦温馨。与丈夫的二哥，以及没有工资的妹妹一辈子生活在一起，一般人家很难做到，但是母亲做到了，‘慈母上下左右而周旋之，饮苦而负重、运畴于贫绰之中、保墒于协和之态’①，与婆婆、大伯哥、小姑子关系相处融

① 摘引自栾恩杰与弟弟撰写的《同气连枝》散文集，下同。

洽。”自20世纪40年代后期始，父亲奔波于解放战争和抗美援朝战争，舍家赴外远征，家中只有母亲主持家务。栾恩杰说：“母亲有智慧，维持这么大一个复杂的家庭，她游刃有余。对婆婆‘孝’，对我姑姑、大爷‘和’，对我父亲‘敬’，对我们儿女‘慈’，我母亲全都做到了。”

1971年2月，栾恩杰（后排左）与父母、妻子在桂林的合影

父亲在抗美援朝前方作战，读小学二年级的栾恩杰成为家里的“文化人”，母亲把给父亲写信的任务就交给了他。那时他和母亲坐在一张小炕桌旁，母亲说一句他就写一句，每封信的末尾都是“家中一切都好，不要挂念”，让父亲安心在外工作，“挂念”二字就是从母亲那里学来的。母亲始终维系这个大家庭的和谐，似一块磁铁，把家人紧紧地吸附在一起。母亲呕心沥血，用其一生成就一位平凡而伟大母亲的典范。

栾恩杰在回忆母亲的文章中写道：“慈母举事皆优，不为则已，为则必精。母亲读书，晨五时起，帚屋炊事，忙间伴学，持之年载，成绩斐然。母亲学缝纫机，不两月，制衣可匹成装。我家曾饲一彘，因勤于喂养，岁末竟达200斤，街邻皆叹之有方。母亲持家掂总量而细分，省毫末以聚薪，竟使家有余金待客、购国债而增息。家人年年有新装新履，个个都满意欢欣。夫上班呈洁素壮雅，儿上学配洋表单骑。”母亲在栾恩杰上课时曾给他送过东西，他当时感动得哭了。母亲为他做“防护服”（头帽是尖的，只留两只眼睛），用于挖蛹灭蝇。“大跃进”时，他和同学们去修齐富公路，二伯父教他怎么担筐，母亲为他准备行装。母亲为了给他治伤病，不惜倾家之所有。有一次他受伤骨折，大夫到家里为他治疗，上门一次要花费16元，够一般家庭一个月生活费。

母亲为人善良，很多点点滴滴成为栾恩杰永久的回忆。比如，她把自己家作为居民组的会场、学校联络点而从无怨言，解放战争时期为解放军做军鞋和编席子，在“大跃进”时交出缝纫机，父亲回国后在家请战友们聚会做饭。母亲与邻里间的友好相处，人称之“婶婶”或“妈妈”。栾恩杰说：“母亲对儿女之教是‘不教而教’，她注意这样几个方面，一是给我们树榜样；二是从来不训斥孩子，只是表达期望，常说‘那样就好了’；三是从来没有背后议论过他人；四是春节拜年，母亲领着我从楼上到楼下，见到爷爷奶奶要磕头，见到叔叔大爷要敬礼。”栾恩杰上学后，母亲还为他订阅《好孩子》杂志，这是一本新中国成立初期的儿童读物，他还记得里面有毛主席少年时代的故事。

栾恩杰母亲说过，“我这一辈子，没有自己（作为家庭主妇）的家”。母亲一辈子和婆婆、丈夫的哥哥、妹妹在一起。满族人家很讲究也很注重家庭地位，在封建家长制的威严下，隐忍善良的母亲可能没做过一件为大家庭决策的事情，但是却默默地为大家庭的和谐安乐付出了自己的一生心血，为栾恩杰和他的兄弟们营造了一个和谐、温馨、幸福的家，她的慈爱和勤奋对孩子们的教育和影响很深，对孩子们的期望都蕴含在她的劳作之中。20 世纪 90 年代，在一次试验成功的庆功会上，同志们兴奋异常，大家说着、跳着、唱着，要栾恩杰也唱一首歌。此时，栾恩杰想起母亲，在麦克风前，含泪唱起了 20 世纪 40 年代流行在东北的儿歌《我的小娃娃》。

在栾恩杰孩童的记忆里，“从来不知晓有何家庭之忧烦，却时时从母亲身上得到力量。姑姑、伯父视侄为子，他们将一切希望与寄托都放在我们兄弟身上，也正因为如此，在如何教育子女、如何更好安排生活上，亦有不同意见之发表。母亲始终维系这一大家庭的圆满，呕心沥血，用其一生成就一位平凡而伟大母亲的典范。我和弟弟们成家后，我妻子、弟妹皆对婆婆持敬爱、尊崇、钦佩之情，

5 位儿媳无一不受到慈母之呵护，母亲到哪里，哪里就是温馨之处，和睦之情更甚。母亲像一团火，温暖着儿女之心；母亲似一块磁，吸聚着儿女的身。我们从母亲那里认识到：家是安乐之所，是防寒之窝，是觅食之巢，从家里获取力量、得到依托。家和乃人生之大幸。母亲以和为贵、以孝治家是父母所传之家规，也是父母百年所期家训”。栾恩杰为慈母而自豪，为生长在这样的家庭、受到这样的大爱教育而感到骄傲。

在母亲身边，即使年龄再大，他都感觉自己仍然是一个孩子，仍然是那个曾经顽皮的儿子，栾恩杰戏称，“在母亲面前，我敢顶嘴”。栾恩杰在 50 多岁时，春节回桂林探亲，母亲拿出一叠崭新的压岁钱，在说“给压岁钱啦”之后，二弟栾恩全抢先上去跟母亲说“先给我”，这句话好似动员令，其他兄弟一拥而上，争先扑到桌旁，逗得母亲开心地欢笑，那一刻母亲的笑温暖在栾恩杰的心里。他真想对母亲倾述，“妈妈，在您身边享受这样的时光太少了”，这突然的感悟使一个年过半百的儿子又返回了童年，这一刻的欢笑把栾恩杰和弟弟们带进到“甜蜜的幸福网络”。

栾恩杰父母与其孙子栾旭曦（左）、栾志伟（右）在桂林家中合影

栾恩杰为母亲作过一首《应天长》的词，“慈润五代功无疆，持家育子累断肠。教为人，树远志，德惠贤和家栋梁”。他对母亲的怀念感人肺腑。母亲对孩子的影响是深远的，栾恩杰在回忆母亲的作品中曾说：“察吾弟恩全之厚重、新民之善贤、新智之诚敏、新慧之仁周，无一不承传于慈母之熏化。”母亲去世后，他写的《跪母词》中“回家不见母，与谁报平安”表达了对母亲深深的怀念之情。

九、有爱家庭，传承家风

栾恩杰和四个弟弟生长在充满爱的大家庭，在新中国成立前后艰苦生活的磨砺和特殊家庭中长大，“察吾辈之名恰与其性格操守质合，秉父辈之所望也”。栾恩杰的父母教育孩子们仁义诚信、诚恳待人。在他记忆中，父母从不食言，言信而行果，深受亲朋爱戴。同时，二伯父和姑母也对栾恩杰兄弟成长起到了重要作用。

栾恩杰说：“二伯父栾宝村憨厚朴实、寡言少语、肯于做事、不虑劳苦，青壮离家为日本人奴役。他年轻时曾长年驾车拉脚，为家挣钱，在识马性方面具有独到的眼力，曾在家人乘马车时制服欲发飙的马。解放之后，他在齐铁木材厂做枕木、锯材工人。他练得一副硬身板，力气很大，能很轻松地铺设铁路轨道上的枕木。锯材时，需两人将圆木抱到锯床，按尺寸精置到位，他以肚腹丹田之气，顶送圆木入锯。久之，他推送之功甚厉，两手抬抱之力超人，左邻右舍皆知他之功力。因为技术水平高，他被评为五级工。当时八级工是最高等级，能评为五级工亦属不易。由于他整天搬木材，耗费体力，时间久了，肌肉受损，年龄大后就连手都举不起来。一生未婚的二伯父对我们五兄弟非常慈爱，我还记得二伯父晚上跑远路给我们买花生的情景。”

姑母栾雪芹一直没有工作，没挣过工资，跟二哥、三哥、三嫂和侄子们在一起生活。她身体柔弱，从中年开始，常年服用“镇痛片”。齐齐哈尔铁路南局宅两排房子为一个居民小组，看似柔弱的姑母作为可信度高的居民，被邻居推选为居民小组户籍员。由于刚解放，形势不太平，有个别的国民党、日本特务窜到老百姓家里，伺机搞破坏。晚上政府、公安部门随时会到居民小组查户口，与姑母一起逐家核对。栾恩杰说：“姑母心志极高，思维敏捷，虽无机遇识文断字，但内涵文化颇丰，其骨其脉仍不时焕出一股英气。我家是工人成分，是政府依靠的对象，于是居委会将最重要的岗位居民组户籍委员交给我家，姑母是第一人选。从 1947 年起，姑母成为新中国成立之前齐铁南局首批社区基层干部，没有薪酬。解放战争时期，齐齐哈尔作为后方重镇，在支援中国人民解放军第四野战军打锦州、破沈阳中发挥了重要作用。解放军伤员送到铁路医院治疗，家属做鞋慰问劳军。解放军每解放一座城池，飞机就向下散发传单，孩子们随着大人欢喜雀跃，而国民党的敌特活动亦更加猖獗。特务竟冲进政府大院，枪杀政府官员，所以户籍委员有查特辨谍之责，对进入辖区的游走人员，要及时观察、询问和报告。派出所经常组织夜间的户口突查。姑母则随叫随往，逐户核对。50 年代，齐铁地区曾发生一起血案，姑母协助警察办案，临危不惧，表现出了非凡的侠气和胆量。由于姑母的优秀工作，在社区受到拥戴，连年当选户籍员，树立了威望和信任。居民组里不论大小事，包括邻里纠纷、家里吵架，都愿意找‘栾姐’协调。在那个质朴的年代，姑母的权威往往会起到举足轻重的作用。姑母为党服务，但不是共产党员，为国家工作，群众关系好。”

有一次，姑母给栾恩杰 5 元钱准备用来买“小人书”，结果被偷，姑母非但没有批评栾恩杰，反而安慰他。栾恩杰结婚后的第二年，岳母去世，姑母担心他的女儿强强（栾颖强）没人照顾，立即从齐齐哈尔赶到北京，将襁褓中的强强带到齐市抚养，让栾恩杰安心工作。后来又把强强带到桂林，强强在爷爷、奶奶、二爷、姑奶和几位叔叔的照看下幸福成长，一直到小学毕业才回到北京。

二伯父、姑母对几个侄子特别好，当作自己儿子一样。栾恩杰和弟弟们把二伯父当作父亲一样看待，姑母在5位至亲之侄心中是“不在册的离休干部”，是“不拿工资的公务员”，是“长年累月的自愿者”，是“不称妈妈的母亲”。后来，在桂林工作和生活的3个弟弟赡养父母、二伯父、姑母，一直到他们去世。

栾恩杰回忆说：“我虽然生在旧社会，但是没有受过太多的苦，家里人对我都比较‘娇惯’，但我从没有恃宠而骄。因为我家里的氛围给了我教育。我的父亲、母亲、伯父、姑姑跟邻居、同事关系都非常好，特别是我母亲做得非常好。所以我从小就知道要和家人、邻居、同事等都处好关系，家里也充满了爱，我就是在这样的环境下长大的。”

在优良家风传承下，栾恩杰兄弟亲历长辈言诲身教之训。听党话的父亲以及善良的母亲用行动教育他：党的恩情不能辜负；党赋予的使命，无论如何都要完成；个人的成长和进步，最应该感谢的是“党的恩、国的情”。

栾恩杰和二弟栾恩全、三弟栾新民、四弟栾新智、五弟栾新慧没有辜负父母、伯父、姑母的厚望，在各自的工作岗位上积极进取。五弟大学毕业后在中国人民解放军军事医学科学院读研究生，博士毕业后留在军事医学科学院工作，任科技处处长、副所长、教授，其余三位弟弟是工程师，在各自领域取得了非凡的成绩。

栾恩杰父母非常疼爱孙辈。如今，栾恩杰五兄弟都有了自己的孙子（女），膝下儿孙围绕，尽享天伦之乐。

栾恩杰（后排居中）与父母及四个弟弟合影

第二章

奋发蹈厉少年时

小学和中学时期是栾恩杰成长的重要阶段。学校、家庭、社会的教育使他萌发了爱党、爱国的情怀。他勤奋学习，初步掌握了学习方法，知识面和视野逐步拓宽，为后续的学业深造打下了良好基础。

一、学业启蒙，打牢基础

1949 年春季，栾恩杰成为一名小学生，就读于齐齐哈尔铁路子弟第一小学（简称为齐铁一小）。入学前，做私塾先生的祖父早已去世，父亲因为工作忙没有闲暇时间教他，其他的亲人都没有念过书，家里没有人教他读书识字，可以说是"零基础"起步。

原齐齐哈尔铁路子弟第一小学改为铁锋区第一小学

栾恩杰回忆说："我是新中国第一批学生，入学时我 9 岁，班上还有 13 岁、14 岁的学生，都是穷人家的孩子，过去上不起学，现在解放了，都可以上学了。刚上学时，我没有书包，只能用我爸爸出差用的牙具袋装书本。入学第二年，我妈妈用邻居送的帆布给我做了新书包。”

此时正处于内战时期。虽没有战争的硝烟，却可以感受到战争的氛围。学校设有防空壕，学校南边就是生产武器的齐齐哈尔和平厂，附近的铁道线上的列车向前线运送武器，有时在学校就可以看到解放军伤员从火车上被抬下来转运到医院的情景。学校窗外是一个大操场，操场上搭建一个包裹铁皮的碉堡，有时可以看到解放军战士在操场上训练机枪冲锋和炸药包爆破。栾恩杰和同学们很好奇，上课的时候有时会溜号，甚至趁老师不注意的时候扒着教室的窗户看解放军在操场上演习。

1949 年 10 月 13 日，中国共产党缔造的全国统一的少年儿童组织暨“中国少年儿童队”（“中国少年先锋队”的前身）成立，刚入学没多久的栾恩杰成为新中国第一批少年儿童队员（当时入队的基本都是出身好的学生），他回家骄傲地告诉家人自己入队的喜讯。齐铁一小学生都有一个名签，老师给入队的学生发了一个印有火车头的红色挂牌，上面有“中国少年儿童先锋队”字样。他将名签和队牌佩戴在胸前，感觉很光荣，1953 年 8 月，中国少年儿童队更名为中国少年先锋队，他从此戴上了红领巾。

戴红领巾的栾恩杰（右一）与两个弟弟合影

栾恩杰在接受《夕阳红》采访时曾说：“我感到光荣的是 1949 年就入队了，又是祖国的第一批学生，我感到非常幸运。我从加入少先队一路走来，学到了很多知识，受到了很多教育。”

解放战争期间，学校号召学生捐款支援前线，栾恩杰得到了家里的大力支持，积极捐款，每次至少捐献旧币1000元，相当于1角左右，这对小学生来说是一笔不小的捐款。随后学校还组织锦州解放、沈阳解放及新中国成立等庆祝活动，激励学生热爱新中国、热爱共产党和热爱毛主席。

20世纪50年代初，全国开展镇压反革命运动。齐齐哈尔市在龙沙区“九一八国耻纪念碑”下召开镇压反革命公审大会，学校组织小学生步行到现场参加镇压反革命公审大会。“九一八国耻纪念碑”前身是侵华日军1936年7月31日占领齐齐哈尔后纪念战死的日军亡魂的“忠灵塔”，塔内存放583个日本帝国主义分子和汉奸的骨灰袋以及牌位，是日本帝国主义武装侵略中国的罪证。1946年8月15日，齐齐哈尔解放后，嫩江省临时参议会决议，将忠灵塔改为“九一八国耻纪念碑”。1956年7月20日，经齐齐哈尔市人民委员会批准，将其爆破拆除，在原址上建造齐齐哈尔市工人文化宫[①]。

栾恩杰还记得那天早晨，他带着母亲做好的饭，与同学们在火车站集合，一路走到“九一八国耻纪念碑”前并排好队。在个头不高的孩子们眼里，这座黑色纪念碑显得非常高大，公审大会气氛异常肃穆。会上，时任市长在国耻纪念碑前讲话，愤怒声讨反革命分子的罪行，几十个反革命分子低着头接受审讯，然后一批批地被拉出去枪毙。幼小的栾恩杰受到了深刻的爱国主义教育，“过去我们是亡国奴，现在我们掌权了，反动派被镇压了”，这种观念深深印在他脑海里。

小学是一个人一生中打基础的重要阶段，它影响着孩子未来的学习信心和人生定位。齐铁一小启蒙了栾恩杰成为工程师的理想。老师向学生们简单灌输了开水沸腾蒸发的简单原理，以及把蒸汽的能量转换成机械功等最基本的概念，他感到新奇有趣，跟父亲提起

① 相关内容参考“东北网”20180919。

这个原理，父亲很高兴，认为他学到了不少知识，父亲还说："齐齐哈尔铁路局有'三个半'工程师。"齐齐哈尔铁路局是拥有几万名职工的大单位，却只有"三个半"工程师，可见工程师特别稀缺，又特别伟大。他受到了鼓励，并萌发了将来要学习机械、长大当工程师的理想。他在小学阶段学习比较轻松，语文主要是识字，算术也比较简单，比较顺利地读到小学毕业。

少年时期的栾恩杰

在齐铁一小，栾恩杰帮老师做过一些事情，如刻钢板、做老师的联络员等。他父亲在齐齐哈尔铁路管理局机务处当干部，因工作需要，家里装了一部电话，他到现在还清晰记得家里电话号码是"525"。每到放假时，老师就让学生们留下自己家的通信地址，以便于随时联络。因为全班同学只有他家里有电话，于是他就成为老师的"通信员"，有事需要通知学生时，学校老师首先给他打电话，他再去通知其他同学。

时光匆匆，童年的乐园却难以忘怀。在栾恩杰家附近有个小花园[①]。花园四周用小树围成了树墙，园中矗立一座1947年为纪念东北民主联军西部铁路护路军历次战斗而建的"殉难烈士纪念碑"[②]。花园里面有片小树林，栾恩杰经常和小伙伴们在这里玩耍。与他从小学到高中一直是同学兼好友的赵元强回忆说："那时，齐铁南局宅小花园是我俩课后的小乐园，我们一起捉蜻蜓、蝴蝶和蚂蚱，弹玻璃球，无所不至。和别的伙伴打架，总是他帮我，我帮他。闯了祸亦常同时受彼此父母的教训。正如栾恩杰在《村子情怀》诗集《看

① 这个小花园现在已成为齐齐哈尔市铁锋区南局宅铁南公园。
② 殉难烈士纪念碑于1987年被齐齐哈尔市人民政府列为市级文物保护单位。

家》一诗里写的那样‘记忆的波涛在这里开闸，仿佛小伙伴们还在那里追逐、喊叫、厮打。恍惚中还残留儿时的稚气，他指着我给他留下的疤。时间是人生雕塑家，打架也成了甜蜜的香茶’。[①]”如今，南局宅的小花园已成为童年的美好回忆。栾恩杰每次回到齐齐哈尔都会来到这里重温逝去的美好岁月。

殉难烈士纪念碑

五年级时候，恰逢教育体制改革，全国统一调整为秋季招生。读了五年半小学的栾恩杰，和上一年秋季入学的六年级学生一起毕业，提前半年考初中。小升初是一个重要的人生关口，受名额限制，并非所有的小学生都能顺利考上初中。毕业考试结束后，学校用毛笔把考上中学的学生姓名写在大红纸上，贴在学校围墙上，张榜公布。发榜的时候学生和家长心情复杂，找到自己名字的就很兴奋，反之就会很难过。同班50名左右的同学，有几名同学没有考上。栾恩杰有一位比较要好的同学，家里贫苦，但家里支持他考初中，他也非常希望自己能考上。发榜时，他在榜单上反复找自己名字，最终还是没有找到。据说因为没有考上初中，后来他精神不好，很早就得病去世了。栾恩杰对此事印象深刻，对考学升级、人生的重要意义有了更深刻的体会。栾恩杰欣喜地在录取名单上看到了自己的

① 摘自2009年1月《齐齐哈尔日报》。

名字，他如愿以偿考上了齐齐哈尔铁路第二中学（简称为齐铁二中），成为一名初中学生。

齐铁二中每个年级有六个班，每班学生有 50 名左右。各科老师都认真负责，对学生要求非常严格。进入初中阶段，栾恩杰学习更加努力，各门功课学得都很好，学习成绩在班级名列前茅。听说早晨起来记忆力好，他经常起大早来到离家不远的南局宅小花园里看书、背语文和俄语，初二上几何课以后，特别喜欢数学。1957 年，中考前夕，听说全市中学和外地铁路子弟报考齐铁一中高中部的学生很多，他感受到了升学竞争的压力，决心一定要考上高中、一定要用优异成绩回报老师、一定要给家里一个交代。在老师的鼓励和家人的支持下，他认真复习备考。经过努力，成绩优异的栾恩杰顺利地考上了齐齐哈尔铁路第一中学（高中部），同班共有 13 名学生考上齐齐哈尔铁路第一中学。

栾恩杰（四排左五）初中毕业合影

二、齐铁一中，获益匪浅

齐齐哈尔铁路第一中学（简称为齐铁一中，现为齐齐哈尔中学）创建于1949年，1964年成为黑龙江省首批重点中学，2002年被评为黑龙江省示范性高中。2004年8月，归属地方政府，直属于齐齐哈尔市教育局。学校校训是“教人求真、学做真人”。齐铁一中每年都有考上清华大学等重点高校的学生，有的年份还出现过黑龙江省高考状元。栾恩杰在齐铁一中度过了成长的重要阶段。

齐铁一中的同学们走出校门

齐铁一中创建之初，师资力量很强，老师们或者是从旧中国一路走来的知识分子，或者是国外留学回来的学子，他们的文化水平、教学水平都很高。齐铁一中学生崇拜老师、敬重老师，老师爱护学生、授人以渔。

栾恩杰回忆说：

“老师起到了家长的作用，他们首先教学生懂得‘为什么’，然后再教‘怎么做’，经常提醒和批评学生哪里做得不对。他们教育学生树立正确的学习观，提倡‘学习精神’，善于用非常科普的语言、非常简单的逻辑告诉学生，让学生懂得道理、理解定律、掌握定理，教给学生解题的思路。他们告诉学生，如果讲不清为什么，就说明没有懂；如果懂了，就会运用。现在看这些老师像教育家一样，当一位老师能把思考的方法和过程、逻辑教给学生的时候，这才叫真正教学生。我对齐铁一中老师的教学心服口服，认为各科老师讲得‘绝对正确’，必须认真听、认真学。

“齐铁一中治学严谨，使学生深刻体会到必须一板一眼学到底，绝对不能‘大概、差不多’，在这方面数学老师更为典型。当时，代数、几何、三角分开教学，算三门课，考大学时各出一道大题，统一归作数学。有一位数学老师叫马迎春，三角课教得特别好，同学们称他为‘马三角’。马老师擅长以提问的方式考查学生的学习效果，如果听到学生说‘这道题大概这样解’，他就会很严厉地批评学生说‘大概、差不多是不行的’。其他数学老师在改作业的时候也不仅仅是在作业本上纠正错误，还当面告诉学生哪里做得不对。在老师教导下，我的数学基本功比较扎实，直到现在还非常喜欢做数学题，只要有时间就想做题。所以说只有让孩子懂得学习，他（她）才会爱学习，越懂越爱。学习相当于游戏，要记一些规矩，然后才能用你知道的知识去解答未知的问题。求学的路上，就是在走一个一个不平的路，你把它填平了，就会有一种成就感。从老师角度来说，教了学生知识，还要让学生知其然更要知其所以然。比如，教牛顿定律的时候，如果要把牛顿定律形成的过程告诉学生，更有助于学生理解和把握。”

齐铁一中老师对栾恩杰来说都是恩师。他的语文老师兼班主任金福民特别和蔼可亲，和同学们打成一片。教导主任、生物老师荆怀义是从国外留学回来的研究生。栾恩杰还记得，1957 年 10 月 4 日，苏联成功发射第一颗人造卫星后，新任物理老师不失时机地给学生们讲解第一宇宙速度，令栾恩杰和同学们大开眼界。化学老师讲课也很好，对当化学课代表的栾恩杰很赏识，栾恩杰经常帮助老师拿教具和实验用品。

20 世纪 50—60 年代，国家百废待兴，为了向苏联学习先进技术，全国很多学校开设俄语课程，齐铁一中也不例外，而且俄语师资比较好，有一位俄语老师曾经是中俄国际列车的餐车翻译，还有一位叫吴文秀的俄语老师的板书写得漂亮工整。在老师的教诲下，栾恩杰俄语学得不错。栾恩杰在二院工作时，吴文秀老师准备从北京转机去美国，在京期间，栾恩杰和妻子带着礼物去看望过他。

栾恩杰说，齐铁一中的教育成功之处是诚实、踏实、扎实、真实。“学到真知”，这使他受益终身。这些精神与哈工大“规格严格、功夫到家”、清华大学“自强不息、厚德载物”的校训是一脉相承的，使他获益良多。齐铁一中注重教学和实践相结合，栾恩杰记得当时学校的校办工厂有可以观摩的机床模具等教辅器械，还有小植物园可以学习农林知识，学生对工与农都有些许接触，为学生提供实践锻炼的机会。此时正值“大跃进”时期，学校组织学生们修齐富公路。齐富公路全长 30 余千米，栾恩杰和同学们修了 1000 米左右的公路，参加挑土、打方子等体力劳动。

栾恩杰发自内心地感谢母校、感谢老师，他曾以诗歌等形式表达对母校的感恩之情。参加工作后，他每次回到齐齐哈尔，都要与老师、同学们聚会，师生感情深厚。他心系母校，始终关心支持学校的建设和发展，支持齐齐哈尔中学航天特色学校建设，在航天事业取得阶段性成果时为母校捐赠过长征系列火箭模型、“天宫一号”与“神舟九号”交会对接模型、“神舟七号”载人飞船模型、我国第一辆月球车模型、“嫦娥二号”“嫦娥三号”着陆器模型、月球仪、月球表面图和第一个人类在月球表面留下的脚印图等物品。2021 年 4 月，在“嫦娥五号”发射任务圆满成功之后，栾恩杰赠送给母校“嫦娥五号”模型、“嫦娥五号”任务月面展示国旗样品、“嫦娥五号”任务图集相册和返回器搜索回收任务指挥决策图，以及寄语母校的亲笔信。

1957 年，与齐铁一中时期好友合影（二排左一为栾恩杰）

栾恩杰以齐铁一中人自居，母校更以栾恩杰为骄傲。“嫦娥一号”圆满成功后，齐齐哈尔中学专门给栾恩杰发来了贺信。栾恩杰也写了回信，登在了齐齐哈尔《鹤城晚报》上。他回母校时，学校以鼓号队的阵容列队热情欢迎他，并组织师生座谈会请他作报告。在他的影响下，母校设立航天实验室，成为“航天特色学校”。

2021 年 4 月，齐齐哈尔中学董海校长、王婷书记在栾恩杰院士捐赠“嫦娥五号”模型等物品交接仪式上对学生们说：“栾老厚重的家国情怀令人热血沸腾，栾老在回忆自己求学之路时，那句‘齐铁一中给我的恩德是道不尽的’更是令人感动不已，难以忘怀。我们的同学们不仅要学习栾老身上涵养着家国情怀的爱国之志，更要学习他懂得知恩图报的感恩之心，希望同学们追随着杰出校友的步伐，在对社会的责任和贡献中实现自己的人生价值。以航天人为榜样，以航天精神为动力，脚踏实地，奋勇拼搏，时刻准备好迎接祖国的选拔，用青春与汗水为中华民族伟大复兴贡献自己的光和热，用知识与毅力为中国梦的实现贡献自己的智慧和力量。”

如今的齐齐哈尔中学（原齐铁一中）

三、珍贵手表，惜时勤奋

人的一生中，总有一些记忆值得珍藏，总有一些物品让人倍感珍惜。栾恩杰从懵懂的少年时代走向心智逐渐成熟的青年时代，他的动力之源，既有齐铁一中的良好的师资，也有自我成长的醒悟，更有家人的全力支持和殷切期望。

20 世纪 50 年代，国民经济比较困难，物资匮乏，手表属于奢侈品。栾恩杰父亲工资收入相对较高，而且母亲很会操持家务，生活条件不错。栾恩杰考高中时戴过一块表，那是母亲珍爱的大英纳格表（Enicar）。高一那年，母亲说“你读书要看时间，这块手表给你戴吧”，于是就把手腕上的手表摘下来送给他。

一直以来，父母对栾恩杰的教育都是无声的，一般不讲大道理。母亲送栾恩杰手表时的那句话如同一句无声的嘱咐，更如同送给他的成人礼物，他领会到了母亲的无声的爱与叮咛，备受鼓舞，发誓一定要好好读书，不辜负母亲和家人的心愿。

栾恩杰戴上手表后，听到手表的滴答滴答声，更加真切地感觉到了时间在一分一秒地流逝，一寸光阴一寸金、寸金难买寸光阴，珍惜光阴的意识更加强烈，更加知道要不负韶华、积极进取，学习劲头更足了。这块手表陪伴栾恩杰上课、陪伴他灯下苦读，后来又陪伴他走入大学和研究生阶段、陪伴他走上工作岗位。这块手表，已经被赋予了“家人的寄托”“成功”等意义。后来，栾恩杰把手表交还给母亲，他的侄子考试时也戴过这块手表进考场。如今，这块表被他的弟弟们收藏了，对栾恩杰家人来说弥足珍贵。

四、高三备考，用功读书

我国革命家、教育家徐特立先生说：“一分耕耘，一分收获，要收获得好，必须耕耘得好。”学习本就没有捷径，需要付出艰辛的努力，不经一番寒彻骨，怎得梅花扑鼻香。

高中时代，栾恩杰勤奋努力，特别是到了高三，更是不敢懈怠，心里总想着学习要上进、不能落后。他是家里第一个读到高中的学生，家人对他寄予很大希望。栾恩杰兄弟和睦，他在学习的时候，弟弟们谁都不会打扰他，为他营造了很好的学习环境和氛围。白天，他在学校老师的精心教导下学习功课。晚上，他在家里专门为他定制的一张两头沉的“写字台”前认真复习。他把每周的学习计划表贴到墙上，除了完成老师留的作业，还给自己加码，有计划地复习。

随着大量地做题，栾恩杰已感觉学校的课本不够用。在家人支持下，他经常去齐齐哈尔书店查阅和购买物理、化学、数学等各科习题集，通过邮购的形式订购了很多学习用书，以及全套高三复习资料。

栾恩杰在铁路南局宅文化宫的图书馆办了借阅证，他曾借过老师推荐阅读的《卓娅和舒拉》《青年义勇军》《钢铁是怎样炼成的》等书籍。高考前夕，酷爱数学的他经常借《几何辞典》《代数辞典》等辅导书，抓紧时间看书做题，经常是一周之内就能看完厚厚一本辅导书。面对各科参考书，栾恩杰有压力、更有动力，他把时间安排得满满的。

原齐齐哈尔铁路南局宅图书馆

栾恩杰认为多做题是学习的重要方法之一，只有多做题，才能加强对知识的理解和运用，而且接触各类题型越多，掌握的解题模式就越多，解题能力和逻辑思维能力就越强。为此，他投入很大的精力去做题，特别是做难题，每天要做完 20 道数学题。他的同学赵元强说："栾恩杰很聪明，做题时，做出前几步，不用全解出来，就能推出答案，有的时候就不再往下做了，为了节省时间再做其他的题。"有一次，一位同学到栾恩杰家串门，给他出了一道教科书上老师教过的定理，让他解出来。栾恩杰明明感觉会，但就是做不出来，这对他打击很大，由此认识到自己天天钻牛角尖专做难题，却连最基础、最根本的定理还没有掌握好，说明学习方法有问题，从此他开始专注于夯实课本上的基础知识，巩固强化定义、定理，在充分掌握基本原理、定理基础上总结每道题的规律，学会举一反三。近年来，在栾恩杰出版的论文集里面有一道日照的反射过程当中的问题，实际上就是一道高中平面几何难题，栾恩杰用了四五天的时间消化理解，最后解出来了，并把解题过程写在了论文里，这源于他高中时期深厚的数学积淀。栾恩杰回忆说“如果一个学生真的把学习当作重要事情看待的时候，就会主动学习，注意力就会集中，就一定会有效果”。

1960 年，因为栾恩杰德智体等各方面表现优秀，同班的团支部书记王熹介绍他加入了中国共产主义青年团，他戴上了团徽。

五、大学志愿，认真选择

高考志愿是考生的志向、愿望、爱好、个性和能力等因素的综合反映，规定了考生未来的学业及职业发展路线和发展状态。

高二的时候，母亲的一句话坚定了栾恩杰报考院校的志愿。当时，他父母在哈尔滨，家住在喇嘛台南面的花园街七号，离哈尔滨工业大学建筑系很近。假期，栾恩杰到哈尔滨看望父母和弟弟，母亲指着哈工大校牌，说“你要能考上这个大学就好了，你舅舅就在这个大学毕业，又去苏联留学”。栾恩杰从此知道了母亲的心愿。榜样的力量是无穷的，家人的愿望又成为他选择院校的主要因素，于是哈工大成为他高考志愿之一。

专业的选择与个人理想志向息息相关，只有明确自己的理想志向，才有可能合理地选择自己人生的航标。院校有了方向，专业的选择又成为栾恩杰需要思考的重点。选择电机系专业，源于他小时候当工程师的理想。他的舅舅留苏学习工科、父亲开过火车，都与工科相关。他上学路上经过铁路机务段，偶尔爬上围墙看小学和初中毕业就参加工作的同学做司炉工的全过程，看到他们一锹锹地将煤扔向蒸汽机车炉膛里，火车蒸汽机将直线运动变成圆周运动原理引起了他很大的兴趣。因此，选择专业的时候，他下定决心选择工科，并明确了将来当工程师的志向。此时社会中流传“清华建筑、浙大数学、北大物理、哈工大电机、北师大天文”的说法，电机系是哈工大的重点专业，于是哈工大电机系成为他高考志愿之一。

临近高考，齐铁一中准备推荐栾恩杰等 6 名学生保送哈尔滨军事工程学院。军校招生对身体要求非常严格，栾恩杰在齐齐哈尔市检查身体时因检查出患有鼻炎而作罢。

当时，中国科学院在北京成立了中国科技大学，后来该校迁往安徽合肥。栾恩杰看到该校的宣传单，感觉到其师资力量很强，因此高考志愿报了哈尔滨工业大学、中国科技大学。

1960 年，全国各大高校招生 33 万人左右，除了高三学生参加高考，一些有培养前途的在职工作的人员也参加了高考。通过艰辛的努力，栾恩杰最终以优异的成绩被哈尔滨工业大学电机系录取。

第三章

勤苦求学志更坚

大学和研究生阶段，栾恩杰在家里强有力的支持下，在榜样的鼓舞和学校的严格要求下，坚定了学成报国的志向。老师倾囊相授，栾恩杰勤奋刻苦学习，为后来致力于国防事业并取得卓越成就积淀了丰厚的知识储备。

一、专业调整，逐步入门

1960 年秋季，栾恩杰兴冲冲地带着行李到哈尔滨工业大学（简称为哈工大）电机系报到。

这一时期，正是哈工大创建尖端专业的重要时期。1958 年，邓小平同志在视察哈工大时指示，“哈工大要搞尖端”“要关心国家命运，高等学校要成为突破科学技术的基石”，由此开启了哈工大始终与祖国航天国防事业同频共振的办学之路，形成了“立足航天、服务国防、长于工程”的科学研究优势[①]，并为新中国的国防事业储备人才。

栾恩杰刚把行李放到宿舍，一位老师就走进来跟他说，“你不在这儿了，刚刚把你调到二部”。原本被电机系录取的他因为家庭出身好、学习成绩优秀刚报到就被转到了新设立的国防尖端专业——二部，即四系（自动控制系）二专业（惯性导航与陀螺仪表专业）。他按照指引，带着行李坐车来到了哈尔滨航校附近的二部（省人民委员会附近，现在是航天科工三院二五四厂），成为国内第一批学习“陀螺仪与惯性导航”专业的大学生，这次专业调整奠定了他一生的事业方向。

① 光明数字报，2019 年 11 月 14 日。

现在的哈尔滨工业大学校门

栾恩杰曾说："我的大学专业不是自己选的，可以说是党和国家要发展国防尖端事业时安排的。"他班的同学以及该系二、三年级的同学也是从同年级其他系调整过来的，可以感受到国家在导弹事业发展的关键阶段对人才的紧迫需求。

二部开设航空、雷达、控制、计算机四个专业。1959 年二部控制系称三系，1960 年又改称四系。现在除航空专业以外，其他归属航天学院，仍叫四系（自动控制系）。他回忆说："控制系统的创始人诺伯特 · 维纳在我上小学的前一年，即 1948 年首次提出了'控制论'这一概念，并因此被公认为是控制论的创始人。他刚写完《控制论》，我就上了小学。没想到我读大学学的就是控制，读的就是维纳的控制论。"

二部的自动运动学，现在称为遥控、遥测、遥感，当时称为远程控制，重点学习的课程是控制论。控制论是一门综合研究各类系统的控制、信息交换、反馈调节的科学，着重于研究运动过程中的数学关系。当时讲授控制理论的是罗世杰老师。

由于是新设立的专业，国内缺少惯性导航与陀螺仪表专业这门学科的教学经验，当时两位最著名的苏联留学回国的教授（副博士）讲解自动调解理论课程，一位是薛景宣，一位是范崇惠。由于保密要求，当时的专业课名称用代号表示，如陀螺仪原理代号为10901，教学资料白天上完课统一收走，晚上复习的时候放在大皮箱里由课代表再扛到教室，发给每位学生，学生用完再交回去，空手回宿舍。

制导导航陀螺是栾恩杰要学习的重点课程之一。陀螺仪是飞行器的神经，是飞机与导弹的控制器，是控制器的灵魂。它能够精确地确定运动物体的姿态和方位，广泛应用于现代航空、航海、航天和国防工业中。陀螺仪器不仅可以作为指示仪表，更重要的是它可以作为自动控制系统中的一个敏感元件，即可作为信号传感器。根据需要，陀螺仪器能提供准确的方位、水平、位置、速度和加速度等信号，以便驾驶员或用自动导航仪来控制飞机、舰船或用航天飞机等航行体按一定的航线飞行，而在导弹、卫星运载器或空间探测火箭等航行体的制导中，则直接利用这些信号完成航行体的姿态控制和轨道控制。导弹、飞机、卫星和宇宙飞船要控制飞行的姿态，都要用到陀螺仪。

哈工大在课程设置上特别注重对基础理论的授课。因为是新专业，老师尽可能把相关课程都作为教学内容。用于陀螺仪教学的大多是苏联的课本，尤其是苏联科兹洛夫的陀螺理论，其理论特点是从物理的质点研究开始。栾恩杰对美国相关学派也有一些涉猎，初步学习了毕业于麻省理工学院（MIT）的我国陀螺权威——陆元九教授的陀螺理论。

栾恩杰回忆说：

“教研组主任彭希尧老师在上陀螺原理课的时候，为了证明陀螺最基本的工作原理角动量理论及进动，从质点的动力学开始推导，一整面黑板一步不差地推演完毕，一直写到最终结果，把过程写得很明白，概念讲得很清楚。

“老师可以说是专家级水平，通过这些原理课教给学生们很多知识，这种在课堂上一步一步计算到最后结论的推理方法、每步得到的结果和技术上的结论，都是一种方法论的表达，对我们的科研工作是一个极重要的修炼。

“我们专业的老师为学生们的学习做了‘充分’的安排。我说的‘充分’，是指老师希望我们在大学期间多学些东西。除数学、普通物理、普通化学这些基础课之外，陀螺仪作为精密仪表，还要学习机械原理、机械零件、机械工艺、机械设计、传感器、电磁原理、工业电子学；要学习有关控制系统的理论，包括角速度传感装置、陀螺原理、陀螺系统相关的平台理论、航空仪表理论，以及与陀螺仪相关的各类仪表设计、转子陀螺仪设计；当时属于比较先进的液浮、气浮、静电悬浮陀螺理论也要有所涉猎；对控制系统的专业课、‘调解原理’‘空气动力学’‘工业电子学’等课程都是作为主课学习的。

“这种教学安排对我后来的工作起到了很大的作用，因为在实际工作中遇到的问题并不是大学专业课都能囊括的，学的知识越多对我从事的工作越有益处。我感谢哈工大老师对我的爱护、培养和教育，这是令我难忘和感恩的学校。哈工大给我的知识、方法、作风、为人的教育，我永生不忘。”

哈工大授课科目多。栾恩杰清晰地记得大学一年级、二年级重点学习公共课程，如大学物理、高等数学、政治等课程。大学三年级、四年级重点学习工科普通课程和专业课程，包括材料学、材料力学、铸造学、冶金、工业电子学、仪器零件、标准化、传感器、磁电、力学等课程。

在哈工大，仅数学一门课就教了五年。数学是基础学科，但真正理解掌握并运用、熟练计算却需要一个过程。哈工大老师对数学的每一个概念、每一个公式和定理都讲得特别透彻。哈工大老师既授人以鱼，又授人以渔，谆谆指导学生们如何学习，教育学生知其然知其所以然，为了让学生们学明白，几乎用半堂课的时间把原理全过程演算出来，全班同学认真地看着老师在黑板上演算。栾恩杰下课后自己演算的时候常常出错，心中由衷地佩服老师。他现在依然喜欢与别人探讨专业术语、推导数学公式也是受大学时的影响。

哈工大设立的专业课程教给学生很多与开展国防工作相关的学科内容，对专业理论的深入掌握使栾恩杰收获颇丰，使得他参加工作后很快就能熟悉工作机理、工艺流程，适应研制工作。栾恩杰常说“哈工大老师对学生们负责任，为国家培养了一批人”。在老师启发式的教学方式下，学生大多能独立完成公式的推导和方案设计。

栾恩杰到哈工大上大学是第一次离开家。在家有家人照顾，离家在外，需要自己照顾自己，家人很是牵挂。已经调到广西工作的父亲给他写信，鼓励他照顾好自己，安排好学习生活，好好学习，将来报效祖国。当时出身农民家庭的大学生有助学金，栾恩杰因为出身于工人家庭，不享受助学金待遇。全家八口人省吃俭用、全力支持他上大学，每月都按时足额给栾恩杰生活费。栾恩杰一贯简朴，不舍得买吃穿用品，在学习方面却很舍得投入，学电工学等课程需要绘图工具，他节衣缩食，狠下心来买了当时最好的制图仪、圆规、量规等画图工具。

二、自然灾害，忍饥苦读

20世纪50年代末、60年代初，由于“大跃进”和人民公社化运动中的严重“左”倾错误，新中国面临成立以来最严重的经济困难，栾恩杰刚上大学就赶上了自然灾害和“大饥荒”。当时，“粮、油和蔬菜、副食品等的极度缺乏，严重危害了人民群众的健康和生命”[①]。

① 《中国共产党历史》第二卷。

栾恩杰回忆说："'听党的话，跟党走'是当时共青团员的誓言和我们对党的承诺，'锻炼身体、学好本领、为祖国健康工作五十年'是我们的目标。虽然遇上了自然灾害，但是哈工大师生们展现的却是昂扬的斗志，对党和国家前途充满必胜的信心。哈工大校园里仍充溢着琅琅的读书声，图书馆里的学生们络绎不绝，各项活动从不间断。我入学不久到农村参加劳动，地点在哈尔滨附近的阿城农村，帮助秋收，主要是收玉米。劳动期间，吃不饱饭的同学们能吃上烀玉米、喝玉米粥、吃玉米饼，很是满足。"

国家非常重视和关心大学生的学习和生活，在粮食供给制时代，大学生粮食定量为 35 斤 / 月，而老师当时仅为 27 斤 / 月。每当临近考试，学校食堂想尽办法改善伙食，在课程和活动安排上，尽量降低学生们的体力消耗。但是有限的粮食定量无法满足学生吃饱饭的正常需求，吃不饱饭是经常的事情。饥饿时除了会感觉头晕、心慌、乏力，还会有浮肿的症状，脸和腿等部位一按一个坑。有的同学本来学习基础不错，但是由于整日饥饿、身体虚弱，无法坚持学习，影响了学习成绩。学校规定有两门不及格者补考，补考再不及格者勒令退学，个别同学不得已退学了。因为买酱油不要粮票，系里有同学买酱油回来兑开水喝，结果越喝越浮肿，身体健康受到影响。

此时的国际形势也不利于中国，中国面临着巨大的军事威胁。栾恩杰说："国家要富强，国防要搞好，不能挨打；经济也要搞好，不能挨饿。艰难的时局，带给我这样的信念，在我脑子里深深扎下了根，不仅伴随着我日后在国防和航天领域攻关，还使我即使在老年也时常思考航天技术怎样更好地服务于国家和人民。"

其实，那个年代挨饿的不仅仅是学生，老师也同样挨饿。他们拖家带口，经常吃不饱饭，但他们没有打退堂鼓，仍然坚持从校本部过来给学生们讲课，竭力把自己所学所知全部教给学生。冬天，手上还有明显冻伤的老师不顾寒冷和饥饿，在如冰窖般的教室中坚持给学生们认真授课，下课铃响时老师还没讲完，怕学生们没听懂，跟同学们商量说“能不能再讲一会儿？”学校虽然使用国家统一的教材和教学资料，但是每位老师坚持自己写讲义，把知识和学习方法全部教给学生。他们白天上课，星期天还到学生宿舍补课，学生们都很感动。

1962年6月7日，栾恩杰（后排左四）参加的俄语会话小组结业纪念照

二部只有教学楼，没有实验室。所有的实验室都在哈工大本部，每逢上实验课，就要到哈工大本部做实验，要从省人委走到哈工大大直街，大约要走半个小时路程，坐汽车有三站路，距离并不近。因为饥饿，有的同学无法去做实验。栾恩杰从不缺课，为了省钱，他选择不坐公交车，三站路的距离一路步行。路上，他感觉头晕、眼花、心慌，有一段路从路边爬满蒺藜的围墙爬过去就可以抄近道，少绕远，他爬过去后感觉头更晕了，后来才明白这是由于饥饿造成营养不良，导致低血糖、血容量不足、血压低而引起的头

晕、眼花、心慌等不适症状。栾恩杰还记得二伯父专程到哈工大看他，为他和同学购买了高价甜食，在商品缺乏、粮食紧张、购买食品凭粮票供应的计划经济时代还喝了不要粮票的啤酒，痛快地饱餐了一顿。

栾恩杰努力克服饥饿带来的不适，坚持刻苦学习。他找到一块废弃的三合板修了修，将其铺到腿上，练习《画法几何》（现在叫《投影几何》）等课程。《画法几何》是研究在平面上用图形表示形体和解决空间几何问题的理论和方法的学科，属于机械制图学，与几何既有联系又有区别，需要了解投影机理、把握图上的每个点或线相对应的点或线的投影，栾恩杰起初画不好投影图，于是就反复练习，直到熟练掌握画法为止。眼镜腿坏了一只，他就拴上绳子代替镜腿，想方设法克服各种不利因素刻苦学习，只为了“多学习、长本事”。

三、学习方法，终身受用

栾恩杰在大学期间是班级的学习委员，负责班级学习管理。他经常陪同老师到各宿舍补课，帮助解决30多名同学学习上遇到的问题，努力为同学们的学习做好服务。考试前，他牵头与雷金祥等课代表归纳各科要点，刻钢板、印制学习手册给同学们，引导大家把厚书读薄，理解把握每科学习要点。

大学课程每天都排得满满的，还要经常考试，同学们学习特别辛苦。虽然学校要求一个同学都不能落下，但班上仍有学习掉队的同学。同学们有些吃不消，提出了不少意见。栾恩杰向各科老师反映同学们提出的意见，其中就有希望学校和老师减轻学生负担、少上课、少考试等建议，但是负责任的老师还是按照既定教学计划，一堂课不落地完成了全部教学任务。在这样满负荷、快节奏的氛围中，虽然很辛苦，但是栾恩杰受益良多，他说："学的本事在手，知识是自己的，别人谁也偷不去，多学一点就是福。"

哈工大讲授控制论的老师有一些是从苏联留学回来的，包括控制理论专家薛景宣、范崇惠副教授，他们是苏联著名的控制理论科学家索罗多尼科夫培养的学生。他们常跟学生们说，在苏联留学时最大的收获是掌握了学习方法。因此，他们善于潜移默化地教给学生学习方法，但是"师傅领进门，修行在个人"，每位学生对学习方法的理解和把握都有差异。

栾恩杰认为，学习方法是指通过学习实践总结出的快速掌握知识的方法，它与学习掌握知识的效率密切相关，常用的学习方法包括提前预习、专心听课、多做题、勤于思考、善于做笔记等，同时还要会归纳、总结、提炼、升华，要把书读薄读透，把关键核心的要害的部分搞通，要打通这个"血脉"，就像中医要扎穴位，要扎到穴位才行。学习要善于把别人的知识变成自己的知识，把别人的方法变成自己的方法。做题是非常好的途径，不要把做题当成一种受苦的过程。做题过程中出现的问题可能暴露的是概念的问题，当把问题解决的时候，概念就提升了一步。不管学习什么，真懂才是懂，所以掌握学习方法是学生学习的主要目的，而不是单纯记住一两条定理定律。一旦掌握了学习方法，即使忘了也会推导出来。

时至今日，栾恩杰仍然记得读大学期间"丢丑"的经历。控制理论考试要先考笔试，然后考口试。口试的时候，栾恩杰按顺序进考场抽出一张纸条，上面写着"控制理论最基本的概念是什么"。控制理论研究的就是稳定，因此答"稳定"就是正确的答案。但是他考试的时候由于紧张，一时有些发蒙。从校本部过来的一位很年轻的女老师是主考官，她知道栾恩杰是学习委员，不断启发他，试图往答案上引，但此时栾恩杰越着急越答不出来。于是老师让他画图说明。栾恩杰本想画负载图，无奈还是画不出来。最后在老师耐心启发下，他终于答出来了。虽然口试最终通过了，但是此事给栾恩杰打击很大。从此，他更加重视对概念的理解。

大学时期的栾恩杰

在以后的学习、工作中，栾恩杰跟同事讨论问题的时候，尤其重视明晰定义，如果同事没弄清定义，他就会说，回去先把定义搞清楚，然后再继续讨论。把握概念，了解定义，这是学习、研究最基本的态度和方法，也是哈工大教给栾恩杰的宝贵的财富。在航天科工二院工作期间，栾恩杰把已出版的论文集送给清华大学研究生导师严普强先生，他看得很认真，夸赞说“你在哈工大学得很扎实”，这既是对栾恩杰的肯定，也是对哈工大重视基础、严谨治学的肯定。

栾恩杰各科考试成绩优异，同学们都向他取经。栾恩杰说：“我学习上没有方法，没有方法就是方法。这句话说起来似乎比较绕口，但是学习上确实没有一种方法是省力的，没有一条路是捷径。可能我的学习方法是笨方法，就是多做题，做得越多，暴露的问题就越多，吸取的教训就越大，提高得就会越快。如果不做题怎么知道对或者错。如果不去思考概念问题，怎么知道这个概念掌握得是不是准确、牢固。不要在学习里找巧，想取巧、想走捷径都学不到真本事。因此，在多思考、多做题中学会归纳、总结、提炼、升华，就会有收获。你要是真懂，就不会忘的。”栾恩杰学习优秀，对学习方法有独到的见解，同学王恩秋和哈工大校报记者马洪舒为此对他进行了采访，写了一篇《栾恩杰是怎么学习的》，登在了哈工大的校报上。

1962年2月，栾恩杰（右一）与同学在哈尔滨工业大学电机楼前留影

2006年4月，栾恩杰率领中国国家航天局月球探测中心代表团访问香港高校，受邀在香港科技大学作报告。时任香港科技大学校长的是从事超导、磁性和介电相关材料物理研究的朱经武①。朱经武校长的岳父陈省身是微分几何创始人、著名数学家。朱经武校长拜访栾恩杰并与之交流，他知道栾恩杰从事航天工作，但在谈话中感觉到栾恩杰知识广博，却猜不出栾恩杰所学专业。随后，栾恩杰一行又访问了香港理工大学，与香港理工大学签署了合作备忘录并受邀作了报告，他在报告中强调了学习方法。离开香港后，香港理工大学特聘栾恩杰等三人为名誉博士，2007年举行了颁授仪式，专门为他做了博士服和博士帽。

栾恩杰说，如果想要知识面广并达到一定的深度，那就需要深入研究。而如果掌握了学习方法，不管研究什么都会由表及里、由浅入深、逐步深入，进而取得一定成效。工作中，栾恩杰经常跟同志们说："我们无论做什么工作，都要好好研究，挖一锹就要见到水。只要努力，一定会见到水的。要有信心，要相信这里有水。"

① 2001年7月至2009年8月任香港科技大学校长。

四、功夫到家，学到真谛

哈工大校训“规格严格、功夫到家”是全校师生共同遵守的基本行为准则和道德规范，体现了哈工大严谨务实的教风、学风、校风。“所谓‘规格严格’，就是做事要有规矩、有纪律；‘功夫到家’则是要学到根本，用学到的案例总结出方法，再去应对新的挑战。”在哈工大期间接受的教育，对栾恩杰后来从事的航天事业有很大影响。他说，“导弹和运载火箭都是精密复杂的系统，每一次发射都是‘细节决定成败’，一个螺丝钉或者一根导线的瑕疵，可能毁掉一次发射，造成数亿元的损失。工程师做工程，不仅仅是纸上谈兵，还要结合工程实际做设计。因为设计师可能出现的错误就是：设计方案中零件在图中明明有，但实际操作中却无法安装。为一个新的研究项目设计控制系统，唯有规格严格、功夫到家，才有可能顺利地完成任务”。

栾恩杰刚入哈工大，就接受了“规格严格、功夫大家”的教育。他先上了金工实习课：车、铣、铯、磨、钻、钳及铸，这些他都练过手，受到了实践教育。老师要求，实习结束要拿出一个产品。他的“产品”是一个合页。虽然完成了，但精美度还不够，因此他对“功夫到家”有了深切的体会，深知“好产品”是要下功夫才能完成的。哈工大的实验课要求严格，二部学生要在电机楼和机械楼完成实验课，而与其相对应的实验设计图、实验结果记录、实验结论都必须认真地完成。

哈工大老师都是“规格严格、功夫到家”的典范。栾恩杰特别钦佩哈工大老师的讲课水平，老师们除了学识渊博、教学水平高超

哈尔滨工业大学校训

外，他们的字好、图好，板书也很漂亮。他记得电机课老师画圆时不用圆规等画图工具，手臂一挥就能在黑板上画出一个标准的圆形。受老师影响，他经过苦练，也具备了这个本领。

哈工大老师关于仪表的授课，使栾恩杰获益匪浅。针对老师提出陀螺地平仪的“天地倒置”问题，他设计了光学反射镜方案，从仪表指示的背面得到天地正置的成像，经过多次反射使正面板得到天地正置显示，他将此设计方案交给清华大学毕业的辅导员米成秋老师。

1964 年，毛泽东主席对教育作出指示，指出学制可以缩短，课程可以砍掉一半，学生整天看书并不好，可以参加一些生产劳动和社会劳动，要和工农实践相结合。这个指示在全国教育系统进行了宣贯。哈工大把学生们派往工厂实习，即将毕业的栾恩杰被派往北京航空青云仪表厂（航空二三二厂）实习和进行毕业设计。

栾恩杰回忆说：“实习设计课给我们提出一些课题，根据这些题目，我们进行毕业设计。毕业设计主要是解决工厂存在的方案、工艺、方法等问题。我们几个班来到北京的有十五六个，分成几个组，结合航空二三二厂提出的生产过程中出现的问题进行毕业设计。”在实习过程中，学生们主要协助工厂解决两个设计问题：一是陀螺地平仪（轰炸机的 АГВ–2）在盘旋时怎样使仪表锁定，不产生过大的盘旋误差；二是解决苏联专家撤走后留下的摆式开关里的4个电极加上电解液后对电极的腐蚀问题。栾恩杰结合上述问题，经过认真研究和实践，利用摩擦具有的自锁性能提出了不用加过多零件的“自锁方案”。这种结合工厂实际需求来进行毕业实习和设计的教学安排，锻炼了栾恩杰理论和实践结合的能力。

栾恩杰的毕业论文由北航林士谔教授①的研究生、刚毕业分配到哈工大的冯幼田老师作指导。基于大学期间的理论学习和实习经历，他以陀螺仪自动锁定为研究方向。在导师的指导下，他经过认真的梳理和撰写，顺利地完成了毕业论文。

哈工大5年的学习生活对栾恩杰的成长和工作能力的提高非常重要，栾恩杰说“母校给我能力，母校给我知识，母校指导我学习方法，老师们无私奉献、授人以渔的作风，都使我终身受益、终生难忘，我永远感恩母校”。栾恩杰在工作中以非凡的业绩为母校增光，哈工大也非常关心栾恩杰毕业之后的各方面表现，他取得的每一项成绩，哈工大都引以为傲、倍感自豪。“嫦娥一号”发射成功后，栾恩杰在哈工大作报告的时候说：“我的一切本事都是老师教的，这是真心话。”

哈工大重视思想政治教育，老师在教育中始终注重思想的培养，从唯物史观、辩证法到党史，认真开展学生品德、世界观、方法论的教育。栾恩杰不仅在学习上加倍努力，还牢记父母的教诲，在思想上要求进步，向党组织提出入党申请，表达了入党的愿望。在栾恩杰考入清华大学研究生后，哈工大将栾恩杰的入党申请书及各方面表现的书面材料转交给清华大学，体现了学校对学生高度负责的精神。

① 林士谔教授是“林士谔—赵仿熊代数方程的劈因子法”的创建者。

哈工大校史馆一景（前排右二为栾恩杰）

五、家人支持，考研深造

5年大学学习生活在紧张忙碌中匆匆而过。大学毕业前的一个假期，栾恩杰父亲回齐齐哈尔看望他们，短暂地相聚后，父亲很快就要回桂林。送父亲前往火车站的路上，父亲说“大学要毕业了，你舅舅说还可以考研究生，去问一下学校，如果还想读，家里继续供你念书”。栾恩杰回忆说：“后来考上清华大学研究生之后，才知道研究生有助学金，不需要家里给生活费了，但是父亲的话坚定了我继续学习的决心。”

栾恩杰通过咨询，得知考研要到系招生办报名。因为只有高级讲师以上才能招研究生，哈工大本专业的老师最高职称是讲师，不具备招生条件。选择高校前，他在专业方向选择上动了一番脑筋。大学期间，他掌握了陀螺的原理，感觉国内高校不缺乏理论，但要研制出中国人自己的陀螺仪，特别是高精度的陀螺仪却不容易。因为国内缺少的是工艺、设计、生产、检测，仅靠制造工艺完成不了精密加工生产。哈工大有一个安装到战斗机上的自动驾驶仪，放置在实验室里面，门口有持枪站岗的解放军战士守卫，引起他强烈的好奇心，因此他很想从事高精度陀螺仪等精密仪器的研究。所以报专业的时候，他想从控制理论研究转为精密仪器研究，当时符合他意愿的高校和科研院所只有中国科学院自动化所和清华大学。经过权衡，他认为清华大学机械系精密仪器专业更符合他的志向，因此慕名报考严普强先生的精密仪器专业。

在准备研究生考试的时候，同学们已经去北京航空二三二厂毕业实习，只有栾恩杰留校复习。考试那天，哈工大考场有二三十名考生，一人一桌，铃响后，老师给每名考生一个信封，栾恩杰收到的是清华大学的信封，将其撕开，把考题抽出来开始答题，考试科目为俄语、理论力学、陀螺仪三门课，陀螺仪考试卷上有一道考“电罗经”，栾恩杰之前没有接触过，于是没有解答此题，并在卷子上写明不了解该概念，这也是他一贯“知之为知之，不知为不知”品质的体现。栾恩杰很快答完了，交卷子的时候，很多人还没答完，监考老师看了一眼他的答卷，小声对他说“你考得不错”。栾恩杰刚考完试就立即赶到北京航空二三二厂参加毕业实习，该厂离清华大学比较近，他却从没想过去问问考研成绩和是否被录取等情况。

毕业实习刚一结束，栾恩杰立即回到哈工大，之后很快就面临毕业分配。在毕业前的班级大会上，班支部书记宣布毕业分配学生名单。同学们大都分配到七机部、三机部等单位的研究所或工厂工作，分配名单上唯独没有他的名字。问过之后，他才知道自己已被清华大学录取。他是本系本届考到外校的唯一的研究生，老师、同

1965 年 7 月，栾恩杰（后排左二）在哈尔滨工业大学的毕业照

学们都为他高兴。进入清华大学后，他才知道当年考入清华大学研究生的外校考生也只有他，其他都是清华大学本校的学生。

六、清华岁月，半师半生

1965 年秋天，栾恩杰带着家人的嘱托来到清华大学报到。刚在宿舍安顿好，研究生导师严普强先生就来到宿舍见他。他深为感动，深鞠一躬，行拜师之礼。时隔 42 年后，他还为此写了一首诗表达对导师的感恩之情。

栾恩杰就读于清华大学精密仪器与机械学系。该系前身为清华大学工学院机械系，成立于1932年，20世纪50年代院系调整为清华大学机械制造系，60年代初又调整为精密仪器与机械系。

清华大学

2022年初，栾恩杰在接受清华大学精密仪器系建系90周年采访时说："我有机会到清华精密仪器系读书是我人生的幸运。现在我已经82岁了，回忆50多年前刚进清华园的时候，还是很有感触的，这两天我特意把研究生证书找出来了。我的证书序号是'65研一100'，这个'100'号使我记忆犹新，不由得想起了刚报到的时候，那时候的清华校园既美丽又安静，很适合让思想静下来去读书、做学问。"

清华的3年，栾恩杰享受半师半生、以生为主的工会会员的待遇，工作、学习在教研组，身份是学生。放假回家，买车票半价，看电影、洗澡半价。大学生佩戴白牌校徽，他佩戴教师专属的红牌校徽，每月42元的助学金，年底可以报销书费40元。当时大学毕业月工资是46元，他享受的待遇与大学毕业生相差无几。

研究生归教研组管理，工作学习都在教研组。教研组的研究生还有汤鹤龄、原俊安、于诚义、王全安、汪明。清华的陀螺技术教研组对外称810教研组，组内老师都是踏实做学问的专家学者。教研组把教学与人才培养任务放在首位，注重德育和基础，坚持为国民经济服务和跟踪世界科技发展前沿，每年承担国家重点科技攻关项目。要求研究生具备扎实的数学、物理和力学的基础，在培养过程中十分重视加强工程实践的训练，注重分析问题、解决问题和创造能力的培养。早在1958年，研制了我国第一台数控机床，与美、苏、日并驾齐驱。20世纪60年代，研制了我国第一台劈锥铣，为国防建设作出了贡献。精密仪器专业人才辈出，涌现了包括金国藩、栾恩杰、尤政、周济等在内的中国科学院、工程院院士。这个专业到现在仍然是我国一流专业。

栾恩杰说：

“清华大学要求我们学本事，为祖国服务，充分贯彻了毛主席提出的全面发展的方针。我学的是精密仪器专业，工作在810教研组，从事的研究具有一定的国防性质。清华老师们都很敬业，都是我的榜样，他们的言行对我的影响非常深远。特别是在“文革”时期，我们精仪系最可贵的地方就是研究方向锚定在当时科技的前沿。现在很多科研单位提出来要站在科技前沿，抢占科研高地，50年前的清华的精密仪器的师生已经这样做了，而且研制出了当时精度最高的静电悬浮陀螺。

“在陀螺原理里面最基本的概念就是漂移率等于摩擦力矩，两者是成正比的。摩擦力越大，漂移力越大，怎么解决摩擦力，怎么解决漂移率，大家都在想办法。机械陀螺要靠滚珠磨层，怎么减少磨层的摩擦力、怎么解决重量等问题都值得研究。

“转子陀螺时代谁能在摩擦力上减少一个数量级，谁就是世界前沿。静电悬浮陀螺是当时我们所能够看到的、能够知道的减少摩擦最佳的一种技术出路。清华大学以严普强先生为引领研制的静电陀螺锚定了这个方向，我个人认为这就锚定了当时陀螺技术的前沿阵地，也就是占领了当时转子陀螺发展时代的制高点。”

栾恩杰就读研究生的第一年，正值“四清”运动期间。“四清”

运动，即 1963 年至 1966 年 5 月在部分农村和少数城市工矿企业、学校等单位开展的一次清政治、清经济、清组织、清思想的运动。中央要求高等院校的学生都要参加，栾恩杰刚入学不久就派往北京市怀柔县北房公社参加“四清”工作队，由清华大学精密仪器系 810 专业的党总支副书记王文兰带领开展“四清”运动。

青年时期的栾恩杰

1966 年 6 月，栾恩杰和老师、同学们回到清华大学，此时爆发了一场长达十年、给党和人民造成严重灾难的“文化大革命”。学校按照中央指示，要在文化、思想、理念观念层面彻底拔掉资本主义的根，在“文革”风暴里接受考验。在“文化大革命”的动乱时期，虽然有一段时间学校恢复教学，但没过多久就又陷入混乱状态。栾恩杰与教研组的老师和研究生们一起学习中央文件，了解外面的形势。他属于根正苗红的工人出身，其他师生出身好的并不多，有些人也“挨过整”，但是教研组浓厚的教研氛围没有受到影响。

栾恩杰说：“那个时候，我的导师严普强先生，还有周兆英、顾启泰等老师对学问的追求、对技术的兴趣，远远大于对当时政治的敏感。从这些先生身上受益良多，无论是学术水平、技术水平和能力，还是科研精神，向他们学到了很多。这些老师现在大部分都成为科学家了。在严先生带领下，学生们在教研室、宿舍里谈的大多都是研究项目。在那种政治风浪里面，教研组没有互相批斗，没有出现大的事情，大家关系都比较好，所有人都全身心投入学习研究工作，埋头解决遇到的问题。”

严普强，1929 年 10 月 25 日出生，毕业于清华大学机械工程系。1951—1955 年在莫斯科机床工具学院做研究生，获技术科学副博士学位。1959—1979 年任清华大学精密仪器与机械制造系陀螺导航仪器教研组主任、副教授、博士生导师，是精密机械与仪器测试技术专家，对电控陀螺罗经的理论和技术很有造诣。

栾恩杰（左七）回到清华大学，与恩师严普强（左五）、金国藩院士（左四）以及同学们合影

栾恩杰说："导师严普强先生是很有学问的留苏副博士，他是国务院学位委员会委员，在专业领域很有权威。他为人正直、和蔼真诚、关心学生、很负责任，待我们这些弟子如同亲人，系里的金国藩先生也是很有造诣的学者。当初把我招进清华大学的导师之一的周兆英老师，是清华大学精密仪器系仪器专业的第一届学生，后任清华大学教务长，与我关系很好。他们对我帮助都很大。"

栾恩杰所在的教研组其他老师也都是清华大学培养出来的学术精英，教研组内的研究生在导师带领下，开展陀螺仪表、陀螺制造工艺、静电悬浮陀螺等研究。

严普强率先垂范，为学生们明确了静电悬浮陀螺的研究方向，率领教研组对陀螺仪生产中的关键设备——动平衡机开展研究，把力量转向解决当时陀螺仪器工业生产中迫切需要解决的关键技术。栾恩杰在导师指导下，参加动平衡机等研究工作。

栾恩杰回忆说：

“从严普强先生和教研组老师的身上学习并感受到他们的生活态度、工作精神，他们在困难的情况下仍孜孜不倦探讨技术攻关问题的那种学者风度，锤炼了我踏实、务实、谦逊、直爽的品质。清华注重实践、敢于创新、勇于攻关，在研制转子陀螺‘动平衡机’技术上取得突破性进展。这个对技术、工艺等方面要求极高的动平衡机研制成功，按现在的说法就是打破了外国人的垄断和封锁，令人钦佩。

“清华大学精密仪器系开展了精密仪器研制生产过程当中的供应链的短板攻关，确定了科学和技术工程的路线。因此，与实践紧密结合应该是我们精密仪器系最主要的精神，科研和教育并重，科研引领着教育的进步，教育又推动着科研的发展，互相推进，这就是我们应该传承的精神。

“清华大学既研究技术、产品、仪表，也抓住应用技术基础理论研究，注重科学发展路线的选择，对我从事航天事业，特别是走上领导岗位能够担任总指挥有很大教益，对航天的发展也有极大的影响。

“我觉得，哈工大受苏联影响比较深，注重理论，教材用的是苏联的课本，数学、物理学、控制论等课程也都是苏联的教学模式，教学体系非常严密。清华大学受美国影响，注重实践。两所高校教学模式虽有差异，但解决问题异曲同工。精密仪器系传承清华“厚德载物、自强不息”的校训，在教学理论与实践结合方面，我认为结合得很好。比如，我们810教研组里就有一位在车间负责加工工艺的大工匠，在生产静电悬浮陀螺的各个精密器件的时候，他亲自上手，这是别的院校没有的。”

“文革”期间，栾恩杰上过一些专业课，他学过机械系老师讲授的工艺课程、仪器系老师讲授的各类传感器等课程。他深入地学习精密仪器理论，专业理论基础更加扎实。为深入理解把握陀螺及惯性导航知识，他在大学基础上深入系统地学习陆元九教授的《陀螺及惯性导航原理》。2019年，在庆贺陆元九院士100岁生日的时候，栾恩杰去他家里祝寿，跟他讲述了大学和研究生期间读过他的专著，获益很大。

那时，全国研究生仅千人左右，清华大学也只有几十名研究生，集中住在清华大学三号楼。与栾恩杰一个教研组的研究生分住两间宿舍，他与汤鹤龄、原俊安三人住在一间宿舍，他们年龄相仿、志向趋同，彼此能敞开心扉、无话不谈，在相处的一千天里，成为可以交心的朋友。

栾恩杰回忆说："汤鹤龄和我同岁，待人直爽，是非常谦逊的一位学者，又像一位老大哥，他的事迹曾登过《人民日报》，报道他用两年的时间完成了三年的学业。他聪敏睿智，大家管他叫'汤司令'。毕业离校时，原俊安和我被分配到七机部，汤鹤龄被分配到他的老家江苏省，在南京市科学技术委员会主任岗位上退休。在我下放到陕西眉县兰州军区空军五七干校时，汤鹤龄只身一人过渭河来看我，后来我每次去南京都去看望他，这种同学之间的真挚友情令我终生难忘。"

原俊安跟栾恩杰关系也很好。栾恩杰父母和五弟有一次路过北京到清华大学看望他，原俊安还让他的五弟睡在自己床上。原俊安毕业后分到了中国航天科技集团十三所从事型号研制工作，为我国的战略武器研制作出了重大贡献。2021年9月，原俊安回忆起严普强先生以及与栾恩杰在清华大学的友谊，他饱含深情地说："严先生为人特别正直、老实本分，对学生也很关心。他是系副主任，对学生很负责任，每周要面对面辅寻学生两个小时。那时候全国研究生都比较少，清华只有几十个研究生，我们都在清华大学三号楼，在校时就是看资料、做研究。栾恩杰喜欢做自己编的一套体操，坚持每天做操来锻炼身体。他特别用功，爱看书，总是捧着本书在那看。"

研究生期间，栾恩杰积极要求进步，在政治思想、组织观念、学业成绩等各方面表现优秀，于1966年4月光荣加入了中国共产党。他常说，清华大学给了他政治生命。他在多年以后参加清华大学组织的“院士回母校”启动仪式暨报告会上深情地说：“社会认可清华，清华给她的学生带去了光环。我感谢清华给我提供良好的学习和研究条件，培养我入党，还给了我报效祖国的机会，把我送入航天系统，这是母校给我的荣誉。我感恩清华，永生不忘。”

三年研究生学习生涯匆匆而过。这期间，栾恩杰和同学们在“四清”“文化大革命”等运动中经受了洗礼，深入学习专业理论，参加精密仪器基础研究与实践，积累了丰富的专业知识，写了很多研究笔记。由于受“文革”影响，学校没有提交毕业论文的要求，也没有举行毕业仪式。在栾恩杰个人档案中有关于补发毕业证等情况的记录。

栾恩杰（前排左三）在清华大学读研期间和精密仪器与机械学系全体研究生同学合影

毕业时，学校曾询问栾恩杰本人工作志愿，栾恩杰非常向往国防系统第七机械工业部，特别是在那里工作的职工曾经属于军队建制，穿上军装很帅、很有气质。征求意见时，他明确说“我要搞国防”，教研组的领导和老师也认为他去国防领域工作更合适。又问他：“去不去内蒙古？”栾恩杰说：“我去。”

栾恩杰回忆说：“到七机部来，我感到很幸运，是清华810教研组的领导和老师们把我送到七机部工作，这过程要经过组织的严格考察。我入党了，又是工人子弟。当时很注重家庭成分，只有贫下中农、工人子弟才可能进入国防系统工作。我的有些同学因为政审没通过，根本从事不了国防事业，所以那时候能进国防系统工作是非常幸运的。从那时起，我就没有离开过国防和航天事业。我所做的一切都是源自清华大学为我铺就的路，没有清华大学就没有我参加祖国国防和航天重大工程的机会。”

第四章

立志航天磨一剑

栾恩杰从事的航天事业在内蒙古拉开了帷幕，因为研制工作需要，他又来到北京，从技术员、工程组组长一步步走到单位负责人岗位，技术能力和管理能力都得到提升，成为固体潜地战略导弹研制工作带头人。

一、初入航天，干校劳动

1968 年 4 月，清华大学研究生毕业的栾恩杰风尘仆仆地奔赴内蒙古，前往第七机械工业部第四研究院（简称为七机部四院）报到。

栾恩杰被分到了七机部四院四部四〇三室。他回忆说："四院的任务是研制固体火药、固体推进剂发动机、固体推进系统、固体喷管系统及其控制系统。我被分在四部四〇三室。四部是固体发动机研究院的总体部。四〇三室负责控制系统研制。在研制某型导弹的时候，我是总体室的技术员。"控制系统是型号研制的中枢神经，引导导弹准确击中目标，因其强大威力，同事们形容控制系统为"负责导弹的稳、准、狠"。

进入四部四〇三室工作的栾恩杰对控制系统和从事的研制工作有了初步了解，正当他开始参加研制任务时，1968 年 10 月，按照上级要求，他和新毕业的研究生和大学生被派往五七干校"接受工农兵再教育"。

"文化大革命"期间，为了贯彻毛泽东主席的《五七指示》精神，党政机关干部、科技人员和大专院校教师等知识分子被下放到五七干校进行学习和劳动。五七干校选址一般都在偏远、贫穷的农村，中央国家机关在全国 18 个省区创办了 105 所五七干校，先后遣送、安置了10多万名下放干部、3万家属和5000名知识青年，而各省市地县办的五七干校更是数以万计，在那里接受改造的学员有数十万人。在五七干校，无论资历深浅、职级高低，都被称为“五七战士”或者“学员”。学员按照军队编制，编到连、排、班，由军宣队或工宣队管理，过军事化的生活，响应“磨一手老茧、滚一身泥巴、练一颗红心”的号召，从事农业体力劳动。

栾恩杰所在的五七干校位于秦岭主峰太白山脚下的陕西眉县“兰州军区空军农场”。该干校由兰州军区空军102部队负责管理，又叫“兰空五七干校”，部队官兵非常爱护在这里接受改造的知识分子。四院派往五七干校的有清华大学毕业的曾任全国学联副主席的张福森，还有清华大学毕业的栾恩杰、北京理工大学毕业的侯林法、北京航空航天大学毕业的李高风三位研究生，以及其他大学毕业的同事。五七干校每月给学员发工资，研究生工资为56元/月。

栾恩杰是一排三班学员，指导员和班长都是军人，班长张继和是四川仪陇人，当时才十八九岁，比学员们都小，他与学员们一起经历了收获的欢乐，也一起经历了洪汛等自然灾害造成的险情。栾恩杰写的“班长似弟我似哥，夏收支农蔡家坡，洪汛突来渭水怒，以锹代桨渡险河”① 等诗句抒发了与班长之间诚挚的友情，展现了五七干校劳动的场面。

初春的一天早晨，水田里还有冰碴，学员们光着脚下田搿稗子，正在专心致志干活的栾恩杰的脚指头被锋利的稗子划开一道口子，血流不止，同班姓邵的学员见状立即带他去卫生所处理伤口。据与他一起去五七干校的李高风回忆：“栾恩杰干农活不是很在行，但他很拼命。有一次，在干校石质地面打水井，我俩一起在井底挖石头，栾恩杰一直在用力干活，非常辛苦，但从来不喊苦。”

① 栾恩杰诗词集《村子情怀》第86页至第87页《班长》，写于1970年。

五七干校劳动场景

五七干校的艰苦岁月磨炼了每一位学员的意志，促进了他们的成长。栾恩杰说，他在此期间受到了很大的教育，对人生观、世界观的形成和责任心的塑造，以及对个人修养、品德培养、社会能力增长都大有裨益，锤炼了遇到困难必须坚持到底的意志。艰苦的环境、农村劳动的改造，丰富了他的人生阅历，锤炼了意志品质，为他回到工作岗位作贡献积蓄了力量。

善于学习思考、文笔好的栾恩杰很快成为五七干校毛泽东思想宣传队队员。按照要求，他经常深夜起来到驻地生产队宣传毛主席的最新最高指示，宣传毛泽东思想。李高风说："栾恩杰领会精神快，写稿子编顺口溜是好手，还学了几句眉县的地方戏'眉户剧'，在干校组织的八一建军节拥军爱民活动中还能唱几句，受到当地贫下中农的称赞。"

栾恩杰在五七干校接受了一年半再教育，1970年初，他回到七机部四院。离开前，他获得"队前嘉奖"，受到了干校首长的表扬。他很重感情，从五七干校回来后，他和李高风说："只要有兰空农场的老战友来京，一定要和他们聚聚。"后来，每当与五七干校战友聚会时，他都与大家一起促膝谈心，非常开心，仍保留着那份共同奋斗的战友之情。

二、潜地导弹，开展研制

栾恩杰从五七干校回到内蒙古后，开始着手开展“巨浪”潜地导弹研制工作。他说：“说到‘巨浪’潜地导弹，不得不提中国核潜艇研制之路。”

1958 年 6 月，我国第一座试验型原子反应堆开始运转。主管国防科研工作的聂荣臻副总理抓住这个契机，立即召集海军、中国科学院、国防部五院，以及第一、第二机械工业部的领导，就研制核动力潜艇进行了研究，并向党中央递交了关于研制核动力潜艇的报告。1959 年 9 月 30 日，时任苏联党和国家最高领导人的赫鲁晓夫来华参加中华人民共和国成立十周年庆典。毛泽东主席当面向他客气地提出请苏联帮助中国研制核潜艇的愿望。赫鲁晓夫却说：“核潜艇技术复杂，价格昂贵，你们搞不了！你们也不用搞，苏联海军有这种武器，同样可以保卫你们。”赫鲁晓夫的这句话深深地伤害了毛泽东主席的民族自尊心，他坚定地回答赫鲁晓夫：“核潜艇研制，我们自己试！”事后，毛泽东主席发出了“核潜艇，一万年也要搞出来”的庄严誓言。自此，我国踏上了独立研制核潜艇的艰苦征程。

20 世纪 60 年代中期，美、苏等强国已形成地地洲际导弹、潜地导弹、战略轰炸机组成的“三位一体”的战略威慑体系，其中的潜地导弹是指从潜艇发射的用以攻击地面目标的导弹。潜地导弹和潜艇构成了潜地导弹武器系统。经过论证，七机部决定先研制与核潜艇配套的固体潜地战略导弹。虽然研制固体潜地战略导弹的周期可能更长一些，困难也更大，但能在战略核武器发展中真正起到推动作用。

1965年3月，周恩来总理亲自主持召开会议，宣布正式启动核潜艇研制工作。考虑到固体导弹在航天技术中的重要性，形势的发展迫使与核潜艇相配套的潜地导弹研制也要相应提速。随后，中央军委会议提出争取提前研制出固体导弹的要求后，立即着手制定我国固体战略导弹发展规划。

1967年，国防科委经与军方及七机部共同研究后，决定集中力量开展固体潜地导弹的研制工作。首先，国防科委和海军联合召开潜艇总体方案审定会，根据潜艇要求，确定了"巨浪"潜地导弹的总体方案和战术技术指标。其次，召集方案审定会，确定了总体方案，明确了任务分工。自此，潜地导弹的各项研制、试验工作陆续展开。

七机部四院在正式接受研制任务后，立即开展了"巨浪"潜地导弹的方案论证工作。在此后的八九年中，研制工作除了受到"文化大革命"的干扰外，在技术上、研制条件上也遇到了比液体燃料导弹更多的困难。一是固体导弹发动机所需的各种特殊的原材料均是国家空白，材料工业部门需要投入很大的力量进行攻关；二是固体导弹对弹上仪器的小型化有严格的要求，大大增加了精密机械和电子仪器的技术难度；三是由于研制固体导弹的领导体制多次变化、研制基地多次搬迁，科研生产急需的条件建设赶不上型号研制的需要。另外，在1967年确定总体方案时，由于对技术指标要求过高，加上当时的技术薄弱，又缺乏预研基础，给研制工作带来很大困难。因此，在确定任务后的十年间，固体导弹的研制工作进展十分缓慢。

1970年，四院总体部因研制任务需要进行了机构调整并迁往北京。栾恩杰说："七机部在'潜地导弹'研制方案论证方面做了很多工作。然而，全国固体发动机型号的需求较多，四院如果集中力量进行固体潜地导弹研制设计工作，将无法顾及其他型号固体发动机的研制任务。四院是按型号院发展还是继续按发动机专业院发展，在七机部内部曾存在过争论。如果组建新的发动机专业院来研制其他型号的固体发动机，一来缺乏经费，二来还要从头起步，难度很大。因此，钱学森和四院院长林爽、副院长杨南生经过全盘考虑之后，建议七机部四院仍然按发动机专业院发展，同时建议将‘潜地导弹’研制任务划归七机部一院。钱学森向中央进行了汇报，中央很快同意了钱学森的建议。经周恩来总理批准，为加快与核潜艇工程配套的导弹研制进程，决定把四院总体部设计人员从内蒙古迁到北京，纳入新成立的研究所。‘潜地导弹’研制任务是新研究所承担的一项极其重要的任务。”

三、工程组长，率先垂范

1970 年 4 月，随着四院总体部迁到北京，栾恩杰和同事们坐火车来到了北京，成为十七所的一员。

十七所主要由公安部十二局七所和七机部四院四部四〇三室、老四十三所在京学习的同志、三七九厂部分骨干、从十二所调来的业务骨干、当年毕业的大学生组建而成，隶属七机部一院，地点在木樨地。一院选派以陈德仁所长为首的一批技术骨干充实了十七所的研制力量。

栾恩杰还记得十七所建所初期的情形。单位河边有几垅菜地、一口砖窑和修地铁时留下的钢架房，办公楼是公安部七所的半幢楼以及八一一厂主厂房三层，科研工作环境可以说是白手起家，而且几个单位的同志组合在一起需要有一个磨合的过程。当时的职工居住条件也非常紧张，结婚后能分到一间不到 10 平方米，并与另一家合住的、共用一个小小的厨房和一个转不开身的卫生间的房子就已经很幸福了。十七所为了解决职工住房困难，领导和群众一起用土坯盖平房，自建托儿所，解决年轻夫妇的后顾之忧。尽管生活条件艰苦，但大家为能够参加“巨浪”潜地导弹研制而感到荣幸，都很珍惜为国防现代化贡献自己力量的机会。1971 年 1 月，栾恩杰与王胜萍喜结连理，随后两个孩子相继出生。妻子王胜萍全心全意支持栾恩杰的工作，使他能够一心扑在研制工作上，是他得力的贤内助。

型号研制工作的重点是固体导弹发动机。它由两级固体火箭组成，控制系统为平台计算机全惯性体制。它的特点是：由于受潜艇容积制约，对导弹尺寸、弹头核装置与装弹仪器设备都有严格的小型化要求，固体导弹的体积比液体火箭小得多，因而要求弹上各种仪器必须轻、小型化；导弹由潜艇水下发射，水面点火，因此设计要求高；由于装载于潜艇上，使用环境恶劣，需要具备“三防”（防盐雾、防油雾、防霉菌）的特殊措施，还要解决因导弹从水下发射给总体和各分系统设计带来的一系列复杂而特殊的技术问题，需要研制人员花大力气，从头开始，全力以赴去探索、去攻关。

从控制系统方面来说，水下弹道、出水姿态控制、三轴运动状态下的瞄准等都是亟待解决的新课题。十七所研制任务可以概括为“自检瞄发”。“自”是指自动化测试仪；“检”是指地面的检测控制台，主要靠人工检测；“瞄”是指瞄准控制台；“发”是指发射控制台。“瞄”的任务由瞄准工程组承担，这是由控制系统抓总的组。

栾恩杰在十七所总体室担任瞄准工程组组长，负责系统参数、指标的论证、分解、下达和验证。瞄准工程组的任务是要实现在一个动基座下进行精确的方位瞄准，类似马上射箭、汽车上开枪、飞机上射击，对动态瞄准的要求更加复杂。栾恩杰回忆说：“我在刚组建的单位担任瞄准工程组组长，承担艰巨的任务，责任重大，压力巨大，但同时也是一个很好的锻炼和成长的机遇。”栾恩杰的同组人员有陈京生、梁士元、刘改之、刘桂荣、张艳荣、杜英乔、薛扬民、杜有德、张彪等同志。同组中，栾恩杰属于“新同志”，而其中的

“老同志”也不过是1965年毕业参加工作的年轻人。

潜地导弹瞄准系统非常复杂，是第一个以数字量进行计算和输入的控制系统。艇态瞄准是动基座、三轴运动状态下的瞄准，加上水下发射，对瞄准工程组来说是一项全新的技术，需要攻克一系列难关。比如，要解决数据变换与信号处理等问题。

根据自力更生的原则，固体导弹技术指标的确定和技术途径的选择要充分利用我国已有的技术基础，特别是要利用我国液体燃料导弹研制的成果和经验；要求原材料、元器件的供应都要立足国内。栾恩杰说：“这个潜地导弹不仅在中国，在欧洲、美国和苏联都是作为绝密武器进行研制，很少能看到公开的报道信息。”① 在千头万绪的工作中，“巨浪”潜地导弹研制团队首先聚焦的是如何在国力薄弱

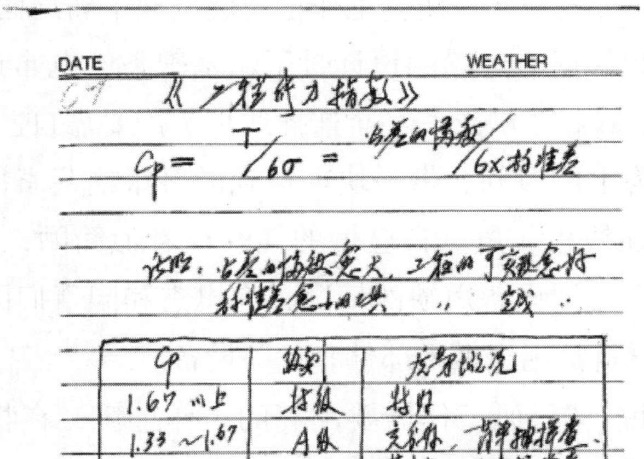

栾恩杰的工作笔记

① 引用中央电视台记录频道大型电视系列纪录片《军工记忆》第二集“巨浪一号”潜地导弹，本章相关内容参考该纪录片内容。

的情况下尽快加快研制进程，瞄准工程组也是在一穷二白的形势下从头开始，从基础设备的到位到研制工作方案的制订，栾恩杰边学边带领大家有序开展各项工作。

万事开头难。没有资料，没有图样，没有样品，没有经验，国内基础薄弱，国外又进行严密的技术封锁，瞄准系统研制技术难度大、攻关课题多、研制队伍新、技术协调复杂，栾恩杰在十七所领导和室领导的指导下，逐步明确了瞄准工程组的方向，确定了瞄准工程组的研制重点和目标。他回忆说：“我们常用‘一无图样、二无资料、三无人帮’形容我们独立自主研制的状况，我们的潜地导弹研制始于‘苏联不帮、美国禁运’的双门禁闭状态下，毛主席‘一万年也要搞出导弹核潜艇’的号令已经把全国人民动员起来。我们自力更生、艰苦奋斗，研制工作很快就出现了新局面。”

当时不仅缺乏有经验的设计骨干，基础条件也非常薄弱，仪器设备和物资材料相当缺乏，甚至连插线板都需要靠自己动手去解决。栾恩杰利用晚上的时间，带一块木板到同事张艳荣家，请她爱人帮忙一起制作插线板。虽然自己做的插线板看似简陋，但却很实用。面对零部件和常用设备短缺的情况，栾恩杰和同事们因陋就简，凡是能用上的材料都用于做零部件和相关设备。

栾恩杰说：“科研工作需要配套的工作环境，在物质匮乏的艰苦条件下，要逐步解决研制基础设施、基础条件、技术条件等问题。瞄准工程组的工作环境、工作条件的建设有赖于十七所的大环境，与十七所同频共振。虽然正值“文化大革命”期间，但十七所没有受到太大影响，在陈德仁所长领导下，大家自己动手，改造环境，依围墙建起一排小平房，成为‘巨浪’潜地导弹地面测发控系统实验室。陈德仁所长和年轻人一起用热枪焊接塑料地面，在八一一厂主楼三层改建综合实验室，为各系统研制提供实验环境。”

潜地导弹研制的电子设备全部采用国产元器件，国家配套的元器件厂对器件进行成百上千次的筛选，把最好的元器件用于国防事业。十七所研制的设备元器件经过了多次更新。技术人员亲自下车间进行切割、打眼、焊接，工人师傅和研制人员为完成共同目标而日夜兼程。描图员根据设计完成的草图描摹、一次次修改设计，力争达到最好的结果。

栾恩杰从元器件老化实验抓起，从一个个参数调起。组内每人的桌子上都有一些试验仪器，他办公桌上的试验仪器更多，体量也更大，甚至把仿真试验用的木质平板都铺在办公桌上，上面除了放设备，还要办公。

瞄准系统研制工作按照要求有序开展，栾恩杰和同事们开展了技术设计、艇上结构调研等工作，为制订瞄准方案做好充分的准备。为了掌握第一手资料，他派同事去相关单位调研学习。随后，他多次主持召开瞄准技术方案讨论会，制订了“陆上瞄准方案”“井下瞄准方案”“海上瞄准方案”，并指定方案的负责人。为推进方案的落实，他每周都要组织召开全组工作会议，由各个项目汇报工作进程，讨论技术方案和细节，对遇到的技术难题组织研讨，集思广益。栾恩杰对每个环节都要求要有充分的论证，心中只有一个意念，就是“控制系统不能在瞄准工程组耽误，潜地导弹这趟列车不能在瞄准工程组晚点”。他对各方面都要充分考虑和统筹，不管是陆上、艇上各种试验，还是外协单位的协调、沟通、联络都要兼顾。比如，要考虑与其他单位的合作，要统筹瞄准控制台与地面和艇上的综合控制台协调，要确保弹上控制放大器与综合系统协调，还要做好大量的沟通、协调、论证等工作。栾恩杰回忆说：“发射前要完成‘调、瞄、装’三件事，要把基准调好、方位瞄好、参数装订好。只有调瞄装完成得好，才能完成‘稳、准、狠’。”

20世纪70年代，微机没有诞生，先进计算设备还没有出现，用于工程计算的计算机在国内寥寥无几。当时一院七〇四所有一台中国科学院研制的109丙数字计算机，采用翻译Algaol60的中文BCY编译软件，这是七机部的“宝贝”，研制工程需要计算就要换乘几次车赶到东高地去上机，上机时需要用凿孔机把计算用的程序和数据打成纸带上的孔，试验数据要手工一点一点地点在坐标纸上，然后用曲线板连成光滑的曲线。当时比较得心应手的计算工具就是三角板、量角器、曲线板、典型运动环节的样板、圆规、计算尺、手摇计算器，栾恩杰能够非常熟练地使用这些工具计算数据。

由于装备在核潜艇上，“巨浪”潜地导弹体积较小。为了实现仪器的小型化，1970 年，国防科委专门组织了由各研制单位参加的控制系统小型化联合攻关。根据研制工作部署，栾恩杰在组内对瞄准设备提出“小型化”“轻量化”“坚固化”等新要求。栾恩杰要求组内成员各负其责，做到每件事都有责任人，每项研制计划都有人负责。全组团结协作、齐心协力、顾全大局，对交付的任务、要求的指标，从不讲条件，对研制任务充满必胜信心。

国家重要工程研制需要一整套人马和一系列单位的配合，“巨浪”潜地导弹的研制是举国体制下的重大工程，集中了各单位的精兵强将。涉及众多单位参与，各系统的集成性、复杂性是潜地固体战略导弹研制的重要特点。栾恩杰说：“举国体制确实出人才、出成果。现在回头看，研制队伍集中了国内一流的专家，有的专家后来成为中国科学院、中国工程院院士，研制工作最终的胜利是全体研制人员发扬航天精神、全国大协作、无私奉献、不计名利的结果。”

十七所与很多国内技术比较前沿的单位都有密切合作。栾恩杰回忆说：“参与合作的单位各负其责。十七所瞄准工程组负责瞄准系统，其中的光学系统由中国科学院的相关单位负责，并由十七所批复。可以说，瞄准系统作为整个导弹控制系统的重要组成部分，是由十七所和中国科学院所属单位共同完成的国家首创系统。”

中国科学院负责的同志不但为系统研制提供全所力量的保障，还为光学接收器的设计提供具体的技术方案。中国科学院长春光机所的老所长、两弹元勋王大珩院士对瞄准系统的研制也十分关心，经常在队伍做光学系统实验时亲临现场。”

瞄准系统作为地面系统中第一个应用数字化技术的系统，从对数字信息进行处理、运算、功率放大到执行，要应用数字技术完成。经过反复论证，瞄准系统采用了中国科学院提出的光电方案，研制单位加强技术创新，消除了艇体变形对精度产生的影响，为此获得国家技术发明奖二等奖。

随着研制工作的逐步深化，瞄准工程组配合开展了艇变形测量等各种试验。由于试验潜艇的结构特殊，研制的“巨浪”潜地导弹瞄准设备只能固定在艇内的耐压壳中，瞄准设备中的光路实现、瞄准接收器的基准与信息接收都需要在艇内完成。如果在试验艇状态下，这些测量仪器需要放在艇外时则需要几根贯穿艇内、艇外耐压壳体的电缆，因为潜艇要下沉至水下发射导弹，一般电缆不能保证水的密封问题，急需一种“水密电缆”。栾恩杰在国内多方查询，知道了上海电缆厂有能力研制这种电缆后，多次往返京沪协调落实，最终攻下了这种电缆。

进行首次水下发射没有“前车之鉴”，试验中面临着水下几十米时瞄准窗口玻璃的材料及厚度、安装结构等事关艇体安全的重大问题都需要逐一解决，而且经过理论计算后还要经过实际验证。有些科研单位提出石英玻璃是第一选择，但是石英玻璃很贵，当时每块价格高达3000多元。组内同志提出更换材料的建议，得到栾恩杰的大力支持，试验后取得成功。因为更换材料，大大降低了成本、节约了资源，并因此获得奖励。在后来的型号中，瞄准窗口均采用此材料，得到广泛应用。

美国“北极星”研制过程中采用了水池造浪技术。为了模拟水下发射环境，瞄准工程组参与了“造水池”任务，栾恩杰多次调研其可行性和必要性，但是发现水池造浪存在投入大、周期长的问题。上级机关研究决定走一条自力更生之路，通过海上试验进行验证。

他多次参加海上模型弹试验，身先士卒，与现场人员想在一起、干在一起。最终，试验验证了取消造水池的必要性和实弹射击的可行性，不但为国家节约了资金，而且大大缩短了研制周期。

根据当时的国内条件，为增大艇发射时的艇瞄准角以提高潜艇发射安全性，瞄准工程组提出了平台方位传感器数字化，扩大瞄准范围随机机动的瞄准方案，获得国防科委三等奖。为适应部队作战需要，对瞄准系统快速定位、快速瞄准提出了更高的要求。在栾恩杰带领下，瞄准组着手开展定位、定向课题研究，获得国防科委二等奖，并将这些成果应用于后续型号中。之后，十七所瞄准技术团队继续开展深化研究工作，研制工作最终圆满地画上了句号。

栾恩杰才思敏捷，善于想办法。针对“没有现成的试验平台，如何模拟潜艇在水里运动”等问题，他带领瞄准工程组积极开动脑筋、思考解决方案。他们在十七所的简易实验室里自制了一个可模拟潜艇方位、可调整的平台，解决了不少实验难题。而今，当时用手控制的平台已经演变为自动测试平台。

为模拟比较接近于海上潜艇的动态环境，1976 年 6 月，陈德仁总师和栾恩杰带领研制人员及工人来到长春，利用合作单位研制的仪器模拟艇态进行首次瞄准模样动态匹配试验。栾恩杰对此次试验进行了充分的准备，在试验的关键时刻到现场解决问题，在那里待了接近 50 天，试验最终取得成功。试验的成功不仅加深了设计团队对艇态瞄准技术特点的理解、考核了方案及模样设备的可行性，也为下一步研制打下了基础。7 月 28 日，正值河北省唐山丰南一带发生强度里氏 7.8 级地震，当时通信不通、情况不明，栾恩杰和队员们只得暂时滞留在长春。

按照研制总体要求，各系统都要配合全系统的试验程序，瞄准组所有设备的元器件必须在组内先完成环境试验，再接受各类试验的考验。试验车载着瞄准设备去过很多偏远地区，做跑车试验时专门选择路况比较差的公路。跟车试验人员大都受不了颠簸，呕吐不止，但是大家还是凭着顽强的毅力坚持了下来。在做强光试验时，试验人员头戴草帽在太阳底下坚持到最后。高低温试验由技术人员来做，把办公室作为实验室，用高低温箱来做筛选考核试验，经过筛选之后才能上机。这在当时没有先例，试验数据出来后，要经过滤波，要经过人为的数据处理、检验，把数据挂到墙上逐一检验和分析。栾恩杰组织组内和相关单位开会讨论分析程序、方案、数据，加班加点已成为习惯。

试验中的各个环节都需要协调，比如，要协调外协单位参加试验，这也是必须的程序。栾恩杰多次召集、协调负责装配瞄准系统装置的造船厂的技术人员和工人到试验现场参加试验。随着设计工作的日益成熟、试验经验的日益丰富，他指导大家制定瞄准系统设计和试验程序。在大家的共同努力下，所有设计和试验程序，包括程序设计、过程设计、验证性设计等设计和程序完全是自主设计、自主创新，其严格的研制程序、精准的指标要求，以及规范的设计和试验模式已成为标准，被后续型号传承。

黄纬禄总设计师、十七所陈德仁所长高度重视瞄准系统的研制工作，对栾恩杰工作非常支持并予以指导。海军主管部门专家对瞄准系统也很关心，在系统验证及实证等方面给予了充分的支持和帮助。为了证实瞄准系统可以在运动的潜艇具有纵摇、横摇、水平方位摆动和直线运动这四维运动条件下方案及实现的状态与精度，专家们组织了一次在艇上的大型实证——瞄准精度验证实证，试验结果完全达到要求。随后，在系统研制中组织完成了半实物仿真试验。

然而，“巨浪”潜地导弹在研制工作中并非一帆风顺。在进行模型弹试验的时候，栾恩杰跟随试验队去了靶场，住在小平岛庙沟，试验队员们自带行李，床上铺着草垫子，住宿条件简陋，生活条件十分艰苦。

试验开始前，栾恩杰坐在训练船上，距离发射地点一二百米。

潜地导弹设置在潜艇发射筒里面，每枚导弹在发射时首先需要把发射筒盖打开，指挥员在艇内发出指令。有一位现场工作人员，手里拿着挂着绳的秒表，低头检查时无意中将秒表绳碰到开关面板上的按钮开关，导弹内设时钟被打开并通电，导致未待指挥员发出指令，程序已经开始工作了，试验中由于没有按预定程序发射，造成了这次试验失利。黄纬禄在试验现场代表航天工业部讲话，他说这件事不怨现场工作人员，主要是因为我们没有报警系统，没有故障显示装置。我们工业部门应该在设计的时候考虑到出现了这样一般事故或者故障的时候，应该怎样处理，以后设计要做到这一步。栾恩杰听了受到很大教育，黄老总在试验失利的时候先把责任揽过来，充分体现了勇于承担、顾全大局、认真负责的航天传统精神。在开展型号研制和管理工作中，栾恩杰对“严、慎、细、实”的理解更加深入，后来在他负责的武器系统的研制，包括在航空航天工业部分管所有导弹的研制工作时更加重视从小事、细节抓起，高度重视质量管理和安全性设计。

栾恩杰派组内同志参加艇上发射试验。艇试是非常重要的试验，对参试人员来说也是一个巨大的考验。上艇不是简单的事情，具有一定的风险，需要经过训练，参加艇上试验的人员要写志愿书。参试人员置身于封闭的舰舱里，身后就是燃气发生器，如果发生问题，将会很危险。瞄准系统对准目标容易，保持住不动且确保准确率却很难，这对参试人员及新研制的瞄准系统来说都是极大的考验。最终，参试人员冷静沉着地完成了规定任务，考核顺利通过，这件事被敏锐的记者捕捉到并写了一篇宣传稿，刊登在当时的《人民日报》上。

经过艰苦细致的努力，瞄准工程组的研制工作取得了可喜的成绩。参加靶场试验、五车联动跑车试验均取得了成功，得到用户的肯定，投入批量生产，并装备部队。在国庆阅兵队伍里就有他们研制的车辆，同志们看到后激动万分、热泪盈眶，心中喊着“祖国万岁”。

栾恩杰着眼于长远发展，积极组织开展预先研究工作。他要求预研工作人员从学习和了解定型型号资料开始，结合组内在研型号瞄准系统原理，边学、边消化、边预研，旨在解决近距离瞄准问题，提高武器的机动性能。他从武器系统瞄准设备种类、构成、原理，以及在瞄准系统中的作用等方面与大家进行交流研讨，拓宽组内成员的视野，形成了我国未来瞄准系统向自主定位、快速定向等方向发展的意见，预研工作开展得很有起色。

在一次国际防务科技展览会上，栾恩杰认定定位定向系统是一个研究方向，立即组织研究，并得到了上级的支持。航天惯性导航技术元老陆元九院士非常关心十七所预先研究工作，给予了极大支持和肯定。几十年来，十七所一直坚持这个技术路线，如今以瞄准工程组为基础发展起来的研发中心结合新技术开发了一代又一代的定位定向系统，为我国国防事业现代化作出了重要贡献。

在紧张繁重的研制工作中，栾恩杰与大家团结协作、互相支持，同事之间结下了深厚的友谊，营造了和谐友爱、敢于战斗、奋勇向前的氛围，团队成员之间互相关心、互相帮助、互相理解、互相包容。

十七所瞄准工程组的老同事们都说，栾恩杰知识渊博、管理有方、平易近人、乐于助人，是一位好领导、好老师、好同事。瞄准工程组的女同志较多，栾恩杰充分发挥女同志“半边天”的作用。组内同事有时因为工作出现矛盾，他都会及时化解。他强调做人要大度、待人要宽厚、处事要真诚，要团结一切可以团结的力量。他说：“矛盾处理好了，就是积极的力量。正如毛主席所说的‘团结一致，同心同德，任何强大的敌人，任何困难的环境，都会向我们投降。谅解、支援和友谊比什么都更重要’。”

栾恩杰在同事遇到困难时立即伸出援手，及时帮助解决。那时组内人员家里的孩子都很小、容易生病，每当同事带孩子去医院时，他会安排其他同事陪同前往。同事家里如果有老人来京，栾恩杰都会到家里看望。每年春节，栾恩杰都和同事们骑自行车去各家拜年。1976 年，唐山大地震的余震致使木樨地地区的供暖大烟囱倒塌，十七所 15 号门单身宿舍的楼顶烟囱也倒了，情况紧急。栾恩杰正在挨家挨户检查，想看看大家是否都搬进抗震棚。李高风当时住在木樨地 17 号门四楼，在家里正在发愁，栾恩杰上楼后迅速出手，很快就把双人床的床板从狭窄的楼道拖了下去。这床板很重，平时一个人都很难拿动，但栾恩杰一发狠一个人就给拖下去了。他担任组长期间，无论谁家有事他都想方设法帮助解决。组里有一对夫妻闹矛盾，他利用晚上的时间把这对夫妻叫到办公室，又叫来几位同事为这对夫妻开了一个茶话会。通过他们的劝说，两口子和好了。

研制工作期间，瞄准工程组陆续来了不少年轻人，气氛比较活跃，栾恩杰喜欢写诗，组织几次全组赛诗会。有一年新年前发射了三颗卫星，刘桂荣写了“三星高照迎新岁，神州大地尽欢颜。来年再续迎新会，累累硕果续新篇”的诗句。栾恩杰帮她把后两句改成：“来年再续赛诗会，诗满金榜歌满园。”这样修改后，刘桂荣感觉既朴素又有新意。

栾恩杰最美好的青年时光是在十七所瞄准工程组度过的，他十分留恋那段岁月，对并肩作战的同志们充满了感恩之情。

1978 年，栾恩杰担任十七所一室副主任。他关心实验室的建设，在模拟实验室安装模拟负载台时，由于生产负载台的厂家不提供液压能源，他决定自己组装，他安排模拟组的相关人员在南京跟随生产负载台的同时，协调厂家搜集能源设备的零部件，在交付负载台时打包一起运来，并专门盖了一间小房子放置能源设备。在能源设备调试试车时，栾恩杰亲临现场，亲手写了一首诗贴在能源设备间的墙壁上，鼓励和提醒参试人员胆大、心细、注意安全。在他的激励下，试车一次成功，实验室各项工作有序开展。

四、名师教导，风范继承

在十七所，陈德仁[①]所长在各个方面都是大家的榜样。他带领大家从无到有、从弱到强，一路走来，各项工作都很有起色。他是大家的主心骨，在技术上为大家指方向，在工作上手把手教大家，他的一言一行都在潜移默化地影响着大家。在他的领导和培养下，包括栾恩杰在内的一大批科技人员成长起来。在短短的时间里，新组建的十七所就打造出了一支生机勃勃、富有战斗力的科研队伍。

栾恩杰说，从陈老总身上学到了很多很多。陈老总无论在技术上，还是管理上，抑或为人处世上都可圈可点。

栾恩杰从陈德仁身上学到了怎么搞科研。在开展“潜地导弹”瞄准系统研究时，他缺乏工程经验，陈德仁就像老师一样对他进行悉心指导，手把手地教，这让他很感动，一直铭记于心。

陈德仁院士

1976年，陈德仁带着栾恩杰赴长春光机所参加瞄准系统匹配试验，其间发现有干扰存在，在所内做试验时并没有出现这种现象。于是，他们一起研究干扰从何而来，到底是什么性质的干扰。经过几天的排查，他们发现干扰来自信号被污染，各种“地”如信号地、电源地、机壳地、大地等混接在一起。

① 陈德仁（1922.10—2007.12），是著名导弹控制专家，中国工程院院士，国际宇航科学院院士，中国固体弹道导弹控制技术的开拓者之一。此处参考《陈德仁院士传记》。

陈德仁在现场亲自动手修改技术方案，最终彻底解决了这一问题，圆满地完成了匹配试验任务。

在工作中，陈德仁始终坚持“三严”作风。栾恩杰说：“陈老总发现问题会直接给本人提出来，对事不对人，以求日后改进。对于大家提交的报告，他都认真仔细地审阅，把报告的来龙去脉分析得非常清楚透彻，对报告中的公式，他会自己亲自推导一遍；涉及的数据，他会一个一个核实、推导。对于报告中存在的问题，他会把编写人员叫到办公室，当面交代清楚，直到对方真正理解了才算过关。”陈德仁当所长的时候，栾恩杰多次向陈德仁汇报瞄准工程组研制情况，每次汇报对他来说都是一个考验。

栾恩杰回忆说：“陈老总是我的老所长、老院长，是我的老师。他广博的学识、勤勤恳恳工作的品质、重要问题必须亲自听汇报的工作态度，‘严、慎、细、实’的作风深深地感染着我。他教会了我如何搞工程、如何承担责任。记得有一次在靶场做试验，插头出现问题。200 多个插点插到弹上，插头和插座都是一对一对生产的，出厂的时候已经装配好，如果换一个插头和插座，可能就会出现问题。在大连做试验的时候，突然出现了插头拔不下来的情况，下指令时不动，点火前插头没有脱落。针对这个问题，他要求在发射前让试验队员逐一试插、要连续插拔 10 次，确保顺畅，否则不算测试通过，再出事就由我们负责。”

在陈德仁身边，栾恩杰感觉自己就是他的学生，一边工作，一边跟着他学习，不断提高。栾恩杰从没见到陈老总发过火，“他是大科学家，很有修养，从来没有跟我们红过脸，而且对人都特别尊重，他的技术贡献是可以载入史册的，弹体的弹性理论是他提出的。他的学风，他对工作的严谨，他对干部的严格教导，是我永远的榜样。”

栾恩杰说，在陈德仁那里学会了怎么做学问、怎么做领导干部。受陈老总的影响，栾恩杰注重对技术干部言传身教，对责任部门的干部提交的报告，也是每篇都认真看；做的题目、算的数据，都要亲自做一遍、算一遍，而且有的时候当面听取汇报。在栾恩杰办公室，总有一块黑板。从研究室主任、研究所所长、副院长，到航空航天工业部总工程师、副总经理，总有黑板的一席之地，直到现在他的办公室里仍有一块黑板（白板）。有的干部在汇报中对有些事情没有说清楚的时候，他会说："请到黑板（白板）上写一下。"

2007 年 12 月，陈德仁院士去世，栾恩杰从外地参加试验回来，他一进门就跪在陈德仁院士遗像前，执弟子礼，痛哭不已，他说："学生没有给您丢脸，试验发射成功了。" 2012 年，为了纪念建所创始人、老所长陈德仁，十七所专门为陈德仁铸造了一尊铜像。在铜像揭幕仪式上，栾恩杰深情地缅怀了陈德仁先生，他说："作为十七所的老所长，陈德仁同志手把手教我们成长，他给我们做出了很好的榜样，留下了无穷的精神上、作风上的财富。陈德仁院士为祖国的航天事业、为我们的国防事业、为我们的控制系统建设，在理论上、技术上、实践上都立下了丰功伟绩！"

五、划入二院，研制加速

1976 年粉碎"四人帮"后，国家开始拨乱反正，航天事业迎来了新的机遇，也面临着巨大挑战。

1977 年，在国防科委张爱萍主任的主持下，制定了《战略武器和航天技术的发展规划》，明确了 80 年代初期航天工程的三项重点任务：向太平洋发射"东风五号"洲际导弹、由潜艇水下发射固体导弹（潜地导弹）和发射地球静止轨道通信卫星（后统称"三抓"任务）。在《战略武器和航天技术的发展规划》中，明确指出"潜地导弹”是第一个潜地固体核导弹，机动性、隐蔽性好，而且固体型号是今后的发展方向，要争取尽早突破。为此，采取了一系列措施，大大推进了整个型号的研制进程。

“三抓”任务技术新、难度大、周期长、技术密集、知识密集、设备密集，组织协调复杂，要求严格，是现代化合成兵团的科学会战，是规模宏大的空中、地面、水下联合立体作战。而“三抓”任务的前两项和发射通信卫星的运载火箭的研制都集中在了一院，一院工作任务的繁重显而易见。1978 年，鉴于一院型号研制任务的负担过重，为加强对固体导弹研制工作的组织领导，充分利用二院的研制、生产能力，国防科委和七机部决定，由七机部二院负责固体导弹的技术抓总和协调及其上岸型号的研制任务，将“巨浪”型号的总体部和十七所划归二院。十七所从此整建制归属二院。1979 年，国防科委正式批准“由二院全面负责固体潜地导弹和陆基机动导弹的技术抓总与协调工作”。

栾恩杰对二院感情很深，他经常说：“虽然我们是后到二院的，但二院机关接到任务的责任感和积极热情、主动担当的精神，让我感到工作更有动力，有如‘回家’的感觉。我的‘原配’是四院，后‘改嫁’到二院，二院也是我的老家。”

“‘巨浪’潜地导弹交由二院负责是党中央的重大决策。二院党委极为重视，对承担的固体潜地导弹和陆基机动导弹研制任务立即进行了全面的分析。承担型号研制和试验任务的有很多家单位，分布在全国多个省市，跨多个工业部门和军、兵种，真正直属二院建制的不超过五个，要想沿用过去型号院的管理方法显然是不可取的。经过研究，决定按照中央‘三抓’的要求和部署做出重大调整和安排。首先是加强组织建设，由院长柴志任总指挥，副院长王兆麒任常务副总指挥。将黄纬禄、陈德仁两位老专家先后调二院任副院长，总体设计部协助总设计师黄纬禄进行技术抓总，实行跨部门、跨地区的技术指挥。七机部内部跨院之间的组织、协调工作由七机部副部长程连昌主持；由张建志、宋兆法等同志任二院‘巨浪’潜地导弹总师办成员，机关各部门全线介入。为使机关尽快了解情况和顺利开展组织协调工作，由四部和十七所各系统同志逐一汇报，我那时已经担任十七所一室副主任，我用了一上午的时间向几百名机关同志作了控制系统研制情况的汇报。”

担任研究室的领导对技术、管理有更高的要求。栾恩杰要对各个工程组提交的报告进行审查并签字，其中包括空气动力学方面的报告。他大学期间没有学过弹道学的相关课程，至于型号研制涉及的空气动力学等理论，他也只在哈工大学了 30 个学时。研制导弹，特别是导弹进入大气层以后的弹道轨迹必须用到空气动力学知识，栾恩杰下功夫用了几个月的休息时间，把《空气动力学》两本书进行了认真系统的学习，边学习边做笔记，直到弄明白为止，经常学到很晚才休息。两本书学完的时候他深深地松了口气，感觉到可以和空气动力学的同行们交流了。他总结一条经验，即无论学什么专业知识，最多用一年的时间就足够。他说，当主任必须要读懂各组的研究报告，如果读不懂就无法签字。只有及时补足不懂的知识，才敢坐在研究室主任这个位置上。

此时，二院对导弹仪器、地面设备的生产厂和设计所进行了调整。栾恩杰回忆说：

“二院加大调度、管理、协调力度，强化责任体系建设，对研制任务非但没有产生影响，反而通过‘移交’二院成为一种促进。在二院统一领导下，十七所的型号研制能力也随之提升。

“‘巨浪’潜地导弹拥有坚强有力的‘两总’系统。‘巨浪’潜地导弹作为二院举全院之力确保的重点任务，在研制单位比较分散的情况下，采取了‘型号抓总、专业协作、统一指挥’的管理体制和相对稳定的配套协作体系。从建立两条指挥线入手，加强并健全了总设计师系统，强化技术指挥线。型号管理工作突破了型号院管理的模式，采取了新的组织指挥形式，逐步健全了总设计师牵头的技术指挥系统，并建立健全了固体导弹的行政指挥调度系统，由部、院领导分别担任两级指挥调度负责人。从此，潜地导弹研制工作步入正轨，并步入了快车道。

“试验在科学技术研究工作中具有重要意义。可以说，没有试验，就没有现代科学技术，而试验程序对研制工作来说更为重要。如果试验程序不科学，不仅影响研制进度，还会造成财力、物力的巨额消耗。据报道，国外的同类导弹往往是经过多层次的试验阶梯，才能进入潜艇的发射。‘巨浪’潜地导弹总设计师黄纬禄和团队决定，采用‘台、筒、艇’三步试验程序，这是我国独创的，在世界绝无先例。瞄准工程组作为研制工作的重要组成部分要参加‘台、筒、艇’每一个试验。试验前，我组织瞄准工程组设计很多的试验验证程序，对每一个参数进行调整、调试，完成了一个又一个系统试验，工作做得很充分。

“‘巨浪’潜地导弹第一位总设计师是黄纬禄院士，在他的领导下，这个当时最复杂的型号筹划成‘三步走’的战略。‘三步走’战略安排很具有中国特色，导弹总体是‘近中远’‘陆空海’，潜地弹则是‘台、筒、艇’。这种分步走实现总目标的思路一直延续到探索月球工程的‘探、登、驻（住）’、探月阶段的‘绕、落、回’。

“虽然固体战略导弹的研制是一项技术复杂、协作面广的系统工程，但由于二院加强了组织领导，建立了技术责任制，开展了质量管理，采取了设计配套、计划配套、科研经费统一管理等举措，大大加快了固体导弹的研制步伐，取得了显著进展。与此同时，黄纬禄提出的‘有问题共同商量，有困难共同克服，有余量共同掌握，有风险共同承担’四共同原则在型号管理工作中发挥了重要作用，所有这些都有力地保证了‘巨浪’潜地导弹研制工作的顺利进行。”

1979 年，固体导弹各分系统相继完成了试样设计，并开展了综合试验等一系列试验。这些试验，从不同角度进一步考核了设计的正确性和设备的可靠性。栾恩杰带领团队参加了这些试验，并及时纠偏、纠错，推进了研制工作的进程。众人拾柴火焰高。在国防科委、七机部强有力领导和全国多个省市、工业部和各相关单位的大力协同下，在四院、一院研制基础上开展了“巨浪”潜地导弹研制和飞行试验。

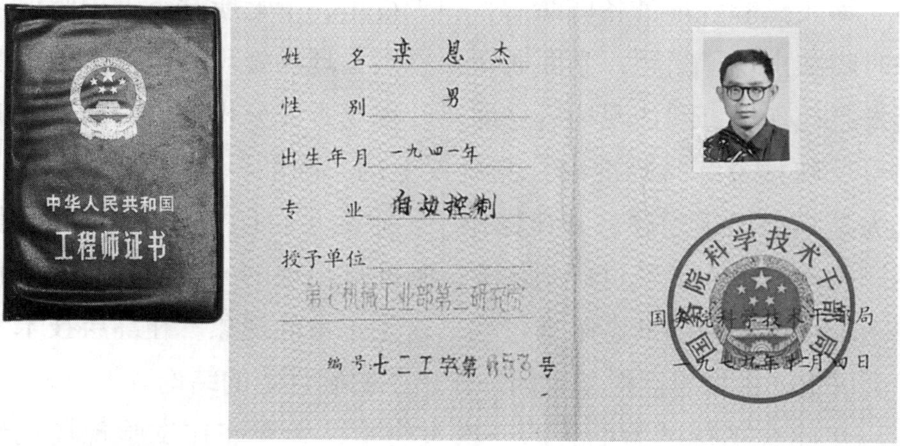

1979 年，栾恩杰取得工程师证书

栾恩杰起步于型号研制，熟悉技术，在走上管理岗位后，善于协调处理研制和试验过程中出现的问题，有力地推进了研制工作的开展。

有一次，十七所瞄准工程组技术人员被选拔参加“巨浪”潜地导弹首次海上试验的登艇实时发射，负责“瞄准系统”的技术保驾任务。在海上飞行试验前，由工人和技术人员组成的试验队进场已近一个月，旧电缆已拆撤、新的电缆需要安装，焊接工人及相关技术人员对每根穿舱、安装、固焊的电缆进行相关技术检查时，发现部分电缆绝缘强度不够，有电缆进水造成故障的风险，如果造成不可挽回的事故，后果将不堪设想。技术人员立即打电话给栾恩杰，那时他正在北京开会。他听说电缆出现问题，非常着急，当天下午就乘飞机赶到旅顺。这批电缆是由国防科委作为急件下令上海电缆厂生产的，因为任务紧急，没来得及做好技术检验。栾恩杰到现场通过了解、分析，果断决定对新到的电缆采取“分段切割、测试、筛选”的策略。水密检查则是用土办法解决，技术合格的段落穿舱装艇。用这个办法后，经过严格的把关筛选、检测再检测，做到万无一失，可靠性提高了，技术上更有把握了。技术人员很受触动，领导在关键时刻亲临一线，并及时作出正确的判断和决策，对技术人员来说是莫大的鼓励和支持。

海飞试验各项准备就绪后，一天夜里，十七所党委书记听说合练时瞄准出现了问题，立即通知栾恩杰去现场处理。当夜，他火速出发赶往现场，到达现场后立即召开现场听证分析会，参加合练的同事反映：合练时瞄准综合测设仪上的“瞄准”灯常有“眨闪”，认为是瞄准出了问题，并让操作手（水兵）打印记录下了全过程。栾恩杰和技术人员经过研判认为，瞄准灯出现的“眨闪”反映了瞄准系统在运动中的动态瞄准过程，这是正常的现象。在高层技术领导会议上，由栾恩杰对“眨闪”作出了明确肯定的结论。

在此次飞行试验的最后一次大会上，栾恩杰在试验现场见证了瞄准工程组技术人员面对海军首长和各参试单位的领导、专家时自信地宣布“瞄准系统工作正常，系统设备技术状态良好，参试就绪”。看到这一幕，他很欣慰。

1980 年，为了组织实施固体导弹的第一次海上飞行试验，成立了海上试验总指挥部。由总指挥部组织试验兵力，调配试验舰队，落实试验航区，检查各观测台、站准备工作的情况。导弹尚未发运试验靶场，担负这次试验任务的中国人民解放军各有关军兵种早已紧张地战斗在各自的岗位，做好了一切准备。飞行试验开始前，在试验基地的统一指挥下，在总设计师黄纬禄的指导下，参试人员认真解决了现场测试中出现的技术问题，先后完成了导弹的测试准备。

“巨浪”潜地导弹飞行试验是对导弹武器系统最重要的综合性检验。二院根据上级领导的指示精神，狠抓海上试验产品的进度，做到项目和时间万无一失。按照要求抓产品质量，全面开展质量大检查。同时，全力以赴抓短线，保证导弹按时出厂，并认真组织准备。

1981 年 6 月，导弹在飞行试验中腾空而起，按预定弹道飞向蓝天，弹头准确击中目标。我国自主研制的固体战略导弹飞行试验首次获得了圆满成功。这次飞行试验的胜利，在我国固体导弹技术发展史上揭开了新的一页。

1982 年 9 月，中央军委副秘书长兼国防科委主任张爱萍视察了发射试验区各系统的工作，张爱萍接见了全体参试人员，栾恩杰和十七所人员也受到了接见。

10 月 1 日，经国务院、中央军委批准，新华社授权向全国和全世界发布公告：我国将于 10 月 7 日至 10 月 26 日，向以北纬 28 度 13 分、东经 123 度 53 分为中心，半径 35 千米的圆形海域范围内的公海上发射导弹。这是继 1980 年 5 月我国首次向太平洋发射运载火箭后，又一次在太平洋公海上进行的发射试验，具有十分重要的政治和军事意义。

10 月，“巨浪”潜地导弹所有系统进行了导弹水下发射试验，导弹出水点火正常，但飞行几秒后自毁。试验队连夜进行故障分析，找到了失利的原因，吸取了教训，采取了措施，决定继续开展试验。

随后，导弹再次进行发射试验。导弹在潜艇发射筒内被弹射出水面点火，在万顷波涛下直射蓝天。不久，末区报告弹头准确溅落预定海区。经过 16 年的艰苦奋斗，人们的夙愿终于实现了，我国自行研制的潜地固体战略导弹试验成功了。张爱萍将军即兴赋诗：“体态天工巧，玲珑一代骄。蓦地腾空起，神力震海魈。”回忆这次成功，栾恩杰骄傲地说：“从 1970 年初我们迁往北京到将导弹装到潜艇用了 12 年时间，正所谓十余年磨一剑。”

“巨浪”潜地导弹的成功发射，检验了发动机和发射控制系统可靠性和可行性，验证了水下弹道设计正确。导弹出水后，报道用“扶摇直上”一词来形容，“巨浪”潜地导弹的姿态控制、稳定系统等都出色地完成了任务，自主研发的技术也得到了充分的验证，这些都是非常重要的成果。

1984年10月，国庆三十五周年阅兵，“巨浪”潜地导弹阅兵弹组成方队，威武雄壮地通过天安门广场，接受了党和国家领导人及全国人民的检阅。我国第一次向全世界展示了自行研制的固体潜地战略导弹。栾恩杰说：“领导高度重视，同志们同心协力、努力奋斗。划入二院以后，通过不到4年时间的艰辛研制，我们已经把试样导弹拉到靶场进行海试。没有二院的奉献，就没有‘巨浪’潜地导弹的成功和固体弹发展的今天。”

1982年10月12日，固体潜地导弹发射成功

1983年至1985年，“巨浪”潜地导弹设计师系统和行政指挥系统对质量控制和研制工作提出了“图样有问题不下厂、产品不带问题出厂、不带问题总装、不带问题参加飞行试验，保证达到设计技术指标”的“四不一保证”要求[①]。栾恩杰立即对研制团队进行部署，严格落实“两总”要求。

1983年下半年，研制团队完成了用于潜艇水下发射的新技术试验方案的总体论证。1984年，研制团队按照“两总”要求，取得了数次发射成功的好成绩，一切都在按计划顺利开展，极大地鼓舞了研制团队的士气。

① 此部分内容引用《陈德仁院士传记》。

1984 年 10 月 1 日，“巨浪”潜地导弹参加新中国改革开放后的首次国庆阅兵

成功来之不易，在 1985 年的试验中，导弹发射接连失利，失败的阴影笼罩着整个试验队。整个试验任务的失败成为潜地导弹研制史上的一次重大挫折。原本想通过这次试验一举定型的愿望未能按计划实现。

栾恩杰回忆说：

“那时候我们的测试条件差、经验不足，部件质量、配套也跟不上，试验有时候准备不充分，设施、程序和能力存在相关问题。这是刻骨铭心的失败，对我们技术的提高、队伍的成熟和技术路线的选择都有极大教益，对我走上领导岗位以后如何确保导弹工程实施敲响了警钟。我在航天工作的 50 多年有一个深刻的体会，那就是‘成功不是可以轻易取得的’。扎实的成功一定伴随着不懈的攻关和奋斗，以及在困难、失利、失败面前不惧艰难的坚守。正是这样的攻关、奋斗和坚守，才形成了中国航天人独立自主、自力更生、艰苦奋斗、大力协同、无私奉献、严谨务实、勇于攀登的性格和精神。

“连续失利打得我们握拳透掌、恨钢不成。同志们每次失利后都决心必须弄清问题、必须彻底解决、不能再次失利。同志们在泪流心里的情绪下，在不埋怨、不气馁的氛围中进行分析、攻关、试验和验证，并在这个过程中得到锻炼。这些问题的产生大多都不是高科技的问题，说明我们队伍的技术能力、具有中国特色的研制程序、试验验证程序及相关的知识能力是经得起考验的，但暴露出的问题也是突出的。

“当我们找到问题的所在时往往都十分后悔。总是会说‘如果那时我们……就好了’。但只有后悔是没有用的，必须将周总理‘严肃认真，周到细致，稳妥可靠，万无一失’的指示落实到研制工作的全过程，出现问题一定要有严格的技术要求和分析解决的标准。这就是具有中国特色的航天故障问题归零的准则。我们中国航天的发展正是在失利、学习、再失利、再思考的不断完善中得到提高，在标准和规范的形成中成熟的。”

试验失利后，二院召开了“巨浪”潜地导弹飞行试验故障分析会，有关领导和专家出席了会议。会议认为，试验失利的根本原因是水下发射的力学环境复杂。

在之后的三年时间里，整个研制队伍开展了紧张的整改工作，以卧薪尝胆的姿态认真总结试验失利的教训，反复分析故障原因，采取综合治理措施，并做了必要的试验，为“巨浪”潜地导弹再次海上飞行试验做好了充分的准备。航天工业部还召开了试验质量工作会，提出了确保试验成功的具体要求。二院随后召开了试验设备齐套调度会，指出此次试验是“背水一战”，各承制单位一定要按质量要求完成任务。

栾恩杰除了完成管理任务，还连续加班加点，不断攻克潜地固体导弹研制技术上的难关，针对水下动基座的瞄准，他设计并实现了将艇上导航仪、导航计算机与导弹瞄准回路形成闭环，解决了水下无大地参照系和发射点不固定的难题。说到此事，他说：“水下无大地参照系和发射点不固定的问题是世界所有潜地导弹和潜艇控制系统都要遇到的难题。潜地导弹是一个没有‘眼睛’、没有‘耳朵’的精确导航系统。在水下潜艇封闭的、隐蔽的环境下，如何在潜艇里设计潜艇的惯性导航系统是我要重点解决的问题。惯性导航系统要使用陀螺仪表，陀螺仪表的优点是方向不动、陀螺转动起来以后自己的稳定系统，因为陀螺仪是无干扰的。陀螺仪表是惯性导航的核心，如果没有陀螺仪表就搞不了惯性导航，潜艇遇到的第一个问题是不固定引起的，在地面则不存在这个问题。潜艇在水里来回走，要用惯性导航，要测出加速度，再通过积分求出距离和经纬度。这些计算都需要计算机，当时的弹道计算机是由船舶系统院负责研制的，为瞄准系统的研制提供了条件。”

中年时期的栾恩杰

“潜艇入水后，我们遇到的最大问题是方向不明确。当知道方向以后，又不知道目标在哪里。方向是瞄准系统首先要知道的。地点解决了，方向明确了，把信息量、目标量等数据输入弹道计算机，就能知道目标位置。我们研制这套系统是能够和惯导系统相匹配的目标指示系统，使导弹上的控制系统能够建立起射击面和坐标系。这是我们接到的任务，简单说就是要把惯导系统、785 计算机和弹上的控制系统（瞄准系统）连接起来。在艇上建立的这套系统要与惯导系统相协调，要了解任务书要求，要给出计算机需求。潜艇里无参照物的情况下就相当于没有了‘眼睛’，对目标要进行计算，要知道弹上的基准状态、艇上的基准状态、弹道计算机的输出情况。经过分析研究，我认为整个系统最大的挑战是无大地参照系，最难的是多个导弹对一个目标，或者多个导弹对多个目标，最复杂的是从惯性到系统、目标与瞄准系统、制导系统之间要建立精准的方位联系，并建立闭合的控制系统。”基于充分的思考，栾恩杰提出了解决问题的思路，设计并实现了将艇上导航仪、导航计算机与导弹瞄准回路形成闭环，解决了水下无大地参照系和发射点不固定的难题。

2023 年 3 月 3 日，栾恩杰（前排居中）和十七所瞄准工程组的同事们在北京相聚

在试验现场，细心的栾恩杰发现惯性平台基座需要倾斜的锁倾问题，并提出了“锁—倾”误差的概念。他回忆说：“瞄准系统的任务是在发射平台对准发射点瞄准。在发射井进行发射的时候会遇到一个问题，即发射井是垂直发射的，如果失误，弹可能落回来，就会把发射井炸毁了，造成的损害将是巨大的。我认为，处理这个问题的办法是让弹在平台基座倾斜，这样在失误情况下落到下面会有一个倾斜面。如果基座的倾斜轴与惯性平台的外环轴不一致，当倾斜状态完成并稳定后，惯性平台要在这个新的状态下进行调平。如果这时平台的方位轴已经是调整方位后并锁定状态时，它将在方位上与惯性平台的内环轴保持一致（即台体轴电气锁定）。这样，在

调平完成之后，方位轴对地理空间产生了一个水平面上的方位误差。我提出的问题是如果平台基座两旁的耳轴不是正焦的，而是倾斜的。锁倾偏差带来的是瞄准偏差。首先建立一个‘锁—倾’概念，然后再分析这个误差。于是我就用一号图样画了一张大图，包含地理坐标、平台坐标、基座倾斜的转轴图等来计算分析‘锁—倾’误差。那时我还是瞄准工程组组长，大图画完了就向陈德仁所长汇报。陈德仁是总设计师，他对我说的情况很重视。经过充分思考，我在1973年写了《“锁—倾”误差分析》的文章，确定了倾斜发射时必须遵循的‘先倾斜后锁定’准则，为航天理论体系增加了‘锁—倾’误差的概念。过去没有这个概念，这属于原理性的概念。从学术和技术理论上说，这个误差是很有意义的，属于制止性的理论，是各类导航定位及初始对准工程中要关注的一个误差。”

在此阶段，栾恩杰和团队成员还有一项任务，即同时开展陆基机动导弹瞄准系统的研制。早在开展“巨浪”潜地导弹研制初期，七机部四院侯世明总师（固体弹道导弹技术专家、某型号总设计师）在潜地导弹论证报告中明确提出了在潜地导弹的基础上作必要修改并新研制一套地面测试—发射车辆构成的陆基公路机动战略核武器系统的建议。1975年，这项设计方案的建议上报后立即得到国防科委主任张爱萍的赞同和使用单位的支持。同年5月，国防科委上报中央军委，提出潜地导弹是很有发展前途的固体型号，应争取定型装备部队，同时开展改进工作，改为用汽车机动发射的地地型号等建议。毛泽东主席于5月25日圈阅“同意”。至此，潜地导弹“上岸”的研制工作开始启动。

1979年4月25日，七机部党组决定，任命陈德仁为固体潜地导弹和陆基机动导弹的副总设计师。1980年，中央专委正式批准开展陆基机动导弹的研制工作。其指导思想是：充分利用潜地导弹的研制成果，尽可能做到充分发挥固体导弹的特点，努力提高武器系统的使用性能。

在陆基机动导弹研制中，栾恩杰与团队主要负责瞄准控制台设计、弹上瞄准放大器设计等工作。在研制人员的不懈努力下，攻克了一系列技术改造的难关，满足了任务书的要求。

六、领导岗位，狠抓科研

1982年8月，栾恩杰被任命为十七所副所长，走上了所领导岗位。他分管十七所的科研生产工作，其中重中之重的工作就是“巨浪”潜地导弹的研制，他鼓励大家要把试验准备工作做得稳妥可靠，提醒参试人员要制订应对各种复杂情况的应急方案。他高度重视控制系统各项试验，亲自参与系统设备的可靠性例行试验、单元精度试验、匹配试验、合练试验，组织设计并研发了瞄准系统综合测试仪。他特别重视研制工作方案、风险识别、预案和试验等环节的工作，从方案提出、设计、搭建原理试验板到模样、初样，跟随下厂施工及各项试验的全过程都了然于胸并指导有方。

作为主要负责科研生产任务的副所长，栾恩杰工作任务非常繁重。他经常过问、了解十七所研制自动测试设备等情况，认真地听取研制人员的工作汇报，并给予具体指导。时任四室主任的孟汉城清晰地记得，在国内集成电路刚起步、质量非常不稳定的情况下，他带着工程组到七七四厂，为厂里设计自动化测试设备测试仪。栾恩杰对此项工作很重视，在该系统研制期间，他经常与孟汉城等技术人员一起讨论技术上的问题。在他的指导下，孟汉城带领研制团队模仿美国的PTP40，改变其集成电路，成功开发了一台计算机，获得航天工业部的批示，并获得部里表扬。后来，单台测试仪器开发成自动化测试系统，应用到型号领域。由于航天型号多、试验种类批次多，每种型号和不同批次的测发控设备都不同，带来设备种类多、互不兼容、研制周期长、资金和人员消耗大、维修困难等问题，航空航天工业部在国防科工委支持下，组织了一院、二院、五院三个研究院联合研制新型测发控系统。

在系统研制过程中，栾恩杰起到了组织、协调、指导作用。在总体设计组讨论基础上，他责成十七所技术负责人孟汉城执笔编写了《“一二五工程”总体设计报告》，组织技术人员研制并行分支驱动器、采样开关等模件，经过近 5 年的研制，“一二五工程”任务全部完成。经专家评定，“一二五工程”可以使各类型号（包括卫星、导弹、运载火箭等）测发控系统、分系统、部件、设备等软硬件具有可操作性、重用性、重组性，达到了世界先进水平，开创了中国航天测发控系统标准化、系列化、组合化设计新局面，十七所因此获得航空航天工业部科技进步奖一等奖。

七、全面整顿，改革先锋

1984 年 2 月，航天工业部部长张钧任命栾恩杰为十七所所长，政治部马云涛主任找他进行了任前谈话，人事部副部长宣布了他的任命文件。

栾恩杰回忆说：

“担任十七所所长，对我来说是重大的角色变化，是我从技术干部向管理干部转型的重要阶段，也是从一般的战术性的问题进入战略性问题思考的重要阶段。管理一个高科技研究所与管理研究室的工作、工程组的工作是两码事。作为所长，要对国家政策、上级部署、社会环境，以及部、院领导要求、群众利益进行统筹思考和安排部署，要确保带领全所圆满完成工作目标，满足各方面要求，推进十七所的发展。这个角色要求具有一定战略思维、能够谋基定远，能够正确贯彻党的路线方针政策，能够团结带领全所干部职工完成国家交付的任务。这是重大的转变，那个时候我才知道什么叫作‘官’。一个研究室的领导相当于施工队长、包工队长、课题组长，当所长则要统筹整个上下、内外、总体和个别，特别是要认真贯彻落实党的路线方针、国家政策和上级要求。

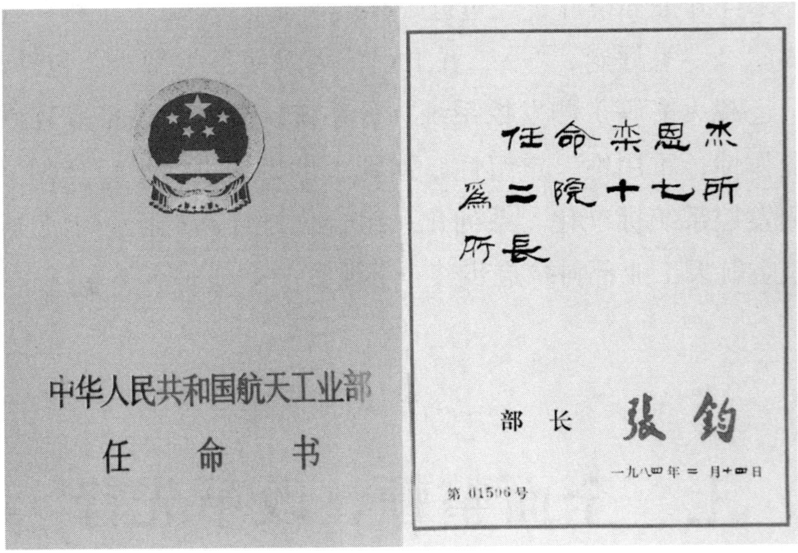

1984年，栾恩杰被任命为航天工业部二院十七所所长

“早在1982年7月22日，根据中共中央、国务院关于企事业整顿工作的要求，航天工业部成立企事业单位整顿工作领导小组，对所属企事业单位开展全面整顿工作进行了部署，在前一时期恢复性整顿的基础上，提出在整顿中探索航天科技工业的改革。我当所长的时候正赶上国家对国有企事业单位进行全面整顿。航天工业部颁发了《关于企业实行厂长负责制改革试点若干问题的规定》和《关于科研事业单位实行所长负责制改革试点若干问题的规定》。张钧部长高瞻远瞩，具有老一辈革命家的雄才大略，他提出全面整顿要抓试点单位，决定在10个工厂试行厂长负责制改革试点，在5个科研所试行

所长负责制改革试点。其中，二院十七所和二十三所列入试点单位。十七所随即不失时机地开展了全面整顿工作。作为试点所，我感觉到就是要拿出一个体制改革的模式，要起到示范作用。我面临最大的问题是如何把十七所转变为适应改革开放和时代发展的高科技研究所。”

对于完成工程系统的任务，栾恩杰很有信心。他说：“我是科班出身，大学和研究生读了 8 年，又在工程组长、室领导、副所长的位置上工作了 14 年，但是我对于改革任务却是生疏的。如何使科研院所适应市场体制机制，如何采取运行方式、激励机制，如何对外争取任务，如何处理改革重点阻碍等问题摆在我面前。于是我从哲学角度思考这个问题。我认为要认识一个问题，不是回答它是什么，重要的是回答它不是什么。当能回答是什么的时候，就说明对事物的形式逻辑有了了解；当能回答不是什么、不应该是什么的时候，就能全面地了解这个事物的内部和外部、本质和表现、内涵和外延。如果上升到哲学层面去理解，认识就会更加深刻。从当前的改革来说，至少知道它不是资本主义的、不是个人的、不是私有的，这些都好理解，但是如何把研究所推向社会、推向市场，如何转变成适应改革开放形势的高科技研究单位，这些难题摆在我面前，没有样板可以参考借鉴，怎么办？只有从问题入手、从矛盾切入，着手解决面临的问题，解决好问题才能向更新的目标前进。”

为适应形势需要和改革要求，栾恩杰结合十七所实际，深入思考，提出了改革调整思路，组织制订了改革试点方案，在十七所大刀阔斧地开展了改革整顿工作。根据党中央、国务院关于搞活经济、对外开放、军民结合的方针，中央军委关于“缩短战线，突出重点，狠抓科研，加速更新”“改工装，改进工艺，提高质量，降低成本”的方针，在大力组织型号研制和试验的同时，加强管理，提升了科学技术水平和管理水平，实现了由封闭式单一产品生产向开放型的军民结合、多品种生产转变，由科研生产型向科研生产经营开拓型转变，进一步改变了产品结构，大力发展了民品生产，推广和应用了航天技术，开展了科学技术咨询服务。另外，在经济管理方面，努力改变过去供给制、半供给制、“吃大锅饭”的状况，逐步实行研制工程的经济核算制和承包合同制；在组织体制方面，努力改变大而全、小而全封闭式的体制，推行专业化大协作，减少重复建设、重复研制，发挥优势，保护竞争，促进联合。经过一系列改革调整，计划管理改革、技术经济承包合同制、科研单位有偿合同制试点等举措落地生花，十七所出现了崭新的局面。

栾恩杰（右）与老领导钱维松交谈

开展全面整顿最重要的工作是干部的选择以及领导班子之间强有力的配合。二院重视十七所的发展，选派二部刘大钧担任十七所党委书记。刘大钧党性原则强，谦虚、务实，敢于承担，全力协助和支持栾恩杰工作，并尊重其他所领导和同志的意见。在党委领导下，选拔推荐各科室有经验的同志担任十七所的中层和机关的领导。为发挥党务工作优势，完善了所本级和研究室党支部建设，配备了能干事、干成事的党支部书记，建立了强有力的领导体系，提高了各级党组织的战斗力，推动了各项工作开展。栾恩杰回忆说：“改革目标确定了，干部就是决定的因素。毛主席说‘政治路线确定之后，关键在干部’。建立一支能打胜仗的干部队伍是取得胜利的根本保证，这也是改革调整中最重要的工作。十七所取得改革试点成绩，刘大钧同志功不可没。”

管理制度化、规范化是十七所采取的重要措施。20世纪80年代初，受“文革”十年动乱影响，各单位管理不够严格，或多或少存在纪律松弛、进度拖拉等现象，在企事业单位开展全面整顿可以说是国家拨乱反正在航天工业部的具体体现。十七所在硬件设施、办公环境等方面进行整理和整顿的同时，制定了适应改革形势要求的一系列规章制度，并完善了十七所的职工代表大会制度。这些制度结合十七所实际，注重程序性、具有可操作性，是改革整顿工作的重要支撑。

栾恩杰至今还留有开展全面整顿时期的工作记录本，本上记录了在全所大会上宣布的规章制度建设的内容。他印象最深的是考核制度。他亲自参与了考核制度的制定，明确规定考核绩效与各部门、各科室奖金挂钩，并动态调整、逐步优化考核指标，不断健全激励机制。全所每个科室都要进行量化考核，比如，器材科要用入库、出库的交易量来判断工作量，用差错率判断责任心。他还亲自编制了某些科室工作量模型，设定了元器件、原材料、设备、进出资金流等参数，起初因为数据的结果与实际差距太大，计算结果不甚合理，重新核算之后趋于合理，考核工作有了依据。

在栾恩杰的领导下，十七所加强了型号管理，是第一个使用课题本等手段进行管控的单位，现在航天系统单位还在使用课题本。课题本使用后，各项支出记录在册，一目了然，在考核中发挥了重要作用。在预算管理方面，十七所尝试实行科研型号预算分摊、核准制度，实行配套的经费管理、财务管理、物资管理、进度管理制度。在大型实验的设计和实施方面，加大了计划管理和组织协调的力度，由科技处负责所内外、院内外、部内外的组织协调等工作，并通过培训等方式全面推行计划管理流程。

全面整顿的核心是开展取消事业费的试点工作。栾恩杰和领导班子认为，改革虽然能够充分激发每个人的积极性，调动每个人的智力和潜能，对型号研制、队伍团结、提振士气大有裨益，但是如果真的取消事业费了，有没有能力支付全所500多人的工资，是否能担得起这个责任？当时职工的每个月工资是养家糊口的唯一来源。栾恩杰和刘大钧商量用什么样的政策来养活500多人，最终在这个问题上取得完全一致的意见。他们认为，通过对十七所承担的科研任务进行核算，要保住全所职工的收入基线还是具备能力的。取消事业费后，只要任务是饱满的、同志们的工作是努力的、质量是可靠的，就能确保职工的工资不会减少，这是十七所党委在改革调整工作中设定的一条基本红线。

试点改革给予了十七所参与研制产品价格定价权的政策，每年大概有500多万元的研制经费，基础设施和基础的研发费等由十七所直接管理。栾恩杰经过认真测算，如果取消事业费，只有依靠拿出过硬的型号产品才能养活500多人。

栾恩杰很庆幸有好的领导班子、好的书记与他共同担当。向二院申请试点政策的时候，二院刘从军院长、几位副院长与栾恩杰和刘大钧，以及负责财务、型号的二院机关部长一行人进行商谈。他和刘大钧各带一个计算器，向二院领导及机关部门汇报成本核算方案、用市场的办法管理型号研制的经费核算方案、考核政策等改革思路。二院最终同意了栾恩杰和刘大钧提出的改革方案，并给予了充分的支持。上级给的政策是“五三二”，即研制经费以外的经费，50%作为发展基金，属于国家所有，留在所里用于发展；30%是福利基金，用于职工医疗、保健、工作服和单位基础建设；20%用于给职工作为奖励基金，这是赋予十七所的权利。之后，对十七所职代会制度进行了相应修订，明确规定每个研究室出三个人组成职代会，由所长每年向职代会报告30%福利基金、20%奖励基金的使用情况，报告各项收入支出和用途，职代会对报告进行审查、监督。

栾恩杰回忆说："改革必须使老百姓受益，如果老百姓不受益，即使动员和号召再有力度，也不能持久。我相信会把大家动员起来，通过改革，要使每位职工都享受到改革带来的益处，要使大家都惠及改革整顿的发展成果，承诺过的事情必须兑现。摆在我面前的就是如何实现国家对研究院所自负盈亏的管理，发挥科技人员的智慧，调动广大职工积极性。绩效奖励是非常重要的指挥棒，记得第一次发奖金的时候，我们给室主任发红包，不告诉别人有多少，实际里面都一样，都是 10 元。当时月均工资 50 元左右，每个月发奖金 10 元，相当于月平均工资的 20%，老百姓感觉到十七所有希望、有发展。所以在改革的前两年，一直到我离开十七所到二院任副院长，没有一位职工对十七所改革试点提出异议，没有发过牢骚。十七所是一个团结奋斗、敢于创新、听从党中央号召的战斗集体，是互相支持、互相谅解、有信念、有理想追求的革命战友。"

2004 年，航天科工十七所建所三十五周年，栾恩杰（左五）与历任所领导相聚一堂

质量管理是科技管理的核心和重中之重，特别是在一些型号试验失利后，大家对"质量第一"的认识更加刻骨铭心。栾恩杰督促职能部门开展质量管理以元器件筛选作为切入口、所有上机的元器

件都要经过温度变化及环境考核、都要进行符合要求的老化试验，不进行老化试验的产品不上舰、不上弹、不上装备。

统筹考虑型号研制现状和未来型号的发展是栾恩杰深入思考的问题，他认为这也是要在深化改革中重点开展的工作。为了发展我国的国防事业，十七所在新型号的研制、预先研究课题的设立、在研型号的进度和质量管理、大型试验的管理等方面都投入了大量精力，并逐一明确责任人，全面加以落实。

民品开发工作为改革试点带来了活力。航天工业部在国家政策的支持下，提倡大力开发民品，支持开展技术转移和转化，当时航天内部流行着“吃饭靠军品，奖金靠民品”的说法，各单位充分发挥民品在拓展市场、缓解经济困境等方面的作用。栾恩杰高度重视民品开发工作，将其作为重大的任务，在全所大会上强调要发挥专业特长，对接市场上生产线自动化需求，统筹安排十七所军民结合工作。在他的领导下，十七所发挥控制系统技术优势，开发了一系列民用产品，特别是军民结合的产品。

20 世纪 80 年代初，计算机单板机 286 引入国内，十七所受到启发，对“炉窑罐管”系统研发进行探索。“炉”，即各种工业用炉，包括炼钢炉、炼铁炉等；“窑”，即各种工业用窑，包括砖窑、釜窑等；“罐”，即各种罐状装备的温床控制；“管”，即管理。在全面整顿期间，“炉窑罐管”系统研发工作已经相对成熟，小型装置的自动化系统、参数控制系统、参数调节系统在软件基础上开展研发，满足了生产线的需求。同时，发挥全所控制系统和电子技术专业特长，研发了财务管理、物资管理、人员管理、资料管理、档案管理等各种管理系统，开展了管理信息化流程设计，推动十七所走上了军民结合的道路。

十七所一位从事黏弹振动研究的技术干部结合市场需求，针对蜂窝煤厂生产过程噪声大的问题，研制生产了一种黏弹垫片，经过多次调试，大幅降低蜂窝煤生产过程中产生的噪声，效果很好，解决了老百姓反映的噪声污染问题。另外，十七所研发的黏性弹性阻尼器可用于消除噪声大的机械装置，产品占有一定市场，取得了良好的经济效益和社会效益。

在此期间，十七所以计算机著名专家周炎勋研究员作为总设计师，自主研发了我国测试控制系统（CKX-80）。该产品具有独特的控制器、存储器，利用发动机内腔的压力记录发动机实时的工作参数，能够储存数据并实时地传输出去。这是我国第一个高速记录发动机工作参数的自动系统，也是十七所有史以来最大的民品系统项目。该产品验收的时候，栾恩杰已经调到二院。

十七所开展的改革整顿工作取得了很好的成效，单位和职工收入越来越多了，进入了快速发展时期。航天工业部开展整顿验收时，栾恩杰在十七所展室设计了一个沙盘，把十七所改革整顿情况及后续发展规划，包括拟建职工住宅楼都进行了展示。他在验收汇报大会上作了十七所改革整顿工作的汇报，获得部领导的充分肯定，并对十七所改革整顿取得的成绩进行了宣传。在他的积极争取下，职工住宅楼在他离开十七所以后建了起来。

栾恩杰回忆说："张钧部长在我任所长时对我说'你要大胆改革，出了问题我们负责'。后来，他亲自到十七所验收改革试点工作，对十七所提出了更高的要求。他十分关心广大科技人员生产、生活情况，批复了十七所的'民生'计划。"

航天工业部企事业单位全面整顿工作至 1986 年基本结束，历时 4 年。十七所改革整顿力度大、成效显著，栾恩杰因此受到航天工业部领导的表扬。

栾恩杰离开十七所以后，十分关心十七所的发展。他敏锐地意识到科学技术对战争形势的影响，提出高科技形势下打赢局部战争等建议，为从事国防科研的单位指明了研究方向。多年来，他为十七所取得的成绩而欣喜，对十七所的高质量发展寄予了殷切的希望。

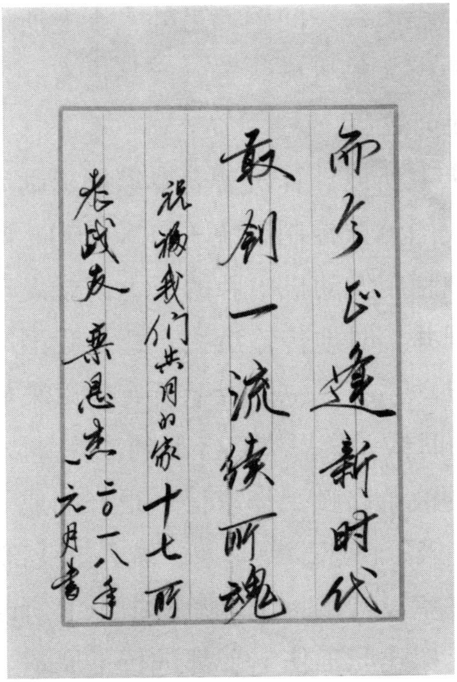

2018 年 1 月，栾恩杰为十七所建所五十周年题词

第五章

自力更生奏凯歌

栾恩杰服从组织安排，担任二院副院长，承担固体潜地导弹和陆基机动导弹总指挥重任，带领团队乘风破浪、走向胜利，奏响了自力更生、艰苦奋斗的凯歌。

一、院级领导，探索创新

1984年10月，栾恩杰被提拔为二院副院长。正式宣布前，十七所领导、机关的同志都去他家挽留他，发自内心地不想让他走。他们说："老栾，你能不能不走，十七所各项工作都有起色，留在所里吧，带着我们一起干。"本来就不愿意离开十七所的栾恩杰从同志们的话语中感觉到大家对他的信任、对他工作的认可以及对他的留恋，他也发自内心地不愿意离开工作多年的地方。本来家里住房就小，那天挤了一屋子挽留他的同事。他给时任航天工业部张钧部长打电话说："我在所里可以继续搞专业，我熟悉所里业务，有的工作还没有做完，同志们现在还在我家里挽留我，我自己也不想离开所里。另外，跟同事在一起工作这么多年，同事们都特别支持我的工作。到二院管的面宽了，还得再熟悉再适应，我能不能不去二院。"张钧部长说："你有这个想法可以理解，能不能过渡一下，你到二院去当副院长同时兼所长行不行。"栾恩杰说[①]："那行，如果兼所长，我还可以继续做所里的工作。"然而，在二院干部宣布大会上，首先宣布免去栾恩杰十七所所长职务，接着宣布任命他为二院副院长。栾恩杰服从组织安排，依依不舍告别了十七所，按照二院领导班子工作分工，栾恩杰分管物资、整顿验收、民品等工作。

① 文中"栾恩杰说""栾恩杰回忆说"的话均来源于撰写传记过程中采访栾恩杰时的口述。

栾恩杰说："二院是我成长成熟的沃土，我从研究所的所长成长为院级领导，这是极其重要的历练过程。老院长柴志、留苏的专家型院长刘从军、党委书记王可立，其他副院长，以及沈忠芳等专家，还有很多有学问有丰富研究工作经验和成果的领导和同事都对我的工作给予了帮助和支持，把我当成家人，有一种家的感觉。我感谢遇到了好的领导、好的班子、好的战友，这对于一个人成长来说非常重要。一花难为百花园，如果没有遇到好的领导，没有发挥能力的环境和氛围，没有好的同事配合，任何事情都不会干得好，一枝独秀也是秀不起来的。我在二院工作虽然时间并不长，但是学习了很多知识，增加了很多工作经验，提升了管理能力，交了很多朋友，张钧部长和二院领导鼓励我放手去干，于是我轻装上阵，意气风发，在二院工作了四年时间。虽然时间不长，但国家改革开放和航天工业部体制改革的形势提供了很好的舞台，二院领导和同志们给予我很多的指导、关怀、支持和帮助。"

1985 年 8 月，栾恩杰（前排左四）出席二院劳动定额工作会议时与代表们合影

栾恩杰在分管的物资管理工作方面做了很多努力。“物流”这个概念近年来比较流行，栾恩杰在20世纪80年代就提出了这个概念。刚接手的时候，他与物资部领导和同志们讨论问题，向他们灌输了“物流”的概念。他提出物资部要负责从源头到供给的全链条管理，资金流、人员流、管理流、制度流都要流动起来。物资部人员的学习态度和改革精神比其他部门更好、更强。因为要到市场采购，要直面市场，如果遇到问题和矛盾，就要按照市场模式去解决问题，并要整合好资源、理顺好关系、打通好渠道、完成物资供应、保证供给的关系。栾恩杰说，当时的物资部同志们开展了大量创新、细致、符合时代要求的改革，并且力度很大。在改革初期采购制度、市场格局发生变化的时候，二院的物资供应一直非常顺畅，物资库各物资点、储存点的安全保卫和质量的入出管理等工作都没有出现任何问题，保障了军品的科研生产。

此时正是航天工业部整顿验收工作全面铺开的时候，他按照党组安排，与徐乃明副院长一起负责二院各单位的全面整顿验收工作。刚刚在十七所成功完成改革整顿工作的栾恩杰对此项工作有丰富经验，他认真阅读各单位上报的材料，听取各单位的全面汇报，深入二院各单位进行现场观摩，检查指导各单位科研任务、技术和管理、改革整顿等工作。这次全面整顿验收工作为栾恩杰提供了学习和了解、熟悉二院的契机，他见识更广了，眼界也更宽了。

80年代初期，改革春风吹满地，二院军转民政策全面铺开，各单位发挥自己的长项走向市场，积极开发民品，力求在市场占领一席之地。时任二院办公室秘书处处长路志忠说：“当时二院的民用产业刚起步，亟须创新、大刀阔斧地改革，栾恩杰副院长分管民品开发工作有思路、有魄力，工作开展得有声有色。”

栾恩杰为二院的民品规划、民品发展，以及军民结合走向市场的起步阶段提出了思路和举措，发挥了很好的引领作用。为加强民品管理，二院成立了民品开发部，从各个研究所选派技术和管理干部。在民品开发部支持下，栾恩杰提出了很多有针对性的问题和建议。每次召开民品工作会，栾恩杰都用心思考，亲自写发言稿，提出很多有见地的观点和思路。在栾恩杰分管民品期间，二部研发了伽玛刀，二十三所、二十五所研发了电视接收天线，在国内市场打出了一小片天地，具有一定影响力。六九九厂研发了空气净化装置，十七所研发了工业控制系统，四部研发了呼吸机，这些产品虽然与国外产品相比还存在一定差距，但是促进了航天民用产业的发展，同时也满足了市场需求。

1987 年 2 月，栾恩杰（右一）在航天二院邀请二炮领导参观座谈会上讲话

栾恩杰重视发挥机关职能部门的作用，他抓大放小，充分授权，他说："我到二院当副院长，要学习怎么当领导干部。因为在研究所，我做的都是具体工作。到了二院以后，我要做好分管的工作，还要管好分管的部门，这就要充分发挥机关部门的职能，这和过去自己什么都亲手干不是一个状态。所以到了二院，我就要学习怎么适应做领导干部这样一个工作状态，我要出工作思路，由机关部门来执行。"

1987年9月，栾恩杰作为后备干部被航天部送到中央党校脱产学习一年。他在党校收到列席党的十三大的通知。1987年11月1日，在中国共产党第十三次全国代表大会上，他当选为十三届中央委员会候补委员，也是部里唯一的中央候补委员。他非常激动，给党组织写了封信，表达了多年来对他培养、信任、重视的感激之情。他说，在二院的四年相当于上了一次大学、又读了一次研，导师就是二院的全体同志。二院领导、机关和厂所给予他很多关怀和支持，二院的精神和作风，使他受益良多，他非常感谢二院。

路志忠说："栾恩杰副院长敢于创新、敢于管理。当时二院作为专业研究院，正处于确定方向、定任务的大发展时期。'巨浪'潜地导弹虽然发射成功，但是没有定型，还承担其他武器导弹研制工作，担子很重。在二院科研生产管理、改革调整等方面，他经常提出新的思路。他敢于做决策，同时又全力支持和组织业务部门去探索创新，工作深入、细致。他非常重视型号研制管理工作，虚心地向老领导、老专家学习，经常深入一线，尤其深入到厂所进行调研，工作非常民主，发挥总体部和专业研究所的作用，听取他们的意见。他在工作中深入理解把握黄纬禄总师提出的'四共同'原则，学习陈德仁总师'严、慎、细、实'的作风。他对工作要求严格，按章办事，工作抓得比较细、比较实。他注重遵循型号研制规律，严格按照型号规律办事，对型号研制工作起到很大的促进作用。他非常尊重老专家、老领导，关心他们的生活和身体状况，虚心学习他们的技术和管理经验，学习他们做事做人的方式方法，听取他们在工作上的意见，经常在一起讨论工作。他离开二院到航空航天工业部后，工作更加繁忙，但他仍然时常到老领导家里拜访，这已成为他的惯例，几乎是每到节假日都回到二院去看望拜访黄纬禄、陈德仁等老领导，与他们亲切地交流，叙师生情、战友情，问候他们的身体情况，介绍国防科技工业、航天发展等相关情况。"

栾恩杰非常重视质量管理工作，不放过任何一个细节，要求职能部门严格按章办事，抓好质量管理工作。他强调质量工作也要按工程管理模式进行管理，他说，质量在航天型号研制中处于第一的位置。这个第一的位置是由航天型号的“成功是硬道理”而决定的，军工产品特别是航天任务往往只有少数的几次机会，航天任务具有“一次成功”的强烈要求，这是航天任务区别于其他产品的特殊性，而航天任务的这种特殊性必然要推演到各研制阶段的具体要求之中。他提出应向“质量工程化”转变的概念，把质量作为工程管理是他的创新之处，他高度重视质量目标、质量责任、质量程序、质量大纲、质量资源和质量风险，在科研生产产品质量保障工作中发挥重要作用。

栾恩杰回忆说：“我感到那时二院正处于新老交替阶段。在二院当副院长这四年，我得到了充分的锻炼。我努力完成党委交给的任务，做好自己分管的工作。我在老领导身上学习如何全面去看待航天的发展，对如何做规划、如何实施重大工程都有了一些收获。”

二、任总指挥，重要转型

1988 年，根据当时潜地导弹和陆基机动导弹的形势，在“巨浪”潜地导弹试验的关键时刻，航天工业部转发了国防科工委任命文件，任命栾恩杰为潜地导弹、陆基机动战略导弹型号行政总指挥，任命陈德仁为总设计师。

担任型号总指挥，意味着栾恩杰由从事重大工程技术人员、管理人员向总指挥转型，这对他来说是一个巨大的挑战。栾恩杰回忆说：“让我当‘巨浪’潜地导弹和陆基机动战略导弹两个型号总指挥是二院党委刘从军院长、王可立书记报上级批复的，这是二院党委的部署，我在这两个平台发挥了作用，锻炼了我的总指挥能力，我成长和进步的阶梯是二院为我铺就的。

“潜地导弹研制工作在‘两总’统一调度下推进，从而有效地避免了工作中各部门之间的矛盾和工程上的返工以及研制工作中的大起大落现象，保证了研制工作有条不紊地开展。潜地导弹及陆基机动战略导弹研制起步时在相当多的学科和技术领域还是空白，而且研制过程中经历了整个‘文革’动乱的影响和多次体制变动的周折，可以说是一部白手起家、艰苦奋斗的创业史。在两型号艰难曲折的研制历程中，型号‘两总’带领广大科技人员付出了大量心血和劳动，备尝了失败的痛苦，也尝到了顺利和成功的喜悦。他们用坚定的意志铺出了一条固体导弹研制的成功之路，贡献出了智慧和力量。”

中国化的“两总”模式是重大工程取得成功的重要因素。栾恩杰在工作中，通过学习、研究、实践，深入摸索出“两总”的模式与特点。经过实践，他认为中国的型号总设计师工作系统的模式，属于中西合并，既有中国特色，也有国外的特点。我国在学习苏联先进经验和技术的同时，也引进了苏联的设计师体系。在苏联的航空史上，亚历山大·谢尔盖耶维奇·雅克夫列夫占据着特别重要的地位，栾恩杰在学习航空知识的时候读过他的传记。雅克夫列夫作为以他名字命名的设计局的总设计师，第二次世界大战时，时任苏联党和国家最高领导人的斯大林命令他在最短时间内研制出当时最强大的远程具有格斗能力的轰炸机。雅克夫列夫接到任务之后投入到工程的组织和实践当中，在限定的时间内拿出了打败敌人的武器，被任命为航空工业部副部长，后来又重新回到设计局，被授予上将军衔。当时，苏联的总设计师权力很大，是设计局的主要负责人，而不仅仅是一个型号的总设计师。中国在开展型号仿制的时候学习借鉴了苏联的总设计师体系，并创新设计了技术总负责人和总指挥体系，由此开创了行之有效的成功模式。

通过深入的思考和领会，栾恩杰对中国航天“两总”模式进行了充分的总结，他说：“改革开放以后，航天的发展从过去封闭的计划经济体制过渡到中国特色社会主义市场经济体制。这个阶段，航天工程不仅仅要完成工程目标，还要完成经济目标，因此‘两总’模式统一于工程目标和经济目标，进入了成熟发展时期。‘两总’要围绕完成‘工程合同’的要求来实施工程。技术目标是工程目标中的重要组成部分，但并不是全部。总指挥要对工程负全责，要签合同、负经济责任和技术责任，是工程的全面责任者。作为总指挥一定要清楚所担负的责任，作为技术专家首先要明白自己应该具备哪些本领。如果不懂得自己应该担负什么责任，不懂得自己应该具备什么本领，就干不了总指挥。”

“航天武器装备系统研制的行政总指挥和其他行业不同，因为从事尖端先进武器研制，更要发挥社会主义集中力量办大事的优越性，在党的领导下开展工程活动，加强行政领导是完全必要的。总指挥、总设计师都统一于一个国家下达的表征国家利益的工程目标，都为最终实现工程目标而团结一心、共同奋斗。‘两总’系统中，总指挥要保障总设计师系统的工作。各级机关是总指挥的执行机构、办事机构。总指挥是整个工程条件的保证者，不但要做好自己的工作，还要保障总设计师工作所需要的条件，不仅要做技术专家，还要做管理专家，能够熟悉国防科技工业管理的规范、熟悉上级的管理要求、敢于负责、大胆管理；要善于总结、归纳经验、发现问题、发现典型，掌握运用系统工程的管理技术。”

栾恩杰对两个型号全面负责，他是没有界面限定的负责人，是整个工程的代表者，是总设计师工作条件的保证者，不仅要承担项目经理的所有职责，要做管理专家，更要做技术专家。他经常与陈德仁总师沟通交流，对两个型号的设计、试验、保障等方面情况都很了解和熟悉。他从一线研制人员起步，对技术理解得很深，他总

栾恩杰（右三）与黄纬禄总师（右一）等人在讨论问题

结道[①]："在型号研制方面要想成为技术权威，就要通晓两张大图、磨合一张软件大图、读懂两套说明。第一张大图，是弹上（星上、箭上、船上）大图，所有系统都在一张工程图上，这张图是最主要的，要读好读透，我工作多年深有体会，这个基本功不练是不行的。第二张大图是地面图，地上管天上，在整个地面测试的时候，以地面为主考核天上。所以，地面图非常重要，这个图要下功夫去读，读好、读通，不做'回头'干部，不做技术官僚。要磨合一张软件图。软件工程化要求软件可读、能测、可控，总体要把软件描述成图，在图上把时序、功能都描述出来，在这个图下，各个分系统去磨合。对系统软件，各分系统要去磨合它的功能和程序，能发现问题，知道设计余量，这是软件工程化很重要的一个载体，现在很少能做到这一步，软件还处于一种不可触摸的阶段。要读懂两套说明，一套是总体设计说明书和它的设计文件，另一套是主要分系统设计说明书。这既是总设计师必读的设计文件，也是工程总指挥

① 引用栾恩杰撰写的《怎样当好总指挥和总设计师》，此文发表于栾恩杰论文选编《耕天思絮》。

必读的设计文件。特别是总体设计说明书是主要设计文件，所有主要的问题都在总体设计说明书上有所说明和体现。航天的系统是极复杂的系统，可以说没有一个人可以完成全部设计，是共同完成的成果。所以，我建议一定要看两张大图、一张磨合图、读懂两套说明。”

总指挥要对工程负全面责任，不但要做好自己的工作，还要保障总设计师工作所需要的条件。栾恩杰担任总指挥期间，工作异常繁重，他严格按照管理专家的要求，要求自己既要熟悉航天管理的规范、熟悉上级的管理要求，还要敢于对工程质量、进度、资源协调等提出要求；要总结、归纳经验，还要发现问题、发现典型。

1987 年至 1988 年，栾恩杰参加中央党校中青年干部培训班，学习、工作非常繁忙。当时的型号研制处于攻坚期，二院科研生产任务繁重。因为要上课，不能经常去基地，但他十分牵挂试验队研制工作情况。他不辞辛苦，坚持学习、工作两不误，经常是白天上课、晚上听工作汇报。他特意交代院里参加科研会议，并向他反馈研制试验、会议讨论等情况。院里科研部和计划部的同志多次去党校向栾恩杰汇报研制工作调度会议情况，之后再把栾恩杰的工作思路带回来。有时，院里同志带着会议纪要请他批复后再带到试验队。因为有院办的同志做信息传递工作，所以栾恩杰虽然在党校上课，但是对型号研制的情况都很清楚。遇到试验的关键节点，他一定会请假到现场亲自指挥调度，亲自协助陈德仁总师一起分析和研究问题，确保型号研制工作的顺利进行。

面对型号任务异常繁重的情况，栾恩杰在党校学习期间，每周要回院里参加型号调度例会，他诚恳地向党校老师请假，表示会把党校布置的作业做完，缺的课也会补上。栾恩杰兼任党校班的学习委员，学习用功，各方面表现好，党校老师都会准假。调度例会制度是栾恩杰提出来的，他认为，当时型号研制处于非常紧张的时候，作为总指挥要至少一周组织一次会，即使再忙再累也必须每周回来一次协调解决关键问题。在送导弹入场的时候，栾恩杰更是义不容辞地跟着专列一起走，亲自把导弹安全送到靶场，安顿好了再返回。

三、试验成功，奏响凯歌

经过紧张而艰苦的工作，发射试验准备就绪。1988 年，试验队在行政总指挥栾恩杰和总设计师陈德仁的带领下到达试验基地，开始了试验任务的各项准备工作。

8 月，国务院总理李鹏专程到试验现场视察试验准备工作，李鹏总理接见了试验队栾恩杰等有关领导和人员，并听取了陈德仁关于试验准备工作的汇报。

试验前夕，栾恩杰带队坐火车前往靶场。路上，大家听说栾恩杰刚被选为中共十三届中央候补委员，便开玩笑说："这个时候是老栾正旺的时候，带着我们来打弹，肯定没有问题，我们能打赢。"栾恩杰回忆说："当时我心里沉甸甸的，压力非常大。刘从军院长、王可立书记把这么重的任务交给陈德仁老总和我，而且是在连续失利的情况下，这个翻身仗一定要打好。发射试验前，我们隆重地召开了誓师大会。"

9 月的一个清晨，一切准备工作正在进行，"巨浪"潜地导弹进行水下发射飞行试验即将开始。指挥舰上，栾恩杰内心并不平静。从 1985 年的试验到 1988 年的试验，研制人员和试验团队付出了太多努力和辛劳。今天，整个操作系统和程序，所有的细节、所有可能出现问题的地方都一处一处、一遍一遍地排查了，这一切都在即将开始的飞行试验中经受检验。

导弹发射的命令下达后，导弹瞬间脱离潜艇，从发射筒里呼啸而出，穿过海水，冲破海面，带着橘红色的尾焰，直刺云端，在湛蓝色的天空中渐渐远去，径直飞向太平洋预定海域。终于，在海上等候已久的远洋测量船同时向船队指挥所报告：“目标落水，落点准确！”导弹准确落在预定海域，试验达到了预期目的，取得了圆满成功。

当“发射成功”的消息从千里之外的海上测量船传到潜艇上时，海面上所有的舰艇拉响了三分钟的报捷汽笛。观察舰的甲板上，水兵乐队奏响了庄严的国歌。终于成功了，栾恩杰不禁喜极而泣，眼泪不知不觉地流了下来。谈到落泪，他说：“不只我爱激动，航天人都是这样的。每次到靶场，就如进考场，每次都被考核，心中紧张忐忑，成功时会喜悦地落泪，失败时会悲痛地落泪。每个人都有过升学考试的经历，那种临考时的紧张，等待结束时的忐忑就是这样，如果你一年里有十次、几十次这种经历，你会是什么样的心情？！”

1988 年 9 月，栾恩杰（居中）在试验祝捷大会上讲话

“巨浪”潜地导弹的研制成功，极大地振奋了人心。“巨浪”不仅填补了我国海军潜地核导弹武器系统的空白，壮大了我国核威慑力量，而且为我国战略导弹核武器固体化、小型化和水下机动发射

技术的发展奠定了坚实的基础，这是我国战略导弹研制史上的又一壮举，使我国的战略导弹和核威慑能力实现了质的跨越，填补了我国导弹与航天技术的一项空白，我国成为世界上少数几个能够自行设计制造海基机动战略导弹的国家之一，在我国固体潜地战略导弹研制的丰碑上又一次赢得了胜利，是我国国防现代化的一项重大成就，对全党、全军和全国人民是一个巨大的鼓舞。

谈起潜地导弹试验的成功，栾恩杰感慨地说："陈（德仁）老总说过，我国使用固体燃料的潜地导弹是在一穷二白的基础上发展起来的，是几代科研人员智慧和心血的结晶，是无数人卧薪尝胆20余年努力的成果，我跟陈老总同感。使用固体燃料的潜地导弹研制团队从起步直至成功，整个历程充满了艰辛。'巨浪'潜地导弹和陆基机动战略导弹两个型号经历了风风雨雨，中间经历了连续失利的惨痛教训，但二院没被失利打倒，我们怀着雪耻的决心完成了任务。"

栾恩杰从靶场回来，参加十三届三中全会的分组讨论会，他向同志们汇报发言说："在党中央、国务院和中央军委的领导下，在毛主席'核潜艇一万年也要搞出来'的伟大号召下，在全国各方面的大力支援保障下，我们全体参研参试人员提前了9900多年完成了任务！胜利的喜悦冲走了经历过的艰辛，留下的是继续奋斗的动力！"

潜地导弹试验成功后，栾恩杰作为总指挥，受航空航天工业部的委托，负责试验现场管理等工作，并组织陆基机动战略导弹飞行试验。各项试验取得圆满成功，为后续工作奠定了坚实的基础。

张爱萍上将在固体潜地战略导弹和陆基机动战略导弹研制成功后称赞道："国防科技研究贵在独创，固体潜地战略导弹和陆基机动战略导弹堪称范例。""贵在独创""堪称范例"是对固体潜地战略导弹和陆基机动战略导弹整个研制过程的最高评价和赞誉。在这个艰辛的"独创"过程中，栾恩杰与研制团队发挥集体智慧，披荆斩棘，开辟了一条前所未有的研制道路，树立了典范，建立了卓越的功勋。

1989 年 12 月，栾恩杰（左一）在型号设计定型技术鉴定会上讲话

潜地导弹和陆基机动战略导弹的技术难度大、研制单位多、分布广、协调关系十分复杂，在研制过程中积累了很多宝贵经验，突破和解决了多项关键技术。为总结经验和教训，航空航天工业部决定组织编写潜地导弹、陆基机动战略导弹号研制工作总结，已是航空航天工业部总工程师的栾恩杰担任编辑委员会主任。

国防科工委和航空航天工业部领导及机关与有关院局基地、部所厂站对此项工作给予了大力支持，在刘纪原副部长的指导和关怀下，经过一年多的努力，完成了文献的编撰和出版工作。栾恩杰在《型号研制工作总结》序言中深情地写道："在完成这部总结文献的时候，我们深深地感谢所有从事过这项事业的老首长、老专家、老战友。没有他们的领导和支持，没有全国各方面的大力支援，就不会出现固体战略导弹事业的大好局面。我们从事第一代固体战略导弹研制的科技人员肩负着老一辈无产阶级革命家的重托，心怀报效祖国的宏愿，艰苦奋斗了 22 个春秋。当时的不少青年人如今已经是白发依稀、人到中年了。1982 年"巨龙"穿海腾空准确溅落预定海域，1985 年陆基机动战略导弹车载发射取得新突破，1988 年核潜艇水下发射固体运载火箭获得圆满成功，标志着我们伟大祖国已经拥有海基和陆基机动的核威慑力量，国防现代化建设又取得了新的进展。”

栾恩杰（右一）与总师们在一起

“胜利往往伴随着困难。我们有胜利的喜悦，也有过失利的痛苦与教训，正是在挫折和成功中锻炼出一支能打硬仗的队伍。在型号研制过程中，一支具有较高技术水平和优良作风的科研团队锻炼成长起来，他们传承自力更生、艰苦奋斗、大力协同、无私奉献、严谨务实、勇于攀登的航天精神，为发展祖国的航天事业贡献了可贵的青春年华，付出了全部的聪明智慧，有的甚至付出了宝贵的生命。”为此，他挥笔写下“固体型号铺路石，机动发射首列车；战略导弹核潜艇，自力更生一凯歌”等诗句，以此表达研制成功的重要意义。他说，在独立自主、自力更生、艰苦奋斗开创我国使用固体燃料导弹事业的精神激励下，在毛主席、周总理、聂帅等老一辈无产阶级革命家的亲切关怀下，在国防科工委、航空航天工业部的直接领导和指挥下，研制队伍突破了道道技术难关，克服了种种困难，终于闯出了一条完全依靠自己的力量发展固体潜地战略导弹和陆基机动战略导弹的道路，谱写了一曲自力更生、艰苦奋斗、大力协同、无私奉献的凯歌。

在召开型号研制工作总结大会的时候，张爱萍上将受邀拄着拐杖参加了会议。会上，栾恩杰做型号研制工作总结。他说，这是老首长“三抓”任务之一，一定要向老首长汇报。张爱萍上将欣慰地在会上鼓励与会人员，要求大家认真总结型号研制工作，为发展航天提供宝贵的可供借鉴的经验。栾恩杰非常感动，并深受鼓舞，搀扶着老首长，与他合影留念。

第六章 举剑经天 总负责

栾恩杰在党组织的重视和培养下，又一次完成角色转换，担任航空航天工业部总工程师、中国航天工业总公司副总经理，主抓从型号立项、研制、定型到交付部队等多项工作，他兢兢业业、认真履职，圆满完成了党组托付的重任，贡献了自己的力量。

一、领导岗位，尽职履责

1988年10月7日，因工作需要，航空航天工业部任命栾恩杰为总工程师，免去其二院副院长职务。

栾恩杰是个特别“恋旧”的人，在一个岗位工作久了，就想一直干下去。正式任命前，与当初不愿意离开十七所一样，他认为二院的工作环境很好、领导和同事们特别信任、刚熟悉二院而且干得挺顺手、各项工作开展得都不错，还想继续在二院工作。航空航天工业部人事劳动司司长、思想政治工作指导委员会主任先后找他谈话，他同这两位领导表达了自己想留在二院的想法。之后，刘纪原副部长与栾恩杰谈话，跟他交流得很坦诚，表达了工作需要和部党组的意见，他表态说：“部领导找我谈话，我很感动。我本来就是想在二院做技术干部。如果党组织已经决定了，我一定服从。党组织对我这么信任，让我承担了这么多艰巨而光荣的任务，并赋予这么好的平台，使我有机会取得今天这样的成绩，非常感谢党组织对我的培养。”

栾恩杰要调到部里的消息传来，二院领导和老同志都很舍不得放他走。此时，栾恩杰父亲住在他家。二院老院长柴志到栾恩杰家里看望他父亲，顺便想挽留他。王可立书记及二院老同志也希望他能继续在二院工作。这些老领导和老同志一再挽留，他很感动。栾恩杰回忆说：“说老实话，我是流着泪离开二院的。我不能忘记柴志、刘从军院长、王可立书记对我的信任和鼓励，以及希望我留在二院的情谊。”不久，栾恩杰服从组织安排，来到航空航天工业部，担任总工程师。

栾恩杰说：“作为党培养的一名干部，受到组织的器重，放到这样重要的位置，我从内心感谢党的培育、组织的信任和同志们的委托。我决心在党组的领导下，努力工作、不辜负党组织的重托。到了航空航天工业部，党组进行了工作分工，让我分管民品开发等工作，刘纪原副部长给我提出了指导意见。那个时候，民品工作比较难开展，还没有形成拳头产品。我负责航空航天民品发展规划、民品发展政策、市场开拓等工作，我还是很努力的。我个人感觉，当时航空航天工业部的民品处于从分散向集中、从产品开发向产业发展过渡这么一个状态，还不成气候。事实证明，当时我们花费精力搞的家用电器等民品都不是特别理想，但是当时我们开发的家用电器还是很出名的，比如，航空、航天都有电冰箱、洗衣机、录音机、电视机等家电产品，在市场上有一定影响力。后来中外合资产品抢占了我们的市场。”

曾担任栾恩杰秘书的韩大明回忆说：“航天〇六一基地转型生产汽车，栾总去调研，离老远就听见工厂车间里锤子敲得叮叮当当响，可以说是在非常简陋的条件下从事汽车生产。栾总认为高科技企业不应该是这个状态，后来他联合日本企业帮助设计。他说航空航天系统要搞民品需要学习借鉴先进技术，如果要开发汽车产品，就必须学习借鉴汽车领域内的先进理念和技术。他抽空学习汽车知识以及其他与民品有关的知识，他的学习精神特别强，对于工作涉及的而自己还不了解的领域一定要先学习。”

栾恩杰还分管保卫保密、综合治理、审计、物资等工作，他尽心尽力，认真履职。他说：“航天的保卫、保密工作任务很重，我带领职能部门通过健全制度、落实队伍和监督检查等措施，为科研生产和经营管理等各项工作提供了保障。总公司成立后重点抓了京区

1990 年 7 月，栾恩杰（右）在传达贯彻某型号工作会精神动员大会上讲话

大院的治安综合治理工作，并以二院为标兵，推广二院敢抓、敢管、见实效的经验，全系统开展了争创先进文明院的活动，基本上做到了保一方平安的要求，受到公安部门的表彰。审计工作方面，重点抓了科研费使用审计、预算外资金管理审计、基建项目跟踪审计。在物资保证方面，我提出了物资供销部门要以抓好‘供、管、控’为目标，大胆改革，逐步完善航天的供销体制。我接手机关服务局工作后首先研究如何落实总公司纲要，主要抓了文明公约、各部门的承诺制、大院环境改善、分房公开化这四件事。”

二、型号管家，壮我国防

1993 年 3 月 22 日，八届全国人大一次会议批准撤销航空航天工业部。1993 年 4 月 22 日，中共中央任命栾恩杰为中国航天工业总公司（国家航天局）党组成员。5 月 11 日，国务院任命栾恩杰为中国航天工业总公司副总经理（国家航天局副局长）。他回忆说：

“中国航天工业总公司成立后，我作为副总经理、党组成员进入了领导班子。按照党组分工，我负责导弹武器系统的研制和生产（含军贸和对俄合作），同时负责科研生产部、质量技术部、保卫部、审计局、供销总公司、联系航天七〇八所，后来又增加了机关服务局。

“从航空航天部转变为航天工业总公司，不仅是名称的变化，而且是贯彻中央深化改革决策的重大举措，它标志着中国航天科技工业进入了一个新的发展时期。如何适应这个转变，如何在新的形势下保持航天发展的势头，是摆在新班子面前的重大课题。虽然当时我到部里工作已经四年，但那时是作为总工程师，现在要作为副总经理协助总经理工作，无论是管理层面、决策力度和责任，还是从上而下的要求、自己能力和水平与所承担工作的差距等都发生了变化，我担心完成不好党组交给自己的任务、担心能不能在党组内发挥作用，但同时我对干好工作也充满了信心。因为党组书记刘纪原同志、副书记王礼恒同志都是老领导班子成员，他们有经验、有水平，在他们领导下工作有动力，党组内生活民主、相互尊重、团结和谐，使我们能放手工作；因为有一支好的机关队伍，他们能支持和尊重公司领导，服从指挥、顾全大局，踏实肯干；更重要的是有党中央、国务院、中央军委对航天事业的关心、重视、体贴和关怀。所以我的信心是十足的。

“在党组内，我边学边干，深深感到那段时期是极不平凡的时期。在纪原同志的领导下，面对新形势下中国航天如何发展这一重大课题取得了突破性的进展，其标志是理清了中国航天科技工业发展的基本思路，根据中央的部署不失时机地制定了中国航天改革与发展纲要及 2010 年的发展目标，这一纲领性的文件描绘了中国航天的宏伟蓝图，并以实现载人航天计划、条件保证与行为规范两大工程为契机，狠抓思想、作风、纪律三大整顿，带动航天科研生产计划的完成。在认真分析和冷静研究三年以来出现各种矛盾和问题的基础上，提出了以'军民分线'为突破口的科研生产新格局，提出了军品以优质高效为目标的强化管理的一系列举措。我在党组中学到了很多东西，我认为，我们党组对中央的方针政策的贯彻是认真的，党组是有战斗力的。虽遇到了各种挫折和失利，但经受了磨炼，经受了时间的考验。"

20世纪80年代末、90年代初，我国航天技术正处于一个新的历史发展时期，面临着航天技术上台阶、型号产品更新换代、队伍新老交替的形势。栾恩杰按照工作分工，尽心尽力地做好分管的所有武器系统的预研、研制、定型、交付部队等一系列工作。他回忆说：

"在总公司党组领导下，刘纪原总经理将导弹研制，包括'预先研究型号、在研型号、试验型号、定型产品'等工作交给我，我全身心地投入到了武器系统研制工作中，党组领导、老部长对我都很信任。在我航天事业的生涯里，幸运的是我遇到了好领导，他们忠诚于党的事业，他们待人以诚，他们敢于担当，他们勇于探索的精神和品德，时时教育着我。

1991年6月，栾恩杰参加某综合试验调研

"当时正处于第一代武器系统向第二代武器系统转型的历史时期。第一代武器系统主要是解决有无问题，第二代武器系统主要是解决机动性的问题。世界各国都发展了相应的防御性的武器系统，使对方攻击的效率和可能性受到了一些阻碍。防御性武器的发展对进攻性武器

来说是巨大的挑战，表现出矛与盾的关系。第二代武器系统机动性也含有突防特性，对机动性最大的要求是发动机的固体化。

“我从事过潜地导弹研制，了解潜地导弹发动机和控制系统，深知固体导弹和液体导弹的区别。液体导弹弹体遍布管路、阀门、涡轮泵，具有极其复杂的控制系统。从这个意义上说，固体导弹相对简单一些，液体导弹的机理相对复杂一些。型号管理工作不仅要了解型号研制的技术特点，更重要的是推进技术攻关、技术状态、控制与工艺保证及验证的落实。我认真学习了其他国家、其他领域工程研制经验，结合实际，总结规律，研究制定相应的政策和规范，听取各型号‘两总’的汇报，指导型号研制工作。”

韩大明回忆说：“当时各院的型号‘两总’向他汇报，他都是做功课的，他说不能当外行领导。起初这些型号‘两总’认为领导就是想听听情况，汇报前都很自信。但是到后来他们跟栾总谈过几次之后，一些型号‘两总’就主动打电话，提前让我问问栾总这次会提问哪方面的问题，以便做好准备再去汇报。因为他们发现栾总越问越专业，很多问题如果不先准备，怕在栾总那里通不过。他们觉得越来越难汇报，经常是栾总问几个问题以后，就让他们到黑板上现场计算。栾总看到他们的计算过程和结果，有的时候会说，你算得不对。有的‘两总’过后说：‘栾总说我们算错了的时候，当时

1993 年，栾恩杰被任命为中国航天工业总公司副总经理（国家航天局副局长）

感觉心里不服，心想我们都干多少年了，还能算错吗？’没想到经过计算证明确实算错了。”

航天技术是现代科学技术和基础工业最新成就的高度综合，是极其复杂的、具有国家级规模的大型系统工程。航天型号管理是航天技术的重要组成部分，是具有典型中国特色的航天系统工程管理。20 世纪 90 年代，面临着型号多、重点任务多和研制任务与试验任务并重等形势。栾恩杰回忆说：“当时不仅在研、预研等型号任务繁重，技术难度和跨度也很大，同时又存在调度不及时、短线拖周期、经费不到位等问题，我就督促职能部门采取各种措施不断协调、解决各类问题。从 1993 年开始定期召开武器型号调度会，明确机关催办责任；在全系统推进‘日、周、月、季调度制度’，首先在重点型号中试行，车间研究室领导要日日过问；所长、厂长要周周协调；院长要每月至少调度一次。科研生产部整顿管理秩序，实施以抓关键、抓短线、抓重点为主的网格管理办法。上述措施的推行在型号研制中起到了较好的作用，在我分管期间没有出现重大问题、拖而不办的现象。为落实刘纪原总经理关于加强与军方的联系、作好装备武器的技术服务的指示，坚持与军方召开定期联席会制度，这种形式沟通了设计生产方与使用方的信息，保证了武器交付的实战能力。在此基础上，由有关单位与军方建立了以技术保驾、出现问题随叫随到为内容的军民共建活动。这一活动受到了总参领导的肯定和支持。在武器系统各阶段评审中，我们坚持发挥专家作用，执行刘总经理提出的重要技术问题必须复算、复核、复试、复验的‘四复’要求，基本完成了总师和总指挥、首席专家和专家组队伍的建设，以及工作细则的制定。在全体有关同志的共同努力下，完成了重点型号的定型，并组织有关人员保驾，取得了良好的成绩。”

栾恩杰在推动型号研制工作中要求严格、能抓住要害，善于提出问题并解决问题，这得力于他经常去基层单位开展全面深入的调查研究。他深知各研制单位负责的型号既有共性，也有个性，了解型号个性化特点是调研的重点。他通过调研深入了解各型号的进展、技术情况和管理，了解武器系统靶场试验状态。航天系统工程司（1993 年 9 月为科研生产部）、质量司（1993 年 9 月为质量技术监督部）的工作人员经常陪同他去各院、局、基地调研和了解情况。针对研制工作中冗余物屡屡出现等问题，他提出了“杜绝冗余物”的目标，并用一年多时间分阶段处理着力解决“常见病”“多发病”和“卡脖子”等质量问题。他是经历过基层锻炼的领导干部，了解基层干部和技术人员的难处，能够理解他们的苦衷和愿望，因此与基层干部职工关系都很好。他和院、局基地负责武器研制的总指挥、总设计师不只是领导关系，还是战友、朋友和兄弟。在处理型号研制过程中的相关问题时，大家都能对他说真话，他很快能了解到相关情况，及时推动问题的解决。

胡浩说：“栾总是从二院走出来的领导，原来没有接触过其他研究院研制的型号，这对他来说是个挑战。”20 世纪 90 年代，某院重点型号发射连续失利，引起了他的高度重视。时任科研生产部处长的胡浩陪他多次去该研制单位，跟他一起看型号设计大图。他通过看大图，了解产品的状态、产品的原理；通过听汇报了解情况，针对当时不利的形势和瓶颈问题，一个个解剖麻雀，与型号“两总”、试验队员一起寻找出路、分析解决问题，下了很大的功夫查找问题和短板缺陷，最终抓住了系统的薄弱环节和设计要害，对后续该型号研制规律的把握大有裨益。该型号应用了很多新技术，在体积、打击精度、生存性能等方面均有明显突破。最终该型号实弹飞行试验获得成功，目前已经成为撒手锏武器。

栾恩杰认为，如果是机电问题就以电为主，如果是软硬问题就以软为主。因为机械系统和硬件很难对其动态特性进行改变，研制周期和风险都很大。他坚持从电子线路、软件入手，并提出在控制系统采样时在 20 毫秒的采样周期中再增加一个虚拟采样点，此点保留前一时刻的采样值。这样可以使差分幅值提高，使频谱向高频移动。这个思路经过仿真和实物模拟，证明是可行的。

曾在航空航天工业部工作的李本正说："我 1990 年到航空航天工业部工作，一直负责型号质量管理，经常陪同栾主任去基地。栾主任特别强调，要管理好型号，必须要抓总图，包括技术总图、管理总图，总师必须熟悉这些总图。他主持的历次重大工程，都要求把总图节点画清楚。当时有一些型号管理存在'大概率'成功的思想，允许存在个别的失败，没有像洲际导弹、运载火箭那样要求百分之百一次成功。他强调要一次成功的理念，要求所有武器系统型号管理方面都必须按照百分之百成功的目标去做。"

学习调研、指挥协调、出差参试是栾恩杰工作的常态。出差路上，有时还会遇到险情。韩大明回忆说：

"1993 年成立总公司，栾总全面分管科研生产以后，对有些型号不太清楚，就列书单，让我找书给他看。那个时候经常跟栾总出差，只要有试验任务，就要出差，即使顶风冒雪也是说走就走。路上，司机开车时小心翼翼有时也险些出现交通事故。有一次天冷路滑，车在路上行驶直打滑，幸亏路上有拉煤车帮我们铺煤渣，要不

1995 年，栾恩杰（右）在航天二院检查基层工作

就出溜到坡下了。还有一次车门被冻住了，甚至我们还遇到过迷路的时候。有的路程虽然仅几百千米，但遇到路难走、天气不好的情况，即使我们早晨6点出发，也是到晚上12点才到目的地。那个时候真是挺不容易的，栾总也吃了不少苦，但是他依然很乐观，有时候还跟我们开玩笑。在他的鼓舞下，我们苦中求乐。

"1991年2月，我跟栾总去靶场参试。当时零下30多摄氏度，非常冷，穿着棉鞋在冰天雪地里站一会儿感觉跟没穿鞋似的。有一发弹爆炸的时候，栾总在掩体的指挥室里，我出于好奇跑到外面想近距离看发射，没想到弹一出筒就炸了。爆炸的场面如同天女散花，方圆一千米都被烧着了。我穿着军大衣，离现场很近。恰好旁边有一位基地摄像的战士，他经过训练，爆炸的第一时间，他自己卧倒的同时把我扑倒了，我的膝盖磕伤了，我起来后赶紧往掩体里跑。栾总看到我遇到了险情，担心我受伤，真的跟我发火了。他严肃地说'我在哪你就得在哪儿，不能到处跑'。那个时候的指挥室也是很简陋的，就建在土坡的防御工事里。还有一次在基地，导弹加注的时候泄漏了，也挺危险的。现在是液氧煤油和液氢液氧的无毒绿色推进剂，那个时候氧化剂是四氧化二氮推进剂，属于强氧化剂，而且接插头创新，改成电动的插头，加完推进剂准备退出来的时候卡住，盖关不上。要知道液态的四氧化二氮遇到空气就会汽化，往外冒红烟，大家需要紧急撤退。但栾总不顾危险，一直在现场指挥。我多次跟栾总在发射试验现场，一起感受了成功的喜悦和失败后的痛苦。真的是打成了高兴地哭、打不成心痛地哭，特别是在当时那种条件困难的情况下。栾总就这样带着我们从那么难、那么苦的时候走过来了。有人夸栾总型号管得好，他总会谦虚地说：'不是我管得好，是同志们干得好。'"

栾恩杰在全面抓武器装备型号管理的同时，善于抓重点、抓典型。比如，某系列导弹，他主抓其中的一个重点型号，下功夫看了设计图样和很多研制报告，帮助分析和解决问题，推动研制进程。

该型号最终研制成功，使我国具备了较强的区域防空能力，满足了国内防空领域的迫切需求，提升了我国国土的防空能力，同时也为下一代更为先进的地空导弹研制提供了经验和基础。

1995 年 2 月，栾恩杰在某试验队胜利归来欢迎会上讲话

在党组的领导下，栾恩杰在型号交付、研制、预研等方面工作开展得比较顺利。他回忆说：

“党组书记刘纪原同志是我们老前辈，很有魄力，也很有思想，我非常尊重他，他在我们导弹武器系统研制中，特别是在第一代导弹研制中有功劳，他在我国导弹从无线电制导到惯性制导重大转型中作出了重大贡献。他又是留苏的老专家，无论在技术上，还是战略管理上，他都有独到的贡献。他让我把全部导弹抓起来，在他领导下，我感觉学到了很多东西。那时候经常进靶场，每当有大的试验我必须去。我养成一个习惯，对进场的导弹，我一般都要拍一拍，心里说‘老兄’拜托了啊！拍完心里就踏实一些。当然拍了的有失败的，不拍的也有成功的。党组把所有武器系统的研制、交付和军方联系都交给我，这是对我的充分信任，也是纪原同志对我的重托，我感到这是千钧重担。在科研局等机关部门的共同努力下，我完成了党组交付的任务。特别是一些型号，曾经有过最难的时候，但是我们顶住了压力。我们的同志是经得住考验的，克服了重重困难，最后圆满地完成了任务。

“后来在天安门参加阅兵的时候，我很高兴。我们按照武器装备系列化这样一个思路走武器系统发展的路线，构成了支撑未来的发展格局。我个人认为，在中国航天工业总公司阶段，对规划航天工业发展，特别是武器系统发展系列化打下了一个非常好的基础。我们完成了党组、纪原总经理交付的重要任务。”

栾恩杰经历了很多激动人心的时刻，试验成功的时候非常兴奋，虽然在研制过程中会遇到一系列问题，但在成功那一刻，他感觉压在心里的石头落地了。他记得有一年回家探望父母，当时卧病在床的父亲问他能在家待几天，他跟父亲说第二天有一个气象卫星发射，如果成功了可以多待两天。如果发射失利，他作为分管质量的领导必须回去组织复查，父亲没有说话。第二天，广播里传出卫星发射成功的消息，父亲躺在床上为他鼓掌，说：“恩杰，成功了，你可以在家待两天了。”

有段时间，栾恩杰一直跟踪某一型号，与试验队员一起在靶场开展工作，一直到试验结束。靶场建在海边上，地处荒郊野地，面对海风，条件十分艰苦。因为没有搭设帐篷，风沙天也在外面吃饭，“苦不苦，来来苇塘铺”的顺口溜是当时恶劣环境的真实写照。正是在这样艰苦的条件下，处于当时世界先进水平的撒手锏武器试验取得成功。导弹发射成功后，栾恩杰对参试人员说：“同志们很辛苦，你们在这么艰苦的条件下完成这么重要的撒手锏武器试验，拿下它，海军舰艇就长了力量。我代表党组感谢你们。”

1992 年 4 月，栾恩杰和参试人员到了靶场，准备开展发射试验，但由于设计和质量等方面存在问题，第一发导弹飞行试验失败了。9 月，第二发导弹进入试验基地，完成技术阵地、发射阵地的检查和测试工作。11 月，执行发射任务。令人意想不到的是，导弹起飞后因发生故障，导弹自毁，试验又一次失败了。连续遭受的重大挫折，让大家倍感压力，忧心如焚。

在最艰难的时刻，时任中央军委副主席的刘华清镇定地指示："坚决把它打完，打出成果，不能退！"并提出"导弹在靶场出现的问题没有弄清楚之前不能再打，一定要把问题搞清楚，认真总结经验教训，力争下次试验成功"等要求。参试领导人人表态，落实责任，决心更加严肃认真、更加严谨细致的态度做好各项工作。

刘副主席的镇定和气魄给予栾恩杰和试验队员以强大的精神动力和信心。他回忆说："因为刘华清副主席这种严格的质量要求、热情的鼓励和坚定不移的支持，激发和引导我们去努力形成一套有效的质量问题管理办法，催生了有关质量问题归零的规章制度的萌芽，后来又经过两三年的实践和归纳提炼，我们制定了质量问题技术归零的'五条'规定，推进航天型号质量管理水平迈上了一个全新的高度，促进了导弹武器的研制生产完成了从失利到成熟的重大转折。"

技术出身的栾恩杰从未放弃"老本行"，对分管型号研制工作中出现的技术、管理等问题不断动脑筋、想办法。20 世纪 90 年代初，为了打破战略核讹诈，国家决定研制远程机动战略武器，这是集固体、机动、车载、核弹头和突防技术为一体的第二代武器。作为总公司武器系统工程责任人，栾恩杰倾注大量心血，在该型导弹研制中，组织研制队伍和各方面力量，为战略导弹研制工作提供了技术支持。他主持攻克了以高能发动机和高精度惯性平台为代表的"伺服系统超高速、高压、高温燃气涡轮技术""Ⅰ级固体火箭发动机柔性喷管制造"等十余项关键技术，取得了首发成功。十几年来，栾恩杰一直没有离开这个型号，一直跟到定型。

当该型号研制进入试样阶段、各实物研制参数已基本实现时，出现了弹体一阶振型与伺服机构谐振频率耦合造成姿控系统一阶弹性不稳定的重大问题，在弹体和伺服系统都难以改动的情况下，栾恩杰提出"虚拟采样"方案用软件设计改进姿控系统，巧妙地解决了伺服机构精度和姿控系统一阶弹性不稳定等技术关键问题，并被控制系统采用。他通过抓技术攻关、研制短线和质量问题归零，复现和研究了导致该型号弹头试验弹首飞失利的故障和故障机理等重要问题，确保了该型号首飞圆满成功，创造了后续数发试验连续成功的纪录。该型号荣获国家科技进步奖特等奖。

随着导弹武器型号的发展，潜地导弹要“上岸”，转型为固体的陆上机动式导弹，即我国第一个地地固体导弹，以后又演变为满足各种目标需求的导弹系列。在航空航天工业部、航天工业总公司工作期间，栾恩杰根据我国政治和军事战略的需要，深入思考该型号系列化发展的问题，率先组织“一弹两用”和“增程”发展导弹的研制，主持和领导了中程固体战略导弹增程型号研制工作。

栾恩杰回忆说：“我邀请研制单位徐乃明副院长做顾问，徐乃明是航天的老专家、老领导，他思路清晰，思维聪敏，分析问题尖锐，行事坚决且逻辑性强。经过深入研究，我和徐乃明，以及陈世年总师、王尚虎总指挥组织开展中程固体战略导弹增程论证，以及该型号系列发展的研制工作，完成了方案论证、设计，促成了该型号立项。我们一起研究怎么把该型号做大，确立了‘从零开始’抓‘故障树潜通分析’等技术路线，解决了一系列由于故障原因、设计更改等导致的飞行失利问题，最终圆满实现该型号飞行试验 4 次连续成功并定型，发展了我国首个固体机动战略导弹型号。”

在成功完成两个型号研制、飞行试验与定型工作基础上，栾恩杰和徐乃明等航天专家系统、全面地总结了研制经验和规律，得到同行的认可，为后续型号研制所遵循，这些导弹武器均已顺利装备部队，并获得国家和部级科技进步奖一等奖。研制单位在该型号基础上陆续开展了型号系列化发展的实践，现在已经成为了撒手锏武器。栾恩杰说：“因为有了这样的撒手锏武器，使我国战略战术导弹研制水平跨入世界先进行列，提高了我们的国防能力。研制单位作了重大的历史性贡献，立了大功。”

三、严峻考验，开展整顿

1996年，对航天工业总公司来说，是经受严峻考验的一年。

这一年运载火箭相继失利。2月15日，在西昌卫星发射中心，“长征三号乙”运载火箭发射过程中发生了严重事故。火箭发射后，在空中倾斜失控，最终撞山爆炸，砸在了宿舍的山坡上，震碎了宿舍玻璃，强大的爆炸冲击波把人推出去，剧毒燃料挥发，造成6死57伤的严重伤亡，由于居民已经疏散，所以伤亡者多为技术人员。栾恩杰当时在京值班，接到通知后马上去西郊机场接送伤员，并送到医院抢救，晚上在医院陪护。可惜的是，有的伤员因伤势过重，虽经医护人员全力抢救还是不幸去世了。事后查明，由于卫星的一个电子元器件失效，使得惯性基准倾斜，火箭按错误的姿态信号进行姿态矫正并自毁。因此，火箭在飞行22秒之后，触地爆炸，星箭俱毁，发射失败。此次事故以及1996年8月18日“中星七号”通信卫星发射失败，致使中国航天对外发射服务陷入低谷，直接导致中国航天工业总公司开展彻底的质量整顿。

这一年导弹试验出现的失利使栾恩杰内心非常受触动。有人说他是福将，但他深知自己经历过很多次失败。某院在进行某重点型号试验时，他就在现场。没想到该型号在前两发弹失利后，最后一发弹还是在离地面很近的地方爆炸了，连发射车也被炸坏了。栾恩杰所在的指挥部离发射场只有三四百米的距离，虽说距离爆炸点不远，但属于安全距离。基地司令员汪永肃少将在现场指挥，导弹落下来爆炸后，战士看到地面车上还有很多产品，便不顾生命危险往前冲，想把车上的产品抢救出来。但是发射车一直在爆炸，汽车受热之后，轮胎也爆炸了，靶场上的东西几乎全炸没了，非常危险。最后汪司令员命令战士不要再往前冲。因为发射车价值很高，此次爆炸损失惨重。型号试验失利暴露出了在质量管理方面存在的薄弱环节，造成了严重影响。

韩大明回忆说："1991 年，某研制型号试验接连失利。其中一发导弹出筒后自毁，把好弹炸了。栾总询问现场负责人测压管路是什么材质和行走路线，当时现场没人说得清。他又问副总设计师，副总设计师又把主任设计师叫来，后来一直叫到主管设计师才说清管路是怎么走的。栾总一般不跟人急，那天真急了。他说总师、总指挥不是当官的，要更深更细了解技术状态。栾总回来之后先给党组写检查，检讨自己没打好，之后任命新的总师和总指挥，把原来的总师和总指挥聘为顾问。他跟着型号队伍卧薪尝胆两年之后，终于打成了。试验成功后，栾总第一时间带我去看望在靶场的原总师和总指挥，他对他们说：感谢你们前期打下的基础，尽管型号在你们手上没有成功，但是因为有你们前期打的基础才会有今天的成功。"

这次失利，栾恩杰感觉很痛心。他说："我被打蒙了，欲哭无泪，只是想怎么办！我遇到过型号试验接连失败的情况，也遇到过型号没离开发射场就爆炸的情况，还遇到过燃烧剂泄漏的情况，这些失败可能会让人产生灰心、压力、挫折感，但在党的关怀、激励、鼓舞、鞭策、信任下，我们航天人没有退却。航天人是充满信念、有韧性的人，我们传承了航天精神，具有百折不挠的品格，受到打击反而会激发我们继续奋斗的信心。遇到了挫折，反而更加坚强，下决心战胜困难，赢得胜利。航天人在成功和失败的交替中锤炼着坚韧不拔的品格，经过一次次的加热、一次次的锤打，才会百炼成钢。"

"在失败面前我也会流泪。对我来讲，泪水就是一种宣泄。困难不怕泪水，它怕的是面对它的坚定、坚强、不屈、奋斗的人，我们航天人要具备这样的品格。但是在我走上领导岗位以后，尽量不流泪。我有时候也害怕，比如，我带着导弹坐专列走的时候，实际上我心里面十分忐忑。这么多年风风雨雨，我也不知道我去了多少次靶场、打了多少发弹、遇到多少问题，但是教会我如何看待失败、看待成功。我们的老一辈无产阶级革命家和老一代航天人，他们就是这样坚强地站在战友面前、站在困难面前，最终形成我们坚强的意志、永不言败的性格。我应当学习和继承这种优良的传统和精神。”

栾恩杰从靶场回来后立即写了检查交给党组，党组下决心认真研究质量问题，要求不能就事论事，一定要找到原因。针对型号飞行试验失利的情况，航天工业总公司党组进行了通报批评，要求严肃整改。此时，栾恩杰作为航天工业总公司领导班子成员，开始与党组成员一起思考这一年接二连三出现失利、中国航天遇到的是什么样的问题，如果要解决问题，是一个一个问题找出来、就事论事地有针对性地解决，还是从深层次来思考、全面认真彻底地研究我们遇到的形势、出现和暴露的问题。

党组随即展开了热烈的研讨，进行了深入的分析，一致认为由于管理理念、管理方式出现了深层次问题，造成 1996 年前后多任务、多领域的连续失利，包括运载火箭、卫星、地地导弹、地空导弹等重要任务的失利。

中国航天报
CHINA SPACE NEWS
中国
航天工业总公司
主办
总公司传达
今年质量主题：严
——栾恩杰副总经理就质量工作答记者问

中国航天报
CHINA SPACE NEWS
中国
航天工业总公司
主办
曲终人不散 强音留心中
“航天质量月”总结大会召开

《中国航天报》刊登的关于栾恩杰对质量工作的认识和要求的文章

栾恩杰回忆说：

“以刘纪原书记为班长的党组，认真、充分剖析问题，最终统一了思想，认为我们现在面临的多任务连续失利的形势是发展过程中产生的，是领导的不适应性和我们队伍的不适应性引发的问题。只要我们正视问题并有效解决，后续我们成功的概率还是很大的。当时刘纪原总经理在形势分析中有一句话叫‘喜忧参半’，我的体会就是出现问题不能害怕、不能逃避，不要丧失信心、不要把问题看得没办法解决，关键要看这些问题是怎么产生的；同时也不要放松警惕、不要把问题想得很容易处理，这就是喜忧参半。

“针对中国航天连续失利，党中央、国务院、中央军委十分关心，作出了重要的指示，提出了严格的要求和实施的步骤，并进行了详细的指导。李鹏总理指出：‘我们不要怕问题的出现，但是我们解决问题要有新的理念，改革当中出现的问题，一定要用改革的思路去解决。’”

党中央、国务院领导及时启发了解决问题的思路，具有战略性、理念性的指导作用。栾恩杰回忆说：“作为领导应该从有没有跟上中央的战略部署、是不是适应了改革开放新的形势变化等方面去思考。如果仍然用过去计划经济的固有经验、思维模式去面对新任务、去思考新形势下中国航天遇到的问题、新的挑战，就不能适应新形势的要求，就不能应对发展中的中国航天遇到的新情况、新问题、新矛盾，连续失利的问题也不会彻底解决，因此必须要用改革的思路、理念去思考解决问题的办法。”

改革开放时期，中国航天已经不是过去每个院只负责单一型号和任务的状态，而是到了多型号、多任务并存的状态，已经初步形成了装备一代、研制一代、预研一代时期，进入到独立自主研发的发展阶段，研制数量、研制能力、研制队伍已经具备一定基础。20世纪90年代中期，在大力倡导军民结合的形势下，航空航天工业部所属单位不断探索军民结合路径。

栾恩杰说：

“在这种形势下，军民结合发展体制、管理模式等方面受到了挑战，研制工作面临重重压力。当时各单位承担的压力很大，既要做好军品，又要做民品。有的试验队领导到靶场之后仍然为自己所承担的民品任务操心，还要同步进行民品任务的技术设计，有的同志甚至把民品的图样都带到靶场，影响航天工业主业的发展，使型号研制力量投入发生了一定的分散，质量管理出现松弛等情况，导致问题、故障和失利频发。这些现象值得我们思考。新形势下利益格局冲击着过去计划经济僵化的模式，人们思维都活跃起来了。在改革开放过程中，军民结合的方向比较模糊，最重要的是还没有找到结合点，我们的认识还不深刻，还没有走出独立发展壮大的路子，特别是 1996 年，我们在军品科研生产上失误增多，党组开始考虑军民分线问题。

“那时候纪原同志领导党组一班人下决心将军民分线，要求搞军就一心搞军、做民就一心做民。我个人认为刘纪原总经理军民分线决策是完全正确的，在中国市场经济改革情况下，中国航天一定要全心全意地投入到航天事业发展。没有航天主业的发展，就没有能力参加国民经济建设，也没有能力把自己企业做强做大，并把自己的行业变成产业。党组认为，武器系统研制是我们的主业。如果丢掉主业去搞民品，就是失衡，就是观念的错误，就是被市场经济冲昏了头脑。如何用改革的思路解决问题，党组面临着巨大的压力，特别是刘纪原总经理压力更大，其他党组成员决心为党组分忧，把后续任务一丝不苟地完成好，一定要把问题弄明白。党组经过认真分析研究，明确了军民两条线的方针，设立军品岗位津贴，在质量上改变被动局面，在方法、理念、措施上实施重大变革，打好没有退路的翻身仗。”

“失败不起，没有退路，只能成功”，这是当时党组在 1996 年对总形势达成的共识。1996 年 4 月 2 日，航天工业总公司总经理办公会议决定：为严格质量管理，对发生重大质量问题的型号研制单位实行亮黄牌制度，被亮黄牌的型号研制单位要进行停产整顿。

1996年4月7日至8日，在航天型号质量工作会议上，航天工业总公司宣布了为确保年度科研生产任务而制定的十项制度和办法，部署了航天质量月活动。这次航天型号质量工作会议，是在我国航天科技工业发展面临严峻挑战的情况下召开的一次十分重要的会议，是航天工业总公司党组在认真分析客观形势和航天系统当时工作现状的基础上作出的重要决策。

5月20日，在"航天质量月"总结大会上，栾恩杰作了报告。他强调，抓质量、抓管理，既要靠思想教育，更要有切实可行的制度作保证。要把规章制度建设，把人员质量意识的教育和岗位、技术培训工作做好做实①。

1997年3月，为了深入推进"航天质量月"活动，他提出"要围绕产品设计、生产、监督三大环节和人、物、管理三大因素下功夫，在质量标准上要有突破"。这些要求充分体现了他对质量管理工作的深刻认识②。

栾恩杰参加型号指挥部会议

① 参考《中国航天报》1996年5月25日头版头条《曲终人不散强音留心中——"航天质量月"总结大会召开》(记者赵屾)。

② 参考《中国航天报》1997年3月22日头版头条《今年质量主题——严栾恩杰副总经理就质量工作答记者问》(记者赵晓勤)。

航天工业总公司领导各院、局、基地、部所场站全面开展了质量整顿，对全员进行“质量是航天的生命”的专题教育，寻根溯源，研究问题、矛盾、策略，三管齐下。发现问题、找出矛盾、研究策略是总公司和所属各单位全面开展的工作，也是落实中央指示的举措，没有退路可言。

栾恩杰回忆说：

“新形势下，由于管理模式没有与时俱进，我们的队伍也出现了问题。在计划经济时代，以‘三老四严’激励大家专心致志、心无旁骛地对待工作和任务。但在社会主义市场经济、改革开放的新形势下，队伍的稳定是一个重要因素，原来的管理模式、管理理念受到了挑战。经过审慎思考，我提出了质量管理工作要从过去的‘问题管理阶段’向‘规范管理阶段’转变，再向‘道德管理阶段’转变的思路。

“在失利的形势下，调整人员、建设队伍、建立规章是最好的时机，我们应该抓住这个契机，调整型号队伍，在实践中去培养，锻炼人才，提拔和选用人才。建章立制，规范管理。

“在此期间，航天工业总公司通过加强人才培养、队伍建设和干部调整相结合等方式，对全级次各单位600多人进行了调整。在人员岗位、队伍作风、领导和技术人员培养等方面采取有力措施，请专业技术精湛、经验丰富的老专家、老同志担任顾问，针对型号失利的问题进行诊断、评定、处置。这次全员整顿对各单位和队伍建设触动很大、影响深远，其间有几百人调整了工作岗位。与此同时，在系统内开展了型号案例教育。这些案例教育达到了举一反三的效果，即甲型号要把乙型号、丙型号出现的问题当作自己的问题，甲型号要把所有的问题当作类似的问题进行研究。

“在某重点型号失利后，党组对该型号‘两总’队伍进行了调整，让我总负责。当初作出这个决定也很难，因为这些‘两总’都是航天战线上的老同志。我跟他们做工作，跟他们说：‘你们下来另有重任，那就是把关、监督、指导、当顾问。’”

四、提双五条，国际标准

航天工业总公司成立后，栾恩杰分管质量工作，他夯实质量管理基础，强化过程管控，把精细化管理融入质量管理全流程，筑牢质量第一的理念。他高度重视人员的质量观念、质量意识这一基础工作，并用了近一年时间，组织力量完成了质量故障启示录（案例）、质量可靠性技术教程等教材的编写和出版工作，并要求各院、局、基地全面推行。他向刘纪原总经理建议加强工艺基础工作，改变目前行政总指挥形式，这些都得到了刘纪原总经理的肯定。他注重发挥工艺专家的作用，狠抓振兴中国航天工艺的计划落实工作。在党组的支持下，在总公司经费十分紧张的情况下，他每年筹集 3000 万元用于以提高质量为目标的技术改造，在解决研制工作中出现的常见病、多发病和“卡脖子”问题上发挥了重要的作用。他回忆说：

“质量这一永恒的主题，永远地摆在我们面前。近年来，航天发生的挫折和失利，大部分问题是管理问题，因为我们的功夫还没到家，我完全同意刘总经理的讲话，我们的干部队伍的整体素质不适应新形势的发展和要求。作为党组内主管质量的领导，我负有不可推卸的责任。

“1995 年，党组一号文明确要以质量为中心抓好军、民品科研生产，并决定自 1995 年 3 月 22 日至 1996 年 3 月 22 日为‘航天质量年’，目标是杜绝人为责任事故和消灭重复故障。为推进这个目标的实现，我组织职能部门制订了各项重点工作计划，开展了‘3.22’航天质量日全系统电话会议，在全行业开展了群众性的质量宣传和教育活动，提高了全员质量意识，组织了两期质量体系认证和多期技术培训班，在《中国航天报》上开展了质量曝光活动，在质量部配合下较好地完成了各项工作任务。”

航天工业总公司质量归零工作很早就开始实施。1995 年 1 月，航天工业总公司决定组织质量管理改进研究。7 月，发布了《航天质量管理改革方案》。8 月，下发了《质量问题归零管理办法》，提出了质量问题归零五个方面的工作，要求各型号产品在研制、生产、试验中对发生的质量问题，以及处理和采取的措施应达到防止问题重复发生和杜绝人为责任事故的目的。

1996 年，中国航天遇到连续失利的严峻挑战之后，栾恩杰在质量问题归零“双五条”等质量管理标准、制度论证、制度制定上下了很大功夫，组织航天工业总公司全级次单位对 1996 年出现的问题和矛盾进行认真地分析，采取相应的对策，对军品研制型号、重大的工程任务、重要的部门单位进行全面停产整顿。

质量问题归零是一个不断完善的过程。在抓质量管理过程中，栾恩杰逐渐形成了自己对技术归零、管理归零的思路和见解，并及时与质量管理部门沟通，这为质量归零“双五条”的出台提供了遵循。

栾恩杰说：“我们成功研制了首型潜地导弹和陆基机动导弹，具有很强的研制能力。在研的型号射程增加了、精度提高了，就必须更加关注研制质量。导弹最关键的是射程、精度，威力在弹头，但若没有了质量，这一切都是‘零’。如果在第一次失败时就认真地把问题、矛盾、缺陷、短板、隐患查得清清楚楚、明明白白，就会解决得很好，就可能会成功。连续三发弹失利之后，还是没有找到真正的原因和隐患，就要认真思考。要想想定位是不是准确，该问题是不是当前暴露的问题、为什么会有这种问题，从逻辑链的角度，一环一环想清楚；要想想机理是不是清楚，有没有通过试验或者仿真予以验证；要想想问题能不能复现，状态和遥测数据、故障的处理是不是符合要求；要想想措施是不是有效，有没有采取针对性、有效性措施加以落实；要想想有没有举一反三，类似的问题在其他的部位有没有。”

在此基础上，栾恩杰根据某型号连续失利的情况，结合航天实际，依据多年系统工程管理经验，提出了质量问题归零的原则。他认为，某重点型号连续失利，其失利原因都与归零原则一一对应。因为第一发是定位不准、第二发是机理不清、第三发是零件更换不符合要求。根据出现的问题，他提出了有针对性的三项措施，后来称为技术归零，包括“定位准确、机理清楚、问题复现”，在此基础上又增加两方面内容，即“措施有效、举一反三”。他提出的这些质量问题归零标准原则、思路和措辞，具有很强的针对性、指导性和可操作性，体现了他对质量管理工作的深入思考。

李本正回忆说：“我一直跟着栾主任跑靶场，他在航天型号连续失利的基础上提出了航天五条技术归零标准，具体的内容也是他的措辞。后来在栾主任要求下，又出台了管理归零的五条标准。当时总装备部对五条归零标准大加赞赏，在军品型号单位全面推行，并把它作为军品的标准，要求各单位严格贯彻落实。现在全行业按照‘双五条’归零的标准实行，栾主任在军工质量管理方面作出的贡献非常大，功不可没。”

1996 年，航天工业总公司把质量问题归零的五个方面提炼为：定位要准确，机理要清楚，问题的性质和责任要清楚，措施要可行、有效，举一反三。1996 年 10 月，在航天工业总公司召开的卫星发射动员会上，进一步把质量问题归零精炼为五条标准，即“定位准确、机理清楚、问题复现、措施有效、举一反三”。这五条受到了党组的高度重视，刘纪原总经理给予了大力支持，责成由质量技术部、科研局具体执行。

技术问题归零五条标准公布之后，有很多人认为“定位准确、机理清楚”这两条没有问题，但是怎么理解“问题复现”？难道说要为了复现故障，还要单独模拟把卫星搞坏了、导弹打坏了吗？在栾恩杰《航天系统工程运行》专著中，针对“故障复现”有专门阐述。栾恩杰强调，“故障复现”核心内容是问题复现，可以用数学、模拟仿真、逻辑推理等方法复现，而不是真的复现故障。

栾恩杰到国防科工委后与系统工程一司郭宝柱司长到总装备部汇报工作，时任部长曹刚川召集相关副部长听取栾恩杰关于某型号研制问题的状况产生的原因机理和相应措施的报告。栾恩杰按照要求，将问题现象、出现机理、验证结果与要采取的措施逐一“对号入座”，针对技术归零的五条进行了认真细致的阐释。听完栾恩杰汇报之后，曹刚川部长立即作出三方面指示。一是肯定了栾恩杰分析透彻、条理清晰、采取的措施具体。二是指出汇报材料中提到的五条技术归零标准总结得非常好，军民都要执行；不仅是航天，其他领域也要执行；不仅限于这个型号，所有的型号都要执行；不仅是工业部门执行，军队也要执行。三是以国防科工委和总装备部名义联合发文，这是总装备部和国防科工委成立以来唯一的一份针对具体型号研制工作、由两个单位同时行文的红头文件。从此，涵盖定位、机理、复现等核心要素的技术归零的五条被广泛宣贯。

说到技术归零五条的由来，栾恩杰特别提到一个小插曲。某院的原党委书记许祖凯在五条出台后，曾专门拜访栾恩杰，询问这五条是不是根据该院失利原因提出来的。因为之前该院型号在靶场试验时出现了严重失利，栾恩杰当时就在现场。回到北京后，栾恩杰牵头，把某院型号“两总”、退休的老院长、老专家、负责型号的处长都请来，一条条查找型号失利的原因。比如，经过分析，发现存在公差问题，做试验前发现导弹装不到发射筒里，这说明公差配合出现问题，在家没有调试，到靶场发现装不了；还有温差问题，各地区温差、实验室温差都不同，对精密机械电子装备而言有时是不可承受的。因此，武器系统，包括地空武器等系统在正式试验前要做好高温、低温试验。栾恩杰带领研制负责人仔细查找原因，每天分析十几条，共分析了3天，最终形成“五十六条”，并上升到理念、办法、措施。

面对许书记的提问，栾恩杰当时没有否认。他回忆说：“因为老许要给该院同志作报告，想以五条归零是总结本单位型号失利这件事情激励大家高度重视质量工作。我得认呀，因为之前的‘五十六条’是我带着该院总结出来的。其实五条归零的初衷是在某型号三发弹最后发射失利造成的严重损失中吸取的教训。后来，我想应该跟老许说‘五条归零是整个大航天产生的，有你们的功劳，这是航天人集体智慧的结晶’。现在五条归零纳入国际标准了，如果没有党组的支持，特别是如果没有刘纪原总经理的全力支持就没有这五条。如果没有全行业同志们认真地贯彻执行、丰富和完善，也没有这五条。可以说技术归零五条标准是中国航天几十年活动的总结，是中国航天在经历失败失利、惨痛教训的结果，是中国航天人用心血和汗水换来的。”

1997年10月13日，针对科研生产和大型试验中出现的质量问题，刘纪原总经理说：“技术归零五条很好，在管理上也要有相应的五条。”管理的五条归零标准是对质量管理工作的高度提炼，栾恩杰很快提出思路，由科研生产部郭宝柱牵头，制定了质量问题管理归零的五条标准，即“过程清楚、责任明确、措施落实、严肃处理、完善规章”。技术归零、管理归零五条标准统称为“双五条”。“双五条”的建立，对解决当时型号研制中的质量问题，完善和提升航天产品质量、提高飞行发射成功率发挥了重要作用。如今，国际宇航学会已将“双五条”纳入国际标准，广泛应用于国防科技工业系统。

为加强航天科研生产管理、适应新形势下中国航天的发展，栾恩杰主抓，由科研生产部、质量技术监督部牵头，针对中国航天科研生产管理中存在的问题提出改进意见。经过几个月的研究酝酿，1997年3月8日，航天工业总公司颁发《强化航天科研生产管理的若干意见（试行）》，在航天工业总公司系统全面宣讲、宣传落实。因其有十个方面共七十二条，简称为航天“七十二条”。“七十二条”纵向贯穿于科研生产管理的全过程，横向覆盖了科研生产管理的各个环节。它以责任制为核心，以质量监督机制为基础，以竞争机制为杠杆，以职业道德建设为引领，提出了新形势下解决航天深层次问题的政策和办法，从责任制入手抓实质量问题，对中国航天走出困境产生了重大促进作用。

随后，以质量技术监督部和科研生产部为主，研究制定了关于强化型号质量管理的措施。1997 年 4 月 9 日，航天工业总公司颁发《强化型号质量管理的若干要求》。该文件简称为“二十八条”，从设计、生产、元器件、原材料、标准件和质量管理六个方面，提出了针对性和操作性兼顾的“二十八条”具体措施。在质量管理方面，文件特别强调严格执行航天工业总公司质量问题归零的五条标准要求。“二十八条”对确保航天型号质量起到了重要作用，受到国务院、中央军委领导的肯定。

除质量问题归零之外，航天还存在一些应急问题亟须尽快补短板，栾恩杰面临很大压力。国务院领导已经指示不能再出现问题，党组决定从总公司每年拿出自有资金 1500 万元，用于补短板，这项工作由栾恩杰负责。栾恩杰经过分析研究之后，决定从出现质量问题的设计、工艺、验证、试验条件等方面为着力点，进行应急处置，尽快扭转被动局面，这是一项重大举措。他打破常规，指定这项工作由质量司邵锦城负责，组织有关司局，包括财务、人事、质量、科研、办公厅等有关部门召开联席会议。首次会议上，由主管业务处根据各院局基地上报的需求逐项进行汇报，每次汇报都是上百项需求，他认真听，逐项提问，逐项审批，对理由充分、汇报清晰的项目当场处理、高效处置。有了第一次会议的经验，业务主管部门精心准备汇报材料，后续会议高效、顺畅地通过了补短板项目审批，这项工作一共实施了三年，通过了三批补短板项目。

1995年3月22日，栾恩杰（左三）出席航天工业总公司航天质量日报告会

栾恩杰说："在1996—1997年这个不平凡的年份，党组进行了认真的思考研究，认清了形势，确定了整体的思路，采取了有力的措施，进行了有效的处置。现在看，这些措施都是有效的，一直到现在还在发挥作用，型号质量工作一直走上坡路，虽然还有一些小挫折、小问题、小波动，但总体上质量管理处于不断提升的态势。"

五、心系群众，情系基层

栾恩杰心系基层群众，他与航天基层单位的群众在一起沟通交流时总是事无巨细地关心他们的工作和生活，为单位的发展而欣慰，为他们取得的成绩而欣喜。他在航空航天工业部所属单位遇到困难的时候，积极帮助协调、解决。凡是调研或者基层单位汇报中提出来的问题，特别是涉及群众利益的问题，他都千方百计去呼吁，想方设法帮助基层单位从困境中解脱出来。他说，现在的说法就是不忘初心，那个时候初心就是这样的。

中国航天科工集团有限公司原副总经理花禄森在他的自传《往事回眸》中题为《栾总让我们唱两首歌》的章节中提道：“〇六六基地新的领导班子调整后不久，大约是 1995 年 5—6 月间，栾总到基地进行考察，看看我们的工作情况。当时基地比较困难，处于亏损状态。基地常委会上，他听完全面汇报后，对我们说‘从现在起要动员全基地干部职工唱两首歌：一是唱国歌，二是唱国际歌’。他还深情地说‘起来！〇六六基地的职工同志们，〇六六到了最危险的时候，我们要唱这两首歌，没有神仙皇帝，只能自己救自己’。于是我们把栾总的指示进行了传达，全基地开始唱这两首歌，正是这两首歌使〇六六基地职工的危机意识和责任意识得到极大的提高，也促进了基地的发展。”

1989 年 9 月，栾恩杰（左一）在航天档案馆声像处工作间审查录像片

航天四院四部最困难的时候，栾恩杰正带队在靶场做试验，科研生产部的吴卓陪同他在现场。栾恩杰听说四部发不出工

资的情况后，特别着急，派吴卓马上回北京向总公司报告并申请资金，建议一定要解决四部科研人员工资问题，说他们是功臣、肩负着未来的型号研制任务，一定要稳住科研队伍。最终总公司听取了他的建议，在资金紧张的情况下，划拨了几十万元给四部发了工资。栾恩杰说："我就是从这些单位里过来的，作为管型号的领导，不能只管工作，还要关心大家生活，这样大家才能有干劲，队伍才会稳定。"

1990 年夏天，某型号发动机研制面临瓶颈，栾恩杰与综合计划司张宏显总师去西安〇六三基地组织召开党委会，帮助分析和解决问题。此时，西安航天局刘局长突然接到航空航天工业部刘纪原副部长从北京打来的电话，通知〇六七基地发生水灾，情况不明，要求正在西安出差的栾恩杰立即带队去〇六七基地慰问。他接到命令，立即紧急协调食品等救灾物资，坐上卡车前往〇六七基地慰问。

此时道路被水淹没，所乘的车辆走不通，幸好遇到〇六七基地的车，栾恩杰坐上他们的车继续前行，在路上听说有一位年轻人因抢险救灾牺牲。〇六七基地所在的地方暴雨成灾，职工们跑到房顶上躲避洪水侵袭，由于水漫之后房子被掏空，房顶上的职工面临着生命危险。〇六七基地组织抢险队前往救人，一位本没有在抢险队名单里面的年轻人自告奋勇去救人，他坐在驾驶室里，由于水太大，看不清路，车翻到水里，车上面的人脱离了危险，驾驶室的人却出不来，这位年轻人不幸牺牲了。栾恩杰听说这个消息后很震惊，到基地后的第一时间就带队去这位年轻人家里看望慰问家属。

到达〇六七基地，已是洪灾第二天，展现在栾恩杰面前的是淤泥进屋、厂房进水等惨状。职工住房都被水掏洞或者冲塌，六七层的宿舍大楼被洪水袭击后，整个楼被掏空 1/5 左右，洪水退后留下了厚厚的淤泥，甚至床与泥平齐。那天他走遍了受灾的各个场所，整晚彻夜难眠。

栾恩杰回到西安，立即与时任陕西省委书记张勃兴、省长程安东见面，他第一次也是唯一一次以中央候补委员的身份去跟他们谈〇六七基地的事情，这两位省领导也是十三届中央委员，参加党代会的时候曾经在一个组，彼此认识。栾恩杰当时态度很明确，希望〇六七尽快搬家。

洪水肆虐的时候，恰好在高考前夕，〇六七基地高三学生要到宝鸡参加高考。路上无法开车，大人们在考生腰上系上绳子，牵着考生趟水走到宝鸡。栾恩杰为此事跟陕西省委书记和省长再一次沟通，诚恳地说："三线搞国防建设的同志现在遇到这么多困难。他们的孩子昨天趟水从基地走到宝鸡去高考，能不能给这些孩子一些政策，照顾这些航天受灾的孩子，帮助争取一下高校录取名额。"最终省里出面予以解决，后来栾恩杰了解到当年是〇六七基地考生被录取最高的一年。

1990 年 7 月 9 日，栾恩杰流着泪离开〇六七基地时，写下了下面这首题为《英雄的〇六七》诗歌。

英雄的〇六七
一九九〇年七月九日
惊涛突来去留下多少断
垣残壁河道巨石满河床
卧沙石人言百年不遇谁
知河东为何西只九载今
日又相遇自古英雄多
遭欺身无回天力若是
其计只困君识我〇六
七回视历史的我们
顶天立地顶已曾送上
九颗星星已藏的红光
宝气有党中央国务院
的关怀领导珍惜我们的
精神与传统争得新的
业绩我们是航天战线
的硬汉对待困难只有一
个信念冲出去胜利必定
属于我们我们必定胜利

诗歌《英雄的〇六七》

栾恩杰去〇六七基地之前，虽然对三线的艰苦有一定了解，但是没有深切的感受。去了之后，他真切地体会到了基地职工生活的艰辛。2016 年 4 月 21 日，栾恩杰受邀在河北省国防科工局庆祝

"首个航天日"大会上作报告，深情地为大家讲述了〇六七基地的故事。他说："看看咱们这些战友，他们遇到过各种困难和问题，为了航天国防事业付出了太多代价。我们航天战线的老一辈领导、专家领导和组织了中国航天的各项重大工程、型号研制，还有那些成千上万从事三线建设的战友们，为了祖国的航天事业，他们离开北京、上海、沈阳等大中城市，到陕西、四川、贵州的山区安营扎寨，他们传承和弘扬'自力更生、艰苦奋斗、大力协同、无私奉献、严谨务实、勇于攀登'的航天传统精神，不但要攻克科技难关，向祖国交出国防科技成果的答卷，而且要与生活条件和自然灾害做斗争。"近年来，栾恩杰向同志们宣讲航天精神时经常会提到这件事情。他说，〇六七基地的同志们个个是英雄，他们没有被困难和灾害吓倒。

1998 年，新国防科工委成立后，开展了科研生产和改革脱困"两大攻坚战"。作为国防科工委副主任的栾恩杰为协调〇六七等基地的搬迁做了很多工作，生产、生活条件恶劣的航天基地全部迁出。

第七章

亚星一号大队长

按照党组安排，栾恩杰成为“亚洲一号”卫星试验大队长。他加强指挥调度，与队员们团结奋战，将“亚洲一号”卫星精准地送入转移轨道，首次成功地运用我国的运载火箭完成了发射国外商用卫星的任务，为中国航天开辟国际市场打下了坚实的基础。

一、试验队长，重任在肩

1990 年，发射“亚洲一号”卫星是国务院、中央军委确定的重点任务，是关系到壮国威、振民心和开创航天事业新局面的一项重大工程。正值改革开放时期，航天运载火箭作为商品投入到国际发射市场，这是中国航天的重大变革。航空航天工业部高度重视，作为重中之重的任务，成立了“亚洲一号”任务试验大队，栾恩杰担任大队长。

“亚洲一号”卫星，原为美国的“西联星 6 号”，这是由美国休斯公司制造的“HS376 型”卫星，是一种有 24 个转发器的地球同步轨道通信卫星，重量属于 3000 磅级。它的第一个用户是美国西方联合电报公司，因此最初命名为“西联星 6 号”。

1984 年 2 月 3 日，美国“挑战者”号航天飞机携带该卫星和另一颗印度尼西亚“Palapa B2 卫星”一起进入太空。这两颗卫星在脱离航天飞机后，卫星上的近地点发动机没有按预定计划点火，因而均未能进入预定轨道，卫星发射失败。

幸运的是，位于美国佛罗里达州菲尔莫尔市的地面跟踪站监测到并计算出了两颗卫星的具体位置，同时发现了卫星状况良好。休斯飞机公司和美国宇航局（NASA）紧急探讨了回收卫星的可行性，双方一致认为回收这两颗卫星是可行的。于是，美国航天飞机“发现”号于11月12日将其回收。此后这颗卫星四易其主。

1988年2月24日，亚洲卫星有限公司在香港成立。该公司将这颗卫星购买下来，并重新命名为“亚洲一号”卫星。

栾恩杰说①：

“利用我们的长征系列火箭承揽外国卫星发射业务是我国改革开放的重大步骤之一。1986年10月，邓小平同志接见美国国防部部长温伯格时，提出一定要促成对外发射工作。我们请温伯格参观了西昌卫星发射中心，温伯格说西昌已完全具备对外发射的条件。1988年10月和12月，中美两国政府进行了两轮谈判，签署了有关空间技术的三个协议。1989年1月23日，中国长城工业公司与香港亚洲卫星有限公司（英国大东电报局、和记黄埔和中信公司共同出资组建）在北京人民大会堂正式签署用‘长征三号’运载火箭发射‘亚洲一号’卫星的发射合同。发射日期初步定于1990年2月1日至4月30日之间。卫星的有关技术参数也根据覆盖亚洲地区的要求做了重新调整和更新，升空后将定点于东经105.5度赤道上空，覆盖面积可达亚洲30个国家，能为东南亚、朝鲜半岛和中国部分地区的25亿人口提供先进的通信服务。合同签订以后，我们开始了紧张的准备工作。1989年春夏之交，北京发生了政治风波，西方资本主义国家纷纷对我国进行制裁，尤其是美国带头。因休斯公司是美国的，美国国会里有些人提出不让美国政府批准签发给中国发射美国卫星的出口许可证，不让休斯公司把卫星运往中国。

“面对严峻的局面，我国政府开展了正义的外交斗争。航天战线全体同志积极努力，为打好外星创造条件。国际上一般完成这样的任务需要36个月时间，最短也要30个月，而我们的合同执行期只有14个月。1989年6月之后，美方中止了合同的执行，又耽误了几个月。只余下8个月的时间，却要完成14个月的工作，我们的

① 此章引用栾恩杰1990年4月27日介绍卫星发射情况报告会上所作的报告。

困难就更大了。当时'亚星'公司的人员，每天给长城公司打几次电话，问你们那里是不是乱了。休斯公司在北京的工作人员到南苑工厂去观察，因为他们听信了我们的军队在南苑那儿打起来了的谣言。结果到那儿一看，我们广大科技人员镇定自若、有条不紊地工作，根本不像他们的报纸和'美国之音'电台说的那种情况。美国国内来电催他们回去，他们就说，这里一切正常，我们不回去。

"在党和政府的领导与支持下，我们坚定不移、兢兢业业地工作，为打'亚星'创造了可靠的条件。随着我国形势的迅速好转，我们终于赢得了发射'亚星'的许可证。"

1990 年 2 月，栾恩杰在航空航天工业部作关于"亚洲一号"卫星发射工作报告

1990 年 3 月 24 日，航空航天工业部部长林宗棠在该项任务简报第 12 期上批示："这是第一次发射国外卫星，成败关系极大，要坚决按周总理 16 字方针办，认真复查，确有把握才能发射。"3 月 26 日，国务院批准航空航天工业部和外交部的报告，同意外交部以照会的方式，就"亚洲一号"卫星发射对第三方的赔偿责任一事向英国驻华使馆发出照会。4 月 2 日，应英国政府要求，中英两国以外交换文的方式达成政府间《关于卫星发射责任的协议备忘录》。

二、发射前夕，严慎细实

栾恩杰说：

“发射‘亚星’的‘长征三号’运载火箭是三级火箭，全长43米，第一、二级直径3.35米，第三级直径2.25米，起飞重量202吨，起飞推力280吨。我国从1974年开始对这种火箭进行方案论证，到1983年就进入了试飞阶段。它的第一级和第二级是由航空航天工业部上海航天局研制和生产的，采用的是常规燃料；第三级是由航空航天工业部第一研究院研制生产的，采用的是液氢液氧发动机，这种技术在国际上很先进，掌握这种发动机技术较早的有美国和西欧联合体，我国掌握这种技术早于苏联和日本，而且已经比较成熟。在发射‘亚星’之前，我国已经发射了6枚‘长征三号’火箭，除第一枚火箭有故障外，其余都取得了成功，这次打‘亚星’用的就是这种型号的第7枚火箭。由于这次发射的美国卫星与我国卫星在技术上有所不同，美国方面要求我国帮他的卫星‘起旋’，就是在星箭分离之前通过起旋火箭先使卫星自旋。因此，我们对‘长征三号’火箭第三级的星箭配合部分、整流罩、仪器舱等都进行了改装。

“发射卫星是一项庞大的系统工程。仅有火箭和卫星还不行，还要有完备的发射场、发射装置、发射控制设备，在整个发射过程中还要有遥控系统、跟踪测量系统等。这些系统凝聚着许多尖端技术，分布在祖国辽阔的大地上，许多台站设在荒无人烟的崇山峻岭之上、牧区和沙漠之中。我国的‘远望一号’和‘远望二号’测量船，需要提前半个多月开赴远离祖国7000千米以外的太平洋赤道附近执行任务。在这些发射、测控系统岗位上工作的同志们生活条件都很艰苦，在海上工作的同志，遇到风浪时常常呕吐不止、头晕目眩。但这些同志都以无私奉献的精神，在自己的岗位上默默无闻地工作了几十年，操纵着我们自己的仪器，一次又一次地完成了火箭、卫星发射的测控任务。

“按照发射‘亚星’合同，我们必须严格遵守中美协议。这个协议要求美国的卫星在我国属过境性质，运进来就发射，不允许了解他们的技术。美国人在他们的试验队中专门编入 12 名美国国防部负责监督安全保密的官员，他们还在卫星厂房装了监视器。起初，他们对我们并不十分信赖，但我们信守合同的实际行动改变了他们的看法。

“我们不仅严格地履行各项协议，而且想方设法、千方百计地满足外商的要求。‘亚洲一号’卫星是用波音 747 飞机从美国整体包装运到北京的。由于它们体积比较大，减振与抗冲击的指标非常之高，装卸、运输十分困难。我国民航和铁路部门克服了许多障碍运送卫星，沿途有保卫干部护卫。运到四川时，桥涵过窄，卫星过不去，于是我们就改走公路。山区的公路条件大家是知道的，可是我们沿途的民工，边削山坡边行进，就这样走一段开一段，平安地运到了目的地。我们还专门研制了装有油汽弹簧的运输车。整个运输过程中对卫星保护得非常好，美方感到非常满意。”

发射地点在西昌。从北京到西昌，坐火车需要走 5 天，为了等火车头，一个编组站要等半天左右。有一天，栾恩杰的鞋坏了，到车站后下车修鞋。鞋修好了，火车头还没等到。

试验队到了西昌，在发射基地一共待了 90 天。试验队下设两个中队，分别由航空航天工业部第一研究院和上海航天局组成，共有近 400 人，其中有 2/3 是参加 2 月发射国内卫星任务后一直坚守在那里的同志。

狠抓落实、努力拼搏、排除万难、争取首战告捷是栾恩杰与队员们始终坚定的信念。当时没有手机等先进通信工具，栾恩杰和队员们时刻守在电话旁边，一分钟也不敢怠慢，几乎每天都会遇到各种各样的问题，需要及时解决。从卫星进场到工作展开的每一个细节，西昌卫星发射中心都严格落实周总理提出的“严肃认真，周到细致，稳妥可靠，万无一失”的16字方针。

栾恩杰说：

“美国的卫星与我们的火箭在对接中出现过一些技术问题，我们都按美方的要求顺利攻克了。休斯公司的人说我们的技术超过了‘阿丽亚娜’，对我们竖起了大拇指。他们还风趣地说，你们中国专家不但技术上行，而且回家还会做饭。为打好‘亚星’，我们还建了亚洲一流的测试厂房，美国人看了赞叹不已。西昌是个比较贫困的地区，为了外商生活方便，我们还专门为他们修建了高级小宾馆。我们的竭诚服务赢得了很高的信誉。

“人员不带思想问题上阵，设备不带隐患参战，产品不带故障上天”，这是发射中心的工作准则。为了防患未然，试验队在任务的准备阶段，栾恩杰组织大家广泛深入地开展事故预想活动。大家开动脑筋，把可能出现的所有问题和所有可能发生的情况预想出来，并制订出相应的防范措施和应急办法，把一切隐患消灭在火箭升空之前。

1990年4月，栾恩杰在西昌卫星发射中心“亚洲一号”卫星发射现场

为保证万无一失，必须进行系统测试。首先要把火箭每一分系统组合起来，然后再进行逐级、整体测试，

卫星安装完毕、火箭垂直竖立以后还要进行测试，没想到在组装、测试过程中出现了一件“麻烦事儿”，试验队员组装伺服机构时发现少了一个铅封，回收的铅封数量和安装时的零件数量应当是相同的。发射日期已经临近，在这紧急时刻出现这种情况非同小可。当时不具备检测系统、监视系统等技术手段，只能采取原始的寻找方式。栾恩杰十分焦急，他和质量司司长、队员们开始在火箭、组装现场及相关场所找了一遍又一遍，可能的地方都找遍了，甚至连垃圾堆都没放过，遗憾的是垃圾堆里虽然有很多铅封，但是编号对不上。于是他们又继续寻找，找了一个多星期仍没有结果。

万分焦急的时候，发射中心胡世祥主任提出转场到发射场对接的时候迫使铅封掉出来的方案，这个方法得到一致赞同。转场时，同志们在地面铺一块塑料布，大家等待着铅封掉出来的那一刻，结果听到“啪”一声脆响，一个铅封从箭体里掉下来了，当时大家松了一口气。没想到核对时又出现了新的问题，该铅封编号对不上。要找的铅封没找到，却又多出来一颗，如果这个新铅封是冗余物，就又带来了一个新隐患。试验队的同志们提出了种种假设和猜想，比如，找不到的那个铅封是不是编号本来就有错误，新找到的铅封在安装的时候是不是因为出现了问题而掉在箭体里等各种可能情况。但是这些假设和猜想都没有依据，也解释不清楚。

“原来的一个问题变成了两个，我们不知道丢失的那个铅封去了哪里，也不知道这个突然出现的铅封是从哪里来的，为什么没有报失。这个问题困扰了我们很久，耽误了几天时间，我们从‘如果在对接状态下仍存留一个铅封可能引发的危险、风险是不是会产生失败性故障’的角度进行分析、判定，大家统一了认识。虽然这件事已经过去30多年了，但它留给我们的思考却是长久的。”栾恩杰回忆说。

栾恩杰以此事为戒、举一反三，严格按照“严、慎、细、实”的工作要求，提示大家对所有设备要进行认真清理和检查，及时消除隐患、排除故障，确保卫星发射万无一失。

栾恩杰说："从发射前线到后方的每个车间，每位同志都自觉地把压力变为动力，一丝不苟地工作。国防科工委和航空航天工业部的领导同志多次亲临现场，仔细视察每一个部位，与技术人员并肩战斗。我们全体同志只有一个信念——为了祖国，一定要做到准时发射、可靠飞行、准确入轨。只许成功，不许失败！"

三、顾全大局，无私奉献

为了确保"亚星"发射成功，栾恩杰与队员们连续奋战。他在"亚星"发射成功后，激动地说："我们不能忘记为发射'亚星'无私奉献的人们。他们一连几个月工作在发射场，春节也没有休息，精神高度紧张，都很疲劳，但始终以满腔热情连续作战。75岁的总设计师任新民是这样，68岁的'长征三号'总设计师谢光选是这样，范士合、龚德全、王之任副总师，以及各级工程技术人员也是这样。要知道，我们试验队的平均年龄40多岁，而在第一线上的同志差不多都是50多岁的人了。他们顾不得自己的家庭、子女，也顾不得自己的身体，一干就是几个月，这样的连续作战何止是这一次啊。"

栾恩杰说：

"发射场中心有一位指挥员，上一次发射赶上他母亲去世，这次发射又赶上他岳父去世，他都没有离开过发射场，臂戴黑纱，镇定指挥。

"'长征三号'上有我国许多工厂生产的产品，这些产品的质量都是一流的、过硬的。虽然产品质量过硬，但为了'亚星一号'这项重大的具有国际影响的任务，这些厂家的代表却始终负责地跟随着仪器、设备，直到发射成功后他们才回去。

“当时的火箭产品运输车辆由武警部队负责押运保卫，从北京到西昌要走 5 天时间，地方的同志们为了沿途的安全工作付出了心血和汗水。专列有时中途停车几个小时，他们始终警惕地守卫在列车周围。在停靠站，同志们要下车在站台上走动走动。专列进入四川界，到达北碚站时，我也下了车。随车的保卫处处长向我介绍负责专列保卫的当地派出所所长，我同派出所所长握手并表示感谢。当专列离开北碚站还不到一小时，航天保卫部的同志向我报告，刚才负责保卫专列安全的那位派出所所长遇害了。这个消息令人震惊。事后查明，凶手是有预谋的罪犯，他看到专列与寻常列车不同，就想靠近列车，被民警制止，并将其带到派出所讯问，没想到凶手竟然掏出藏在身上的手枪，连扣扳机杀害了两位同志。派出所所长、民警为保卫航天专列，为保障国家航天任务的完成，献出了他们宝贵的生命。我听过很多这类惊险故事，但发生在身边还是第一次。当任务圆满完成，我向部里汇报这一段情况时，刘纪原副部长指示，立即派人赴四川向烈士单位及家属表示慰问。”

此事对栾恩杰触动极大，他深切认识到祖国的航天事业离不开祖国和全国人民的支持，他们默默无闻地报效祖国和人民，奉献着自己的一切，甚至生命。栾恩杰说：“当我们庆祝航天事业取得成功、获得胜利时，或许没有想到这其中有这么多的同志在为我们提供有力的支持！特别是保卫我们火箭专列和发射场的那些无名的武警战士和公安干警们，他们的奉献精神更是令人感动。我们的铁路沿线有许多民警同志，对我们来说，他们只是匆匆而过，而他们为迎护我们，不知在那里已经等了多久。当我们庆祝航天日时，再次想起无数默默无闻地为航天奉献的无名英雄，他们是航天的守护者、支撑者，祖国不会忘记他们，航天战线的战友们不会忘记他们！”

四、发射成功，不辱使命

1990 年春天，世界航天领域又一次笼罩在阴影里。年初，美国的航天飞机升空后不久就失去了控制，导致发射失败。2 月 22 日，法国的“阿里安”火箭，携带着日本的两颗通信卫星升空后爆炸，直接损失 6 亿美元，创造了世界航天史上赔偿保险金的最高纪录。随后，美国的大力神火箭同遭厄运。世界航天发射市场的不景气，使人们的目光不约而同地集中到了西昌，“中国能不能成功？”一些国外航天界的老板和专家曾做出种种猜测和设想，许多人用怀疑的目光注视着西昌。然而，发射中心的人们此时此刻镇定自若，栾恩杰对发射充满着必胜的信心。因为他知道中国航天的亚星大队是怎么工作的，他知道中国航天严格落实周总理提出的 16 字方针，他知道在三个月的靶场岁月中战友们是怎么度过的。

按照合同，“亚洲一号”卫星确定在 4 月 20 日左右发射，但据我国气象统计，4 月 6 日以后西昌的天气会逐步转坏，经常阴天、下雨，而且因为进入了雨季越往后气象条件越不利。根据气象资料，4 月 5 日的天气比较好，因此初步选择了 4 月 5 日，同美方商谈发射时间为 4 月 7 日，加减两天发射。

栾恩杰说：

“美国方面不同意 4 月 5 日发射，有两个原因：一是根据英国皇家气象台的预报 4 月 7 日是个好天气。皇家气象台在国际上有名气，他们就以此为由。我们同他们争论，中国的天气怎么能听英国的呢？他们不知道我们西昌还有特殊的小气候，天上的云彩过去后还有生成云，就是山峦里长出来的云彩，也叫‘山戴帽’。所以我们说皇家不如我们中国的本地气象专家。二是美国的‘大力神’发射的一颗卫星没有成功，带着发动机在天上转，如果掉下来会对美国造成威胁，他们想利用休斯公司的测控站操纵它，把卫星从火箭上弹出去，完成这项工作最早也得 4 月 7 日。

“香港人也不同意 4 月 5 日。因为这一天是清明节，香港人认为清明节不宜走出家门，否则一年的生意就‘不吉利’，希望我们 4 月 7 日打。我们是唯物主义者，不信什么吉利不吉利。不过我们还是查了一下香港的黄历，查的结果是‘诸事不宜’。

“几方面争论不休，不知听谁的好。最后我们决定，还是听用户的，用户就是‘上帝’。为了协调与美方的合作，我们对自己的设备又有充分的信心，困难再多也能克服。用户说 7 日打，我们就 7 日打，我们要用实际行动把‘诸事不宜’变成‘诸事都宜’。所以最后公布的发射日期就是 4 月 7 日。

“这次发射采用了现场电视直播的方式，对我们来说这还是第一次。我们中国航天所有参试人员都在自己的岗位上默默地工作，从未向外界亮过相。这次现场直播确实给我们增加了压力，假如不能按时发射，或者火箭飞行途中出了问题，影响就太坏了。其实我们在技术上没有问题，只是心理上有压力。

“为打好‘亚星’，江泽民总书记、李鹏总理都作了重要指示。我们一致认识到，确定这次现场直播，是党中央、国务院对我们航天战线广大科技人员的绝对信任，是我国航天事业成熟性的一个标志。我们觉得这次发射除了技术和经济意义，更重要的是政治意义。特别是在当前形势下，坚持社会主义道路，坚持改革开放，都需要用我们的成功发射来振奋民族精神。事实上‘长征三号’就是社会主义大协作的产物，我们一定要打好它，为祖国争光。

“4 月 7 日晚上 9 点钟左右，发射场上空的云散了，露出了星星，看起来是明月当空，可实际上云层仍然带电，危险依然存在。但我们相信箭上的防雷装置，而且这是这一天中最后一个发射的时间‘窗口’了，如果再不发射，整个发射就得推迟一天。然而，我们知道，国务院总理李鹏、国务委员邹家华等领导在国防科工委北京指挥中心、全国人大常委会副委员长荣毅仁等领导同志在西昌卫星发射中心观看“亚洲一号”卫星发射实况。‘国际联队’的外商以及包括美国驻华大使李洁明在内的400多名来自世界各地的外国客人和港澳贵宾，就在距发射塔6.8千米的指挥大厅控制室的屋顶上观看着我们的发射，几亿名电视观众也在电视机前期待着这次发射。同时，我们也坚信我们有周到细致的准备工作，我们有严谨的科学依据，对我们的‘长征三号’充满信心，我们期待着发射成功的那一刻。

“点火前，指挥大厅里的气氛十分紧张，好像空气都凝固了，许多人能听到自己心脏跳动的声音。21时30分，在电子计算机和发射场指挥员下达‘点火’指令后，‘长征三号’火箭喷着绚丽耀目的烈焰，在山呼海啸般的轰鸣声中拔地而起，直冲云天。点火后大厅里气氛活跃起来，大家按捺不住激动的心情，一次又一次鼓掌，其实那时候还没成功呢。大厅里的人一听到报告‘飞行正常’就鼓掌，其实报一段正常，并不等于以后都正常。我坐在前边，心里忐忑不安。最关键的是第三级火箭的二次点火，那时火箭已达到第一宇宙速度，箭内液氢液氧已处于失重状态，如何确保点火成功是个极难的技术问题。虽然这个问题我们已经解决了，在国际上也是一流水平，应该是有把握的，但我还是担心。直到二次点火成功后才放下心来。

“这里还有一个难点，就是火箭飞出国境后要靠测量船测量。但我们的‘远望一号’和‘远望二号’离得较远，中间有个空当，全靠计算机的轨道预报和测量船的准确捕捉。结果我们的测量船迅速地抓到了目标，我们悬着的心放下了。

“以后就是‘卫星起旋’‘星箭分离’等几个过程，至此发射才真正取得了成功。这时大厅里掌声雷动，大家互相视贺。在外面参观的许多华人，其中有香港的、澳门的，也有台湾的，他们都流下了激动的泪水。

“按规定，我方在20分钟内将卫星入轨参数提供给美方即可，而我们只用了10分钟就向美方提供了数据。卫星进入了大椭圆轨道，近地点误差1.7千米，误差量为5.6‰；远地点偏差47千米，偏差量为127‰；入轨倾角错差量仅为0.01‰，即十万分之一，创造了我们发射国内卫星都没达到的精度，这在国际上也是不多见的成绩。

“美方对此十分满意，非常佩服我们发射和测控的精度。从他们讲话的神态以及与我们的接触中可以看出，他们对中国的发射技术是彻底信服了。卫星发射成功后，亚洲卫星通信有限公司在西昌市举行盛大宴会，专门向我们表示祝贺。席间我和他们的副总裁坐在一起，他高兴地对我说：‘你们这次打得真好，亚星公司还有第二颗卫星，也准备由你们打。’”

火箭发射升空后，一、二级火箭先后脱落成功，三级火箭相继两次点火，载着“亚洲一号”卫星在太空飞行。三级火箭工作16分钟以后，星箭分离，在东经165.5度、南纬3.2度上空，卫星进入近地点距地球200千米、远地点距地球36000多千米的大椭圆轨道，从而成功地把我国首次承揽发射的第一颗外国卫星送上太空。从火箭点火起飞到实现星箭分离，为时21分22秒。而且，“亚洲一号”卫星发射成功后，实现精确入轨，节省了能源，增加了寿命期，创造了经济效益。

“亚洲一号”卫星的成功，震撼了世界，在国内外引起了强烈的反响。邓小平同志、江泽民总书记、杨尚昆主席分别向发射现场打电话表示祝贺和慰问。邓颖超同志也打电话祝贺发射成功。李鹏总理在指挥中心大厅代表党中央、国务院向参加研制、生产和发射工作的全体人员表示热烈祝贺和亲切慰问。他说，这次卫星发射的成功，不仅标志我国火箭、卫星技术进入成熟和实用阶段，而且也开始进入国际市场。要再接再厉，把我们的航天事业推向前进。当晚，国务院发来贺电，向参加“长征三号”火箭研制、发射及其各项保障工作的全体人员，表示亲切慰问和热烈祝贺。

“亚洲一号”卫星发射成功后，我国很快收到了世界各国的贺电。卫星生产者美国休斯公司在贺电中说，这次发射的卫星入轨精度超过了休斯公司以往的任何一次发射。同时，一些国家的知名人士和报纸电台也纷纷发表文章、评论，对这次成功发射给予了高度评价。瑞典空间公司总裁伦诺特·吕贝克说：“这次发射成功，表明了中国空间技术的水平，使中国在世界发射市场确立了地位。我们期待着同中国在空间技术方面进行更多的合作。”

香港著名企业家、和记黄浦公司董事长李嘉诚先生说：“这次发射大长了中国人的志气，对于稳定香港的民心和局势有重要的作用。”合众国际社认为，中国这次成功地把“亚洲一号”送入轨道，从而使中国打入一直由美国和欧洲的“阿丽亚娜”所垄断的卫星发射市场。这是中国在商业航天竞争领域的一大胜利。新中国成立 40 年来，我国的航天事业坚持自力更生、艰苦奋斗的方针，从无到有，从小到大，取得了举世瞩目的成就。“亚洲一号”通信卫星的发射成功表明，我国的航天技术不仅为祖国的社会主义建设事业服务，而且还为发展与亚洲和世界各国的友好合作作出了贡献。

“亚洲一号”卫星的发射成功，标志着我国第一个对外商用通信卫星发射合同圆满完成，中国航天向国际商业服务市场发射迈出了第一步。这是中国航天技术进入国际市场的良好开端，为中国航天继续开辟国际市场打下了坚实的基础。之后，中国航天的商业发射次数不断增加，中国航天科技集团公司研制的卫星也成功打入国际市场，并同多个国家签订整星出口订单。2003 年 4 月，“亚洲一号”卫星圆满完成历史使命，光荣退役。

一直关心我国大火箭发展的栾恩杰骄傲地回忆说：“‘亚洲一号’卫星是‘长征三号’火箭连续成功进行的第六次发射。自 1984 年 4 月 8 日‘长征三号’首次成功发射我国第一颗通信卫星以来，‘长征三号’火箭已成功地将我国自行研制的五颗通信卫星送入地球同步转移轨道。”

五、凯旋而归，备受鼓舞

1990 年 4 月 7 日，“亚洲一号”卫星发射成功后，栾恩杰在发射中心立即组织制作一个纪念册。纪念册图文并茂，充分体现了试验队在我国第一个亚洲卫星发射服务中作出的贡献。栾恩杰在纪念册上签字，所有试验队队员人手一份。栾恩杰告诫试验队员说，祖国不会忘记每一位试验队员付出的心血和汗水，一定要保存好。从西昌回到北京的路上，试验队员非常振奋，鲜艳的国旗从车窗探出来，随风飘扬。

到了北京，航空航天工业部的领导同志接站，栾恩杰妻子也去了。接站的领导为栾恩杰等队员献花。刘纪原副部长说：“老栾，这个花是送给你，还是给你老伴呀？”栾恩杰毫不犹豫地说：“送给老伴。”欢迎凯旋的试验队员的仪式非常隆重，栾恩杰说：“导弹发射成功，是为国防争气。这次‘亚洲一号’卫星发射成功，是为国争光。”

1990 年 4 月 27 日，中央宣传部、中央直属机关工委、中央和国家机关工委、总政治部、北京市、全国总工会、共青团中央、全国妇联在政协礼堂举办“亚洲一号”卫星发射情况报告会，航空航天工业部总工程师栾恩杰、航空航天工业部第一研究院党委书记沈辛荪作报告。

栾恩杰在报告中特别强调，美国人没有把卫星送到轨道，而中国人用我们自己的火箭把美国制造的卫星精准地送到了预定的轨道，实现了准确定位，这就是站起来的中国人向世界的证明。由于我们精准将其送到预定轨道，使“亚洲一号”卫星增加在轨寿命半年到一年，当时租转发器，一个转发器是 100 万美元，12 个转发器就是

1990 年 4 月，栾恩杰（中）向中宣部等八个部委
介绍亚星发射情况前交换意见

1200 万美元。卫星实现精确入轨，节省了能源，增加了寿命期，产生了经济效益。与会人员聆听了栾恩杰报告的“亚洲一号”卫星发射过程后，都很振奋。大家从心里面感觉到中国人站起来了，中国的科技走到前面了，中国的航天为国家立了大功。很快，一封封信纷至沓来，其中还有一些孩子们的来信。栾恩杰至今还记得有一个孩子竟然在信封中邮寄了现金。这个孩子很有创意，他按照发射时间寄来 90.47 元。那个时候一般水平的工资也就四五十元钱，栾恩杰说这钱不能要，立即寄回去了，但孩子的这份心意，使他深受感动，他给这个孩子回了封信，表达了感谢之情。他回忆说：“现在我很后悔，我应该留下来，把它送到博物馆，让人们记住这个可爱的孩子，让我们永远记住那个激动人心的时刻。”

栾恩杰回忆说：“我是研制导弹的技术干部出身，党组把发射‘亚洲一号’卫星这样重大的任务交给我，我感到肩上的重担沉甸甸的。在党组的指导下，在同志们协同配合下，大家充分发扬自力更生、艰苦奋斗、大力协同、无私奉献、严谨务实的精神，用发射

‘亚洲一号’卫星的实际行动为祖国争了光、为民族争了气。发射成功后，我在作报告时说：‘我们知道，这次成功完全是在党和政府的领导下、在社会主义制度的全国大协作之下取得的。没有社会主义制度，就没有我国的航天事业；没有党的十一届三中全会以来改革开放的正确路线，没有我们国内安定团结和稳定的社会局面，我们也不可能在短时间内完成发射外星这样复杂的高科技任务。可以说，这次发射成功，是我们社会主义制度的又一伟大成就，是全国人民支持的结果，是人民的光荣，是祖国的光荣，也是党的光荣。’”

第八章

苍穹布阵
谋太空

栾恩杰从航天一路走来，又走向更广阔的平台。在国防科工委工作的经历，是他人生中谋大事、布大局的重要阶段，是再立大业、建大功、贡献更为突出的时期，谱写了精彩的人生篇章。

一、新科工委，谋事建功

1998年3月，受国家派遣，栾恩杰与50多位航天战线的同事们一起来到新组建的国防科技工业委员会，任副主任兼国家航天局局长。

国防科技工业作为国家战略性高技术产业，涵盖核、航天、航空、兵器、船舶、电子等军工行业，肩负着强军和富国的双重使命，其机构设置也经历了一系列的沿革。

1982年5月10日，由中国人民解放军原国防科学技术委员会、国务院国防工业办公室和中央军委科学技术装备委员会办公室合并组成的国防科学技术工业委员会成立，隶属中央军委建制，工作受国务院、中央军事委员会双重领导，是国务院管理各有关工业部门的国防科研、军品（含航天产品）生产和军品外贸工作的综合部门，也是中央军委管理全军武器装备研制、试验工作的领导机关。

1998年3月18日，第九届全国人大一次代表大会通过《关于国务院机构改革方案的决定》，决定成立新的国防科工委，将原国防科工委管理国防工业的职能、国家计委国防司的职能，以及各军工总公司承担的政府职能，统归新组建的国防科学技术工业委员会管理，并将核、航天、航空、船舶、兵器五个总公司改组为若干个集团公司，集团公司不再承担政府职能。3月29日，国务院下发通知，国防科工委[1]在内设机构中保留国家航天局、原子能机构。

栾恩杰说："新国防科工委应时而生，它的成立是中国特色社会主义改革开放发展进入新阶段的体制创新。它从过去的国家和军队管理科工委，调整为国务院负责军工行业管理和军队负责武器系统装备研发和采购分开管理，这是中国特色社会主义市场经济发展和国防科技工业是国家战略性新兴产业本质特性的需求，是国防科技工业融入国家总体发展、激励技术进步、推进国防科技工业各行业创新发展的体制性创新。我服从中央的指派，到新成立的国防科工委工作。新国防科工委创建伊始急需人才。我从航天工业总公司带走了 50 余名同志，由人事局局长陈求发提出初步名单，名单上的同志都是我一个个确定的。"

1998 年 12 月，在航天工业总公司举行的欢送大会上，刘纪原总经理亲自向选派到国防科工委工作的每一位同志颁发了一个镶着本人照片的精美相框。会上，栾恩杰很动情地说："我们 50 多位同志离开航天总公司去新国防科工委工作，我们愿意为航天事业发展继续做力所能及的工作。我们还是一家人，航天是我老家。我们不会忘记航天的战友和航天事业，希望老家的领导和同志们也别忘了我们。"

新的平台，新的征程。栾恩杰在新国防科工委充分发挥他的聪明才干，在想大事、谋大事、干大事、办成事等方面作出了重要贡献。无论是在国防科工委组建、两大攻坚战，还是布局大航天发展规划、实施月球探测工程、推动"三工"发展、"长征五号"火箭立项研制、开展国际航天交流合作、科技咨询与智库研究等方面都发挥了重要作用，取得了优异的成绩。

① 2008 年 3 月，根据第十一届全国人大一次会议批准通过的《关于国务院机构改革的决定》，组建工业和信息化部，不再保留国防科学技术工业委员会的机构设置，将原国防科工委除核电管理以外的职责都纳入新成立的工业和信息化部，并成立国家国防科技工业局，归属工信部。

1998年12月，栾恩杰（左）在航天总公司欢送50余名同志去国防科工委的大会上

1999年，军工企业体制改革加快，核、航天、航空、船舶和兵器五大军工总公司改组为集团公司，栾恩杰参与了军工企业改制工作。1999年7月1日，十家军工集团公司成立挂牌大会在北京召开。大会由国防科工委主任刘积斌主持，副总理吴邦国宣读了江泽民总书记的贺信并为十大军工集团公司揭牌。国家人事部部长宋德福宣读了国务院和中央大型企业工作委员会关于十大军工集团公司领导成员、党组成员的任命，国家工商行政总局局长王众孚向十大军工集团公司颁发了企业法人营业执照。朱镕基总理将国务院对国防科技工业的管理职责提炼为“行业规划，行业标准，行业法规，行业政策，行业监督”，并将这“五行”管理交给国防科工委负责。这是党中央、国务院对国防科工委的信任和委托、责任和期望。朱镕基在讲话中还向十大军工集团公司提出要进一步解放思想、更新观念、转变职能等五项要求。

成立大会结束后，栾恩杰在原航天工业总公司主持了中国航天科技集团公司、中国航天机电集团公司的挂牌仪式。

二、阅兵装备，国庆亮相

1999 年新中国成立 50 周年国庆阅兵装备任务是栾恩杰承担的一项重要工作。他担任装备领导小组副组长，负责国庆阅兵装备场地展示等任务。他说："国家非常重视这次阅兵，通过阅兵显示我国国防建设的成就和国防力量，向世界展示强盛的中国、自力更生的中国。国防科工委负责阅兵场地的装备展示，并确保所有装备的可靠性，这个责任是很大的。我是阅兵指挥部的领导成员，国防科工委由刘积斌主任和我负责。我和机关的同志要对现场所有参阅的装置装备状态负责，一要了解各大集团提供装备的保证状态、质量等情况，二要了解装备保驾队伍的工作状态。"

国防科工委科技与质量司前期开始介入，履行行业管理职责，将阅兵装备分解到各行业，深入各大集团的装备承制单位协调进度。各大集团深知阅兵事情重大，不敢有些许差错，全力以赴配合，确保阅兵装备进度和质量。

为确保国庆阅兵任务的顺利完成，国防科工委和总装备部成立了驻阅兵村现场质量保证办公室，对参与阅兵的全部装备训练过程的质量信息进行收集整理并编发周报，针对存在的问题和隐患提请军队和装备承制单位协调解决，做好问题归零和维修保障，为及时掌握装备质量信息和顺利完成阅兵任务发挥了重要作用。

1999 年 7—8 月，天气炎热，阅兵装备开始进场。栾恩杰去阅兵村现场检查、协调工作，还没到阅兵村就已大汗淋漓。他需要两边对接，一边与受阅部队对接，一边与装备提供单位进行对接。烈日下，各装备要进行阅兵训练，参加训练的战士们和工作人员都很辛苦。栾恩杰在阅兵演练现场，发现刚研制的新型主战坦克在行进中存在跑偏等问题。他非常焦急，责令相关研制单位必须尽快解决，并随时听取整改情况汇报。在他的督促和推动下，问题最终得以迅速解决。正式阅兵前，他组织相关人员针对阅兵装备展示制订了充足的预案，对阅兵中一旦出现装备车不能前行的问题立即由牵引车拉走等应对措施都做了充分的准备。他回忆说：

“谁也不希望正式阅兵时出现问题，预案最好不用，预案如果真的实施了就意味着一定出丑，那是谁都不愿意看到的情况。

1999 年 5 月，栾恩杰（中）在某型号研制合同签字仪式上

“一个人无论做什么工作，都要有责任心。国庆阅兵作为扬我国威、振我军威、展现中华民族浩然正气的重要仪式，更要有强烈的责任心和使命感，更要心怀敬意。我们阅兵的武器中，有各军兵种装备。我对导弹比较熟悉，对其他兵器还不太了解。有的兵器运动部件比较多、比较复杂，我要先学习、先了解，才能协调解决问题。有的武器装备系统在阅兵前期还没有完全定型，有的装备在运行期间不均衡，有的运输装备不走直线，因此要组织研制部门攻关、

要与部队做好配合、要和驾驶员做好反馈，要提前很长时间做这些工作。8月，进驻阅兵村，基本上达到可以参加阅兵的程度了。在阅兵村，我们指挥员的指挥协调能力和战士们一丝不苟的精神都值得我学习。阅兵是工程技术人员和受阅官兵、科工委领导、军兵种领导四方见面的最好机会。在技术管理上，阅兵是最好的验证、最好的反映渠道、最好的协调解决问题的时机，我体会是这样的。在进驻阅兵村前后，只要出现问题就要立即解决，主要是运输系统、运输能力。阅兵当天的任务就是保驾护航，要确保每一辆装备车能够一直顺顺畅畅地行驶到天安门前，到那时工业部门的工作人员才可以撤走。虽然我们提前制订了预案，但还要提前构想阅兵之日一旦出现问题的所有情况，我对这些都要做到心中有数，想到的问题都要过问。这期间，我们与军方阅兵负责人合作顺利、沟通顺畅，我还曾给二炮受阅部队指挥员、某基地司令员杨业功写过一首诗。”

1999年10月1日，中华人民共和国50华诞，在天安门广场举行了盛大的阅兵式。此次接受检阅的42种武器装备，绝大部分都是我国自行设计和生产的，高科技武器已开始成为解放军的主战武器。栾恩杰作为在京的中央候补委员坐在天安门观礼台的东侧，与总装备部、二炮等军方领导坐在一起。阅兵装备车开到主席台前时，栾恩杰不由得十分紧张，心里在想“装备车千万别跑偏，别掉链子”。当一辆辆装备车顺利通过主席台检阅的时候，他兴奋不已。回忆起当时的盛况时，他激动地说：“我们参阅的武器装备100%完好，确保了参阅任务的胜利完成。我们的工作得到了党和人民的认可，以我们奋斗的成果雄壮地走过天安门，接受党和人民的检阅，展示着我们国防工业战线的全体干部职工向党和人民交出的答卷。这是对国防建设和国防科技工业质量工作的一次检阅。我感觉阅兵对我的教育非常大，阅兵村就是我们工业部门的考试场、考核场，是要军方的驾驶员给我们判卷的，我们共同协调解决问题，共同保障阅兵取得圆满成功。当最后一个武器系统走过天安门的时候，我坐在天安门城楼东边，那个时候我是作为中央候补委员身份。总参熊光楷上将说：‘老栾这回可以松一口气了。’”

几个月的辛苦努力取得了成效，国庆阅兵工程任务圆满完成，栾恩杰高兴地在天安门主席台与军方领导合影。

新中国成立50周年在天安门广场举行的盛大的阅兵式被人们亲切地称为“世纪大阅兵”。2021年，栾恩杰在国防科技工业科学技术委员会首届创新发展论坛发言时说：“在祖国数次大阅兵中亮相的高新武器系统，无不是同志们在党中央、国务院、中央军委领导指挥下取得的创新成果，无不凝聚着国防科技工业的广大干部、职工的拼搏、创新和努力的成就。我们是国防战线的一名战士，也是一名爱国者，我们的爱国心和奉献精神表现在以习近平主席‘创新驱动’为引领，以国家利益、民族责任、强国强军为己任，听从党的号召，精诚团结，无私奉献，把一切献给我们伟大的祖国，献给我们的国防事业。我们在讨论国防科技工业创新之路的时候，一致认为要继承和发扬所具有的独特优势，那就是有党的领导、社会主义的举国体制和一系列具有中国特色的国防工业的传统精神，我们还有一支善于攻关、勇于胜利的队伍，强国强军梦一定会在同志们的创新奋斗中实现！”

三、两大攻坚，担当重任

世纪之交，国防科工委深入研究如何落实党中央、国务院、中央军委的指示和部署，如何从总体上解决国防科技工业面临的实际问题、如何全面履行好国防科工委职能等问题。

经过充分酝酿，国防科工委党组审时度势，积极应对当时各方面的矛盾和自身的困难，确立了“国防科技工业在集团化改组方案之后，应尽快适应国家发展的总形势以及对国防科技工业发展的总要求；尽快实现国防工业的整体脱困，稳定住大局，稳定民心，以优势重组，促进产业发展，乘国家给予脱困政策、能力建设支持军品研制生产任务和基本建设需求之机，完成脱困与重建调迁的有机结合”的两大攻坚战的总体思路。①

栾恩杰说：

“这是一项非常艰巨的任务，是一项必须反复均衡、必须果断落地、必须取得实效的重大任务；这项任务的完成，既要使广大职工群众满意，也要让各行业得到充分的发展，还要与国家能力的支持力度相匹配。这是一场技术发展、重大任务、重大工程并重，科技与社会、人员和企业紧密相关，科技进步与社会安定、基础建设、布局调整与能力调整相结合，国家利益、集团利益、职工利益兼顾并重的极其复杂的重大工程，它是国防科技发展史上继三线建设、三线调迁战役之后的又一次重大攻坚战。

“国防科工委成立后的 1999 年，李登辉竟公然提出‘两国论’的台独言论。与此同时，发生了震惊世界的北约轰炸中国驻南联盟大使馆、三位使馆同志英勇牺牲的事件。这两个事件提醒我们‘弱国无外交，世界不安宁’。记得在中央到国防科工委召集的座谈会上，与会的同志们把义愤变成动力、屈辱变成思考，提出加大国防力量建设、推进新武器研制、准备应对霸权主义新威胁的建议。

“国家及时作出加大以撒手锏为主的高新工程力度的决策，以十大集团为骨干的国防工业奋起，像当年大庆会战一样，纷纷表示一定要实现武器装备的快速发展，拿出可以与敌人对抗的先进装备，提出我们要在远程投放、多层防御、精确打击、高能摧毁、突防进入、各层预警、自动化指控、海陆空天电诸领域装备上补齐短板、聚焦能力、军民共进、集中优势、做大做强。这是继‘两弹一星’‘三抓’

① 本节相关内容引自栾恩杰 2021 年为国防科技工业科学技术委员会首届创新发展论坛所作的报告。

之后又一个战略性任务，它是推动国防科技工业创新驱动、实现武器装备指标领先、强化国防基础能力建设的又一个攻坚战。”

2000 年 2 月，江泽民总书记在广东考察工作，提出了“三个代表”重要思想。在“三个代表”重要思想指导下，基于形势发展的要求和国防科技工业现状的认识，国防科工委党组与以十大集团为骨干的国防工业部门进一步提出了集中精力打好武器装备研制生产和军工企业改革脱困“两大攻坚战”的思路，并作为国防科技工业一个时期的中心任务来抓，赢得了机关全体职工和全系统的广泛认可和响应，促进和带动了各方面工作的开展。

栾恩杰说：“我认为攻坚战方针和战略方向的确立，是我国国防科技工业发展的创新性规划、创新性思维与实践，是国防科技工业战线全体同志的共同创造、伟大实践并已经取得载入史册的傲人业绩。‘两大攻坚战’就像解放战争的三大战役一样，明确了主攻目标，聚集了精干力量，动员国防科技战线全体人员投入到争取两大胜利的战斗中来。我认为如果没有战略思考的创新，就不会产生战役性决策的创新行动。我们创新的路也走不远；如果没有战役性技术创新的突破，我们的战略创新也将是一纸空文。这就是‘两大攻坚战’所产生的历史性创新意义。”

在军工企业改革脱困攻坚战中，栾恩杰承担重要的使命，他和国防科工委党组成员按照调整、改革、脱困、发展的思路，切实推进军工企业改革脱困工作，通过深入细致的调研论证，提出了军工企业改革脱困方案，并组织实施，为从总体上推进军工企业发展带来了重要转机，并最终实现了国防科技工业全行业脱困。

栾恩杰说：“以调迁脱困、重组解困，以重点型号任务为牵引，重新规划原三线布局的攻坚战中，实施了中国航天〇六一、〇六二、〇六三、〇六六、〇六七、〇六八基地的具体计划和新点的建设工程，在国家支持、国防科工委的具体落实和基地同志的努力下，各基地得到彻底改观，我们抓住了历史性的发展机遇，实现了跨越性发展。整个航天两大集团营业收入从过去的5.86亿元达到了现在的5000亿元，增加到1000倍，实现了完全脱困、浴火重生，正迈着坚定的步伐奋勇前进。这是两大攻坚战创新性思路的伟大成功！没有改革脱困的攻坚战，就不会有撒手锏攻坚战的胜利！”

以撒手锏武器研制为目标的技术改造和型号技术攻关、生产线能力保证是“两大攻坚战”又一项艰巨任务。在这一攻坚战中，特别是在加强武器装备基础建设等方面，栾恩杰下了很大功夫。

武器装备是全国各个行业配套的大系统，因为涉及面广、点多、相对分散，无论是质量还是进度都参差不齐。栾恩杰狠抓军品科研生产工作，系统工程一司的胡浩等同事经常陪他深入一线，到几十家单位调研，针对研制单位存在的产品、质量、进度等问题进行深入细致的调查研究，并想办法解决。

调查研究是我党的传家宝，是做好各项工作的基本功。栾恩杰特别强调解决问题的方法是调查研究，要深入分析问题，要深挖一锹见到水。在调研现场，他对如何为型号的科研生产提供重要保障、如何保证产品质量等问题提出明确的指导意见，解决了很多难题，取得了非常明显的效果，保证了武器装备研制生产按计划推进，促进了武器装备研制生产水平的提高。同时，他高度重视的保障条件建设和批生产改造大大提高了军工企事业单位的科研生产能力，使国防科技工业基础得到加强，为后续武器装备发展起到了很重要的促进作用。在此期间，国防科技工业在一些高技术领域取得了突破，一大批高新技术武器装备研制都取得了成功，为增强国防力量作出了贡献。

回顾“两大攻坚战”取得的成就，栾恩杰深有感触地说：

“中国航天20年的发展，是‘两大攻坚战’的成功范例。中国航天从1956年起步以来，经历了三次集中的能力建设阶段：第一次为20世纪50年代开始的初建，形成了国防部第五研究院下的一、

二、三、四分院及其相对应的以型号为牵引的工业布局；第二次为20世纪70年代初期开始的三线建设，形成了以院总体设计，基地生产，部、所、厂、站配套建设的分散型结构布局；第三次为20世纪90年代后，新国防科工委成立后的能力调整，提出‘小核心，大协作，抓能力，打基础’的方针，这是以完成撒手锏和改革脱困为主要任务的时期。

“现在，我们正处于如期实现建军一百年奋斗目标、加快把人民军队建成世界一流军队的新时期，在习近平新时代中国特色社会主义思想的指引下，我们将确定怎样的指导方针、凝聚什么样的发展路线、确立什么样的阶段目标，都需要我们进行创新思维、创新实践。这是我对20年国防科工委创新发展的一点体会。

“从20世纪50年代开始的‘1059’仿制阶段到60年代的‘两弹一星’，从70年代‘八年四弹’的独立自主研发阶段到80年代完成洲际导弹、潜地导弹、‘东方红三号’通信卫星的‘三抓’（跟踪发展、缩小差距）。进入90年代后，十八大以来，进入创新驱动发展阶段，走出了一条具有中国特色、发挥社会主义举国体制优势的创新之路，可以说中国航天发展之路就是一条创新发展之路。在仿制阶段我们没有完全‘照猫画虎’（因为苏联专家撤走，已经没有完整的‘猫’供我们画），而是充分调动我们自己的力量靠自力更生、大力协同完成的仿制阶段，所以我们航天传统精神是‘独立自主、自力更生、艰苦奋斗、大力协同、无私奉献、严谨务实、勇于攀登’。其中的‘勇于攀登’也是一种创新精神的体现。

“处于第三次能力调整阶段的国防科工委正是在这个时期肩负国防科技工业发展的重任而组建，党中央、国务院、中央军委对新国防科工委寄予重大希望。

“在20年前，我们没有巡航弹、没有固体洲际弹、没有机动高空地空弹、没有远程舰舰弹、没有高超隐身弹，对其他行业而言，我们没有航空母舰、没有舰载机、没有大运、没有第四代战机等装备，但今天我们的装备已经今非昔比，我们和一流强国的差距正在缩小，这是祖国强大的表征，也是20年前‘两大攻坚战’的重大成果！

“现在来看，国防科技工业早在十多年前就在‘两大攻坚战’中赢得成功，全行业脱困、全体人员脱困，实现小康目标，实现武器装备快速发展。这伟大的成功凝聚着国防工业全体干部职工的艰苦努力，也凝聚着国防科工委（局）代表国务院履行“五行”职责而付出的艰苦努力。这个成功已载入国防工业的发展史，所有经历过的同志们都是这段历史的见证者、实践者、奉献者和有功者。‘人民，只有人民，才是创造世界历史的动力！’作为一个科工局时期的老同志，我感到非常欣慰，对同志们的努力也深怀感激！历史不会忘记，祖国不会忘记，我们一起走过来的战友们更不会忘记，因为那是一段永远难忘的奋斗历史！”

四、协作配套，协调解决

在完成两大攻坚战过程中，六大军工行业需要民口部门的大力支持，而我国军工协作配套体系因政府机构的调整而发生较大的变化，从事军工配套的单位超过3000家，分散在十多个国家部委院局办以及地方军工的各个工业领域，协作配套工作面临新情况、新问题。为此，栾恩杰着手研究在新的形势下如何完善军工协作配套体系，仅研究工作就用了半年时间，专门组织专家探讨和研究协作配套模式，召开了几次配套问题协调会，进行了大量调研，每次协调会和调研都会提出大量的问题，并都得到了很好的解决，形成了新形势下军工协作配套管理模式，很有成效。

为发挥各行业的优势、促进协作、形成合力，2000年7月，国防科工委举办了首届国防军工协作配套展示会，向党和国家汇报了新中国成立以来军工协作配套的丰硕成果，证明了社会主义能够集中力量，组织社会大协作、办大事的政治优势，展示了新时期军工协作配套的基础和优势。党中央、国务院和中央军委的领导对展示会给予了高度重视，时任中共中央总书记江泽民专门为本次展示会题词“加强协作配套，促进国防建设”，并发表了重要讲话。通过展示会振奋了各行业的斗志，为打好攻坚战奠定了思想基础。

栾恩杰回忆说：

“我到国防科工委的时候，为了协调解决重主机轻配套、重设备轻软件等国防系统长期存在的问题，连续组织召开三年‘骡马大会’（物资交流会）。所有军品研制单位和协作配套部委（轻、纺、建、色、化、机、冶、科、教、电），包括相关的企业和工厂都要参加。为什么叫骡马大会？就是卖‘马’的、买‘马’的都来，这叫‘骡马大会’。

“我坐在主席台上，机关同志坐在两旁，由需求方提问题。比如，航天提出‘我们缺五轴联动机床，现在工作任务需要，配套的资源怎么解决？’我就在会上协调机械部，让机械部必须解决这个问题，今天回去研究，两周内必须回复。行就行，不行就报中央。为了协调资源，我曾经从北京出发，去了山海关、锦州、沈阳，走到吉林碳化厂、长春，然后再去哈尔滨，一路走到齐齐哈尔富拉尔基，那时我们的‘舰炮-100’在富拉尔基生产，它不是炮兵厂，但是它承接了这个任务。针对‘如何把这个100炮装到我们的舰上去’这个问题，走一路协调了一路，最终解决了舰炮配套的问题。为了我们的武器装备研制，有无数单位和同志提供配套支持，他们都作出了贡献。”

协作配套产品质量是一项十分重要的工作。栾恩杰在抓协作配套过程中，对配套产品质量尤为关注。军工产品质量在很大程度上依赖配套产品质量。2000年前后，军工配套产品出现了一些质量问题和隐患，并且在质量管理、技术工作等方面均存在一些差距，反映出军工产品和装备建设与配套产品质量的要求还不适应，与新时期党的军事战略方针和国防建设的总体要求还不匹配。党中央、国务院领导对做好军工协作配套产品质量工作，包括确保军品质量等工作提出了明确的要求。栾恩杰深刻认识到军工配套产品质量工作是完成两大攻坚战的重要方向，如果拿不出高质量的产品，就不能顺利实现高新装备的交付。为了适应高新技术武器装备研制生产的新要求、落实保军首先要保质量的理念，他组织制定了《关于进一步加强高新武器装备质量工作的若干要求》（“十八条”），针对高新武器装备研制中存在的质量问题，提出了关于加强产品质量工作的一系列要求。

“十八条”首先明确配套产品质量责任，强调对配套产品要落实“谁审批、谁负责”“谁采购，谁负责”的原则。要求审批人员和采购单位要深入认识“研制配套任务十分艰巨和繁重，配套产品的质量直接关系到高新武器装备研制的成败，直接关系到国防科技工业的生存与发展”的重要意义，切实负起责任。“十八条”强调军工产品研制生产从一开始就要狠抓武器装备研制和配套产品质量，越是时间紧、任务重、难度大，就越要狠抓质量，确保军工科研生产的顺利进行，并要一次成功。

为强化配套产品质量管理，科技与质量司制定、栾恩杰亲自审定《军工产品质量监督管理暂行规定》，进一步明确民用科研生产单位为武器装备科研生产提供的配套系统、设备、零部件和材料（简称为“配套产品”），纳入军工产品质量监督管理的范围。国防科工委将推进配套产品质量管理作为国防科技工业质量工作的重点任务，大力强化质量体系建设和认证工作，加强对重点配套单位的监督管理，逐步形成军工配套行业规范化运行的质量管理和质量保证体系，推广国防科技工业先进的质量可靠性工程技术和方法，建设高质量的军工配套体系。为此，栾恩杰批示，由国防科工委组织举办民用部门国防军工配套质量培训班，学习“十八条”和相关的军工质量管理标准，对大力加强国防军工配套质量工作，进一步提高武器装备质量，确保军工产品配套任务保质、保量、按时完成具有十分重要的意义。

五、推白皮书，谋大航天

迈入新千年之际，国务院总理朱镕基同志指示，新组建的国防科工委要履行国防科技工业的行业管理职能。其中行业规划管理则具有开启新千年、走向新世纪的重要意义，制定行业发展规划成为重中之重的工作。主持制定行业规划，是栾恩杰作为国防科工委副主任、国家航天局局长遇到的第一个挑战。

当时，有一个问题始终在栾恩杰的大脑中萦绕盘旋，中国的航天事业究竟应该包括什么？今后十年、二十年中国航天的发展蓝图应该怎么描绘？尽管当时思路不是特别清晰，但是有一点非常明确，那就是在中国航天事业的发展进程中，如果不能用发展的眼光去看问题，如果没有勇于探索、协同攻坚的精神，如果没有理论突破和技术创新，就不会有中国航天的辉煌未来。面对21世纪，如何规划中国航天的发展，中国航天怎样面对新的世纪，以什么样的姿态揭开航天的神秘面纱，如何以改革开放的精神走到世界的前台，这些问题都是栾恩杰组织系统工程一司和航天各大集团、中国科学院等单位及一些应用单位讨论的中心议题。

国家航天局的职能主要由系统工程一司承担。栾恩杰与系统工程一司司长、国家航天局副局长郭宝柱多年一起共事比较默契，很多思路和想法沟通顺畅。正当此时，外事司司长罗格从日本访问回

2003 年 6 月，栾恩杰（一排左三）与国防科工委系统工程一司同志们合影

来，带回一本日本航天白皮书，向栾恩杰汇报。当罗格跟栾恩杰建议中国是否可以考虑航天白皮书的形式、对外适当发布、既做正面宣传、也把我们的政策昭告天下的时候，栾恩杰当场拍板说："这个想法好，马上组织编写。"他授意郭宝柱牵头组织编写航天发展规划主体内容，罗格负责对外合作政策起草。

栾恩杰通过反复思考，并与编写组同志们反复研究、筹划，得到了四点基本认识：一是要以开放的姿态面向 21 世纪，揭开中国航天神秘的面纱，展示出中国航天人大步迈入新世纪的风采；二是要以改革的精神，开创新的发展局面，以"大航天"的理念推动中国航天事业的进步和领域的扩展；三是要以重大工程和重大项目为牵引，夯实中国航天技术的基础建设，实现关键技术突破，提升我国在国际航天界的地位，并为科技发展和国民经济建设服务；四是要以履行国家航天行业主管部门的责任意识，筹划国家航天发展的规划目标和对外的国际合作方针与政策。

经过充分的研讨交流，栾恩杰提议把这些思路纳入《面向21世纪的中国航天》，完成行业规划的第一步，后续一系列工作都以此为行动指南。

栾恩杰回忆说：

“当时，我带队到国外去参加国际宇航联大会，恰逢中国作为专题会议的主席，听到各个国家的发言很受启发，认识到航天的发展已经不仅限于发射火箭，而且要在改善国家经济效益、改善民生等方面发挥积极作用。我们在发表白皮书之前，还没有‘大航天’的概念。

“新国防科工委时期的国家航天局，与在航天工业总公司时期的国家航天局行使的职能不同。航天工业总公司时期的国家航天局履行的是航天科学、技术、工业的职能，承担开展国际航天合作交流的责任。国防科工委时期的国家航天局行使国家机关的职能，作为国务院独立的行业主管部门，它具有科学性、技术性和工业性等特点，履行的职能更广泛，因此要从发展战略的高度制定具有时代性、创新性、务实性与可实现性的航天发展规划。现在人们已不再把发射多少航天器作为主要议题，而是关心为什么发射它、要它去做什么。我们抓住了这个时机，在制定航天发展规划的时候，及时提出中国航天已不只是航天工业，而是包括各种应用和探索的‘大航天’概念，它包括空间技术、空间应用和空间科学。

“我说我们要强化‘大航天’这个概念。我们创建航天事业时是研制导弹的，之后从导弹扩展到运载，又拓展到开展航天发射和卫星应用等领域的活动。我们要学NASA，NASA包含空间科学，把航天作为产业发展，它应用的领域、应用的深度、产生的效益都很大。航天概念和范畴到了应该扩展的时候，所以要提出‘大航天’概念，要把空间技术、空间科学、空间应用都纳入到国家航天的领域和范畴，按照‘大航天’的思路，推动中国航天在新时期的发展。我认为这是一个观念的变化，也是一个重大的决策。

“这份公开的中国航天发展规划，首次打开了中国航天神秘不露的面纱。以改革的开放姿态，向国际展现了中国航天人豪迈前进的英姿，它聚焦在‘211’工程，即大火箭、卫星大平台两个型谱，发展空间应用，开启以探月为首要目标的中国深空探测工程。所以我和系统工程一司的领导在筹划未来航天发展时，凝聚成‘大航天’‘211’工程。要将航天科技工业扩展到空间技术、空间应用、空间科学这三大领域，而不仅仅是航天工业，它涵盖技术、应用的产业性质，又有科学探索领域开拓的性质。通过一司、计划司的同志们与航天科技、机电（现科工）两集团、国家发改委、总装备部诸位同志们的共同努力，我们完成了首份《中国的航天》白皮书编写工作。”

白皮书规划了中国航天发展，将未来20年的重点任务归纳成“211”工程。

“2”是指规划两大型谱。

一是实现运载火箭型谱化，包括运载火箭大中小型谱化，以大火箭“长征五号”研制为重点，改变推进剂技术，应用液氧煤油和液氢液氧，大力发展以绿色推进剂作为动力系统的绿色火箭，形成无毒无污染的火箭型谱。

2000年11月22日，国务院新闻办公室首次发表《中国的航天》白皮书中英文版

二是卫星公用平台型谱化，包括卫星大中小型谱化，以“东方红四号”平台为重点，抓好卫星平台的型谱化，实现卫星标准化、模块化发展。栾恩杰当初的设想是根据这个思路，卫星走型谱化之路，进行公用平台的设计。大型公用平台“东方红四号”已经进入工程设计和应用阶段，有了大、中、小各型公用平台，可

以推进卫星研制进入标准化、模块化阶段，对提高可靠性、降低成本是一个重要的促进。

“211”工程的第一个“1”是指建立天地统筹的一体化应用体系。两大型谱化重大的标志是应用。航天要为国民经济服务，必须以应用来牵动，为国民经济建设服务，为民生服务。

第二个“1”是指以月球探测为切入的深空探测活动。

“211”工程明确了以火箭和卫星平台组成的空间技术，天地统筹一体化的空间应用，以月球深空探测为重点的空间科学，把中国航天工业扩展到空间技术、空间应用、空间科学三大领域综合发展的互相促进的“大航天”概念，这是白皮书的主题，也是栾恩杰和同事们规划的总体思想。

栾恩杰不仅提出空间科学、空间技术、空间应用的概念，还倡议要把凯歌奏在应用上。2000 年前后，他作为嘉宾参加了央视一套的《焦点访谈》栏目，十几分钟的节目基本都是由他在讲空间应用的内容，让国人看到航天事业带给人类社会进步的实践成果和理论成果。

《面向 21 世纪的中国航天》征求了国防科技工业系统相关集团公司的意见和建议，修改完善后由国防科工委上报国务院。国务院高度重视，同意国防科学技术部门发布航天发展规划，认为它的发布将有助于推动航天发展、推动改革开放，并将其命名为在党中央、国务院、中央军委直接领导下的《中国的航天》。

2000 年 11 月，国务院新闻办公室发布了《中国的航天》白皮书。在白皮书中，第一次将空间技术、空间应用和空间科学纳入“大航天”范畴，表明中国航天已经从航天科技工业扩展到整个航天事业和航天产业，表明中国不仅筹划空间技术（火箭、卫星、地面、测发控等），而且关注并服务于航天活动的应用，使航天为国民经济、国防建设服务，发挥其作为国家战略性产业的重要作用。特别是在空间进入能力、空间平台建设能力这两个核心技术上实现系列化发展，在空间应用上形成“天地统筹一体化的应用体系”发展，启动以月球探测为切入点的深空探测活动，带动和牵引空间科学进步，这些重要思路和理念在白皮书上都有明确的表述和展望。

我国首部航天白皮书一经发布，便引起了国内外极大的反响。国内许多老同志、老专家、老领导打电话表示祝贺，并嘱咐栾恩杰一定要做好、做细，不能“放空炮”，一定要实现预定目标。其他行业的同志们也打来电话，表示他们也期盼有一个相应白皮书的发表。为了向国内外宣传好白皮书内容和“211”工程计划，系统工程一司和国防科工委宣传部门做了广泛的宣传和报道。

如今盘点《中国的航天》白皮书，其中所有内容已全部在2020年实现。大火箭已经研制完成，通信导航遥感卫星体系的天地一体化已经完成，北斗卫星已经组网，并面向全世界、全球服务，导航卫星、通信卫星已经常态化，月球探测工程如期圆满完成，深空探测已经走到了火星[①]。2020年完成了“嫦娥五号”返回任务，完成了确立的目标，兑现了对祖国的承诺。栾恩杰和他的同事们没有失言，这也是栾恩杰感到非常欣慰的。

栾恩杰说：

“我视大火箭为‘宝’，它是我们国家航天能力的关键性表达，我们今天的‘长征五号’火箭已经进入服务期，由它派生的‘长征七号’‘长征八号’火箭进入系列化发展阶段，新一代火箭型谱已经展现出来。我视‘通导遥’应用系统、北斗导航、高分工程为‘宝’，这是航天人为祖国现代化建设和民生福祉的提高所献的厚礼。

“同样，我视‘嫦娥’为我们向党和人民交的一份答卷。研制无毒无污染的大火箭和卫星大平台，实施以遥感卫星为代表的空间基础设施工程，以支持北斗系统‘局域、区域、全球’三个阶段、载人航天‘船、室、站’三步走战略，实施中国探月‘绕、落、回’三期目标的重大工程，这是航天人向全世界的庄严宣告，表达了中

① 火星是白皮书里面没有的。

国航天人的‘雄心’，这一系列‘三步走’的规划就是国防科工委与国防战线的同志们勇于创新的突出表现。”

国防科工局原机关党委巡视员袁和平在《战略科学家与国家重大科技工程（二）》中提道：“回顾栾恩杰成长为战略科学家的轨迹是很有意思的。当人们对航天的认识还停留在运载火箭和人造卫星时，时任国防科工委副主任、国家航天局局长的栾恩杰提出了‘大航天’概念，并且将空间技术、空间应用和空间科学纳入国家航天发展规划体系。其中，‘开展以月球探测为主的深空探测的预先研究’被明确列为近期发展目标，把空间科学纳入‘大航天’之中，表达了中国航天人进军月球、太阳系乃至整个宇宙的雄心，抒发了中华民族对人类发展应该有所贡献的壮志。这就是习近平在二十大报告中提到的‘探月探火’之源。”

六、科技质量，开新局面

第九届全国人民代表大会第一次会议批准的《国务院机构改革方案》和《国务院关于机构设置的通知》（国发〔1998〕5号），明确了国防科学技术工业委员会的主要职责及12个职能司（厅）的机构设置。按照国防科工委工作分工，栾恩杰分管系统工程一司、科技与质量司的工作。

国防科工委组建伊始，工作千头万绪。栾恩杰与领导班子成员一起参与机关各部门的组建，并在机关职能履行过程中发挥了牵引作用。

科技与质量司组建工作从1998年5月开始启动，栾恩杰作为组长筹备处室设立和人员选用工作。从名称上看，“科技与质量司”

主要涵盖科技与质量工作，科技是第一生产力，质量是第一要务，两个“第一”放在肩上，使命光荣，任务艰巨。科技与质量司的组建经历了政治、思想、人事、工作组建的过程。

组建部门需要先建立组织架构。栾恩杰带领科技与质量司第一任司长高志强等人从科技与质量工作职责入手，逐一分析把脉，决定设立五个处：综合处、科研处、科技管理处、质量技术监督处、技术基础处，一共 27 个编制指标。栾恩杰对处长人选的要求很高，建议从每个行业选出一个处长，并对筹建组提名的处长人选进行亲自审核。比如，综合处处长张相木原来是船舶工业总公司的处长；科研处处长沙南生原来是航空工业总公司的处长；科技处处长成森原来是兵器工业总公司的处长；质量技术监督处处长杨多和原来是航天工业总公司的处长；技术基础处处长岳峰原来是核工业总公司的处长。五个处长独当一面，既了解原来所在行业的专业工作，又了解目前全行业的状况。

栾恩杰在组建过程中始终坚持“五湖四海”的原则，虽然过程中也有分歧，但通过做思想工作都能予以化解，使大家思想达成共识，最终提交国防科工委党组审定，完成了科技与质量司的组建。随后，他组织召开司务会研究部署工作，新任干部比较了解整个国防科技工业的情况，各项工作推进得比较顺利。在他的领导下，科技与质量司风气正，非常团结。栾恩杰经常和高志强司长等人说：“工作大胆去做，成绩是你们的，出了问题我兜着。”他跟各处处长也常说：“咱们一起工作，不限于工作问题，生活上有什么问题也可以跟我说。”

起初，科技与质量司面临着缺乏科技与质量支撑条件、“赤手空拳抓科技与质量”的困境。栾恩杰和科技与质量司经过调研分析，决定从社会和经济的长远发展需要出发，统观全局，突出重点，实行“有所为有所不为”的方针，面向 21 世纪，优选对我国经济和社会发展具有战略意义的高新技术项目，集中必要的人力、财力、物力，建立重点基地，组织精干队伍，加强统一领导，齐心协力攻关，既积极学习国外的先进科学技术，又扬长避短、自主创新，努力形成和发展我国自身的科学技术优势。

以计划项目带动国防科技领域的发展、积极组织开展前瞻性的研究是栾恩杰主抓的工作重点之一。他带领科技与质量司，开创了国防基础科研新局面，争取了科研经费，工作很有起色。科技与质量司曾经策划由科研处、质量技术监督处、技术基础处、科技管理处和综合处分别负责技术创新、质量振兴等五大工程，后来经过思想碰撞，梳理成两大计划，即国防基础科研计划和国防军工技术基础科研计划。

当时，基础科学由中国科学院负责，型号预研由总装备部负责。栾恩杰认为这两者之间应该还有国防基础技术、应用基础技术这个“地带”，因此要在基础科学和型号预研之间打个“楔子”。为此，为进一步强化国防科技工业基础能力，他指示科技与质量司紧密结合国防科技工业发展实际，及时编制设立国防基础科研计划的报告，按照政府机关管理程序进行部门会签。会签过程中，有关部门提出此项工作应与总装备部预先研究计划相协调。于是，栾恩杰带队与总装备部陈达植副部长及有关部门做了专题协商，得到了总装领导的支持。

1999 年 5 月 8 日，以美国为首的北约悍然袭击我驻南斯拉夫大使馆。科技与质量司抓住这一契机，提出了要争取国防基础科研计划的思路，并下功夫开展基础创新工作。随后启动了技术创新工程，但是这个渠道没走通。栾恩杰鼓励说：“你们接着干，另辟新路。”他带领大家一起研究，参加相关会议，动员各大集团参与，并亲自修改完善国防基础科研报告，之后报请中央，最终国防基础科研计划获批，争取了科研经费。目前这个计划仍在支撑各大集团乃至整个国防科技工业的基础科研工作。

国防基础科研计划最初只有一亿元的经费额度，栾恩杰亲自出面和总装备部陈达植副部长商谈。他说，国防科工委是抓基础工业的，是“开荒”“耕地”“播种”的，如果基础不好，贫瘠的沙漠肯

2004 年，栾恩杰（一排左三）与国防科工委科技与质量司的同志们合影

定长不出东西来。国防科技工业基础能力是装备发展的基础，它不仅为型号研制提供支持，还在提升科技创新能力、专业队伍建设等方面支撑装备的发展。

国防科工委曾设立过以科研为主的国防军工材料专项计划，但在工程化应用中存在瓶颈，新材料被束之高阁。在抓军用材料工程化工作中，科技与质量司在栾恩杰的指导下，以材料工程化不过关等问题为导向，提出了解决措施，并向中央提出了军工材料工程化应用，包括碳纤维应用等建议，上报中央主要领导。中央为此设立了一个工程化专项计划。

在国家中长期科技发展规划纲要、重大科技专项谋划过程中，栾恩杰发挥了“领头羊”的作用。在部门级汇报时，他率先汇报、抢先站位，为国防科技工业部门争取了难得的机遇。在中南海开会的时候，栾恩杰亲自向国务委员陈至立汇报，受到了国家的重视。国家重大科技专项规划涵盖各行业，在国家中长期科技发展规划纲要中，国防科技工业占了一半。国防科工委谋划的国家重大科技专项规划的思路和定位在全国起到了示范作用，受到了表扬。在国防科技工业系统，栾恩杰善于以重大专项作为引领，引起国防科技工业企业单位的重视，以抓重大专项为突破口，这也为月球探测工程的立项奠定了基础。

质量管理是科技与质量司履行的非常重要的职责。栾恩杰紧紧抓住立法和监督这两件大事来开展国防科技工业的质量管理，取得了一定成绩，积累了一些经验。他带头分析国防科技工业的质量形势、质量工作的现状以及存在的矛盾和问题，制定了《国防科工委关于加强国防科技工业质量工作若干问题的决定》（简称为“三十条”）等文件，这些文件都是他带领大家一字一句修改完成的。

“三十条”是多年来推行全面质量管理和军工质量管理成果的总结，它涵盖了核、航天、航空、船舶、兵器、电子六大行业和国家有关工业部门几十年来的经验，特别是结合现状提出了有针对性的改进意见和措施，受到了军工行业的拥护和好评。通过在国防科技工业系统大力宣贯，军工科研生产全过程的质量与可靠性技术和管理工作成效显著，“三十条”等强化质量管理的制度和措施都已深入人心。

在科技与质量司组织编写《中国军工材料体系》丛书过程中，栾恩杰发现复合材料“卡脖子”的问题，比如，航天三〇六所从日本一家公司进口原丝，后来日方不提供该材料。编写丛书时发现中国军工材料“受制于人”这个情况如果不解决，将成为“卡脖子”的问题。于是在栾恩杰授意下，由高志强司长牵头，邀请航天黄瑞松院士等四位专家研究，形成了四人共同署名的向中央建议设立复合材料项目的专报，最终获得中央批复。复合材料专项从零起步，用复合材料代替金属，用于民用客机、导弹等领域，解决了复合材料受制于人的问题。

为了推进国防科技成果转化工作，国防科工委党组调动各方面力量，由航空承担标准化职能、航天承担质量与可靠性职能、兵器承担科技成果推广职能、船舶承担国防科技工业知识产权职能，在北航和航天七〇八所设立了国防科技工业质量与可靠性中心，在航空三〇一所设立了国防科技工业标准化研究中心，在兵器设立了国防科技工业科技成果推广转化研究中心，在船舶、中国科学院设立了国防科技工业知识产权研究中心。这几大中心的设立调动了各行业的积极性。在栾恩杰领导下，国防科工委创新开展国防科技成果推广转化工作，研究编制《促进国防科技工业科技成果推广转化的若干规定》《国防科技工业科技成果推广转化工作的管理办法》《关于加强国防科技工业科技成果推广转化研究计划管理的意见》等制度文件，取得了良好实效。

在领导国防科技工业知识产权管理工作中，栾恩杰率先组织开展国防科技工业知识产权管理研究，实施国防科技工业知识产权战略，组织全行业开展国防科技工业知识产权研究课题，搭建国防科技工业知识产权管理系统架构。同时，他奠定了国防科技工业知识产权制度基础，组织专家学者和知识产权管理工作者从完善国防科技工业知识产权法律法规建设开始，为开展国防科技工业知识产权管理研究提供支持。在此基础上，2001 年，国防科工委颁布并实施《国防科工委关于加强国防科技工业知识产权工作的若干意见》(简称为《若干意见》、“二十三条”)，现在仍在继续发挥作用。

科技与质量司以初始 27 人的建制，承担了繁重的国防科技与质量工作。栾恩杰率领同志们履行职责、谋划战略、开拓创新、系统推进、扎实工作，在“深挖一锹上下大力”“在办大事、办成事上下功夫”。他在国防科技工业基础能力、国防科技工业发展等方面深入思考，明确战略定位和发展战略；在国防基础科研计划、国防科技工业技术基础科研计划、民用航天预先研究科目专项计划等方面加强领导，以项目带经费的思路引领后续工作；在国防科技奖励制度与专项经费、国防科技工业国家重大科技专项等方面加大管理力度，创新开展科技成果推广转化、国防科技重点实验室建设运行、计量管理与科研、标准管理与科研、质量与可靠性管理等工作，夯实基础，提升能力，开创了科技与质量工作新局面，为我国国防科技工业跨世纪的创新发展作出了卓越贡献。

科技与质量司原司长高志强说：“栾恩杰抓得很有力度、很有章法，大家有使不完的劲，各项工作开展得有声有色，发挥了全行业科技与质量的支撑作用。他亲自部署，每年编一套年鉴，全面、系统、准确地记述了各年度的重要工作，留存的文献和统计资料等充分记录了在他带领下各项工作取得的成绩。”

七、提出三工，深入推进

栾恩杰思维活跃、善于思考。党和国家提出要重视农业、农村、农民“三农”问题，他认真学习领会，紧密联系国防科技工业实际，首次系统提出要振兴军工制造业，要以军工企业信息化、工艺现代化、工人高技能化（“三工”）为途径，即军工企业是军工制造业的主体、工艺技术是军工制造业的基础、高技能工人是军工制造业的主力军。这个思路至今仍有重要的现实意义。

栾恩杰非常重视军工企业的发展。他认为，工业是基础中的基础。国防科工委扎根于工业企业，企业是主体，如果基础能力不强，不具备先进的国防科技工业基础能力，武器装备就没有发展后劲，因此军工企业基础和能力是需要强化和提高的主要方面。同时，国防科技工业企业是军民结合的主体，没有全国大配套、全国大协作就没有国防科技工业，材料、化工等配套资源缺一不可。他用“轻、纺、建、色、化、机、冶、科、教、电”十个字高度概括了轻工业部、纺织工业部、建设部、有色金属总公司、化工部、机械部、冶金部、科技部、教育部、电子信息产业部这十个军民结合的主要民口的重要力量。通过对国防科技工业职能的审慎思考，他和科工委党组成员一同归纳了“强化基础、提高能力、军民结合、跨越发展”的国防科技工业的发展方针，准确地表述了国防科技工业的战略定位，这个方针一直延续到现在。

按照党的十六大关于“以信息化带动工业化”的方针，在科工委党组的领导下，栾恩杰带领科技与质量司提出要将信息化作为带动企业各项工作创新和升级的重要突破口，大力推进信息化，在承担高新武器型号和主导产品研制、生产任务的单位中选择一批重点工程进行信息化试点并推进实施，力争实现包括设计、制造、管理集成在内的国防科技工业信息化管理模式。

为推进军工制造业发展，栾恩杰牵头组织参加中国工程院《新世纪如何提高和发展我国制造业》咨询研究项目“振兴军工制造业”专题研究，并组织开展了全行业大规模工艺调研工作，组织调研组专家赴军工企业进行调查。在他的领导和各大集团公司的支持配合下，科技与质量司和系统工程一、二、三司一起，组织跨行业的工艺调研专家组共 43 人，分三组对沈阳、成都、西安、景德镇等地航天、航空、船舶、兵器、核工业和军用电子等行业的 97 个有代表性的军工企业和研究（院）所进行了调研，被调研单位共计有 600 多人次参加了座谈交流会，收集了大量的第一手宝贵资料和基础数据。

在充分调研军工制造业发展情况基础上，栾恩杰组织编制并向全行业颁发《关于加快企业信息化、工艺现代化、工人高技能化，促进军工制造业发展纲要》（二十二条），以及《加快国防科技工业工艺创新工作的决定》，于 2003 年 1 月发布。文件提出以“三工”为主线，增强信息化与工业化融合，提高国防科技工业核心竞争力。为实现纲要目标，采取了建立先进技术中心、评选和表彰先进工业技术能手、强化工艺技术研究攻关力度、开展军工数字化示范试点等重要措施，并相继得到落实，对国防科技工业工艺发展、企业技术进步和人才队伍建设起到重要的推动作用。

为满足军工产品科研生产对工艺技术的需求，栾恩杰组织国防科技工业技术攻关，突破了一批工艺技术瓶颈，对型号研制和批产发挥了至关重要的作用，其中部分技术打破了国外在该领域的封锁和限制。比如，具有自主知识产权的精密铸造技术保证了军工产品关键部件生产的质量；精密光学加工技术成功应用于激光陀螺制造；通过基础科研、技术改造和条件建设等计划的支持，国防科技工业工艺装备设施有了很大改善，工艺技术水平明显提高，为武器装备研制生产和军民结合高技术产业的发展作出了重要贡献。与此同时，工艺管理工作也取得显著成效。

栾恩杰在航空航天工业部、航天工业总公司抓工艺工作时候组织制定了设计规范、工艺规范、验证规范等近3000份规范，体现了航天型号设计、工艺、验证的基本概念，设计方法和经验。他到国防科工委以后，三大规范在国防系统全面铺开，取得了很好的效果。他在抓工艺标准化工作中有很多创新之处，他发现一些老专家、老技术员、老工人即将退休，他们掌握的一些设计、工艺、试验诀窍在工艺文件上则没有体现，他们一旦退休，这些诀窍和经验就可能束之高阁，不利于工艺的传承。为了国防科技工业事业和企业的发展，栾恩杰提出了开展工艺规范抢救工程，将这些老专家、老技术员、老工人的经验整理并固化在三大规范中。他经常强调，工艺是基础能力的重要部分，产品首先是设计出来的，进而是制造出来、试验出来的，制造主要体现为工艺。

为了促进航天工艺的传承与发展，栾恩杰亲自组织编写工艺培训教材，即工艺口袋书编写工作。2002年，在他的直接领导和精心策划下，在航天科技、科工两个集团公司的具体领导下，由航天科技集团、航天科工集团工艺专家组和航天科技集团七〇三所承办了教材的策划、编制和组织工作，动员航天系统54位工艺专家对教材编制进行了系统的、全面的策划和编制，51位专家参与审校，许多老专家把毕生的工艺技术、管理方面的经验融入教材之中，经多次讨论、增删修订，几易其稿反复斟酌，最终形成了113万字的《航天工艺基础知识培训教材》。这些教材全面、系统地总结了我国航天工艺技术与管理40多年的宝贵经验，紧密结合航天工艺工作的实际情况，并吸收了国内外先进的工艺技术与管理理念；教材内容翔实、新颖，充分体现了航天工艺技术与管理的特色，并具有一定的创新性，对于做好航天工艺工作具有重要的启迪与指导作用。在航天工艺教材的示范带动下，相关军工行业相继开展了工艺体系研究与建设，形成了兵器、船舶、电子等行业的工艺体系建设成果。

工艺技术进步与创新，关键在人才。栾恩杰重视工人，特别是工艺队伍的建设。至今沿用的总工艺师、总质量师等都起步于国防科工委组织命名和实施评审聘用的制度，航天评工艺大师、首席工艺师，兵器评总工艺师，栾恩杰称之为工艺"大腕"。

每一项重大工程的背后，都有一批工匠们的执着专注、精益求精、一丝不苟、追求卓越的付出。栾恩杰将工艺程序总结提炼为"车铣刨磨钻钳焊、热表电测钣铸锻"，并强调能把这些工种干好干精的都是工匠。他特别注重对工匠的培养、选拔。他分管工艺工作时，强调要把一批事业心强、富有创新和实干精神、理论和实践经验丰富的人才充实到工艺创新队伍中来。他担任国防科工委副主任期间，为推动工人高技能化，从2003年起，国防科工委和社会劳动保障部每两年联合组织一次"国防科技工业技术能手"的选拔表彰工作。2003年12月，首批百名工业技术能手代表受到中央领导同志的亲切接见。2007年，国防科工委开展了"国防科技工业工艺创新先进集体"的选拔和表彰工作。目前已有两批共200名军工企业人员获得技术能手称号，15个单位获得工艺创新先进集体称号，对军工制造业一线工人和工艺技术人员产生了巨大鼓舞。同时，各行业进一步重视工艺人才队伍建设、加强工艺教育培训工作，取得初步成效。

栾恩杰认为，要调动广大工艺技术人员的积极性和创造性，就要确保工艺人才的待遇，应该让工匠享受副教授级工资。在国防科工委的指导下，各大集团对工艺人才给予了政策倾斜。比如，航天科工集团公司制定并实施了《工艺师系统领导干部管理规定》，在集团、院（基地）设置总工艺师，在厂（所）建立工艺师系统，充分发挥工艺人员在产品研制生产中的作用，并且明确规定工艺师系统的待遇参照设计师系统待遇予以落实、在科技奖和技术职称的评定工作中充分重视和体现工艺创新成果的价值。栾恩杰分管工艺工作期间，在全行业努力打造尊重工艺知识、尊重工艺人才的环境，培养和造就一批“工艺大师”和高技能工人，凝聚了工艺队伍，提高了工艺人员的整体素质，调动了广大工艺人员的积极性。

八、长五火箭，推进立项

航天人说：“运载能力有多大，航天的舞台就有多大。”

1986 年，中国制订“863 计划”，将“大型运载火箭和天地往返运输系统”确立为航天领域的重大探索项目，但由于受到各方面条件的限制，大型运载火箭的工程研制工作一直未能开展。

进入 20 世纪 90 年代，“长征三号乙”火箭的首飞在一定程度上完善了中国运载火箭系列，但原有的系列火箭的技术整体上仍偏于老旧。

1998 年 3 月，屠守锷、梁守槃、梁思礼和张贵田四名院士联名向当时的国防科工委主任曹刚川提出了《关于大型液氧煤油发动机立项研制的建议》。建议提道：在新一代运载火箭的研制中，发动机要先行。这一建议得到了曹刚川主任的高度重视。

新成立的国防科工委重视“长征五号”火箭的工程预研、研制及协作配套等工作，“长征五号”火箭的立项工作由栾恩杰分管。

1998 年 5 月 26 日，他听取了航天工业总公司关于液氧煤油发动机研制情况的汇报，并提出建议。2000 年 4 月，国防科工委将“长征五号”火箭液氧煤油发动机立项报告呈送国务院。5 月，国务院批准液氧煤油发动机工程立项。2000 年 9 月 7 日，国防科工委、财政部批复中国航天科技集团公司，液氧煤油发动机研制总承担单位为〇六七基地。12 月 4 日，〇六七基地召开液氧煤油发动机研制工作会，液氧煤油发动机正式进入工程研制。

栾恩杰（右四）在“长征五号”火箭前合影

栾恩杰说：“新国防科工委成立后开始筹划航天重大问题。我个人感觉到运载能力的发展是航天发展的重要指标，这是一个很重要的理念。如果没有运载能力的提高，我们的航天活动就会受到阻碍和约束。运载能力大，航天活动就会走得远；航天装置重，载荷就会更多。总之，运载能力是一个国家航天的重要指标。1999 年，国防科工委开始思考以什么姿态进入新千年，第一项规划就是要把大火箭写进白皮书，其中的关键是发动机。我们要从 9 吨左右的运载能力达到当时的国际水平 20 吨的能力，相当于翻了不止一番。那个时候我们最大的能力是 8 吨多，神舟飞船最重的也不到 9 吨。规划 20 吨左右的火箭运载能力，达到当时的国际先进水平，我是下了决心的。在这过程中，我们选择的是 120 吨的液氧煤油发动机。”

栾恩杰说到的这个 120 吨液氧煤油发动机，是航天工业总公司时期党组派他开展中俄合作的时候引进的重大技术项目。洽谈到最关键的时候，在北京友谊宾馆与俄罗斯国家航天局局长高比契夫进行了多轮洽谈，达成合作协议，由长城公司签约。

起初，针对氢氧发动机的推力，设想在 50 吨和 80 吨之间做出选择，当时日本用的是 80 吨的发动机，栾恩杰有些拿不定主意。如果选择 50 吨不甘心，而一步达到 80 吨又没有把握，于是他与发动机老专家商议。他先向谢光选院士请教，他问道：“谢总，我们搞大火箭的氢氧发动机多少吨合适？”谢光选院士说：“50 吨吧。”之后，他与任新民总师和现任新火箭研制的总指挥王珏讨论、研究大火箭的思路，最后研究结果倾向于 50 吨，加捆绑 120 吨，可以达到 1060 吨火箭总推力。

引进发动机后，开展国产化攻关的任务主要由〇六七基地负责。时任〇六七基地主任雷凡培向栾恩杰汇报研制生产遇到的问题、所需条件等情况，国防科工委为其提供了试车环境等全方位的支持。大火箭研制过程中，按照栾恩杰组织编写的航天白皮书中提出的新时期无毒无污染的绿色火箭的技术指标实施。氢氧发动机在燃烧生成水的过程中没有任何污染，是绿色、无毒、无污染的火箭。

2001 年，“长征五号”使用的一级氢氧发动机获得立项研制。同年，“长征五号”火箭预研工作正式开始，研制方明确了火箭的各项指标、级数、推进剂种类，并要求火箭高可靠、低成本。2002 年，确定了“一个系列、两种发动机、三个模块”的总体发展思路以及“通用化、系列化、组合化”的设计思路。

在栾恩杰的积极推动下，2006 年 10 月，国务院批准“长征五号”运载火箭立项，由国防科工局（国家航天局）牵头实施，由中国航天科技集团有限公司所属中国运载火箭技术研究院抓总研制。

大型运载火箭发射场的选址工作至关重要。中国航天要持续发展，不仅需要研发大推力火箭，还需要建设与火箭配套的发射场。栾恩杰积极支持海南文昌发射场建设，并作出了努力。由于当时已建成的发射场不是在戈壁沙漠，就是在深山老林，其运输条件很难满足未来 5 米直径大型运载火箭的转场需要，而如果通过海上运输，此难题就可以迎刃而解。

在海南建设新的航天发射中心有许多优势，最明显的一个优势就是地理区位优势。栾恩杰说："海南是中国纬度最低的一个省，中国的几个航天基地都在高纬度地方，高纬度发射卫星，一是需要火箭绕很大一个弯才能将卫星送上天，需要的燃料也多，发射成本高；二是在高纬度发射地球同步卫星，需要不断修正卫星的轨道，然而这要消耗卫星携带的燃料，卫星的使用寿命就会减少。如果在海南发射，这些情况就可以避免，不但发射成本低，而且使用寿命也会延长，而寿命延长就会带来一定的经济效益。"

为此，在航空航天工业部老领导、曾任海南省副省长的航天专家鲍克明同志的指导下，国防科工委派栾恩杰率队赴海南实地考察。栾恩杰专门带队到海南，与海南省委及省政府洽谈协商、在大会上做宣讲。针对有人提出"火箭是有污染的，海南是旅游区，怎么能搞火箭"等问题，栾恩杰解释说火箭是绿色的新型燃料，不会污染，不会影响旅游业。虽然海南文昌发射场最终的立项申请由原总装备部负责向中央报告，并得到批复，但是栾恩杰认为当时建议启动海南发射场是国防科工委一个重大的愿望，关于发挥海南纬度优势建立航天发射场的建议引起了各级领导的思考，并在原总装备部的强有力的领导下很快得到实现。

2016 年 11 月 3 日 20 时 43 分，"长征五号"运载火箭在海南文昌航天发射场成功发射升空，标志着"长征五号"运载火箭首次飞行任务取得成功。

时至今日，栾恩杰虽然已经退出深空探测任务一线，但他仍担任“长征五号”运载火箭专家组组长。对大火箭情有独钟的栾恩杰自豪地说：

“《中国的航天》白皮书中提出的到2020年拿下大火箭的奋斗目标，至今已全部实现，‘嫦娥五号’卫星、‘天问一号’卫星都是使用的‘长征五号’火箭，这表明我国已经达到了拥有大火箭的能力。‘长征五号’火箭是中国航天面向21世纪发展、表达中国航天能力的重要指标任务，我们兑现了航天白皮书中提出的目标。

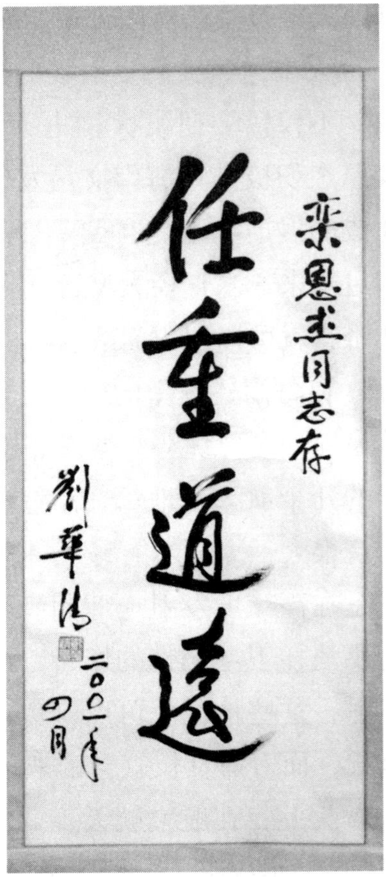

2001年4月，中央军委原副主席刘华清上将为栾恩杰题词

“‘长征五号’从申请立项、攻克难关到建设大型试车站等各方面都取得了很好的成效，提升了航天能力，这也是中国航天核心能力的表达。我是专家顾问组组长，著名火箭专家龙乐豪院士和原总装副部长（靶场发射实施总体专家）牛红光中将在专家顾问组的工作中发挥了重要作用。

“目前我国运载能力最强的火箭是‘长征五号’，它的近地轨道运载能力可达到25吨。为了满足未来月球探测工程及深空探测的需求，火箭推力会更强。未来我国将研制近地轨道能力100吨级的重型运载火箭，现在论证阶段基本完成，进入到立项的后续阶段，国家正在部署，争取在‘十四五’能够开启重型火箭研究。实际上，近地轨道如果达到100吨级的这样一个载荷，经过多次发射对接，我们就有能力把宇航员送到月亮上去了，‘长征五号’后面还有更多的目标需要我们登攀，还有更多技术需要我们去攻关，正如刘华清副主席批示的‘任重道远’。运载工具的升级，将加速提升我国进入空间的能力，对于加速空间基础设施建设，更是如虎添翼。”

九、率团参会，走向世界

中国航天作为国际航天活动的一员，不仅为国民经济建设服务，而且积极走向世界，为人类探索太空作出了重要贡献。改革开放以来，我国在联合国及有关组织的外空事务中发挥着越来越重要的作用。

1999 年 7 月，经国务院批准，栾恩杰作为中国政府代表团团长，率中国政府代表团出席在奥地利举行的第三次联合国探索及和平利用外层空间会议[①]，并访问德国和乌克兰。

为了做好这次出访工作，出国前，栾恩杰主持召开了多次研究讨论会，并提出了许多具体要求，为本次出访奠定了基础。在出访期间，栾恩杰管理严格，代表团几乎每天有小会，两天开一次全会，大家在一起及时交流情况，及时研究和解决问题。

出访的第一站是乌克兰首都——基辅，代表团乘一辆大轿车，行车 12 小时，顶着烈日来到卫星地面中心参观。用过晚饭已是晚上 11 时了，栾恩杰不顾路途劳累，仍按自己的学习计划看书学习、做笔记，直到第二天凌晨。无论是在条件艰苦的乌克兰，还是在繁忙的奥地利，他每天晚上都要学习到深夜。此行出访即将结束，他按照学习计划完

① 本节内容引用《耕天思絮——栾恩杰论文选编》中《记栾恩杰局长出访欧洲二三事》(张向群)。

成了8000字的读书笔记，5000字的相关材料也完成初稿。

7月19日上午，栾恩杰率领的中国政府代表团一行来到了联合国维也纳会议中心，这是国家航天局首次派代表团并代表中国政府参加联合国探索及和平利用外层空间会议。当代表团来到联合国会议中心时，代表团成员不由想起21年前，联合国第一次探索及和平利用外层空间会议在这里举行，中国因未加入联合国而被排除在会议之外。17年前的1982年，第二次会议在这里举行，此时中国已恢复联合国合法席位，是五个常任理事国之一，中国的改革开放刚刚起步，我国航天事业还未脱下神秘的面纱。在此背景下，中国政府仅派出一小型代表团参会。1999年的今天，中华人民共和国成立50周年之际，中国航天事业走过了45年的辉煌历程，中国的改革开放取得了巨大成就，中国人民正以昂扬的斗志迎接新世纪的时刻，中国派出由37人组成的政府代表团，其中成员既有作会议报告的，也有主持分会会场的，还有参加学术讨论和展览会的。

当中国每一位代表团成员站在联合国会议中心时，大家喜悦激动的心情难以言表。作为中国航天新一代领导人，并为航天奋斗了近40年的航天老同志栾恩杰，他的心情更是难以平静。他不仅仅代表中国政府，而且还代表中国航天30万名职工来到联合国，将向世界展示中国航天的风采；中国航天人的梦，不仅仅是飞向太空，而且要走向世界。今天他将代表中国航天人圆这个梦，也许他想得远不止这些，千言万语，思绪万千，充满自信和自豪。他首先想到的是祖国，是祖国培养了他，是祖国派他来到了这里。为表达自己的心愿，他率先来到会议中心的圆形大厅，那里悬挂着各成员国的国旗，中国五星红旗光彩夺目，他庄严地站在五星红旗下，请摄影师定格这永恒的瞬间，并请大家合影留念。

联合国第三次探索及和平利用外层空间会议即将开幕，中国政府代表团提前来到会议大厅，并在主席台前最中间的第一排就座，这是各政府代表团排序的第一位。当中国代表团一行就座时，许多代表团成员投来了关注的目光，坐在中国代表团左侧的联合国前秘书长瓦尔德海姆，作为东道国的嘉宾，见到远道而来的中国代表团团长栾恩杰，忙起身问候和祝贺。栾恩杰将中国航天50次发射成功的精装纪念册赠送给他，瓦尔德海姆盛赞中国航天取得的巨大成就。

10时整，联合国探索及和平利用外层空间会议隆重开幕，联合国秘书长安南主持了会议，奥地利总统作为东道国发表了致辞，随后三个国际组织代表发言。中国代表团的发言被排在了各政府代表团的第一位。

11时45分，安南秘书长洪亮地宣布“请中国政府代表团团长、中国国家航天局局长栾恩杰发言”，会场上响起了热烈的掌声。栾恩杰健步走上主席台，先向安南秘书长致意，再向台下各国代表致意，面带微笑地看向台下3000多名各国听众，开始了题为《开发太空造福人类》10分钟的会议发言。

面对来自联合国98个成员国和有关国际组织及航天工业界的2700名代表，栾恩杰介绍了中国航天事业所取得的巨大成就；重申了中国政府主张在和平利用、平等互利、取长补短、共同发展的基础上，增进和加强与其他国家在外空领域开展国际合作的原则；阐明了中国一向支持和平利用外层空间的各种努力，反对空间垄断及外空军事化的鲜明立场；指出所有国家都享有平等权利，可以自由探索和利用外层空间。

当栾恩杰提高声音说：“中国航天今天所取得的所有成就，都是在中国共产党领导下，完全依靠中国人民、中国航天人自己的努力所创造的。不靠神仙皇帝，全靠我们自己”时，台下报以热烈的掌声。他的发言将听众的思路引向了中国航天的未来，这是世界各国最为关注的，他满怀豪情地宣布：“中国将在不久的将来发射自己的载人飞船，在未来世纪将进行深空探测科学试验。”“中国发展航天科学技术，开发太空资源完全是为了和平的目的，为中国国民经济和世界人民服务；中国反对太空军事化；中国政府愿在平等互利、共同发展的原则下与世界各国开展航天科学技术的合作与交流。”他的发言在会议规定的10分钟结束，随后，大厅响起热烈的掌声。当栾恩杰走下讲台时，一些外国朋友纷纷向他竖起了大拇指。“你的讲话太精彩了，说出了我们想说又不敢说的话。”一位发展中国家的朋友会后找到栾恩杰这样说道。

栾恩杰参加本次会议除了作会议主旨发言，还在“青年论坛”“空间工业化与竞争”会上发言，均受到好评。通过这些报告发言，有力地宣传了我国航天发展的成就，展现了我国航天的实力，介绍了我国航天奋斗的目标，宣告了我国航天发展和国际合作的政策。中国代表团的报告与发言在会议期间引起了强烈反响，并给与会者留下了深刻的印象。

会议期间，栾恩杰还出席了空间机构和航天工业界高层圆桌会议，并与欧洲空间局、俄罗斯航天局、意大利航天局、法国航天局和巴基斯坦空间外大气层研究委员会等空间机构的领导人举行了会谈，中国代表团利用一般性辩论、议题审议、航天展览等各种活动，积极宣传我国和平利用外层空间的政策、我国空间技术与空间应用的成就，在维护中国作为空间国家利益的同时，积极支持发展中国家的合理要求和主张，取得了良好的效果，扩大了中国在外空领域的影响。

对于栾恩杰来说，参加会议广交朋友，也是他的一项重要任务。在维也纳只有短短4天时间，除参加会议活动之外，他还安排会见欧洲空间局局长、意大利航天局局长，加、印、巴、俄、乌等十多个政府代表团领导人，与他们进行了友好和卓有成效的会谈。中俄两国航天素有传统的友谊和良好的合作关系，栾恩杰特别重视与俄航天局局长的会谈，双方回顾了20世纪50年代中俄航天友好合作的情景及近几年来双方所做的努力。栾恩杰深情地说：“俄罗斯对人类的航天事业是有特殊贡献的，第一颗人造卫星是由俄罗斯（苏联）送上天的，它开创了人类探索宇宙的新纪元，因此中国建议国际空间周时间应以俄发射第一颗卫星的时间作为纪念周时间。”俄航天局局长恍然大悟，感谢中国朋友提醒了他，认为美国等几个西方国家提议以美国发射阿波罗飞船的时间为国际空间周时间，这完全不符合历史事实。当晚，中国驻维也纳大使馆收到了俄驻维也纳大使的感谢，并希望中俄共同努力，取得最后胜利。经过会议多次激烈辩论，中俄双方协同努力，在多数国家的支持下，最终以俄发射第一颗卫星的时间定为国际空间周时间，并写入《维也纳宣言》。

维也纳会议还没有结束，根据外交部的安排和刘积斌主任的电话指示，7 月 24 日，栾恩杰一行风尘仆仆地来到德国执行一项特别任务。这项特别任务主要是让他阻止德国宇航公司向中国台湾出口带有明显军事目的的对地观测卫星的事情。此事不便从外交官层面去交谈，如果从航天国际合作角度去谈可能效果会更好，因此这项艰巨的任务就交给了他。德国是此行的最后一站。抵德的当天，栾恩杰便从机场直接来到中国驻德大使馆，向驻德大使汇报了代表团的工作情况，并与使馆工作人员一起研究在德开展工作的计划。当晚在旅馆他又召集大家开会，作出具体部署，并告诉大家说：“在国外，我对大家要求更严，工作要求抓得更紧，在德虽是最后一站，但来这里的任务更困难、更复杂，我们不得有任何松懈。”栾恩杰是第一次到德国访问，作为航天专家，他很希望与德国同行交流经验，但这一次他难以这样做，因为德国宇航公司已向中国台湾出口一颗带有明显军事目的的对地观测卫星。栾恩杰来到德国宇航公司参观访问时，德国宇航公司在接待方面做了周到细致的安排，并表示了热烈欢迎。

恩斯里是德国宇航公司负责人。谈判在恩斯里个人游艇上进行，驻慕尼黑领事馆的领事、栾恩杰、罗格、翻译、领事、恩斯里一同参加。恩斯里请栾恩杰当船长，并让他戴上自己的船长帽子，由他来操纵航线。他和恩斯里谈判的时候，每对话一句，由双方的译员翻译一句，在游艇上共谈了三小时。

关于德国宇航公司向台出口卫星一事，栾恩杰明确郑重地告知恩斯里："中国政府和国家航天局坚决反对德国向台出口任何形式的卫星。国家航天局一贯重视与德国宇航界的合作，自 1985 年'东方红三号'卫星研制开始到'鑫诺卫星一号'的研制，以及双方建立的华德宇航技术公司，10 多年间，双方进行了富有成效的合作，建立了密切的合作关系，德国宇航公司要珍惜这来之不易的成果。中国的市场前景广阔，德国宇航公司不要见小利而忘大义，以小失大。实现台湾的统一，是全中国人民的心愿，希望德国宇航公司不要做损害中国人民感情的事。"最终，恩斯里听了栾恩杰态度坚决、明确而又入情入理的谈话，承诺不向台出口卫星，最终回到了中德航天合作的话题上来。这是一场非常成功的谈判。中国驻法大使吴建民先生在使馆招待栾恩杰一行，并祝贺此次谈判成功。

十、国际合作，推动发展

栾恩杰说："老一辈无产阶级革命家教育我们要以自力更生为主，在自力更生的基础上，争取外援。我们不排斥外援，但是我们不迷恋于外援、不依赖于外援。只有我们强大了，就会有国际合作的可能。也正是因为我们强大，才会有国际合作的力量。"

1994 年 5 月 30 日至 6 月 13 日，时任航天工业总公司副总经理兼国家航天局副局长的栾恩杰率中国航天代表团访问俄罗斯和白俄罗斯。在俄罗斯，他与俄罗斯航天局第一副局长阿拉维尔托夫进行了会谈，签署了会谈纪要。在白俄罗斯，他与白俄罗斯工业委员会第一副主席卡尔柯进行了会谈，双方签署了合作意向书。9 月 12 日至 16 日，中俄两国航天局空间合作联合委员会在北京召开第一次会议。栾恩杰与俄罗斯航天局第一副局长阿拉维尔托夫出席会议，双方回顾了合作情况，并就下一步合作项目进行了讨论。

时任国防科工委外事司司长罗格回忆说："我于 1994 年调到航天工业总公司担任外事司副司长，栾恩杰作为总公司的副总经理、航天局的副局长分管国际合作，主要负责与俄罗斯、乌克兰、白俄罗斯等独联体国家的合作。我先后陪同他访问俄罗斯等国家。他文韬武略，在外事工作中很有战略眼光和谈判技巧，成功开展了对俄等国家的技术合作，为我国航天技术的发展发挥了巨大的作用。在他的领导下，我是中俄等国家开展民用航天技术的亲历者和经办者。"

1997 年 10 月，栾恩杰率国家航天局代表团一行访问了意大利，参加了国际宇航联合会（IAF）大会的部分活动，作为 SAF-5 双主席之一，与意大利航天局局长德尤柳先生共同主持 SAF 会议，并代表国家航天局致辞。他在会上介绍了国家航天局用长征系列火箭成功发射"东方红三号"通信卫星、"风云二号"地球静止轨道气象卫星、"马部海星"及"铱星"模拟星，以及中国航天技术应用和发展等情况。期间，他访问了意大利航天局和航天工业界，参观了 IAF 大会展览会，走访了意大利阿莱尼亚、法国阿里安、法国宇航、英国马特拉 - 马可尼公司、美国 NASA 等主要机构的展台。IAF 大会期间，他分别会见了欧空局（ESA）新任局长鲁多塔以及巴基斯坦苏帕尔科新任主席马基德，意大利航天局德尤柳局长，就进一步加强双边关系，落实合作项目等进行了交谈。他还访问了阿莱尼亚宇航公司都灵分部和罗马总部，包括国际阿尔法空间站欧洲舱（哥伦布舱）的生产、总装车间，控制系统试验室、机加车间、模装间、用于全球星的小卫星总装测试中心等，与该公司空间部总裁维尔吉利奥先生进行了两次会谈，并出席了航天总公司与意大利阿莱尼亚公司、人民集团合作协议备忘录的签字仪式。

1994年9月12日，栾恩杰（左三）与俄罗斯宇航局进行合作项目洽谈

1998年以来，国家航天局作为主管航天的政府部门，承担中国航天的国际合作与交流的职能。栾恩杰代表国家航天局，本着“和平利用、平等互利、取长补短、共同发展”的原则，积极拓展与发展中国家的合作，巩固与欧洲国家的合作，不失时机地与美国等西方国家进行接触，与俄罗斯、欧洲空间局、亚太地区国家等几十个国家和国际组织开展航天合作，不仅形成了政府层面高层交流的渠道，还在航天技术层面上进行了广泛的接触和交流。栾恩杰担任国家航天局局长后，很快转换角色，从型号专家面向国际航天的舞台，站在广阔的国际舞台思考航天的国际合作的方向、路径，游刃有余地开展国际交流与合作事务。有几个国家的航天局局长都是军队司令员出身，与栾恩杰是同龄人，包括俄罗斯航天局局长也是1940年出生，按中国的属相来说两个人都属龙，年龄相仿、经历相近，很快建立了良好的合作关系。

罗格回忆说：

“1998年，我跟随栾主任一起来到新国防科工委（国家航天局）。在他带领下，国家航天局抓住了中俄合作的战略机遇期，继续与俄罗斯等国家保持良好的合作关系，开展了运载火箭技术、卫星有效载荷技术、探月卫星同位素电源、航天焊接技术等领域的合作。俄罗斯航天技术力量雄厚，技术也非常全面，我们从俄罗斯等国引进了航天牵引车、发动机等航天所需技术。

“中俄空间合作有着良好的基础和传统，双方在中俄航天合作的组织建设、规划建设和项目管理等三个方面不断取得进展。1999年8月，俄罗斯航天局局长高普切夫访问中国国家航天局，与栾局长深入讨论了中俄空间合作的长远问题。时任国务院总理朱镕基高度重视对俄罗斯开展民用航天合作，经国防科工委刘积斌主任提议，双方建立了中俄两国总理定期会晤委员会航天合作分委会，栾局长担任中俄航天合作委员会主席，我担任副主席兼秘书长。栾局长与高普切夫分别作为双方分委会的第一任主席共同主持了在北京举行的分委会第一次会议。双方就空间科学技术及其应用领域的合作达成原则性建议，并签署了会议纪要。中俄航天合作项目和领域不断扩大。国家航天局加强了对中俄合作项目实施完成情况的监督，确保了合作项目的顺利开展。为了加强对俄的合作，栾局长带领外事司向国务院提交申请专款的报告，第一期批复了3亿元，重点开展了一系列民用航天技术的合作，取得了丰硕成果。”

21世纪初，国防科工委组织召开了一次对俄合作成果展示会，国务院负责中俄合作事宜的吴仪副总理以及外交部、商务部领导都参加了。吴仪副总理参观了对俄合作成果后，很是高兴，连连称赞航天合作很有成效。

吴仪副总理在展会上询问栾恩杰等人：“你们还有什么要求？”当听到栾恩杰说合作还有很大的缺口、需要经费支持时，吴仪副总理当场拍板说：“一定给予支持。”经各方面协调论证，决定增加2亿元合作经费，对俄民用航天技术合作专款达到5亿元。由长城公司具体负责对俄技术引进、合作等具体工作，取得了很大成效，影响也很深远。

为了加强与俄罗斯的战略合作，栾恩杰提议建立对俄合作的国家航天局驻俄代表处，并授意罗格司长进行论证和积极争取。后来在孙来燕接任航天局局长期间，在外交部、中编办和国家的支持下，批准成立了驻俄罗斯的中国国家航天局代表处，这是一个司局级机构，设立在中国驻俄罗斯大使馆。罗格说，“在栾主任的指导和领导下，在孙来燕局长支持下，我们抓住了战略机遇期，成功地设立了我国驻俄的国家航天局代表处，与俄罗斯开展合作更加便利”。

中欧空间合作是改革开放后中国航天最早进行国际交流的领域。多年以来，中国航天与欧洲各国建立了良好的合作关系。2001年，栾恩杰作为中国国家航天局局长，在巴黎与欧洲空间局局长罗多达签署了《中国国家航天局与欧洲空间局开展双星计划合作的协议》。这项协议的签署，启动了第一个中国独立研制的卫星参与国际空间探测活动的重要工程。这是我国在科学技术领域直接参与的一项重要国际科学研究，也是中国空间科学走向世界的重要标志。目前，这项工程已经圆满完成，它不仅使我国了解了地球空间的环境现象及发生、发展机理，而且通过国际合作直接缩短了我国在空间探测方面与国际的差距。

中国加强与亚太区域空间合作，与亚太地区许多国家建立了空间合作关系，发起并与一些国家共同建立了亚太空间合作组织。最早发起建立亚太空间合作组织机制是在1992年，时任国家主席江泽

1996年11月，栾恩杰（中）在首届中国国际航空航天博览会上视察航天工业总公司展区

民出席了发起委员会会议，印度、日本等亚太区域的国家都参加。航天工业总公司外事司设有亚太合作办公室，罗格作为副司长在栾恩杰领导下开展了亚太空间合作等工作。

美国、欧洲等国，以及亚洲的一些国家都设立了国际组织总部。随着我国改革开放力度的加大，以及航天事业的发展，在中国建立航天国际组织总部具有重要意义。1998年以后，国家航天局在促进亚太区域航天合作方面做了大量工作，取得了丰硕的成果。

罗格说：

“国家航天局在中央领导的高度重视和关怀下，认真贯彻国家的外交方针政策，积极推进亚太空间合作组织的成立。栾主任亲自抓亚太空间合作组织总部落户中国这项重要工作。在他的积极努力下，在国家航天局成立了亚太空间合作筹备秘书处，任命我兼秘书长。当时，中国的航天影响力不够深远，面临的困难很多，去游说亚太国家响应这件事情很不容易。栾主任承担繁重的工作任务，脱不开身，因此他派我基本走遍了亚太区域的国家，逐一做工作，包括出访孟加拉国、巴基斯坦、伊朗、印度，以及南美洲的秘鲁、智利、巴西等国家。

“栾主任善于授权，敢于放手，2000年前后的这段时间成为中国航天对外合作的黄金时期。他很有远见，还很尊重下属的意见，他希望下属敢想、敢干、敢闯。如果没有国家层面的推动，没有他的领导和战略眼光，中国作为发展中国家，将国际组织总部落户中国很难实现。他千方百计创造条件支持我去做工作。有的国家需要多次沟通，有的国家要把相关国家大使层面或者国家航天局层面代表请到北京来，他亲自跟他们会谈交流，希望亚太区域的国家能够联合起来共同发展空间技术。经过1998年到2008年十年间的不懈努力，2008年，亚太空间合作组织终于落户中国，亚太区9个成员国签署了协议，另外还有三个观察员国家。”

在成立亚太空间合作组织过程中，出现了一个小插曲。1995年4月22日至26日，以栾恩杰为首的中国代表团一行24人到巴基斯坦伊斯兰堡参加第二届亚太地区空间技术与应用多边合作会议。由于印度和巴基斯坦两国关系复杂，印度不派代表参加此会。但印度知道中国航天已经为外星发射服务，中国运载火箭等空间技术都走到了前面，武器装备强于印度，因此特意邀请栾恩杰去印度访问。栾恩杰通过罗格转达，他说如果印度派人到巴基斯坦参会，他就去。北京方面马上与印度大使馆人员谈判，告诉印方，栾恩杰已到巴基斯坦，但是你们的人如果不参加巴基斯坦的会议，他是不高兴的。第二天，印度使馆的人就到巴基斯坦参加了这个会议。栾恩杰说："这是因为我国的航天技术强大了，印度重视我们的态度。"

此次亚太地区空间技术与应用多边合作会议，日本也派两位年轻人作为观察员参加在巴基斯坦的会议。栾恩杰认为，亚太地区空间技术与应用多边合作会议是中国主导的国际合作组织承办的，日本也在争取这个位置，可能在会上会有分歧，于是找他们谈话。在栾恩杰有理有据的沟通协调下，各方取得了完全一致的意见，在巴基斯坦召开的会议非常成功，通过了合作章程，明确了后续活动安排，为后来的亚太空间合作长期稳定发展定下了基调。

1994年4月，栾恩杰（右一）在钓鱼台国宾馆与巴西副外长费尔南多·雷伊斯（左一）就中巴空间合作举行会谈

亚太空间合作组织成立后，亚太合作小卫星以及亚太减灾卫星项目有条不紊地开展并开花结果，使亚太区域空间合作迈上一个新台阶。

在南南合作方面，我国与一些发展中国家先后建立了良好的空间合作关系。1988 年，中国和巴西两国政府正式签订合作协议，掀开了中巴地球资源卫星合作的序幕。1999 年 10 月 14 日，中巴地球资源卫星“01 星”（又称“资源一号”卫星）在中国太原卫星发射中心成功发射，结束了中巴两国长期单纯依赖国外对地观测卫星数据的历史。时任国家主席江泽民和巴西总统卡多佐互致贺信，江泽民主席称赞中巴合作是“南南合作的典范”。

此后，中巴共同研制了“02”“02B”资源卫星。在“02B”资源卫星发射成功后，如何使双方的技术合作稳定走下去，栾恩杰起到至关重要的作用。他与外事司同事说：“国际航天合作要有成效，要多交朋友，广交朋友。”为促进中巴进一步合作，2000 年 4 月，栾恩杰应巴西航天局的邀请，率团访问巴西，与巴西科技部和航天局就中巴资源卫星后续星合作事项进行了广泛深入的讨论，确定由双方专家组论证后续星方案，并建议签署两国政府联合研制协议等事项。

迄今为止，中巴两国共同研制的资源卫星已达 6 颗。卫星数据广泛应用于两国农业、林业、水利、国土资源、环保和防灾减灾等行业，为拉美、美洲、东盟等地区的诸多发展中国家提供了遥感卫星数据。30 多年来，中国和巴西共同打造了享誉全球的中巴地球资源卫星品牌。

中国航天对外空间合作取得了丰硕成果，在世界上产生了良好的影响，一些发展中国家纷纷探讨与中国开展空间合作事宜。2000 年，智利空间局局长访问中国，并与中国签订了空间局合作协议。2002 年，秘鲁空间局局长访华，与中国国家航天局签订了两国空间合作备忘录。其他一些发展中国家也正在探讨与中国在航天领域开展合作的可能性。

栾恩杰说：“总的来看，在新国家航天局成立后的 8 年时间里，我们在航天国际合作方面取得了一定成绩，这首先要归功于国家改革开放和经济发展为航天对外合作提供的良好环境，使航天能够以开放的形象走向世界；其次是我们制定了和平利用、平等互利、取长补短、共同发展等正确的合作原则；第三是中国航天已经具备在这一领域开展合作的实力，任何真正的高科技国际合作都以实力为背景，没有充分的技术经济实力，要进行航天合作会十分困难。另外，我们有一批特别能战斗的同志，国际合作司司长罗格和全体同志为扩大航天对外交流付出了辛勤的劳动，做了大量工作。”

栾恩杰在中巴资源卫星交付使用两周年应用成果汇报会上

十一、谋基思远，前瞻引领

国防科技工业是国家战略性产业，是国家安全和国防建设的脊梁，性质特殊、使命特殊、责任特殊。栾恩杰在国防科技工业基础科学研究、管理科学研究、重大工程、重要课题研究等方面都有自己独到的见解。他从事过许多重大工程，对国防工业重大工程对科技发展的创新牵引作用有深刻认识，他撰写了《工程与科学技术的关系——论工程在创新驱动发展中的作用和意义》《国家重大工程是科技进步的牵引力——再论工程技术科学的关系》等文章，深入阐述了工程和科学技术的关系，以及工程在创新驱动发展中的重要作用。

栾恩杰说：

“有些同志往往承认或自然默许‘科技发展才是创新的动力’这个结构性的因果关系，但现实情况，特别是对于我们工程师而言，我们的责任往往是完成一项可以实现的在现实或未来具有实际应用价值的一项具体的工程任务，它更急迫需要的是解决面临或面对的技术问题的攻关、挑战，而这些攻关和挑战的目的性和指向性是比较清晰明确的，这类创新我们往往归纳入‘应用基础性’‘技术专利性’‘跨学科技术集成性’的创新。习主席在两院院士大会上特别指出‘基础研究更要应用牵引、突破瓶颈，从经济社会发展和国家安全面临的实际问题中凝练科学问题，弄通‘卡脖子’技术的基础理论和原理’。

“我们以航天为例，试想如果没有月球探测工程的需求牵引，哪里会有空间环境测试的实践可能；如果没有对月表物质分布探测课题的需要和‘嫦娥一号’微波探测与技术的实现，哪里会有‘微波月球’这一概念和成果的产生，怎么会有全部引用我国月球探测数据的普及月球知识的教科书。如果没有‘嫦娥五号’任务的带动，哪里会有中国人独立自主的地外天体采样，也不会有以哈工大邓宗全院士团队的月岩钻取成果的产生，其自动地质钻探、自主取样封装、样品的自动转移密封，都是对我国地外天体机械装置的理论和实践，都是科技创新的成果。正如‘嫦娥五号’工程总设计师胡浩研究员对‘嫦娥五号’获取 1731 克月球土壤样本时的解读说，‘这 1731 克样本的科技成果是研制人员经过 17 年的努力奋斗、全面实现绕、落、回三大目标（三个阶段）任务，而且每次任务都是一次完成且圆满成功而取得的’。

"这种例子不胜枚举。美国的曼哈顿计划、阿波罗计划、信息高速公路计划、里根的太空站计划，也是以工程牵引科技创新的范例。正如邓小平同志所说，中国如果没有搞'两弹一星'，我们在世界上就没有地位，就没有话语权。

"在国家'十一五'发展规划制定时，国防科工委是启动最早的部委，在国务院部署各行业形成创新工程的会议上，我们第一个交出了'百万级核电站、大推力火箭、大型民机、月球探测工程'等10个项目清单，受到国务院有关部门的关注，也是最早被国家认可批复的16个重大专项的主要内容。"

2023年4月，中央机关的方忆平副局长在"读栾恩杰院士《泊然思絮》[①]述感"中说："建设航天强国是栾恩杰院士作为战略科学家思考的重大课题。院士提出把握航天发展形势是研究'趋势'的依据，战略目标应分解并逐项可实现、可检查、可评估、可评价。致广大而尽精微，这都是栾院士在对国内国外航天发展历史情况充分分析基础上提出的，显示了曾任国防科工委副主任兼国家航天局局长所具有的宽广视野和求真务实而又超前的科学思维，给予我们这些从事航天宏观管理的同志以全面启发和引导。"

党中央十分关怀国防科技工业的发展，安排专题政治局会议，由国防科工委和总装备部组织汇报提纲。2004年7月24日，中央政治局进行了第十五次集体学习，时任中共中央总书记胡锦涛主持会议。中央政治局此次安排的主题是坚持国防建设和经济建设协调发展的方针。栾恩杰作为国防科工委专家咨询委员会的研究员与总装备部科技委员会郭桂蓉教授一起为中央政治局的领导进行讲课，他重点讲授了国防科技工业作为国家战略威慑力量的重要性。

栾恩杰回忆说："那个时候，我有幸向中央政治局作汇报，由我和原总装备部的郭院士两个人给政治局讲课，我们把美国将'国

① 《泊然思絮》是栾恩杰2022年出版的论文选编。方忆平的此篇文章发表于《国防科技工业》杂志。

防工业’作为战略大三角之一的战略改革动向向政治局作了汇报。我讲的是国防科技工业的发展和它的历史地位、现实的作用。在讲课前，国防科工委组织了一些专家做了精心准备。讲课时间虽然只有15分钟，但是为了及时顺畅地回答中央领导提出的问题，我准备了很厚的备查材料。凡是可能被问到的问题，我都准备好了答辩词。中央政治局委员们都有很高的专业水平，往往是一位委员提出问题，另一位委员立即进行解答。会场讨论热烈，这一幕令我难忘。”

国防试验与测试技术贯穿于装备方案论证、设计、研制、生产制造、使用保障等全寿命周期阶段，已成为保障现代武器装备系统实现先进性能的重要环节，是科学评估装备性能水平的重要手段。栾恩杰非常重视国防科技工业试验与测试技术的发展，提出要加强试验技术研究，建议依托于1991年成立的中国计算机自动测量与控制技术协会，成立专家支持咨询机构。科技与质量司正式把其名称定义为“国防基础科研计划试验与测试技术专家组”。航天测控公司副总经理、总工程师孟汉城成为这个专家组的首批成员、顾问。

2012年8月，栾恩杰参加中国遥感应用协会常务理事会中心组会议

孟汉城回忆说：

“国防基础科研计划试验与测试技术专家组结合国防科技工业关于‘强化基础、提高能力、军民结合、跨越发展’的基础能力战略，促进了国防科技工业试验与测试技术发展和创新。为贯彻落实国家科技发展规划精神，在栾主任的积极推动下，国防科工局科技与质量司加强指导，各军工集团部门大力支持，中国计算机自动测量与控制技术协会精心组织试验与测试技术交流研讨工作，到 2022 年，已联合举办了八届高层论坛。虽然每次论坛宗旨有所不同，但主题鲜明，始终围绕国防工业试验与测试技术发展方向、国防科技工业发展战略需求，并结合国防工业科研项目进行研讨。我国试验与测试领域专家积极参与高层论坛，对国防工业试验与测试技术领域的发展产生了重要影响，并取得了重要成果。

“在栾主任倡议下，国防科工局科技与质量司及时、准确地把握试验与测试技术发展方向，有效地组织了虚实结合的虚拟试验技术研究项目，组织制定了大型试验和共性试验技术规划，科学系统地推动了试验技术发展。

“国防试验与测试技术五年规划是未来五年工作的指引，具有战略性、宏观性、政策性，意义重大。栾主任高度重视国防试验与测试技术五年规划的制定，要求规划的内容要体现基础性、体系性、系统性、前瞻性。在他的指导下，我执笔撰写了从‘七五’到‘十二五’的国防科技工业试验与测试技术发展规划。他具有国际视野，积极鼓励专家组成员参加国际测试技术会议，加强与欧洲，包括波兰、俄罗斯等国家的交流合作，取得了可喜的成果。”

当今时代，遥感技术广泛应用，从地面到空中，乃至空间，成为获取地球资源与环境信息的重要手段。栾恩杰担任中国遥感应用协会理事长期间，积极探索航天服务国计民生的更多途径。他不仅研究遥感技术、关心中国遥感技术的发展，更重视遥感技术的应用。他认为，中国遥感技术已迈入世界先进行列，遥感应用已步入黄金期，遥感已无处不在，遥感将大有作为。

自 1988 年“风云一号 A”星成功发射以来，我国应用遥感和遥感应用事业经过数十年的发展已具规模。目前，在轨运行的气象卫星、海洋卫星、资源卫星等遥感卫星数量持续增加，种类不断丰富，栾恩杰对此有丰厚的知识储备，积极为中国遥感应用研究建言献策，提出了技术要创新、数据管理要有序、标准体系要建立、空间信息产业市场商业模式要摸索等建议。

十二、修典筑基，传播文化

进入新千年，栾恩杰牵头做了一件大事，那就是组织编写《国防科技名词大典》。

栾恩杰回忆说：

“2000 年，在筹划国防科技工业发展战略过程中，我们做了一件很重要的事情，组织当时专家咨询委员会（科技委前身）的 3000 余位院士专家、学者编撰了第一部反映我国国防工业理论、技术、工艺、工程水平的《国防科技名词大典》（七卷）。一般来说，盛世修典，明朝的《永乐大典》就是在盛世推出的大典。进入新世纪，我国改革开放取得了很大成就，社会在进步，经济在发展，我们眼界打开了，已经开始用中国的眼睛看世界、世界的眼睛看中国。我记得朱镕基总理说，世界上最安全的地方是中国。

“我分管科技与质量司。科技与质量司有一项任务，就是出国防科技专业书、出标准，这也是我们国防人应该做的一件事情。《国防科技名词大典》这个名字是我起的，有人质疑说，叫‘大典’是不是不合适？是不是该叫‘名词手册、名词词典’，我说都不够大气，因为它表达不了盛世。我说就叫‘大典’，这套书由国防科工委主编，就要出大典，而不是‘中典’‘小典’。

“新中国成立以来国防建设取得了举世瞩目的成就，我们航空、航天、船舶、兵器、核能、电子发展到今天，我们有能力、有资格总结国防科学技术取得的成就，归纳概念，提炼名词术语，编纂涵盖面广的国防科技名词大典。在全系统动员以后，得到了各行业专家百分之百的响应，大家热情很高，认为这是新国防科工委做的一件大好事。”

2000 年 3 月 7 日，栾恩杰被聘为《国防科技名词大典》总编审委员会主任、总编辑委员会总主编。在他的主持下，以原国务委员、两院院士、时任全国政协副主席、中国工程院院长宋健为顾问，争取了核能、航天、航空、船舶、兵器、电子等行业的大力支持，组织了全行业 3000 多人，包括几百名获得了国家重大科技奖励的院士参与编写，七个分册分别由七个专家团队负责编写。为确保修典的严肃性，栾恩杰规定编写的标准和要求，每一个条目都署上作者、校对者、审核者姓名，明确每个参与人都是责任人，每个条目要在符合保密要求的前提下经得起所有专家对条目质量的考核。

《国防科技名词大典》参加人数多、出书速度快、出版水平高，参加编写的广大专家、学者迅速收集整理、总结提炼、审核校对国内外国防科技名词术语，仅用两年时间就完成了编撰出版任务。栾恩杰说：“《国防科技名词大典》（七卷）这套书是集体智慧的结晶，是我国国防科技工程能力的大检阅，是我国国防工业技术成熟度的大展示。”

宋健同志给予了很高的评价，并专门为大典写前言，说这是新中国成立以来共产党领导国防科技工业的一个重大成果、一个标志、一个能力的展示。他在该套丛书序言中写道：“21 世纪将是中国人民创造辉煌时代的新时期，实施科教兴国战略，实现科技强国、科技强军的目标，我们任重道远。20 世纪下半叶以来，科学技术突飞猛进，新概念、新成就、新技术、新方法层出不穷，在这种情况下，加强技术基础建设，为今后技术创新、学术和技术交流与合作，创造更好的条件是一项重要任务。”

时任国防科工委主任刘积斌同志在《国防科技名词大典》前言里写道：“大典具有权威性、系统性、实用性特点，它凝聚了我国科技工业知名专家学者的集体智慧，是国防科技工业技术基础工作的一项重要成果，必将推动我国国防科技工业在新世纪更快发展。”

2002 年 1 月，《国防科技名词大典》由原子能出版社出版发行。这套我国第一部集国防科技工业各领域专业名词术语于一体的大型专业工具书包括综合、核能、航天、航空、船舶、兵器、电子 7 卷，全书共收词 20000 余条、彩色图表 6000 余幅，近 1200 万字，既可以作为科普用书，还可以作为国防科技工业、军队有关单位和其他相关行业的科技、管理人员及院校师生的工具书。正式出版后，读者夸赞说“做得好”，栾恩杰也很满意。2003 年 12 月，该套书荣获国防科学技术奖一等奖，成为经典之作。

如果说《国防科技名词大典》是为技术干部编写的系列书籍，而《国防科技知识普及丛书》则是写给孩子们的科普图书，这也是栾恩杰牵头做的另一件大事。

1998 年 3 月，为了让包括孩子们在内的读者了解国防科技知识，刚到国防科工委不久的栾恩杰立即组织团队编写图文并茂的《国防科技知识普及丛书》，他提出了对丛书内容的基本要求，即让孩子们愿意读并能从中受益。

提到《国防科技知识普及丛书》编写的初衷时，栾恩杰回忆说：

“20 多年前，那个时候我还年轻一些，总想多干一些事。科技与质量司归我管，我跟他们说，咱们都是干事的，干事人人都会，干出成果就不容易了。你们要多做国防科普教育，干出成果。第一步咱们先给孩子写文章。于是，启动针对青少年的科普读物——《国防科技知识普及丛书》的编写工作。科技与质量司部署后，先收集科普题目并列出清单，提出问题。我组织大家先从问题入手，先看内容到什么程度能达到通俗易懂，因为是写给孩子们的，一定要做到科普语言和科技术语相结合，要图文并茂。

“比如，我是学陀螺的，我知道它的发展历史。中国讲陀螺仪，一定要讲中国的‘卡尔登环’，‘卡尔登环’其实是外国人的叫法。陀螺仪最关键的，加工最难做的，除了转子以外，就是‘卡尔登环’。实际上中国唐朝就有‘卡尔登环’。那时候叫怀炉，就是放在怀里面的炉子，还有放在被窝里暖被用的烧炭的火炉，人躺着可以抱着，炉子却始终是地平的，你怎么折腾它都是平的，不会烧着衣服。恰巧我有一次出差到上海，在城隍庙看到了一个‘卡尔登环’，就是唐朝的暖炉。我非常惊喜，打开炉盖一看，里面的炉子都在，晃晃也不动，花了几十块钱买回来了，可惜搬家后就不见了，现在要买这个炉子已经买不到了。所以陀螺仪这个概念，我就说它不叫‘卡尔登环’，中国人取暖炉相当于现在的陀螺仪的环，咱们中国老祖宗就有，这不就是科普吗？”

栾恩杰认为，现在市面上有些科普书籍把科幻当科普，有个别的科幻书籍充满迷信色彩，违背科学发展观，害人不浅，对这种书籍要坚决抵制，因此编制这样一套科学性、知识性强的科普丛书，对正确认识当前复杂、多变的国际形势，了解我国国防科技工业取得的成就、提高国防科技水平、加强国防科技工业建设、坚定不移地增强国防实力意义十分重大。

1999 年 9 月，丛书组织编写完成。丛书编写过程中，航天科技集团七〇八所所长郭瑞霞给予了大力支持，栾恩杰逐字、逐词、逐句、逐页进行修改和审阅，与编写者充分交流修改意见。该丛书由航空工业出版社出版，包括《核能》《兵器》《航空》《航天》《舰船》共五册。丛书一经正式出版发行，就受到了广大读者的欢迎。2000 年，该套丛书获得全国科普一等奖。

为加大世界空间活动宣传推广力度，国防科工委组织开展了世界空间周的系列活动。2000 年，中国响应联合国的号召，举办了第一届世界空间周活动，栾恩杰作为总负责，策划组织了系列活动，无论是活动的内容还是参与的范围都是空前的，形成了在整个社会宣传航天、展示航天发展成果的氛围。栾恩杰授意国防科工委外事司司长罗格做主编，出版了航天科普图书。罗格推辞说还是栾恩杰做主编比较好，栾恩杰没有同意，坚持让罗格做主编。世界空间周期间，利用《人民日报》《光明日报》《文汇报》《中国航天报》等媒体资源举办全国航天科普竞赛，在几大报纸上每天出一百道题。这次竞赛参与面广，甚至改变了一些学生的人生走向。这六位获奖学生面临高考，都报考了航天类大学。

与此同时，在军事博物馆举办了中国航天科技展，纪念首届世界空间周活动，中央政治局常委、全国政协主席李瑞环率全国政协和部委领导同志参观展览。运载火箭、返回舱 1 : 1 的模型摆在军事博物馆展厅内，这是前所未有的。世界空间周活动同时在西安交通大学、上海交通大学、哈尔滨工业大学、北京航空航天大学举办活动，展览结束之后的展品全部捐赠给哈尔滨工业大学。世界空间周期间组织的科普活动在全国的影响很大。

1970 年 4 月 24 日，中国第一颗人造卫星——“东方红一号”卫星发射成功，这是中国航天历史上的标志性事件。2000 年，“东方红一号”卫星发射成功 30 周年，时任国防科工委外事司司长的罗格向栾恩杰提出建议举办 30 周年庆祝会。栾恩杰听到这个提议后非常高兴，马上拍板，让罗格负责组织这项活动。后来，在京西宾馆礼堂成功召开了庆祝会，江泽民总书记发来贺信，中央政治局委员、国务院副总理吴邦国代表中央到会致辞，对这项活动给予很高评价。

2006 年 5 月 26 日，中国科学技术协会“七大”以无记名投票方式产生了新一届领导机构，栾恩杰被选为中国科协第七届全国委员会副主席。2008 年 3 月 15 日，他被任命为中国人民政治协商会议第十一届全国委员会教科文卫体委员会副主任，在此期间，他不遗余力地推动科普工作。2011 年 3 月，在全国政协第十一届代表大会第四次会议期间，他提出“关于在国家重点计划中加强科技传播的力度”的提案。提案中针对中国科协开展的“中国公民科学素养调查”情况，指出根据调查分析，当时在科普方面存在的主要问题是科普资源少、共享还不够、投入少、渠道单一等问题。为此，他提出要在国家科技工程计划、重点专项中将科普资源研发和共享列入相关计划专项中，应安排一定经费比例予以支持相关的科普工作实施；国家重大任务中，特别是与民生相关的项目，在任务书或合同书中应将科普列入考核目标之一，在完成验收报告的同时，应采用易于公众接受的方式把科研成果作为科普书籍予以出版发行；承担国家重点任务的项目负责人和首席科学家有责任、有义务将非涉密的研究进展及结果向学术共同体进行报告，以带动本领域的科学发展。

为了加大空间科普宣传力度，栾恩杰经常鼓励身边的同志们推出科普书籍。2020 年，在栾恩杰鼓励下，罗格主编出版了《感知地球》。罗格说：“近几年，栾主任让我接任遥感应用协会会长的职务，并让我出三本空间方面的科普图书，即《遥感并不神秘》《遥感就在身边》《遥感大有作为》，我才完成了一本。对科普这件事他始终很重视，抓到点子上，非常难得。”

2023 年 6 月，由栾恩杰主笔的“院士解锁中国科技”丛书的航天卷《飞天神器逐梦太空》正式出版。“院士解锁中国科技”丛书是由院士牵头创作的科普图书。栾恩杰是航天卷的主笔人。他在该书中用通俗易懂的语言讲述了我国在航天强国、空间技术、空间应用等方面作出的突出贡献，精心挑选出知识趣味和意义兼具的篇章主题，内容涉及我国航天发展历程、国防建设、航天运输系统、测控技术、卫星应用、载人航天、空间环境科学实验、空间环境治理等方面的新发展和新成果。在介绍航天知识的过程中，还穿插讲述航天各领域院士带领科研人员默默耕耘、不懈探索的故事，使读者了解和感受这些航天成就中蕴含的科学家精神和航天精神，更加全面地展现出新时代中国航天人的精神风貌。

中华民族有着优秀的文化传统，五千年中华民族发展的文明史，也是一部中华民族发展的文化史，中国航天文化是中华优秀传统文化的重要组成部分，它与航天事业共生、与航天历史共进，与时代同步发展。2000 年，栾恩杰提议编撰《中国航天文化》。在他的积极倡导下，由航天机电集团二院党委书记、航天科研管理研究会理事长谈凤奎任主编，航天科研管理研究会秘书处承担了该书的编写组织工作。2001 年，该书正式出版发行，对传播航天文化理论与实践，以及宣传航天文化建设成果起到了积极作用。

栾恩杰说：

“航天人在艰苦的条件下为什么能够创造辉煌的业绩？我想，航天人所具有的深厚文化底蕴和人文精神，特别是以‘自力更生、艰苦奋斗、大力协同、无私奉献、严谨务实、勇于攀登’为内核的航天精神文化是极其重要的支撑点。‘新竹高于旧竹枝，全凭老干来扶持’。航天事业的发展离不开党中央的领导，离不开长期奋战在一线的老专家和年轻一代业务骨干，离不开航天精神和文化。我一直有一个愿望，就是老一代航天人在言传身教的同时，能够给新一代航天人留下一些经过凝练、经过实践检验的宝贵文化遗产，在新时期发扬光大，启迪后人，以此回报中央领导集体对中国航天科技工业的关怀，回报老一代航天人对航天工业的奉献，并展现当代航天人的精神风貌和工作面貌。这应该就是我们做这件事的出发点和最终目标了。

“回顾我国航天事业四十余年的发展历程，有必要进行认真总结，升华到航天文化的高度，推陈出新，在航天队伍建设这一根本性问题上把握先机，适应新形势下航天事业发展的需要。中国航天事业的发展步伐很快，从价值观、航天精神、航天制度、行为规范和航天形象等方面可以挖掘出中国航天文化的丰富内涵，可以进一步推动航天事业的高质量发展。”

在长期的国防科研生产实践中，国防科技工业形成了以“两弹一星”精神和“载人航天”精神为代表的军工文化。为加强军工队伍质量意识的培养、引入航天工业推进先进质量文化的经验、总结和推进国防科技工业先进的质量文化和质量可靠性工程方法，栾恩杰提议组织编写并审定印发《军工质量文化手册》，传播先进军工质量文化，从思想和文化等层面为军工产品和武器装备科研生产服务。2007年，国防科工委以军工质量文化建设为着力点，印发了《关于加强军工文化建设的指导意见》，号召国防军工系统弘扬“两弹一星”精神、“载人航天”精神为代表的爱国主义、集体主义、社会主义和革命英雄主义的文化，发挥先进军工文化在国防科技工业建设中的作用，促进国防事业的健康发展。栾恩杰说：“坚定航天文化、军工文化自信，为航天强国建设、国防建设注入强大精神力量，这是我们的责任。”

第九章

助力神舟渡天河

2003年10月，中国首次载人航天飞行任务取得圆满成功，标志着中国航天技术和国防科技取得了新的重大突破，实现了新的历史性跨越。栾恩杰担任首次载人航天工程的副总指挥，参与了中国载人航天事业从起步到实现首次载人航天成功的过程，并且发挥了重要作用。

一、副总指挥，抓点带面

载人航天是20世纪60年代人类航天事业发展的重大成就，人类从首次进入太空到实现载人登月只用了8年时间。受当时世界载人航天热潮的影响，中国很早就开始了载人航天的探索，组织制订《“714”载人航天计划》，提出研制“曙光”号载人飞船等任务。计划执行期间，第七机械工业部在飞船设计、结构实验、宇航员选拔训练、航天医学等领域取得了一些成果。

“863计划”实施后，国防科工委等单位对中国航天技术的长远发展进行了研究和规划。在载人航天领域，对空间站、航天飞机以及载人飞船进行了广泛的研究和论证。

1992年9月21日，中央政治局扩大会议正式批准中国载人航天工程立项实施，并确立了我国载人航天的“三步走”的发展战略。

栾恩杰说：

“这个批复对中国航天人来说是一个巨大的鼓舞，是我国科技发展史上的重大事件，是祖国对中国航天事业的期盼和重托，载人航天工程是至今仍然只有世界大国才能进行的重大科技行动。中国人在毛泽东主席时代决策开展‘两弹一星’工程和‘我们也要搞人造卫星’的号令下，走过了36年的路程。就载人航天工程而言，既是我们的梦想，也是祖国科技发展和航天事业进步的必经之路。

“2020年底，我参加会议的时候见到刘纪原同志。我跟纪原说，我接到了撰写载人航天回忆文章的通知。通过对中国载人航天发展历程的梳理，我认为中国的载人航天应该从提出‘两抓一突破’时候开始。20世纪80年代末90年代初期，我在航空航天工业部（1993年改名为航天工业总公司）工作，以刘纪原为总经理的航天领导班子在党组会上针对国际发展趋势和国内改革发展需求，明确地提出‘两抓一突破’的目标。‘两抓’就是抓应用卫星和卫星应用，抓航天基础建设和技术改造；‘一突破’，就是突破载人航天技术。这在中国航天发展历程中是非常重要且具有远见卓识的分析和研究的结果。那个时候，我们中国航天人已经开始了载人航天工程技术最基础的研究。

“在党中央、国务院、中央军委的直接领导下，‘两抓一突破’的战略规划顺利实施，首先取得了以发射澳星为标志的‘长二捆’运载火箭这一战役的重大成果。中国航天人发挥党的领导、社会主义制度、举国体制这一优势，航空航天工业部党组正确领导，航天战线全体职工艰苦奋斗，在澳星合同中18个月拿下‘长二捆’。中国火箭技术研究院的同志们在全国大协作的举国体制下，精益求精，不负众望，兑现了诺言，实现了目标。

“如果没有‘长二捆’的成功，就不会有‘长二捆F’载人型火箭的出现，更不会有1992年9月21日中央的批复。在‘两弹一星’基础上，中国进一步完善并发展出系列运载火箭，推进科学卫星、应用卫星的系列化发展，产生了强大的社会效益和经济效益。正是因为有了运载火箭提供了‘飞天’的基础能力，才有了载人航天工程的实施；正是有了载人航天工程的确立，才更进一步推动了后续一系列相关技术突破和条件建设的实施。

“1994年，载人飞船被命名为‘神舟’号。当年中国载人航天工程给载人飞船命名颇费周折，经过广泛征求意见，最终命名为

‘神舟’号。这个命名含义是神奇的天河之舟，同时又是‘神州’的谐音，寓意着神州大地的腾飞、中国的腾飞。1999年11月20日6时30分，在酒泉卫星发射中心，‘长征二号F’运载火箭托举‘神舟一号’飞船成功发射升空。”

参加航天重大工程专题研讨的栾恩杰

载人航天工程启动和进入方案设计阶段之时正值国防科技工业的管理体制发生重大调整的时期。栾恩杰作为国防科工委方面的负责人参加指挥部工作，并担任副总指挥。

回顾作为载人航天副总指挥期间所做的工作，栾恩杰很有感触地说：“这是我从事航天工业以来最重大的一项工程任务，深感幸运，而且时任工程总指挥和我是哈工大老校友，王礼恒[①]和江绵恒两位副总指挥亦是相应领域的知名专家。载人航天组织体系中，国防科工委是副总指挥单位，都有各自的任务。受国防科工委的任命，我参加国家首次载人航天这一重大工程，这是党中央、国务院对载人航天工程的重视和国防科技工业委员会代表中央国家机关参与工程的一个部署。我担负的职责就是负责火箭的研制、建设、实验、管理工作中涉及的军工集团的配套管理、组织协调工作。我感到责任重大，要站好我的位置，要给自己定一个工作的边界，凡属国防科技工业业务管理范畴的有关载人航天工程的问题，我都要担当起来，不能推、不能拖。”

① 王礼恒担任副总指挥之前为刘纪原副总指挥。

“国防科技工业的所有行业，包括‘轻、纺、建、色、化、机、冶、科、教、电’，都是配套的。国防科工委管理全国大配套，国务院的全国配套办公室就设在国防科工委。一旦配套发生问题，如果材料供不了，都要及时反馈、迅速处理。如果兵器的火工品出事，或者是出海的船满足不了航天要求，国防科工委就要负责，然后去协调责任单位。”

研制高可靠性的载人运载火箭，是工程任务成功的关键。在发射载人任务前，必须进行不少于 4 次的同状态实际飞行试验。栾恩杰按照工程总体要求，有序推进，在实施过程中加强调研，帮助协调解决配套问题，确保飞船成功发射。

到 2002 年 12 月，4 次无人试验飞船相继发射试验成功，为载人航天飞行奠定了坚实基础。4 次非载人飞行试验的成功不仅对飞船系统、运载火箭系统、返回着陆系统、测控系统进行了全面考核，同时还开展了大量空间科学实验，验证了中国神舟飞船在安全性、可靠性方面处于世界领先地位。在此期间，国防军工行业配套管理日益成熟，栾恩杰参加了飞船的每一次飞行试验，对每一次无人飞船的成功发射都欣喜万分。

为了确保首飞成功，指挥部责成各有关单位对出发段可能出现的危害性的问题进行应急处理，“长二捆”的载人型“长二 F”因而增加了紧急逃生系统，这些新技术的突破是我国航天领域技术专家共同奋斗的结果。为了使“长二 F”的研制得到有效保障，栾恩杰和国防科工委有关司局及时反应、协同推进、全力保障、积极配合。

2001 年，栾恩杰曾分别陪同朱镕基总理和吴仪副总理赴俄罗斯参加会议，并两次参观考察俄罗斯加加林航天中心。

在俄罗斯加加林航天中心参观载人飞船的 1∶1 模拟舱时，朱总理和陪同的俄罗斯航天局领导在模拟舱内集体照相，朱总理看到栾恩杰站在记者旁边，特意让他站到他们身边。由于空间狭窄，大家挨得很近，记者拍下了在俄罗斯载人飞船模拟舱的中俄两国代表团

2001 年 1 月，栾恩杰在“神州二号”飞船成功发射后讲话

的合影。从朱总理喜悦的神态中，栾恩杰体会到中国的载人航天事业必须尽快实现，让我们国家的总理能以一位具有载人航天能力的总理身份出现在国际大家庭中，正如毛主席所说：“要自立于世界民族之林。”

在参观载人航天模拟航天员失重状态活动能力的大水池旁，吴仪副总理关切地问：“我们国家现在有这种设施吗？”栾恩杰说：“建设大水池没有太多的技术问题，但试验用的活动用服、各种传感器，还需要设计，目前尚没有建成这类装置。”这引起了吴副总理的重视，她专门听取了国防科工委关于载人航天工程技术和装备准备工作的汇报，并亲自部署了相关项目。

接下来的重大挑战是载人飞船。我国按照“船、室、站”三步走之路开展载人航天工程。栾恩杰记得首次研讨“突破载人航天”这一课题是航空航天工业部副部长刘纪原在南戴河主持召开的工作会上，关于运载和飞船及发展规划的多篇报告上会研讨。“船、室、站”三步棋存在过争议，其争议的要害主要是我国有无必要独立地建造空间站的问题，因为空间站规模大、维持运行的费用太高。在国际空间站的合作模式下，美国都难以单独维持，我国在独立建造空间站的必要性和紧迫性这个问题上是有争议的。

建造空间站和建成国家太空实验室，是实现我国载人航天工程“三步走”战略的重要目标，是建设科技强国、航天强国的重要引领性工程。栾恩杰说：“建造空间站何其艰难，它标注着中国航天的新高度，特别是国际形势在美国操控下，一再对中国进行经济和技术封锁，但从另一个方面也促进了我们下定自力更生建造中国空间站的决心。”

“神舟”飞船的研制极其复杂。栾恩杰回忆说：

“载人飞船的关键技术不是过去卫星技术的复用，而是全新的飞行器的设计，要在已经成熟的卫星平台技术基础上解决飞船的可靠密封结构和保障航天员正常生存的生命保障系统，在有限空间系统内，要确保航天员具有一定的活动空间和对飞船某些过程、状态的控制，飞船与地面的通信系统（图像传输、语音传输）要保持可视段安全可靠的运行。美、俄载人航天活动的经验和教训是我们进行飞船设计的极好对照。

“飞船的返回是载人航天系统设计的一大挑战。我翻阅了国外已经发布的载人飞船故障案例，在我看到的案例中，80% ~ 90% 的故障都是由于人工手动完成操控动作造成的。据此，在指挥部的会议上，我不止一次讲述了这个观点，后来在具体方案的实施计划中得到了落实。”

“神舟”号载人飞船是举国体制下大协作的结果。放眼全国，载人航天工程除多个直接研制单位外，还有多个协作单位，带动众多学科领域齐头并进。载人航天工程首飞首胜，成为中国高科技事业实现跨越发展的标志之一，同时也是中国航天史上重要的里程碑。

二、飞船失事，引发思考

2003年2月1日，在中国如火如荼地开展载人航天工程时，美国“哥伦比亚”号在着陆前16分钟因出现技术问题而最终解体，航天飞机所载7名航天员同时遇难。

当天晚上，栾恩杰听到美国“哥伦比亚”号失事的消息，感到非常震惊和悲痛，震惊于人类探索宇宙空间的艰苦历程又遭受一次重大损失，悲痛于7位探索太空的英雄同时遇难。

2月2日，栾恩杰代表中国国家航天局致信美国国家航天局局长奥基弗先生，表达对此事的关注、悲痛和慰问。

栾恩杰回忆说：

“此次航天飞机失事再次说明人类走出地球、探索宇宙空间的航天之路是漫长而曲折的，需要付出巨大的努力乃至重大的牺牲，但也更加激发了世界各国发展航天事业的决心，使人类更加坚定地朝着既定的目标前进。中国航天作为世界航天的一个重要组成部分，更要从此次失事中深刻体会载人航天飞行责任的重大。

“这次事故的原因是什么？它对世界航天业和我国航天活动有何影响？这些问题成为国际最关注的焦点话题。我专门在国防科工委机关人员的会上针对这些问题作过一次专题报告。我在报告中详细讲述了搜集到的资料以及分析的情况。美国一共制造出5架工程任务实用型航天飞机，共飞行113次。按其首飞的时间为序，分别为‘哥伦比亚’号、‘挑战者’号、‘发现’号、‘亚特兰蒂斯’号和‘奋进’号，其中‘挑战者’号已经失事。

“‘哥伦比亚’号是美国5架航天飞机中第一架正式飞行的，也是航天飞机的开山之作，一共飞行了 28 次。机舱长 18 米，能载运 36 吨重的货物。2003 年 1 月 16 日从肯尼迪航天中心发射升空，在轨道飞行 16 天，进行了 80 余项科学试验，取得很大收获，特别是我国少年设计的‘蚕在太空吐丝结茧’试验，引起了中国航天界的关注。原定在美国东部时间 2 月 1 日上午返回肯尼迪航天中心的‘哥伦比亚’号航天飞机，计划着陆时间为 9 时 16 分，当时国际宇航界的同仁，包括我们国内航天界都没有把该航天飞机返回当成一件重大事件。因为此时该航天飞机已经飞行 22 个年头，平均每年 5 次飞行，每架飞行为 1 架次 / 每年，但往往突发事件就发生在‘突发’上。在‘哥伦比亚’号完成任务、重返地球的过程中，航天飞机突然解体，机上 7 名航天员遇难。载人航天活动是人类征服宇宙活动中的一项‘高风险工程’这一命题再一次摆在参与研制人员的面前。

“航天飞机具有能够反复使用、降低成本并且赢得时间等特点，可以多次使用的天地往返运输系统是航天领域的一个重要发展方向。美国作为航天技术非常先进的国家，在航天飞机研制和使用过程当中投入了大量的人力物力。我通过对现有的公开材料进行整理，收集到‘哥伦比亚’号失事的原因有防热瓦掉落碰撞说、再入倾角偏差说、被不明物体击中说、疲劳说、防热挖说、更换率说、管理说等分析结论。这些分析不一定很全面，但对于航天飞机这样一个复杂系统来说，任何一个小问题都可能引起灾难性后果，要引起我们的思考。我们要举一反三，吸取国际航天活动中的教训，不断完善自身的质量与可靠性、系统设计和验证体系，从而提高我们自身的可靠性和安全性，使人类探索宇宙空间的活动更加安全，相信总有一天航天活动的可靠性能够令人满意。

“‘哥伦比亚’号失事后，直接受影响的是美国的航天计划。‘挑战者’号失事后，调查耗时 6 个多月，所有航天飞机停飞 2 年多，导致航天计划进度推迟。当时正是国际空间站组装的繁忙阶段，人员往来和物资运送比较频繁，如不能尽快恢复航天飞机飞行，将影响到空间站完成组装的时间，因此有人质疑中国载人航天会不会受到影响。我认为，‘哥伦比亚’号失事不会影响中国航天计划，更不会动摇人类探索太空的决心，人类探索太空的计划也不应因悲剧的发生而停滞不前。世界航天业，包括美国航天界，都是从积极的角度并以积极的态度来对待此次事件。”

三、质量可靠，重于泰山

“哥伦比亚”号事件引起了我国的高度重视。中国载人航天指挥部把所有的航天员都召集在一起，问他们有什么看法。航天员们说：“我们既然投身于这个事业，就把一切都献给了这个事业，我们无所畏惧。”

“哥伦比亚”号事件给中国航天敲了一个很响的警钟，“质量关”是必须要攻克的难关。载人航天融汇了诸多现代尖端科技，运载火箭、载人飞船、航天飞机的结构复杂、零部件多达数万个，一个零部件如果不合格或发生故障，就有可能造成事故。国家领导人高度重视载人航天工程的质量管理工作。“神舟一号”返回舱运回北京的第二天，时任国务院总理朱镕基就到北京航天城视察，反复强调质量问题。

国家航天局承担国家重大航天活动的行业管理责任，为国家重大航天活动提供技术标准、规范、计量、质量、工艺等方面的技术基础支撑。栾恩杰每次参加载人航天工程会议时都在质量管理等方面提出建议。他回忆说：

“载人航天工程最重要的工作理念是‘质量重于泰山’，像美国这样的航天先进国家，自‘挑战者’号爆炸十几年后，‘哥伦比亚’号又发生失事事件，一批航天员不幸遇难。这再次提醒我们，质量是摆在航天界面前最重要的、最强烈的要求。

“中国在开展航天活动中始终坚持‘安全第一、质量第一’的方针，但这次灾难再次给我们敲响了警钟，提醒我们应把航天活动（特别是载人航天活动）的安全提到一个新的高度给予重视。中国航天要进一步完善质量与可靠性体系，系统设计和验证要按照‘故障仍能工作—故障仍保安全’的设计思想去完成，做到出了故障首先保证安全，即使出了故障也能工作，不能产生灾难性后果。中国的载人航天活动就要严格按照这样的思路，按照既定计划和目标，更加细致、扎实地工作，使我国的载人航天活动不断取得圆满成功。

“载人航天活动的质量管理首先要明确两个概念，即可靠性和置信度。可靠性指标是指发射次数和成功次数的关系，即成功次数/发射次数。大家一般比较关心可靠性，但实际上还有一个非常重要的指标——置信度。置信度就是以样本估计值推论总体实际值之间的差距大小时，正确估计的概率。置信度在小子样下的公式是n/（n+1）。发射1颗，成功1颗，成功率100%，其置信度仅为0.5；发射2颗，成功2颗，成功率为100%，其置信度为0.67。可靠性表征一个工程、产品、系统完成预定工作的能力，所以在子样少的时候，它的置信度是很低的。因此，谈到可靠性时还应同时关注置信度，这样才能作出更加准确的评价。美国航天飞机的可靠性还是很高的，5架航天飞机飞行了113次，才发生了两起事故，不能因为它出了两次事故就否认它可靠性高的事实。从‘概率’与‘频数’而言，113次也不是大子样，仍然是‘频数’。”

“中国火箭可靠性已达到95%。20世纪90年代中后期，中国航天科技工业针对出现的问题狠抓了质量管理，制定并贯彻落实了一系列管理办法，包括强化航天科研生产管理的‘七十二条’、强化质量管理的‘二十八条’和质量问题‘双五条’归零标准等，共计 110 条，其效果非常明显。1996 年至今，我国运载火箭实施的 28 次发射全部成功，这是很好的趋势，要保持这样一个发展的势头。但同时要认识到我们的 100% 成功率离高可靠性、高置信度还有相当的距离，因为我们的子样很少，所以绝不可以掉以轻心，一定要严肃认真、严格要求、细上加细、严上加严，进一步提高航天活动的可靠性。

“载人航天中，神舟飞船设计特别重要。神舟飞船的结构设计既要满足冲出大气层进入 300 千米环境的要求，又要满足重入大气层的空气动力和摩擦热力学环境的要求，并且在设计和试验上需要为实际飞行状况留有可靠的余量。为此，飞船总设计师戚发轫院士带领团队做了充分的理论研究和空中抛放试验，我曾陪同去抛放试验场学习和观看，他说‘凡是在工程全过程中，飞行器所经历的各过程都要力争在地面试验中看到、得到充分的验证’，这也是我对所有航天工程的共识，在月球探测工程中我也是这样要求的。

“飞船的载人姿态角问题与我分析研究的再入倾角偏差是类似的。对于神舟飞船的弹道式再入方案，其飞船结构设计与再入角的实现更是一项技术难题。每一个技术方案都经过载人航天工程设计师们的反复论证、反复答辩、反复试验，我从他们身上看到了中国航天队伍的成熟和自信。同时，我还欣喜地看到伴随着工程任务的开展，一支敢打硬仗的队伍和一批优秀人才得到了培养和锻炼。”

四、航天英雄，畅游苍穹

伴随着“神舟一号”的成功发射，载人航天的大幕已经徐徐拉开，中国人开辟出一条属于自己的太空天路。随后，“神舟三号”

“神舟四号”无人试验飞船相继发射，为载人航天飞行奠定了坚实基础。栾恩杰说：“‘神舟五号’是中国第一艘载人飞船，其任务很繁重：要完成首次载人飞行试验，要为航天员提供必要的生活与工作条件，要为有效载荷提供相应的试验条件，要确保航天员和有效载荷安全返回地面，要在飞行过程保证航天员的生命安全，还要对飞船的轨道舱留轨进行空间应用试验。为顺利完成上述任务、进一步提高飞船的可靠性和安全性，各系统分别对‘神舟五号’进行了多处改进，做了大量试验，并针对 123 种故障模式设计了对策。在这过程中，我继续履行国防科工委、国家航天局行业管理的责任，协调相关资源，组织开展协作配套工作，推动各项任务的顺利完成。”

“神舟五号”发射前夕，指挥部特别忙碌。工程总指挥诚恳地听取了设计师系统对每个具体问题的分析报告，以及栾恩杰等几位副总指挥指出的各方面意见，提出了针对问题的应对策略，提示了发射前的注意事项。

发射前，刚刚签完航天员上箭报告的栾恩杰兴奋之余写了一首题为《圆我复兴梦》的诗歌，其中的“下笔千斤重”“神舟载英雄，英雄游苍穹”等诗句写出了他在批复报告上签字时的心情。当栾恩杰听到载人航天办公室的同志们说签字的这份文件将送到国家历史博物馆和军事博物馆收藏时，更加感到这份责任的沉重。他说，签下名字表达的是对航天员大队的致敬，也是对中国航天事业的自信，这一刻表达的是共和国的强盛、中华民族的伟大，载人航天工程是祖国的光荣，是党的胜利。

2003 年 10 月 15 日，“神舟五号”发射之前的早晨，当航天员杨利伟向指挥部汇报“一切准备完毕，请求指示”时，栾恩杰的心情十分激动，仿佛登上飞船的人是自己，是中华民族的每一位子孙。李继耐总指挥发出一句铿锵的命令：“出发！”时间是 2003 年 10 月 15 日 9 时整，它宣告了中国载人航天之旅就此开始。

2003 年 10 月，中国载人航天工程办公室颁发的纪念杯

随着“神舟五号”直飞云霄，栾恩杰的心也悬了起来，他主要担心火箭能否安全飞行、助推级分离、Ⅰ级和Ⅱ级工作是否正常。随着飞船顺利升空，他又开始担心飞船内的指标是否正常。当他看到画面中杨利伟展示国旗和联合国旗，看到仪器显示的杨利伟生理指标参数一切正常时，他的心终于落下了。

栾恩杰说：“真心感谢这位英雄的小伙子，他是祖国的英雄骄子，看见他在舱内镇定平静地工作，我们心中的热血在奔腾，这是中国航天的成功，更是中华民族的成功。”栾恩杰回想起与几位副总指挥（副总师）在三位航天员候选人中选拔第一名航天员时的情景。航天员大队领导报告的三位航天员平时训练成绩，以及进场后生理状态都十分优秀，几乎是谁都可以被选上，但是仍要选出第一名。当时“两总”系统成员不约而同地将选票投给了杨利伟这位曾出色完成上千小时驾驶歼击机任务的飞行员。

“长征二号 F”火箭将“神舟五号”飞船成功发射升空，杨利伟成为中国首次执行载人航天飞行任务的航天员。在飞行过程中，杨利伟除了对飞船进行检查和操作之外，还按照要求正常饮食和睡眠，出色地完成了规定的工作任务。

2003 年 10 月 16 日 6 时 23 分，“神舟五号”飞船返回舱在内蒙古主着陆场成功着陆，“神舟五号”总计飞行时间 21 小时，绕地球 14 圈。至此，中国首次载人航天飞行任务圆满成功，这是中国航天发展史上一座新的里程碑，中华民族古老的飞天之梦终于得以实现。

当北京航天指挥控制中心第一指挥厅的扬声器里传来“神舟五号”载人飞船返回舱安全着陆的喜讯时，大厅内顿时一片欢腾。专程前来观看飞船回收任务的中共中央政治局常委、国务院总理温家宝，中共中央政治局常委、国家副主席曾庆红等领导同志，以及在场的载人航天工程指挥、技术人员一起热烈鼓掌，一起祝贺我国首次载人航天飞行获得圆满成功。栾恩杰在指挥中心目睹飞船返回，既兴奋又感慨。6 时 31 分，他看到了温家宝总理高兴地与航天员杨利伟进行通话的情景，听到了温总理和杨利伟之间的对话。温总理问候杨利伟，祝贺他在飞船上工作顺利。杨利伟回答说，感谢党中央、国务院、中央军委首长关心，并报告一切顺利，完成了各项任务。

2003 年 10 月 25 日，栾恩杰（右）在首次载人航天成功庆祝大会上

6 时 54 分，载人航天工程总指挥李继耐宣布：“神舟五号”载人飞船返回舱成功着陆，航天英雄杨利伟自主出舱，我国首次载人航天飞行获得圆满成功。指挥大厅内顿时掌声雷动。

在热烈的掌声中，温家宝宣读了中共中央、国务院、中央军委的贺电。温家宝、曾庆红等会见了在指挥厅紧张工作的载人航天工程指挥和技术人员，并和大家一一握手。

随后，天地往返、出舱活动、交会对接、航天员中期驻留，这一系列激动人心的太空活动彰显着中国载人航天的非凡速度。

在航天员大队里，有两位航天员是黑龙江省齐齐哈尔市人，一位是翟志刚，一位是刘伯明。栾恩杰说：

“这是齐齐哈尔引以为傲的，我是齐齐哈尔人，为来自齐齐哈尔的航天英雄而自豪。这两位航天员后来都晋升为将军，翟志刚被授予“航天英雄”荣誉称号，刘伯明被授予“英雄航天员”荣誉称号。

“在载人航天工程中，航天员的训练非常复杂、严格，他们训练的系统是模拟失重条件下的生存训练和飞船环境下的生命保障系统，既是医学、生命科学，又是环境适应训练的体育科学和相关的生理科学（包括睡眠、食物、活动、锻炼、自救等）。他们每项训练都是极限性的，超出了一般体育锻炼的强度。实践证明，中国航天员选拔是成功的，航天员大队的所有队员都能百分之百达到标准要求。我目睹过飞行员训练科目和器械，仅离心试验一项就足以让人却步。他们在上千名歼击机飞行员中脱颖而出，经过异常严格的选拔，成功地进入航天员大队，他们使命光荣、任务艰巨。”

中国载人航天大幕徐徐拉开，随后，载人航天不断创造辉煌。2005 年 10 月 12 日，“神舟六号”载人飞船发射升空，执行此次飞行任务的航天员是费俊龙和聂海胜。飞船进行了多次技术改进，实现了“多人多天”飞行，新增加了 40 余台设备和 6 个软件，改进了 10 余项技术，飞行过程中开展了变轨、轨道保持等操作，并进行了大量的科学实验。

2008 年 9 月 25 日，“神舟七号”载人飞船发射升空，执行飞行任务的航天员是翟志刚（指令长）、刘伯明和景海鹏，此次飞行最重要的任务是实施中国航天员首次出舱活动。9 月 27 日 16 时 30

分，鲜艳的五星红旗首次在太空飘扬，翟志刚出舱作业，刘伯明在轨道舱内协助，翟志刚舱外活动时间约 20 分钟。9 月 28 日，飞船成功返回，共计飞行了 2 天 20 小时 27 分钟。“神舟七号”实现了中国人第一次太空漫步，对深化载人航天、完善飞行控制、积累交会对接经验具有划时代的重要意义。

2012 年，我国首次载人交会对接任务取得圆满成功，航天员刘旺成功完成了手控交会对接任务，我国成为世界上第三个独立自主全面掌握交会对接技术的国家。

随着载人航天技术的不断发展，我国载人航天取得的成就举世瞩目。2021 年 6 月 17 日，“神舟十二号”发射，聂海胜、刘伯明、汤洪波成为首批入驻中国空间站的航天员。在轨驻留三个月里，三名航天员圆满完成了两次出舱活动以及一系列任务。“神舟十二号”是空间站阶段首次载人飞行任务。

2022 年 11 月 29 日，“神舟十五号”载人飞船成功对接空间站组合体，航天员费俊龙、邓清明、张陆进入中国空间站。这也是中国空间站建造阶段最后一次飞行任务，目的是验证空间站支持乘组轮换能力、实现航天员乘组首次在轨轮换；开展空间站舱内外设备及空间应用任务相关设施设备安装与调试，进行空间科学实验与技术试验等。航天员们进行了约 7 小时的出舱活动，完成出舱活动全部既定任务。

截至 2024 年 6 月，自“神五”任务以来，我国已将 22 人（35 人次）送入太空。我国的载人航天事业在世界载人航天发展篇章中写下了浓墨重彩的一笔。我国载人航天事业的成功极大地鼓舞了全国人民，也令海外华人扬眉吐气。

栾恩杰说：“光荣的航天员大队以他们优异的成绩向祖国交出了满意的答卷，向世界宣告中国航天员是一流的。英雄的航天员没有辜负祖国和人民的期望，他们为党争了光、为民族争了气！”

中国实现了载人航天的目标，成为世界上第三个独立掌握载人航天飞行技术的国家。按照载人航天工程“三步走”发展战略，中国已经完成了前两步任务，即实现航天员首次太空飞行、运行空间实验室，第三步空间站建设的序幕也已拉开。栾恩杰作为首次载人航天副总指挥，参与了第一阶段“神舟”号的全部任务。

谈起这一切，栾恩杰为我国载人航天事业的蓬勃发展而骄傲。2003 年 10 月，在中国首次载人航天飞行成功之后，他在接受记者采访时说：“我们航天战线的广大干部职工没有辜负党中央、国务院和全国人民的信任和希望。我们用了 10 年时间就完成了这样一个伟大的历史任务。这是中国航天史上的一个重要的里程碑，我们几代航天人可以毫无愧色地说，中国航天人对祖国、人民和党有了一个圆满的交代，我为能够参加这项活动感到非常自豪！”

载人航天飞船成功发射后，栾恩杰对中国航天能力进行了评估，他认为中国已经进入了航天大国行列。他说：“评价一个国家的航天能力有四个指标：其一，是否具备独立的运载能力、有多大的运载能力、技术的可靠性，还有就是能用不同组合的运载工具完成各种各样的有效载荷和轨道要求；其二，发射上天的卫星、飞船等各种航天器是否是可用的卫星型谱，并且每个型谱下的卫星是否进入实用阶段；其三，研制生产、开发、服务、测试的能力。其四，地面的服务系统，如测量船等的充分保障。从这几个方面看中国已经是一个航天大国了，已经跻身于世界航天大国前列，但要清醒地认识到我们离航天强国的要求还有一定差距。”

如今，中国空间站工程正稳步推进。2022 年 5 月 10 日，“天舟四号”货运飞船成功对接空间站天和核心舱。“天舟四号”的发射是我国空间站建设从关键技术验证阶段转入在轨建造阶段的首次发射任务。11 月 12 日，“天舟五号”与天和核心舱对接，在火箭点火起飞后仅用两小时，便顺利实现了与中国空间站天和核心舱的快速交会对接，创造了世界纪录。未来，中国空间站将成为中国乃至全人类的太空家园，成为人类在浩瀚宇宙中新的坐标。

第十章

嫦娥飞天梦圆成

栾恩杰以敏锐的战略思维能力、精深的专业储备、丰富的重大工程经验，提出我国月球探测“探、登、驻（住）”长远发展战略和月球探测工程“绕、落、回”“三步走”规划，并以深厚的技术和管理积淀统筹工程实施，促进了中国航天的可持续发展。2020 年 10 月，探月工程“三步走”规划圆满收官。

一、前瞻谋划，提绕落回

实现飞天梦想，是中华民族几千年来的美好夙愿。自古以来，“嫦娥奔月”“敦煌飞天”等许多动人的传说在我国广为流传。奔月不仅是中华民族的千年梦想，也是全人类的共同心愿。从 20 世纪 50 年代后期开始，世界各国不断掀起月球探测活动的高潮。

月球探测是拓展人类生存空间和探索未来领域的重要任务。中国航天在突破载人航天技术之后，继续进军深空探测领域如箭在弦上，这也是航天技术发展的必然规律和选择，而深空探测的目标首先是月球。中国航天领域的战略家们以远见卓识的目光和“大战略”思维，认真谋划中国航天探测月球、飞向深空的美好愿景，积极推动以月球探测为抓手的深空探测活动，并通过重大工程带动科学技术的创新和发展。栾恩杰说，按照我国的技术水平和经济实力完全可以实施月球探测工程，开展以月球探测为起点的深空探测正当其时。

1998 年，国防科工委（国家航天局）组建伊始，很快出现在月球探测规划论证的前台，开展了月球探测工程深化论证和筹备工作。特别是航天“211 工程”的实施，吹响了月球探测工程从论证、立项到实施的号角。栾恩杰担任国家航天局局长不久，启动月球探测工程论证这件大事就摆在他面前，此时他已将目光瞄准了深空探测领域的活动。1999 年，他从欧洲考察回来后立即去哈工大组织研讨，布置了相关课题任务，率先启动了深空探测课题的研究工作。在国防科工委党组第一次理论学习会上，栾恩杰围绕月球探测工程议题作了发言。之后的无数个日子，他做了大量前期数据和试验的准备工作。他经过审慎思考，提出了我国月球探测“探、登、驻（住）”长远发展战略和探月工程“绕、落、回”“三步走”的规划和技术路径。

胡浩、裴照宇撰写的文章《迈向深空的第一步》[①]中提道：“栾总让系统工程一司牵头，组织开展对月球探测的研究论证。他亲力亲为，躬身研究，与孙家栋等航天专家、欧阳自远等月球科学专家深入研讨和总结美苏探月历程，高屋建瓴地概括了人类月球探测的‘探、登、驻（住）’三大步骤，提出了2020 年前我国无人月球探测的‘绕、落、回’三步走战略。”

栾恩杰提出要在现有条件下实事求是地确定我国月球探测的长远发展战略，分“探、登、驻（住）”三步实施，并逐步积累知识和经验，提高运载能力，以适应深空发展要求。“探月”，是指对月球进行探测，对月球情况进行全面了解。“登月”，是指人类登上月球；“驻（住）月”分两个层次：“驻月”是指人携带设备登陆月球后，人很快返回，设备仪器长期驻扎月球开展探测活动；“住月”是指人在月球上短期居住、生活和工作。美国已经完成了前两个阶段，现在美国进行的探月工程是以第三阶段为主，即“驻（住）”，也就是研究发射无人或有人照料的驻月装置，或建造可供人居住、生活、工作、实验的平台和条件，进行驻（住）月科学活动。

在阐释月球探测工程的“绕、落、回”三步走规划时，栾恩杰

① 《迈向深空的第一步》发表在《国防科技工业》2022 年第一期。胡浩是国防科工局探月与航天工程中心首任主任、“嫦娥五号”采样返回工程总设计师。裴兆宇是探月工程中心副主任、“嫦娥五号”工程副总设计师。

用通俗易懂的语言进行说明。他说，“绕”是东北话，它是探月工程的第一步，即环绕月球进行科学探测；“落”是发射探测器，使之落到月球表面上，用软着陆方式进行月面探测；“回”就是要采样返回地球。只有在基本完成“绕、落、回”三个阶段无人月球探测任务后，通过对探测、勘察、采样取得的基础数据进行分析，再结合国际月球探测发展情况和中国国情国力，才能择机实施载人登月探测，这将是我国深空探测零的突破。

重大工程技术路径的确定需要一个过程。栾恩杰回忆说：

“说到探月（月球探测工程），还要说到《中国的航天》白皮书，‘开展以月球探测为主的深空探测的预先研究’被明确列为近期发展目标，并把空间科学纳入‘大航天’之中。‘大航天’涵盖空间科学、空间技术、空间应用。我在作报告的时候说，过去一谈到航天，大家都认为这是工业部门的事，可是在白皮书发表以后，我们的航天就是‘大航天’，把空间科学、空间应用都纳入航天领域，表达了我们航天人的能力和自信。空间技术是指我们过去的航天工业，涵盖了运载和卫星等所需的技术。航天应用包括各个应用部门利用空间基础设施而产生的应用效果、应用效能和应用领域。空间科学很重要，NASA 把空间科学作为其主要组成部分。我们要和国际接轨，如果没有空间科学，我们的国家航天局（CNSA）将无法参加国际交流。

“我把苏联和美国所有的探索月球的案例都做了研究，总结出探月技术路径有三种：一是掠月，月球探测器与月亮擦肩而过，这叫‘掠月’；二是撞月，把月球探测器速度调大，让它去撞月球，速度相位选择冲着月亮去，到达月亮收敛半径的时候，月球会把探测器吸进去，这叫撞月，苏联选择撞月的路径；三是绕月，这是我们要选择的路径，我们第一步就要朝着环绕月球而努力，难度虽然很大，但是我有信心。因为我们具备测控能力，只要我们的卫星是可控的、轨道是可见的，这两‘可’具备，我们就敢去月球。

“这个思路提出来以后，中国科学院送来一份报告，他们希望能看到环绕月球赤道全域图。理论上，如果环绕月球赤道，那就只能看到赤道，看不到两极，要想看全月球怎么办？唯一的办法就是冲着极轨走，只有这样才能看到全部月球。这如同看地球，如果你想要看地球的全图，就一定要通过地球极轨卫星。因此我们要发射一颗极轨卫星，它一定是绕着月球两极运行的。这个我有把握，因为能控、能看，那就能干。既然我们的航天能力是完全具备的，就要进一步论证月球探测的必要性和可行性。”

二、项目论证，不遗余力

20 世纪 90 年代，我国月球探测工程论证工作就已经启动。1995 年，国家“863 计划”航天领域专家委员会提出并下达了“我国开展月球探测的必要性和可行性研究”课题。参与论证的专家学者们经过一年多的论证工作，形成了《我国开展月球探测的必要性与可行性报告》《月球卫星技术方案可行性研究》《月球卫星工程关键技术研究》等一套比较完整的论证报告。这些报告在分析国外月球探测活动发展状况基础上阐述了我国开展月球探测的必要性，指出“我国航天涵盖三大领域（卫星、载人航天、深空探测），但直到 20 世纪 90 年代还只发展了两个领域，深空探测仍属空白。开展月球探测活动不仅能壮国威、提高民族的凝聚力、了解月球、深化人类对地球和太阳系以及宇宙的起源与演化的研究和认识，而且月球上丰富的资源将是各国解决能源危机必争的对象，在未来空间资源的分享中，作为一个发展中大国，不能不考虑自己的月球权益。”报告阐明了我国月球探测任务和第一阶段月球探测的科学目标，认为我国已经掌握卫星技术、运载火箭技术、测控技术和发射技术，并有一支技术力量雄厚的卫星技术研制队伍和空间科学研究队伍，而且对月球探测器和月球科学已经跟踪研究了多年。因此，我国开展月球探测活动的条件已经完全成熟。报告还提出了需要攻克的关键技术，甚至描绘了第一颗月球卫星的设计方案。

栾恩杰回忆说："航天工业总公司时期，'长征二号F'运载火箭试验成功，有人就提出'能不能在火箭上装个东西送到月亮上去'等设想。我们航天人的思想是解放的，中国探月的思路在中国航天能力达到那天就已经提出来了。这个试验完成的时候，我在人民大会堂作报告。我说，今天的中国已经有能力去月亮上了，我们要为民族的凝聚力、民族的自信心、中国的力量发声。"

在工程论证之初，面临着一个亟须解决的问题，那就是"去月球干什么"。栾恩杰说："航天的发展遇到了一些问题，而这些问题不是技术问题，是决策的理念、观念、决心的问题。我提出探月的时候，有人问'美国人去月球都带回石头了，你们还去干什么？'对我们要开展的工程的意义提出质疑，这个观点我不同意。美国人在奥运会拿了很多奖牌，他拿了我们就不能拿了吗？这是两码事。问我去月亮干什么？我答不上来，所以我明确说不知道，但我知道，就算往月亮上扔个铁块子，我们航天人也必须得去。这就是我们的决心，是中国航天人的决心，是中国人的梦想，我们要用行动告诉世界'中国人有能力到达月球'，道理就是这么简单。这时，国防科工委系统工程一司司长李本正跟我说，他准备去邀请中国科学院欧阳自远先生帮助论证一下去月球可以做什么。欧阳自远是研究地球地质的学者，把他请来后，他列举了去月球的理由。在论证过程中，我用这个理由跟别人说这是中国科学院科学家提出的探月目标。"

探月是先解决去月球的能力，还是先考虑去月球干什么，这需要决策者认真研究思考，并权衡二者之间的轻重。最初研究结果是：把解决去月球的能力放在首位，然后才能考虑去月球干什么。栾恩杰说，当时把工程目标看成是首要的问题。因此，怎么保证能去月球的问题是我们必须要深入、具体、务实研究的压倒一切的工作。

经过慎重思考之后，栾恩杰认识到这是两个不可分割的问题，一项重大的科学探索工程只有科学目标确定了，才能够推动工程的顺利立项。因此，国防科工委组织中国科学院的专家开展了科学目标的论证，其基本原则就是毫不动摇地以追求实现工程目标为主要目的。根据“有限目标、有所创新、以获取月图为主、兼顾其他”的首次探月行动的方针，从诸多科学目标中确定了4项目标。

2000年10月4日，在北京举行的首届“世界空间周”庆祝大会上，栾恩杰在题为《面向21世纪的中国航天》的专题发言中提出，中国航天将在国家整体规划和统一领导下，突破航天领域重大关键技术，推动航天技术水平和基础能力再上台阶。在空间探测方面，实现月球探测，积极参与国际火星探测活动，使我国的空间探测技术上升到一个更高的水平。这是中国政府首次公开表明要进行月球探测的决心。

从2000年开始，栾恩杰频繁地与孙家栋沟通。孙家栋院士是我国著名航天专家、“两弹一星”功勋科学家，是我国第一颗人造地球卫星“东方红一号”研制的技术负责人，后来又担任过多颗卫星的总设计师，具备丰富的航天系统工程经验。

栾恩杰回忆说：

“我来负责筹划工程的事，也包括对工程‘两总’的选择。那个时候工程论证方案已经提交到党组，但还没有立项，我没有停滞不前。只要看准了的，我是不会轻易退缩的；我认为对的，我是不会自我否定的，也不会跑偏，这个决心和把握我还是有的。

“我决心，我们这届一定要促成祖国深空探测，要撬开深空探测领域、打开这个大门，第一步就要先到月亮上去。国防科工委作为国家机关，没有实体、没有资源，必须在航天科技集团找一个有学识，有能力，有经验，有威望，有魄力，有规划能力、思考能力和协调能力，有影响力的老专家，孙家栋是最佳人选。我很敬重家栋，让他担任这个总设计师，我个人认为实至名归。于是，我拜访了家栋同志，把月球探测工程思路，包括《航天白皮书》规划内容等从头到尾详细地跟他讲了。

“家栋同志对我也是信任的，我们第一次工作交集还是在 1988 年潜地导弹试验的时候，那时候我做型号总指挥，带队在靶场，他代表部里去看望我们。因为我和家栋在一起共过事，他也知道我干工作遇到困难是不会退缩的。他很同意我的观点和思路，我特别兴奋。”

孙家栋与栾恩杰这两位在业内极具影响力的老航天人满怀神圣的使命感，一起谋划中国航天发展的思路，两人的灵感一经碰撞立即迸发出了具有前瞻性的火花。他们一致认为，随着我们科技的发展，特别是国力的提升，航天实力也大大增强，在发展人造卫星和载人航天之后，适时开展以月球探测为起点的深空探测是我国航天活动的必然选择，也是我国航天事业持续发展、有所创造、有所作为的重大举措。国际上重返月球计划尚处于起步阶段，还未全面展开，正是我们迎头赶上、一举摆脱我国月球探测落后局面的大好时机，月球探测的开展，将使我国的空间探测水平迅速跨入国际先进行列。

国防科工委系统一司在月球探测工程论证和立项工作中发挥了重要作用。栾恩杰回忆说：“我的得力助手、航天系统工程司司长郭宝柱研究员很给力，他工作扎实、细致，为工程论证和立项工作作出重大贡献。他曾担任航天工业总公司科研局局长，当时我分管科研局。郭宝柱业务精、思路清晰、理解问题迅速而透彻，比较知心，我们在一起磨合 5 年多，配合得很好，我也很信任他。我们之间是知心、默契的老战友，新国防科工委成立后，他担任国防科工委系统工程一司司长。在论证这件事的时候，郭宝柱同志理解得非常清晰透彻。”

2001 年 1 月，国家航天局在哈尔滨召开了首届深空探测会议，与会的科学家就加快我国月球探测工程论证、推动工程立项统一了思想，达成了共识，得到了科技界的普遍支持。8 月，国家航天局在青岛召开了包括美国、俄罗斯、欧洲空间局等参加的深空探测国际研讨会，栾恩杰向与会代表和科技界详细介绍了我国探月工程的发展思路，在国际、国内航天界引起了广泛反响。这两次会议产生了积极作用，为推动工程立项做了铺垫。

10 月，栾恩杰听取了有关专家关于开展我国探月工程的必要性、可行性、紧迫性等专题问题汇报后表示，国家航天局将全力推进我国探月工程的立项。专家们在综合论证中明确了月球探测工程要以实现工程目标为核心、以使用成熟技术为基础、以确保首次探月成功为关键目标，通过集中讨论和调研，结合中国航天技术的实力，集思广益，把众多的复杂问题像剥笋一样层层剥开，去掉细枝末节，对所有的技术问题进行详尽分析，直到抓住真正的技术核心问题并提出可行的技术思路和总体技术框架。

在众多复杂学科的论证中，方方面面都要统筹兼顾。譬如，不但要考虑使用哪种运载火箭和卫星平台，还要解决怎样实现 38 万千米距离的精确测控、选取怎样的奔月轨道、新增测控手段能否追踪 38 万千米外的月球探测器等各种工程技术和理论问题；不但要论证卫星、运载火箭、测控、发射场、地面应用五大系统的技术可行性，还要论证五大系统及各大分系统之间的组织与协调，这些都是中国航天人要攀登的座座险峰。

栾恩杰委托孙家栋院士负责探月工程的综合立项论证工作。接受这一重托后，孙家栋院士召集中国科学院、航天科技集团有限公司和有关高校的 200 多位专家，在已有的调研、分析与论证的基础上，对探月一期工程——月球探测进行了一年多的综合论证，这项论证是工程立项的关键。

月球探测工程总体方案和五大系统的论证工作是一项非常复杂的系统工程，栾恩杰、孙家栋随即又投入到总体方案和分系统方案论证的紧张工作中。如何在我国现有技术水平和有限的经费条件下实施这一复杂学科高技术集成的系统工程是论证工作的核心问题，也是一项巨大的挑战。在解决横亘其间的最大难题时，孙家栋充分利用领导我国完成 30 多颗卫星研制工作的丰富经验，注重发扬技术民主，积极引导科技人员发挥集体智慧和力量，将系统工程理论与重大工程实践相结合，终于完成锐意创新的工程总体方案。经过连续作战，栾恩杰组织国家航天局完成了月球探测工程的综合立项论证工作，提交了《月球探测一期工程综合立项论证报告》《月球探测一期工程科学目标与发展战略》，以及月球探测卫星、运载火箭、发射场、测控、地面应用五大系统的可行性论证报告，并深化了月球探测工程技术方案等论证工作。在完成科学目标的论证之后，月球探测工程的立项工作已具备了基本条件。

国家领导人和专家的支持是对工程论证工作的巨大鼓舞。2002 年，“探、登、驻（住）”“绕、落、回”发展思路得到国务院领导的认可。为了获得相关方的支持，栾恩杰亲自向时任总装备部李继耐部长、中国科学院江绵恒副院长汇报工作。

在香山举行的中国科学院的一次会议上，科学家们热切地呼吁国防科工委作为政府主管部门，要勇立潮头，采取有力举措，加大对“深空探测”处女地的开发。栾恩杰拿出宋健赠送给他的那本厚厚的关于月球探测的英文著作，跟大家说：“永远不会忘记老领导宋健对我国月球探测工程的关怀。”时任国防科工委主任、党组书记刘积斌翻阅宋健在书中写满的密密麻麻的批注，深情地说：“这些批注表明了老一辈科学家和领导人对我国月球探测工程寄予了多么殷切的希望，我们国防科工委尽管成立伊始，作为国家航天工业的主管部门，就应该担当起制定‘中国航天发展规划’这一重任，就应该出现在月球探测工程的前台。”

2003 年 2 月 28 日，国防科工委在北京召开了“2003 年民用航天工作会议暨月球探测工程筹备会”，栾恩杰作了《与时俱进 开拓进取谱写中国航天新篇章》的报告。报告中提出了“正式启动月球探测工程筹备工作”。国防科工委主任刘积斌宣布中国月球探测工程深化论证和筹备工作正式启动。该项目由国防科工委副主任、国家航天局局长栾恩杰任中国探月筹备工程总指挥，中国航天科技集团有限公司高级技术顾问孙家栋院士任工程总设计师，中国科学院欧阳自远院士任地面应用系统首席科学家。会上，有关院士、专家对我国月球探测工程进行了研讨，形成了我国开展月球探测的总体思路。

4月，国家航天局宣布开展以月球探测为主的深空探测预先研究，中国将利用先进仪器对月球的资源和能源分布以及特殊环境进行全面的探测。时任中央军委委员、总装备部部长李继耐获此消息后，为月球探测工程欣然题词“开展月球探测，再铸航天辉煌”。

6月，温家宝总理批示，建议将月球探测工程纳入国家中长期科技发展规划编制工作，并进行充分论证。时任国防科工委主任张云川同志听取了关于开展月球探测工程的报告后，表示将全力支持并抓好这项工作，下定决心促成中国的月球探测工程，尽快将论证工作向国务院进行汇报。

9月，在温家宝总理主持的中央专委会议上，栾恩杰代表国防科工委汇报了《我国月球探测工程总体思路》，提出我国探月工程将坚持循序渐进、分步实施、不断跨越的原则，以及分“绕、落、回”三个阶段分步实施的思路。会议决定同意先启动实施一期“绕”（月球探测），并将“落、回”作为二、三期工程纳入后续的国家中长期科技发展规划。

11月7日，在庆祝我国首次载人航天飞行取得圆满成功的大会上，胡锦涛总书记深情地勉励航天战线的全体同志要继续团结奋斗，努力在人类探索外层空间的伟大事业中有所创造、有所作为。这极大地鼓舞了栾恩杰和论证团队开展深空探测的决心和信心。

11月27日，“中国科学家人文论坛”在北京人民大会堂召开专题报告会，栾恩杰应邀作题为《“神舟五号”与航天发展战略》的报告。他在报告中说，中国航天在国际上的地位，可以用北京的一种名酒名称来概括，那就是“二锅头”。按航天技术发展水平，可将世界航天国家分为三个方阵，美国、俄罗斯为第一方阵，欧洲空间局、中国、日本、印度为第二方阵，加拿大、巴西、韩国等为第三方阵。中国首次载人航天飞行取得圆满成功，成为继俄罗斯、美国之后世界载人航天俱乐部的第三个成员。因此，中国目前虽然处于航天第二方阵，但与第二方阵其他成员相比又要领先一些，所以说是“二锅头”。酿酒的人说，酿好了酒打开之后第一锅辣，不好喝，一定要勾兑淡化，第二锅就漂亮了，特别是第二锅的头酒最好。任何酒都一样，都是“二锅头”是最好的。他指出，我国和第一方阵差距较大，但是我们和欧洲的差距正在逐步缩小，日本在某方面也被我们超过。在技术进步、技术基础、技术开发和技术思路上，我们和欧洲、日本还有差距。以月球探测为代表的重大工程可以推动科学技术发展，促进国家科技工业综合实力的提高。

12 月，在宋健院士的推动下，中国工程院召开了我国月球探测工程院士座谈会，宋健、徐匡迪等 20 多位院士听取了栾恩杰和孙家栋对月球探测工程方案的介绍、欧阳自远对月球探测工程科学目标的介绍。与会院士一致认为，中国在月球探测和深空探测这一高技术领域应该占有一席之地；这一工程不但可以推动我国基础学科的发展和航天技术的进步，还可以对国民经济发展起到促进作用。时任中国工程院院长徐匡迪说，中国工程院将全力支持我国开展月球探测活动，协助国防科工委推动月球探测工程早日立项。

随后，工程总体聘请宋健、沈荣骏、屠善澄、于宗林担任月球探测工程的高级顾问，栾恩杰向徐匡迪院长专门作了汇报。

2004 年 1 月，月球探测工程申报国家立项之时，众多的国防科技工作者已经脚踏实地地为推动工程立项做了大量科学、缜密而细致的准备工作。同时，这些工作得到了解放军总装备部、科学技术部、中国科学院、中国工程院、中国航天科技集团有限公司的大力协助，以及全国科技界的广泛支持。经过审慎思考、长期研究和深化论证，科学家们对我国月球探测工程的科学目标形成了比较清晰、统一的认识。

就深空探测工程而言，科学目标已确定，综合论证已完成，技术实施方案已明确，但要实施一项重大工程，必须由国家批准立项，必须在组织、经费等方面全面落实，必须得到国家各部门和全国各地方的支持与协作。在栾恩杰组织下，2004 年 1 月 13 日，国防科工委、财政部向国务院联合上报了关于月球探测工程立项请示。此时，栾恩杰感受到了巨大的压力。

三、总理批复，工程立项

党和国家领导人对我国的月球探测工程给予了高度重视和亲切关怀。2002 年 10 月，在国务院召开的一次会议上，时任国务院总理朱镕基指示要抓紧月球探测论证工作，尽快实现月球探测。从 2003 年 6 月起，温家宝总理先后多次对月球探测工程作出指示，提出了殷切的希望和要求。原国务委员、全国政协副主席、中国工程院院长宋健始终关心着月球探测工程的进展，对工程立项给予了全力支持和具体指导。国务院主管科技工作的国务委员陈至立对月球探测工程也给予了极大的重视和关怀。

2004 年 1 月 23 日，农历大年初二，这是一个值得中国航天史上留下重大印记的日子。这一天，《国防科工委、财政部关于月球探测工程的立项请示》获得了温家宝总理的批准。从此我国探月工程一期——月球探测工程正式启动。这是中国航天继“东方红一号”卫星和载人航天工程之后又一里程碑式的重大工程，为了这一天的到来，许许多多的科学家和航天科技工作者已经努力了数十年。

栾恩杰回忆说：“因为全国自上而下的大力支持，工程获得批准。现在回头看中国探月第一期非常顺利，在庆贺圆满成功的同时，回想起当时我们面临的艰辛、困难真是百感交集。月球探测工程从工程准备、立项到发射成功，每一项重大决策都是党中央、国务院作出的。在中央领导同志的亲切关怀下，各项工作有序开展。”

总理批复同意立项后，栾恩杰异常兴奋，提笔写下了“地球耕耘六万载，嫦娥思乡五千年。残壁遗训催思奋，虚度花甲无滋味”的诗句[①]。同年，已经64岁的栾恩杰受命担任绕月探测工程总指挥。他邀请经验丰富的孙家栋院士作为工程总设计师，组成绕月探测工程的“两总”，并很快组织队伍进入到工程探测筹备阶段的工作

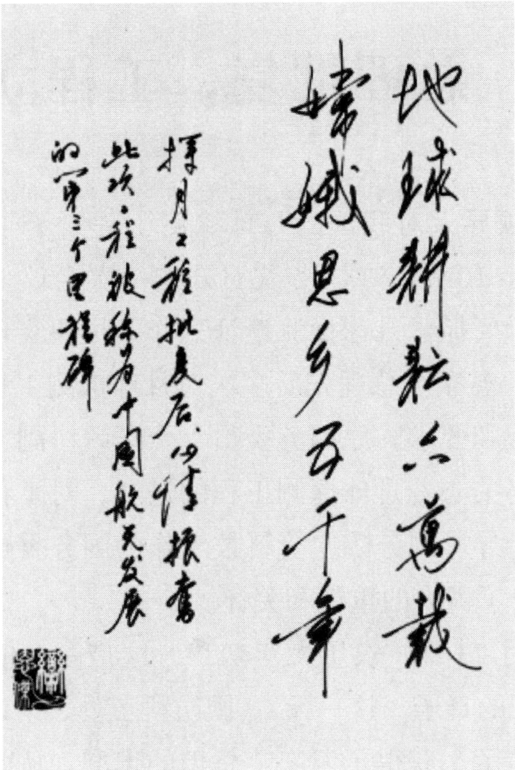

2004年1月23日，栾恩杰在立项批复后心情振奋，认为这是中国航天发展的第三个里程碑事件，并作诗抒怀

① 栾恩杰诗词集《村子情怀》第35页《为“探月工程”批复而作》，作于2004年1月。

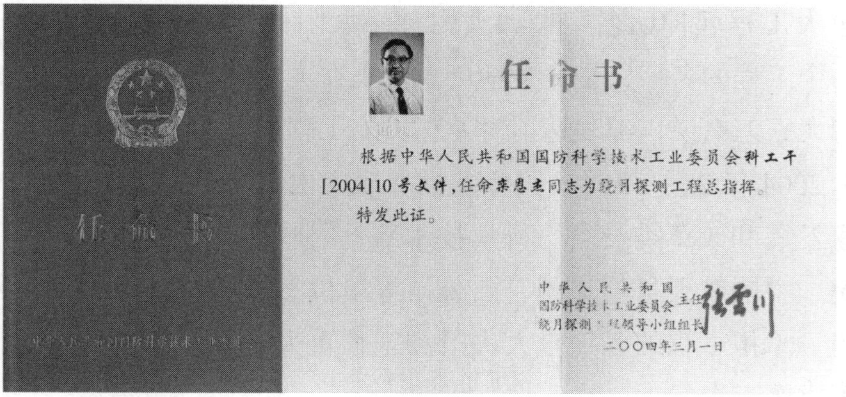

2004 年 3 月，栾恩杰被任命为绕月工程总指挥

四、工程启动，开局良好

筹备和预先研究阶段，探月工程的命名成为摆在栾恩杰面前的首要任务。栾恩杰回忆说："关于'嫦娥工程'的命名，有过争论。有人说传说中的'嫦娥'是盗取了王母娘娘的药，偷吃了以后潜逃到月亮上，不是良家的孩子，所以用'嫦娥'命名不合适。我在人民大会堂作报告的时候介绍了鲁迅是怎么讲'嫦娥'故事的。'嫦娥'是为了反抗，为了保持自己的清白，吃了药，没成想这一吃药到月亮上去了。这是鲁迅写的，是中国的传说，'嫦娥'是清白的。还有另一个意见说，'嫦娥'是个美好的名字，不应该用于给无人探测活动命名，等到中国真正有人探月的时候，才可以叫'嫦娥'，因为这才是真正实现奔月了。没有人去月球的时候，就不能叫'嫦娥'，建议要留下这个好名字，不要一次把好名字用完。我们经过慎重考虑，坚持用'嫦娥'这个名字。这个名字确定了以后，有的同志说我们中国航天从'嫦娥'开始敢起神话名字了。之前只有美国人才

为重大工程起神话名字，如大力神、太阳神、宇宙神。‘嫦娥’作为一个工程的名字，是一个新创意。现在大家拥护的多、反对的少。不管大家怎么说，都表达了对月球探测工程的关心和热爱。”

2004 年 2 月 19 日，国务院批准成立由国防科工委任组长单位，国家发展和改革委员会、科学技术部、财政部、总装备部、中国科学院、中国航天科技集团有限公司等单位参加的月球探测工程领导小组，承担工程的各项重大决策和工程重大阶段、节点的控制和把关等重要工作。

2 月 25 日，国防科工委召开探月工程领导小组第一次会议，研究决定将我国的探月工程正式命名为“嫦娥工程”，第一颗绕月卫星命名为“嫦娥一号”。于是，这个以神话传说中的形象来命名的“嫦娥工程”，成为了中国月球探测工程的代号，表达了中华民族自古就有的飞天梦想和对未知科学领域强烈的探索愿望。

万事开头难。月球探测工程的起步是最难的一项工作，看得准不准、走得对不对、干得好不好、后续能不能跟得上、技术能不能支撑，都是需要审慎思考的事情。栾恩杰带领团队明确了“三步走”的计划，分析了面临的挑战，要求每一步都要有创新、有特色，每一步与下一步的界面要明晰，每一步都要为后续工作创造条件、提供支撑。这其中不仅仅要有明确的技术步骤，还要有工程整体构架的谋划，更要有工程组织体系的建设。

确立工程组织体系和责任体系至关重要，各系统责任明确，目标和节点明确，就会为工程步调一致提供保证。栾恩杰说，这项工程是首次由国务院部门组织的重大航天科技工程，是一项多学科高技术集成的系统工程。工程由卫星、运载火箭、测控、发射场和地面应用五大系统组成，涉及 170 多家主要研制单位，17000 多人参与工程的研制建设。对于这样一个浩大的工程，要充分调动各方面的积极性，汇聚全国最优势的科技力量，必须精心组织好工程实施，不辜负党中央和国务院的信任，向祖国和人民交上满意的答卷。

国防科工委深感责任重大，委托栾恩杰组织有关单位和专家多次讨论、多方借鉴，并结合工程特点，建立了工程“两总”统领工程卫星、探测器、运载火箭、发射场、测控和地面应用五大系统。栾恩杰说，工程组织体系的建立和完善，加强了对工程强有力的领导和管理，确保了工程统一号令、万众一心、协调行动、高效率运行。

栾恩杰（一排居中）在月球探测工程合同签订仪式上

2004 年 3 月 25 日，国防科工委在北京举行“嫦娥工程”第一次工作会暨大总体协调会，工程的领军人物一一确定。

“嫦娥工程”领导小组组长由国防科工委主任张云川担任。“嫦娥工程”总指挥由国防科工委副主任、国家航天局局长栾恩杰担任。工程副总指挥四人，分别由时任总装备部副部长胡世祥、中国科学院副院长江绵恒、中国航天科技集团有限公司副总经理马兴瑞、国防科工委秘书长孙来燕担任。

“嫦娥工程”总设计师由中国航天科技集团有限公司高级技术顾问、中国科学院院士孙家栋担任。副总设计师三人，分别由中国卫星发射测控系统部测控部陈炳忠部长、中国科学院空间科学与应用研究中心姜景山院士、中国运载火箭技术研究院龙乐豪院士担任。“嫦娥工程”月球应用科学首席科学家由中国科学院地球化学研究所研究员、国家天文台高级顾问欧阳自远院士担任。

栾恩杰又一次担任国家重大工程总指挥，他说：“我国的航天工程管理体制是总指挥负责制，总指挥不仅对行政工作全面负责，还要对技术负责，要千方百计保质量、保成功。总指挥负责制是航天责任制的根本，但总指挥、总设计师之间一定要融合、融洽，吵架或者隔心都是不行的。我和家栋在‘嫦娥工程’的实践中互相尊重、互相理解、互相支持。‘两总’同心是工程得以顺利完成的重要保证。”

“嫦娥工程”由五大系统组成。发射场系统总指挥、总设计师分别由西昌卫星发射中心徐宏亮、北京特种工程设计研究院于建平担任；测控系统总指挥、总设计师分别由西安卫星测控中心董德义、北京跟踪与通信技术研究所于志坚担任；地面应用系统总指挥、总设计师分别由国家天文台的艾国祥、李春来担任；卫星系统总指挥兼总设计师由中国空间技术研究院的叶培建院士担任；运载火箭系统总指挥、总设计师分别由中国运载火箭技术研究院的岑拯、贺祖明担任。

工程组织体系确立后，栾恩杰组织制定工程总体目标和分系统目标，组织制定研制流程，收集各系统的问题，孙家栋总师和龙乐豪、姜景山、陈炳忠三位副总师分别牵头计划组、测发组、载荷与应用组、测控组协调问题和事项。

尽管中国月球探测工程起步晚，但科学目标起点高，有创新，具有中国特色。栾恩杰说，我们一定要有所创新，不能照抄照搬。“嫦娥一号”卫星是我国首个飞往地球外天体的卫星。从人类已进行的100余次月球探测活动来看，美、苏进行的无人掠月、绕月、落月探测，首发均失败，这对工程的首发成功提出了严峻的挑战。因此，各项工作和产品质量将直接影响到工程能否成功，必须保证设计正确、生产规范、验证全面。结合工程任务新、难度大的形势，栾恩杰和孙家栋等“两总”及工程总体制定了工程总目标，通过逐级分解向各系统落实了责任制，即：

工程总的决战目标——实现月球探测工程首发成功。

卫星系统的决战目标——确保精确变轨、绕月飞行、有效探测、一年寿命。

运载火箭系统的决战目标——确保成功发射、准确入轨。

测控系统的决战目标——确保跟踪完整、测量准确、指令无误。

发射场系统的决战目标——确保精心组织、保障到位、测试规范、确保安全。

地面应用系统的决战目标——确保可靠运行、精心处理、取得成果。

工程目标确定了，接下来就是工程的运行管理。栾恩杰作为工程的总指挥，要围绕着每一个目标进行协调，要立方针、立规矩。“立方针”表现在以卫星为主线，确立月球探测工程发展的重大方针，明确技术路线。“立规矩”表现在制定各种制度，下达一系列文件，提出一系列要求，形成一整套的技术规范、技术标准、工作要求、工作程序。

栾恩杰认为，在工程运行管理过程中，首先要解决的问题是如何确立技术路线。系统的整体配置不是其组成要素的简单堆砌，系统的整体行为也不是其组成部分各自运行的简单堆砌。他经过反复权衡利弊，认为要想取得工程的成功，首先在于找到一个平衡点，求出系统的最佳配置，实现整体大于部分之和，达到整体的最优水平。在这个思想指导下，确定了“充分利用成熟技术、现有条件和装备，经过可靠的适应性改进，在有限的资金支持下、在确定的周期内，有把握地完成工程任务”的技术路线。简单地说，就是利用成熟的技术、可靠的性能和最低的成本来完成中国首次月球探测任务。

在全面启动工程研制建设工作的关键时刻，2004 年 4 月，温家宝总理作出重要批示。他指出，月球探测工程是一项多学科高技术集成的系统工程。要统筹规划，合理确定科学和工程目标；充分调动和整合各方面科研资源，加大对重大关键技术攻关的力度。各部门要精心组织，团结协作，高标准、高质量、高效率地完成月球探测工程任务。

栾恩杰（左）与孙家栋在西昌卫星发射中心“嫦娥一号”卫星发射现场

4 月 17 日下午，国防科工委组织有关单位传达学习温家宝总理的重要批示。会上，有的单位提出计划很紧，经费还没到，难以做到“三高”（温总理批示要高标准、高质量、高效率完成月球探测工程）等问题，因为提出的问题较多，传达会变成了向国防科工委的意见反映会。会后，栾恩杰把胡浩等机关和工程办公室的同志叫到他的办公室，提出了“深入、细致、快捷”的工作要求。胡浩说，这次会议对他触动很大。

孙家栋总师牵头每两周组织召开总师例会（2004 年开了 17 次）①，研究解决问题（70 余项），这一做法持续到年底工程转入初样阶段。2004 年 4—5 月，栾恩杰率工程“两总”深入 20 多家一线单位，调查研究研制情况，现场收集轨道设计、星地信道、VLBI

① 此处及本章相关内容参考胡浩、裴照宇《迈向深空的第一步》。

（甚长基线干涉天文测量系统）使用、测定轨精度、月球环境、月食影响等问题。4—8 月，各系统的方案评审相继完成。8 月底，栾恩杰召集“两总”研究、协调解决各单位反映的问题。调查研究结束后，工程中的绝大多数问题得以解决，唯有测控系统提出的信道余量不足的问题尚待解决。

与此同时，栾恩杰积极论证组建国防科工委探月与航天工程中心的必要性和可行性。月球探测工程是一项国家的重大工程，国防科工委作为政府机构，在工程管理方面相对缺乏经验，特别是月球探测工程涉及面宽，不仅涉及部队，还涉及各大集团公司、中国科学院等单位和部门，工程研制周期长，而且工程技术比较复杂，挑战性强，带动性、影响性大，如卫星能不能到月球、轨道刹车能不能刹得住等问题都需要逐一落实，实现每走一步都要为下一步创造条件、每一步都要提升技术台阶的目标。下棋要看三步，重大工程需要有一个强有力的工程指挥部门执行好工程领导小组的决策、做好筹划和安排。

组建探月中心是国防科工委顶层创新战略的举措。工程立项之初，国防科工委党组拟在机关成立一个专门负责组织开展探月工程的办公室，但是面对这样大的工程仅靠一个办公室去实施是很困难的，没有一个专业队伍去组织和管理无疑会加大工程实施的难度，因此成立探月中心这样一个专业、专门的管理机构已迫在眉睫。

在论证探月中心成立的必要性、可行性基础上，栾恩杰亲自带队去中编办，积极争取探月中心编制。机构名称起初拟为航天工程中心，后来改为探月工程中心，李本正、胡浩、张良瑞三人跟随栾恩杰从论证立项到申请探月中心机构编制，一起经历全过程，感触颇深。

2004 年 6 月 22 日，中编办批准成立国防科工委月球探测工程中心（简称为探月中心）。探月中心是新国防科工委成立后组建的第一个工程中心，作为组织实施工程的办事机构，具体负责工程的总体框架、技术要求、工程总体目标、具体研制任务要求的制定，开展系统间接口协调、工程组织的实施调度、工程经费的需求落实、工程质量和技术基础的管理。

8月10日，“两总”和探月中心进驻北航世宁大厦。那天，探月中心在世宁大厦召开了全体人员会议。栾恩杰把在世宁大厦工作过的同志称为“原始股”，是“扛过枪、渡过江”的，以此鼓励同志们去创业和创新。

栾恩杰非常重视工程的规范管理，要求“嫦娥一号”工程的管理人员及主要组织者都要学习系统工程理论。工程实施初始，他亲自上课主讲《工程“两总”与系统工程》，提出了“指标有依据、设计有规范、验证有标准”等工程技术要求，以及“程序规范、紧张有序、分级负责、系统协调”等工程管理要求。在组建探月中心后，他安排探月中心组织航天七〇八所花了3个月（2004年8—11月）起草了12份工程管理文件。

胡浩和裴照宇说：“栾总审阅文件非常认真，他逐字与编写人员细抠，三轮才定稿。这些文件最终形成了月球探测工程最初的管理制度。栾总提出要编写一本关于月球的手册来作为工程的设计依据，我们组织国家天文台、五院等单位编写了我国第一本《“嫦娥工程”月球手册》（2004年12月—2005年4月），供各系统组织开展工程研制使用。在工程进入初样后，产品齐套、系统间试验、接口协调等问题越来越多，我们按照栾总在他的专著《航天系统工程运行》中提出的‘过程跟踪、节点控制、里程碑考核’的要津，以月调度会的形式来掌握情况、协调问题、控制进度。到9—10月，栾总评价说‘工程已整体上进入正轨’。”

2004年11月19日，领导小组召开第二次会议，栾恩杰和“两总”审议通过了工程由方案阶段转入初样阶段，部署了后续工作任务。

2004年是月球探测工程非常重要的一年。这一年，工程从论证到批复，从筹备到有序开展，工程的组织体系、管理办法、顶层设计、组织协调逐步建立并运行起来，有了良好的开局，栾恩杰很欣慰。

五、攻坚克难，顺利推进

按照中央领导指示要求，在国防科工委党组的领导下，栾恩杰积极组织协调各系统确定科学合理的工程目标、整合资源、加大攻关力度、制定管理标准体系，各项工作有序开展。

开端良好即成功了一半。在工程领导小组的领导和决策下，栾恩杰抓总体、管大局、把方向，确保卫星、运载火箭、测控、发射场和地面应用五个系统按照正确的技术路线向前推进。

栾恩杰说：

"'嫦娥一号'卫星平台选择了我国'东方红三号'卫星公用平台，当时该平台已成功地用于7颗通信卫星，只要对此进行适应性改进、设计，就可以满足'嫦娥一号'卫星的需要。

"运载火箭采用'长征三号甲'火箭。工程立项之时，该火箭已成功完成了8颗卫星的发射任务，成功率100%，且与'东方红三号'卫星平台的接口协调一致，只需要结合月球探测工程的特点对火箭进行适应性的修改，就可以满足月球探测工程的发射任务需求。

"测控系统由我国现有的航天S频段测控网（USB），辅以甚长基线干涉天文测量系统（VLBI）组成，通过开展国际协作，增加测控覆盖率。S频段航天测控网先后圆满地完成了我国历次火箭和卫星的测控通信任务。通过吸收VLBI测轨分系统高精度的测角优点，突破事后天文观测的处理模式，进一步提高了测控系统测定轨的精度，地面设备和人员也经历多次任务考验。

“发射场系统选用西昌卫星发射中心。该地域纬度低，满足我国所有地球同步卫星的发射任务需求。工程立项之初，该发射中心已成功完成了35次卫星发射任务。月球探测工程采用的远控测发模式和新3号塔架，已通过‘长征三号甲’火箭发射任务的考验，通过适应性的改进，可以满足探月的要求。

“在地面应用系统的研制过程中，工程总体始终坚持‘有限目标、有所创新、以图为主、兼顾其他’的指导思想。在这16个字里，‘有限目标、有所创新’是核心思想，引领工程为更好地实现科学目标而不懈努力。

“同其他系统和分系统相比，有效载荷的创新量最大，基本没有成熟技术可以利用。对于有效载荷的选取，工程总体坚决支持自主创新。方案选用7个载荷实现科学目标，这本身就是月球探测工程的创新点。”

月球探测工程重中之重的工作就是要紧紧抓住工程发展的关键技术、运行的节拍和质量的建造。在工程方案确定之后，栾恩杰和“两总”成员带领工程指挥中心梳理了十几项关键技术，确定了28项大型试验，这些都是针对关键技术“下药”，力度非常之大。从始至终，“两总”系统紧紧抓住关键技术，密切跟踪，组织攻关。

技术路线确定之后，栾恩杰心里踏实多了。他说，整个工程打下了比较稳妥可靠的基础。从某种意义上说，我们掌握了这个技术路线，也就把握住了工程脉络，掌握了80%的成功率。如果没有明确的技术路线，月球探测工程不会在4年内顺利地完成。月球探测工程是创新性工程，虽然采用的是成熟技术，但整个工程却是创新的，特别是其中的集成创新，对工程的实施具有更大挑战性。

2004年12月20日，中央专委召开会议，其中一项议题是国防科工委汇报月球探测工程。会上，温总理问栾恩杰还有什么不放心的，栾恩杰和工程指挥部的各位副总指挥提出目前批复的项目只包含一箭一星，没有备份，从总体部署上有一定风险。温总理当即指示按 6 亿元做好备份方案论证。由此，工程于是有了“嫦娥二号”，获得了宝贵的备份机会，这一模式也成功地复制到了二期、三期工程。这里有一个小插曲，启动论证时，栾恩杰和财政部主管该项工程的陆素娟副司长在估算整个工程费用时说：“整个工程应该在 20 亿元左右可以完成。”但财政部最终批复 14 亿元，而此时温总理指示增加了 6 亿元，加起来恰好是 20 亿元。陆素娟对此很是叹服，对栾恩杰说：“您说的 20 亿元是对的。”

2005 年 1 月 6 日至 7 日，召开了嫦娥工程第二次工作会，对年度工作进行部署动员。栾恩杰在会上作报告，他指出 2005 年是“系统集成年、大型试验年、问题暴露年、技术见底年”，工程最艰难的工作都要在这一年完成，他把这一年叫作“攻坚年”，工程全面进入初样阶段。

当时最难的工作是测控系统提出“在星上全向天线的哑口对地时，遥测信道电平余量不满足 3dB 的设计要求”。这个问题在 2004 年 8 月 6 日测控系统方案评审时首次提出，直至 2005 年 5 月 16 日才最后定案解决，期间开会研究、专题协调不下 30 次。

为解决这一问题，栾恩杰和多家单位想方设法，协同攻坚，采取了六条措施：一是航天五〇四所努力提高全向天线性能，虽有进步但未完全达到指标，到 2005 年 5 月 9 日，工程“两总”到五〇四所现场决定全向天线攻关告一段落，正样产品要保证达到现在的状态（“两总”把这一决策叫作“按住一头”）。二是卫星总体从全向天线安装位置和飞行姿态、飞行程序调整方面做工作，虽有改进但会带来 VLBI[①] 信标对地指向变化、测控频点需交替变换、星上能源供给紧张等问题。三是测控系统提出地面增加一个 18 米接收天线，这

① VLBI 一般指甚长基线射电干涉测量。甚长基线干涉测量（very-long-baseline interferometey,VLBI）是一种在电波天文学中使用的天文干涉测量方法。允许多个天文望远镜同时观测一个天体。

样可尽快固化星上状态，但增加的经费没有出处。四是清华大学陆建华教授提出采用 LDPC[①] 编码技术可增加 2dB 的余量，但该技术过去没有上过天，星上和地面都需要加装设备，也需要数百万元经费。五是利用地面应用系统的 50 米、40 米数据接收站代测控系统来接遥测，但这改变了系统间的任务分工。六是寻找国际测控合作，但立足于国内，自主完成任务是必须遵循的原则，且合作能否落实尚未可知。

栾恩杰（左一）在车间检查工作

经过多途径探索，在 11 月 18 日的“两总”会议上，栾恩杰和“两总”进行了充分的讨论，认为新建一个 18 米天线是最好的解决之道，同时认为 LDPC 是有意义的技术，可以安排在备份星上进行验证，为了决定 LDPC 技术是否上星，栾恩杰听取清华大学陆建华教授两次汇报后才确定下来。由于中央专委会议同意增加备份，经费渠道已经落实。在论证备份方案过程中，为提高可靠性，测控系统又提出在喀什、青岛各建一个 18 米天线且上、下行都有，卫星系

① LDPC（low-density parity-check）编码是一种稀疏图码，是一种在通信和存储系统中广泛使用的前向纠错码。它的特点是可以实现接近香农极限的通信性能，且译码算法相对简单。

统提出备份星采用 LDPC 技术。

回忆为争取 18 米天线所做的工作，栾恩杰很感慨，他说：

“在绕月工程实施期间，遇到了一些技术上的难题。‘嫦娥一号’运载火箭可控和可视、可感、可知，这我有信心，可是对卫星测控没把握。我到乌克兰访问的时候，看到他们早就建成 70 米的大天线，而且是一排，当时我很眼馋。乌克兰总统库奇马是苏联国家航天局局长，我们原来认识，他后来竞选为乌克兰总统。我跟他说：‘你这个设备可以让我用吗？’他说：‘可以啊，没问题。’但最终没有选用。

“测控遇到最大的技术难点就是‘嫦娥一号’卫星的电磁环境不符合要求，主要问题是卫星（天线）余量不够，发射天线的特性与接收不匹配，卫星功率再提高难度极大。其实这过程中的决策我认为是比较困难的。地面接收天线就这么大，这个问题非常难处理。怎么办？我让胡浩去西安五院找技术团队攻关，一个分贝都不能降。总装备部迟万春政委跟我说需要两个 18 米天线，由 12 米扩大到 18 米。迟政委说：‘你只批一个 18 米天线，那不成独眼龙了吗？我们需要两个。’我跟迟政委说：‘我们一定全力支持测发控系统的建设。’这是我在整个研制过程中遇到的最大难题。如果有需求就投入资金，我是下了决心的。2005 年 5 月 16 日，工程‘两总’会议决定上两套 18 米天线，大致投入了 3000 万元，建了两个 18 米的天线，满足了月球探测工程的需求。”

至此，天线问题最终得以解决。期间，栾恩杰、孙家栋、陈炳忠多次听取各个技术途径的汇报，深挖细究；胡世祥、孙来燕等领导对此也很重视，多次参加研究。胡浩和裴照宇说：“在这项工作中，我们学到了很多东西，这个问题虽源于技术，可解决起来又涉及了进度、经费、可靠性、任务分工等方面，从中我们也感受到了栾总等前辈们的作风、方法、经验。”

卫星系统自转入初样以来，在电测及环境试验中发现了 40 多个问题。随着卫星研制工作的深入，又提出推进剂余量不足、整星存在超重风险、月食应对存在短板、热控能力仍有欠缺、轨道设计正确性存疑、紫外敏感器提供滞后数月等十几个令人担心的问题。此外还提出一些跨系统的问题，如定轨精度对月面成像分辨率影响进而造成地面制图达不到要求、发射场的远距离测发控尚未明确，以及星地对接试验发现的一些问题。这些问题如芒在背，让栾恩杰放心不下，不断督促探月中心协调解决。

栾恩杰（左一）与技术人员讨论有效载荷

“两总”对载荷、VLBI、数据反演等都表示过担心，整体进度滞后两个月。面对这种形势，“两总”专门研究了几次。栾恩杰找探月中心领导专门进行分析研究，要求加大管理力度。他说：“何谓管理？管了才有道理，不管就没道理。”

2005 年 9 月 2 日，在保质量抓进度为主题的“两总”扩大会（探月工程 17 年里只开过这一次）上，栾恩杰在报告中重点分析了严峻形势，提出四个方面 12 条的要求，还把副总指挥胡世祥中将写的《“神舟六号”飞行任务质量管理要点》作为会议学习材料。之后，工程质量、进度形势大幅好转。

2005年12月7日，转正样阶段前召开了第二次工程大总体会，栾恩杰和“两总”协调了系统间的问题，明确了正样阶段的研制计划。12月29日，张云川主任主持召开了第三次领导小组会，同意工程转入正样阶段，这标志着胜利完成了技术见底、质量建造、如期转段三大攻坚战。会议还选定了月球探测工程的标识LOGO，这一标识到现在已经成为著名商标。

我国月球探测工程标识于2006年2月10日在北京公开揭晓，由上海设计师顾永江设计

工程进入攻坚阶段之时，探月中心也得到了发展。2005年6月10日，“两总”和探月中心进驻核建设大厦。栾恩杰对探月中心十分重视。他说，探月中心从零起步，从各地方、各部门“招兵买马”，组建队伍后，把工程的整个大总体方案建立起来，保证了工程开展的17年中步调始终一致，目标清晰，一步一个脚印，工作非常扎实。

六、决战关头，从严要求

工程进入正样之初，栾恩杰多次与探月中心研究如何抓好正样工作。本想尽快召开工作会对正样工作进行部署动员，没想到2006年1月10日在某所出现了卫星用的490N发动机喉部表面损伤的严重问题。栾恩杰为此非常严肃地责成该单位尽快处理。

2006年3月24日，召开嫦娥工程第三次工作会。为准备这次工作会，胡浩被栾恩杰叫到办公室不下十余次，从会议主题、议程

安排、到会人员、责任书内容，事无巨细皆把关，特别是工作报告，不知改了多少个版本。经过充分准备，会议效果特别好，栾恩杰的工作报告得到了各方的极高评价。

栾恩杰在报告中提出“要抖擞精神、以质量为核心、确保首发成功”的总要求，并提出了“聚精会神、真抓实干、始终把确保质量和可靠性作为决战核心，坚持‘严、慎、细、实’、确保万无一失，加强基础建设、确保工作规范，狠抓关键技术和薄弱环节、确保系统可靠，狠抓过程控制、确保产品质量，狠抓试验验证、确保系统协调”等方面的具体要求和措施，在上述要求和措施下还要开展若干具体的工作。

在第三次工作会上，工程领导小组向五大系统“两总”颁发了责任书。此次会议达到了制定目标、部署动员、落实责任的目的。会后，探月中心把工作会提出的理念、目标、要求、作风等制成板报加以宣传，全系统斗志高昂地投入到决战之中。

重大工程的质量管理工作关系到工程的成败。栾恩杰历来重视质量管理，他围绕月球轨道、奔月路线、卫星制动等关键环节，创新了一整套质量管理办法。他认为，抓关键技术和成熟技术并不能保证整个工程的成功。月球探测是一项充满挑战的任务，很多设计和研制都是“第一次”，确保成功的另一个关键是质量建造，抓住质量建造这个环节，就抓住了工程成功的“牛鼻子”。

栾恩杰所说的“质量建造”，不单是质量管理，还要通过系统工程的运行，把质量建造在系统里、建造在设备里，最终体现在每一个分系统或系统的集成上，这是系统工程运行的关键。月球探测工程把质量建造的高要求落实到每一项研制工作中，一以贯之地提升工作质量，时间和质量上的巨大压力转化为研制人员的稳健作风和积极行动。

第三次工作会召开前夕，栾恩杰提出要下发关于质量的决定，他强调抓住质量这个“牛鼻子”是航天重大工程成功的经验。探月中心领导邀请邵锦成、孙守魁等质量专家研究起草，在工作会上印发了《关于加强月球探测工程质量与可靠性工作的决定》，提出了12条措施。4月，又组织专家编写了培训材料，对研制队伍进行了集中培训。

2006年，栾恩杰（主席台右四）参加月球探测工程阶段质量工作要求宣贯会

之后，栾恩杰和“两总”、探月中心部署各系统开展质量复查，成立了质量可靠性和软件两个专家组，9—10月对主要单位进行检查和监督整改，聘请质量监督代表常驻一院、五院，定期向探月中心提交对火箭、卫星跟踪生产和研制等情况的监督报告，这些做法沿用到了嫦娥工程二、三期之中。

2006年12月中旬，在即将完成正样工作之际，张云川主任提出了“两个百分之百”（设计、生产两个维度都要做到百分之百的层层落实，环环相扣，不留隐患，心中有底）的要求。栾恩杰对此高度重视，工程全线又开展了一轮确保“两个百分之百”的复查工作。在卫星进场前（原定运送地面设备的专列2月5日出发）因“北斗二号”出了问题（2月3日），发射窗口调整到10月，全线又进行了一轮举一反三的复查。

在“嫦娥一号”卫星的轨道设计过程中，需要综合考虑三体运动、运载发射能力、轨道光照条件、测控覆盖性、环月轨道维持、科学探测任务需求，以及遭遇月食等一系列约束条件，以便设计出最优的飞行轨道。为此，在方案阶段，栾恩杰和工程总体着力抓轨道方案论证，组织相关单位开展轨道设计专题研究，完成了轨道方案的论证和初步设计。

在初样阶段和正样阶段，“两总”和探月中心组织全国力量先后对“嫦娥一号”卫星轨道设计方案进行两轮复核复算基本调相轨道、奔月轨道和环月轨道的变轨速度增量，栾恩杰采用“远近地点能量平衡式”方法进行计算。他认为，地球卫星入轨后处于地球的保守场中，在不计阻力损耗的情况下，卫星的总能量是守恒的。由此，可以建立一个卫星轨道的能量平衡式，使用这个平衡式对探月卫星调相段和奔月段以及绕月飞行的轨道数据进行核算，是比较准确的，而且物理概念也很清晰。

栾恩杰回忆说：“列出卫星轨道近、远地点能量平衡式是我要做的一项工作。作为工程总指挥，必须自己先懂、先会。如果我自己都不懂，恐怕很难指挥别人。总指挥是工程师，必须要会计算、会看图。‘两总’会上我专门说过指挥负责制，总师是辅助者，是技术状态保持者。对于设计人员送来的报告、数据我都要核算一下，这是我必做的功课。那时我每天不论白天上班还是晚上回家，有空就算，已经敲坏了好几个计算器。作为一个指挥员来说，对于从事的重大工程中的重要数据，自己要先在沙盘上推演一下。我对轨道的特征量进行核算有一个办法。‘嫦娥一号’轨道是一个需要消耗推进剂完成的调相轨道，要核算带多少燃料，还要考虑充分的余量，我给出了一个方便验证的方法，就是能量平衡式。要做到大道至简，让各种人能够快速地掌握应用，我的算法一定要最简，利用最基础的卫星位置的势能、卫星具有的动能计算总能量，利用开普勒定律计算近地点和远地点速度之比等于其地心距之反比，由此得出能量平衡式。利用这个能量平衡式计算“嫦娥一号”卫星调相段、奔月段和绕月飞行段变轨需求的速度增量，得出四次变轨及进入奔月轨道的数据，计算了四次减速机动的数据，测算了火箭对卫星的运载能力，推算卫星推进剂的需求量和远地点地心距。通过大量的复核复算，既验证了设计的正确性，也验证了‘能量平衡式’方法的正确性。对这个能量平衡式的运算是简单的代数运算，中间有一个概念是开普勒，或者叫作开普勒的第二定律，或者叫作能量守恒都是一个道理，就是轨道的能量守恒定律。为了使对航天感兴趣的读者了解卫星轨道知识和公式，充分发挥其科学普及的价值，我写了《卫星轨道近、远地点能量平衡式》的文章，发表在2009年第五期中国科协的科普类报刊——《科技导报》上，我想老师们阅读后都可以读懂，也可以跟孩子们讨论，让孩子们都能参与计算。我在作报告的时候，感觉到很多人，特别是中学生对航天知识十分的渴望，这让我非常感动。我跟孩子们说，‘嫦娥一号’的轨迹和轨道实测、理论轨道都非常吻合，这次任务的完成就像教科书一样那么完美。原中国科学院院长郭沫若在一篇报告中说‘要善于把一个复杂的问题，或者别人不懂的问题用最科普的语言表达出来，让不懂的人懂，这才证明你真懂’。科普的理论建立在概念的基础上，建立在一定能听懂、一定能看懂的基础上。如果这个平衡式能达到科普的目的，就是我想要的最好结果。”

在组织完成南京大学、中国科学院和国防科大三家单位对飞行轨道进行“背靠背”的验证过程中，栾恩杰要求航天七〇八所对复杂工程的任务可靠性进行专题研究，提出“在设计和制造完成之后，举一反三就是可靠性增长”的论断，鼓励全线通过认真地归零和举一反三来增强各系统的可靠性。卫星在完成规定流程的测试后，利用窗口调整的时间进行补充电测，称为可靠性增长测试，至8月进场时电测时间已达1500小时，也是当时电测时间最长的卫星。后来的嫦娥任务都提出了电测时间不少于1500小时的要求。

除了地面应用系统外，其他四个系统均有较好的基础。栾恩杰将可靠性当作技术途径选择的首要因素，处理各种问题时把对可靠性的影响放在最重要位置来权衡解决方案，如信道电平余量问题、490N发动机受损问题。

490N发动机作为卫星轨控的唯一动力，是最大的单点，栾恩杰一直萦萦于怀，他说几次梦到490N发动机不点火，在梦中被惊醒。对此，他多次到航天八〇一所或叫人来北京专门听汇报并提出质疑。在后来任务中490N发动机表现很好，他特意说，即便出了喉部损伤这样的严重问题，突出贡献单位也要给航天八〇一所。

为应对任务中可能出现的风险，栾恩杰责成探月中心对国外探月的故障进行全面深入的分析研究，并专门出了一本汇编。他还多次强调“3F”技术①，让有关系统以“3F”为基础，从飞行事件保证链（正向）、故障预案（逆向）两个方面发力，增强了正向的正常飞行可靠性，完善了逆向的故障预案，增强了工程队伍的底气和信心，为确保首发成功打下了坚实基础。

系统间协调匹配是工程任务成功的关键，责任在工程总体，落实在各个系统。栾恩杰在工作会上提出要加强试验验证，狠抓系统协调，在立项论证、研制总要求制定、任务书编制中充分考虑到系统间的大致匹配性。在初样阶段，通过接口控制文件将系统间的关系详细量化；在正样阶段，由于发射窗口调整又重新协调了一轮，新的接口控制文件成为各系统参试的最终状态。

栾恩杰非常重视系统对接试验。为了验证系统间接口，在初

① “3F”技术是质量与可靠性管理的核心技术，因其英文缩写均以“F”开头，所以简称“3F”技术，这三种技术是：故障模式、影响及危害性分析（FMECA）；故障报告、分析和纠正措施系统（FRACAS）；故障树分析（FTA）。

样阶段完成了一轮对接试验，当时有的系统尚未建成（如地面应用系统的 50 米、40 米接收站，测控系统的 18 米测控站和 VLBI 分系统），试验是不充分的；到正样阶段又用真实产品和建成后的地面设施做了一轮对接试验，卫星与所有的测控、应用系统的站点都实现对接，并到德国与 ESA（欧洲空间局）的设施对接。为验证任务实战能力，做了发射场合练和星地 1∶1 无线联试（按飞行控制大纲实际演练飞行与控制全过程），利用 ESA 的 Smart-1 卫星在月球轨道做了测控跟踪、测距试验。

进场前，探月中心编制了飞行任务大纲、发射场测发流程、飞行控制大纲、在轨测试大纲、放行准则等任务实施文件，为各系统协同参试提供了依据。栾恩杰率工程“两总”审查了重要的试验大纲，到西昌、北京中心、密云等现场指导试验工作，审查了每份任务实施文件。栾恩杰特别关心飞控准备工作，多次听取北京中心关于飞控工作的汇报。

工程进度是决战的重要抓手，栾恩杰对进度抓得很紧。较之地球轨道航天器，月球与行星探测发射窗口的约束则更多、更复杂，其发射窗口更少、更严苛，因此为保证能准时发射，就必须保证各系统的工作都能在发射前准备完毕。

栾恩杰时刻关注工程的每一步进展，他的足迹遍布各参研单位，他对工程中各产品、各阶段成果都比较了解。在“嫦娥一号”任务中，他主要采取五种方式抓工程进度：一是通过大总体会等形式确定一个阶段的主要计划节点；二是通过年度工作会等形式制订年度研制计划；三是通过月调度会等形式掌握本月进度、下月安排并及时协调相关问题；四是通过周安排等形式对各系统工作进行跟踪问效；五是通过专题协调等形式对复杂问题进行协同攻坚。抓进度的关键还要处理与技术、质量、可靠性相关的问题，以及跨系统、跨部门、跨地方的问题，对这些问题，他都了然于胸，着力推动解决。

2006 年 3 月，召开第三次工作会，重点提示了工程中存在的一些进度问题，如试验项目多、地点多、个别器件没到货、新增语音传输要求、应答机抗干扰能力不足、490N 管路漏率超标、50 米天线滞后等。针对这些问题，栾恩杰和“两总”及时听取情况汇报，或到相关单位现场办公，及时进行了处理。

栾恩杰（左四）在月球探测工程 2006 年“两总”扩大会上发言

“嫦娥工程”一路走来，问题不断出现，也不断得到解决，最终“嫦娥一号”达到了 2007 年 2 月进场、4 月发射的进度要求。后来调整发射窗口，进度已不是问题了。栾恩杰提出的“把握脉络，提前谋划，早做准备，问题不推，及时协调”等管理理念和做法被后续探月任务所沿袭。

工程的一切工作都在按照预定的计划按部就班、有条不紊地进行，栾恩杰付出了很多心血。国防科工局科技与质量司原司长张良瑞回忆说：“栾主任在各项工作中都‘抠’得非常细，一件一件地‘抠’，一个基层一个基层地走、一个公式一个公式地计算，包括计算轨道的公式，他反复地计算，不停地‘抠’。栾主任为月球探测工程作出的贡献很了不得。”

作风建设是重大工程管理的重要组成部分，直接关系到工程的成败。栾恩杰一直非常重视作风建设，在工程启动之初，他提出“深、细、快”等工作要求。在“嫦娥一号”任务的决战阶段，他更是将作风建设摆在非常重要的位置。在第三次工作会上，在工作报告中提出要“全（全力以赴）”“定（下责任令）”“前（靠前指挥）”“齐（齐心协力）”，将抓作风作为重要的工作来强调，要求全体研制队伍抖擞精神、全力以赴。在工程推进过程中，大家听到他最多的嘱咐就是要严格、要负责、要深入、要落地。

探月中心同事说，栾恩杰是“严、慎、细、实”作风的典范。在决战一年多时间里，他与运载火箭系统总指挥岑拯、卫星系统总指挥叶培建、航天科技集团五院院长袁家军、航天科技集团副总经理雷凡培、总装备部副参谋长王文宝逐一面谈，谈得很透。他逐一听取载荷汇报，问得很深。中国科学院研究所研制“嫦娥一号”搭载的应用设备，包括激光高度器、红外光谱议等载荷，每种载荷他都听了三轮汇报，7 种载荷一共听了 21 次汇报。他逐一审核任务实施文件，看得很细；他逐一听取故障预案，面对突发的“北斗二号”出问题果断决定推迟进场，体现了极为“严、慎、细、实”的作风。

通过实施“嫦娥一号”任务，工程文化应时而生，“成功是硬道理、使命高于一切、责任重于泰山、团结协作是成功的保证、细节决定成败、全过程零缺陷”的工程理念深植人心；“加强领导、层层落实责任，精心设计、夯实技术方案，集中精力、突破关键技术，科学安排、狠抓计划落实，完善规章、加强规范管理，大力协同、推动工程实施”的规范准则被广泛贯彻执行；“目标要明确，组织要健全，责任要到位，保障要有力，工作要落实”的管理要津日益发挥重要作用；“工作指标不降，反复复查不烦，出了问题不推，手头工作不拖”的工作要求成为考核评价的重要内容和工程成功的秘诀。

七、决胜之役，捷报频传

2007年1月19日，张云川主任主持召开第四次领导小组会，同意工程转入发射实施阶段。月球探测工程完成了进场前的准备，卫星整装待发。没想到就在专列出发的前夜，某型号的一颗卫星发射后出现了故障。

工程指挥部毅然作出决定，向中央提出了将原定同年4月的发射窗口推迟至10月的建议。党中央很快批准了这一建议，全系统进入再复查、再准备阶段，为进一步提高工程质量和可靠性创造了条件。全系统认真开展举一反三，进一步夯实质量，提高工程可靠性，完善故障应对预案。

箭在弦上，当时有一些同志不甘心，他们渴望早日实现中国的探月梦想，对“为什么别人生病，我们也要吃药”的道理不理解。为此，栾恩杰等工程领导层层动员，使大家终于理解了成功才是对祖国和人民最好的报答，成功才是对责任和事业最好的奉献。全系统很快统一了思想，有条不紊地实现了平稳过渡，认真对待发射窗口调整所带来的影响，充分利用半年的时间，进一步提高系统的可靠性，为工程成功打下了坚实的质量基础。

发射窗口调整后，栾恩杰和工程“两总”组织各系统开展了影响分析和状态清理。为进一步落实决胜年的工作计划和要求，探月中心抓住发射窗口调整带来的机遇，组织再次进行窗口搜索、接口协调、任务实施文件修订，各系统组织再复查再演练。

2007年5月8日，工程“两总”召开了第四次工作会，对工程进度和质量工作进行新的部署。栾恩杰和“两总”提出“各系统要把计划调整作为机遇，珍惜时间，把工作做得更细；精心组织，深入复查产品质量，严格控制系统状态，全面提高工程可靠性等重点管理工作任务”。对后续工作提出“要领导到位，稳扎稳打；强化对状态更改的控制；深入开展‘两个百分之百’复查，确保产品质量；做好举一反三，促进可靠性增长；进一步进行风险分析，完善故障预案；加强试验演练，杜绝差错和疏忽，提高应急能力”等要求。

“嫦娥一号”卫星用490N发动机来实现变轨，发动机一旦出现失效将直接影响工程的成败。该发动机本来是为其他卫星研制的，原设计的工作次数少于4次，工作时间少于1000秒。而用在“嫦娥一号”卫星上的工作次数须达8~10次，累计工作时间超过5000秒，这是一个全新的挑战。在工程进场前，栾恩杰对这台发动机总感到不放心，好几个晚上彻夜难眠。为此，他专门找来研制单位的同志，当技术人员汇报说针对月球探测工程的特殊要求已在地面进行了84次启动试验、累计工作时间达28000多秒、该发动机均正常工作、对可能出现的问题制订了一系列预案时，他心里的这块大石头才终于落地。

2007年8月10日，张云川主任主持召开第五次领导小组会，作出2007年10月24—26日择机发射“嫦娥一号”卫星的决定。会后立即召开了进场动员会，栾恩杰和“两总”在试验队旗上签了字，这标志着“嫦娥一号”任务进入决胜阶段。栾恩杰非常激动，决战决胜战役即将打响。

2007年8月16日，探月中心主任胡浩带队，进驻发射场。

2007年8月17日，“嫦娥一号”卫星空运抵达，按照技术流程顺利开展各项工作。由于推迟半年进场，解决了一些问题，产品质量得到了提高，人员操作更为熟练，卫星进场后只出现了两个归零问题。进场后，栾恩杰要求探月中心工作人员编写《入场手册》、详细列明各项工作。

2007年8月13日，“嫦娥一号”试验队在出征仪式上在试验队旗上签字

2007年9月10—12日，栾恩杰率工程“两总”到西昌检查工作进展情况，他对大家的工作进展非常满意，表扬了团队的工作状态和团结协作精神，勉励大家再接再厉，做好“双想”工作，确保零窗口发射。

2007年9月21日，“长征三号甲”系列火箭平台发生失稳故障。此时，火箭专列已前往发射场，如果不能尽快完成平台的故障归零，将影响火箭在发射场的整个工作计划。栾恩杰和其他工程“两总”深入研制生产单位，共同努力，使研制生产单位比预期提前10天，即于9月30日完成故障归零。在此前发射的其他火箭中，该故障隐患一直存在。至此，火箭的这一隐患才得以彻底消除。

2007年9月25日，“长三甲遥十四”火箭专列运抵西昌，并顺利完成相关技术工作。

2007年10月2—4日（国庆节期间），新任国防科工委主任张庆伟率领导小组和工程“两总”到西昌，看望试验队伍，检查准备情况，部署后续的任务线、宣传线、接待线等工作。

2007年10月18日，栾恩杰率工程“两总”进驻西昌，与驻场人员共同参加发射前的第四次总检查、问题归零、指挥部会、全区合练、火箭加注等工作，要求大家按部就班地做好每项工作。“嫦娥一号”卫星发射窗口每个月只有一次发射机会，持续3天，每天只有35分钟。为了确保零窗口发射，工程总体组织卫星、运载火箭和发射场系统对此开展了专题研究，发射场系统根据零窗口发射的要求，开展了组织指挥、气象保障、勤务保障等方面的专题研究，制定出相应的预案和应急处理措施。

月球探测工程是国防科工委组织实施的第一个重大工程。发射前，正值党的十七大胜利闭幕之际，全体研制人员深刻地意识到发射成败将带来的巨大影响，各系统研制人员纷纷在国旗下宣誓表态，热情高涨，并在国旗上签字，决定以成功报效祖国。进场后，研制人员严格贯彻“严、慎、细、实”要求，圆满完成了发射前的各项测试和准备工作。大家朝着一个目标，心往一处想，劲往一处使，形成了一股强大的合力。

2007年10月24日18时05分，“长征三号甲”火箭伴着惊天动地的轰鸣，准时点火升空，印有“中国探月”标识的“长征三号甲”运载火箭一跃冲天，托举“嫦娥一号”卫星挣脱地球的怀抱，承载着中华民族千年梦想的“嫦娥一号”卫星开始了奔向月球的旅程，迈出了中国深空探测的第一步，实现了火箭在零窗口准时发射，准确入轨。测控通信指挥部组织实施了精确的卫星飞行控制，成功地将“嫦娥一号”卫星送入绕月轨道。按照零窗口要求，指挥部圆满地完成了“嫦娥一号”卫星的发射任务，栾恩杰和孙家栋兴奋异常。

飞控期间出现了两次问题。2007年10月27日，VLBI上海站与北京中心中断通信104分钟，原因是突然停电而备用油机还未就位。栾恩杰马上召集了指挥部紧急会议，对责任单位进行严肃批评并要求通报，这为全体参试单位敲响了警钟。对这样一个未造成损失的问题如此重视，传递给全系统的就是“严肃认真、稳妥可靠”的严格要求。

10 月 29—30 日，载荷连续发生两次单粒子锁定。对如何处理这个问题，“两总”作出了关掉载荷的决策。栾恩杰和“两总”对此事的处理可谓是“慎之又慎”。

10 月 31 日，“嫦娥一号”卫星成功进行 4 次变轨，顺利进入地月转移轨道。

11 月 5 日 11 时左右，在地月转移轨道上经过 114 小时、近 40 万千米长途跋涉的“嫦娥一号”卫星终于来到了距月球约 200 千米的近月点，飞行速度为 2.4 千米 / 秒。此时，北京航天飞行控制中心指挥大厅内一片寂静。工作人员在紧张有序地为“嫦娥一号”卫星的第一次“刹车”做着最后的测算和准备。早早来到现场的栾恩杰目不转睛地盯着前面的大屏幕，上面显示出仿真系统根据遥测信号模拟的“嫦娥一号”卫星飞行状态图和各种飞行参数，卫星的实际轨道和本次“刹车”的目标轨道分别以不同的颜色清晰地标示在屏幕上。11 时 15 分，随着“主发动机点火”口令的发出，第一次“刹车”以非常完美的形式获得成功。此时，“嫦娥一号”卫星从地月转移轨道进入近月点约为 200 千米、远月点 8600 千米、周期为 12 小时的月球椭圆轨道。这意味着“嫦娥一号”卫星已经成为一颗真正的月球卫星。在卫星建立使命轨道的三次“刹车”制动中，第一次“刹车”尤为重要。如果第一次“刹车”失败，“嫦娥一号”卫星就不能被月球引力场捕获，就会离开月球而飞向遥远的太空。

11 月 7 日，“嫦娥一号”卫星在经过二次“刹车”制动后，顺利进入距月面约 200 千米、周期为 127 分钟的圆轨道，这一轨道正是卫星即将展开各项科学探测任务的使命轨道。

“嫦娥一号”卫星进入环月轨道后从四个方面开展对月球的科学探测：一是获取月球表面三维立体影像；二是分析月球表面有用

元素及矿物质的含量和分布；三是测量月壤的厚度和评估月壤中氦 -3 资源量；四是探测地球—月球空间环境。

2007 年 11 月，“嫦娥一号”卫星进入工作轨道，圆满完成了发射阶段的任务，绕月工程专家领导合影

从发射到实现绕月，“嫦娥一号”卫星的表现可以用两个字来形容——完美。实现绕月飞行，标志着月球探测工程取得了阶段性胜利，也标志着中国航天正式进入了深空探测的新时代。

中央军委副主席曹刚川到北京航天飞行控制中心现场，观看了“嫦娥一号”卫星第三次“刹车”全过程，他对研制人员不停地称赞道：“你们设计了最完美的奔月路线。”

当“嫦娥一号”卫星第三次近月制动顺利完成时，坐镇北京航天飞行控制中心的月球探测工程总指挥栾恩杰和总设计师孙家栋两位“大老总”的手再一次紧紧握在了一起。在这激动人心的时刻，握手也许是这对航天领域“老战友”最好的交流。为了实现工程的目标，他们携手一路走来。他们深知，中国月球探测工程目标已经基本实现，下一步的科学探测任务还很艰巨。

从 11 月 20 日开始，随着 CCD 立体相机（用于动态和静态景物拍摄的设备）开机工作，地面应用系统获得第一批原始图像数据。

经过对接收的图像数据进行技术处理，并对19轨图像进行拼接，技术人员完成了第一幅月面图像的制作。卫星绘制出的第一幅月面图像为中国航天月球探测工程增添了浓墨重彩的一笔，全世界为之震惊。栾恩杰与工作人员坐在电脑旁仔细分析第一幅月面图像，为第一期月球探测工程取得的阶段性成果而欣喜万分。

11月26日，国务院总理温家宝代表党中央和国务院出席了我国月球探测工程第一幅月面图像发布仪式，并为图像揭幕。第一幅月面图像的完成和公布，标志着中国月球探测工程取得圆满成功。呈现在世人眼中的这幅月面图景，由“嫦娥一号”卫星搭载的CCD立体相机采用线阵推扫方式获取，轨道高度约200千米，每一轨月面幅宽60千米，像元分辨率120米。温总理宣布：中国首次月球探测工程取得圆满成功。来自“嫦娥一号”的一段语音和《歌唱祖国》歌曲从月球轨道传回。37年前，“东方红一号”卫星播放的《东方红》乐曲曾经轰动世界。如今，传承着中国航天无比骄傲的这首乐曲从“嫦娥一号”卫星传回时，栾恩杰又一次心潮澎湃。“嫦娥仙子”的声音——乐曲《东方红》、歌曲《歌唱祖国》，回荡在首次月球探测工程第一幅月面图像发布仪式上。从此，神州大地将会陆续收听到从“嫦娥一号”卫星传回的32首歌曲。“嫦娥一号”卫星播放的所有歌曲、戏曲、器乐曲都被存放在一个特殊的存储器——语音存储装置中。在卫星进入绕月轨道后，经地面向卫星发送指令，存储器中各种语音作品的信号便从38万千米之外传回地球。地面接收系统把这些信号接收下来后，转发给全国各地的电台、电视台。

栾恩杰说：

“‘嫦娥一号’卫星首飞任务实现了准时发射、准确入轨、精密测控、精确变轨、成功绕月的目标，飞控精度和完美过程令世界瞩目。2009年3月1日16时13分10秒，‘嫦娥一号’卫星在地面精准控制下，撞击月球表面预定地点，圆满完成任务。

“‘嫦娥一号’卫星创造了中国航天器多个第一的纪录：第一个进入月球轨道的航天器；第一次在飞行中实现8次变轨的航天器；第一次使用紫外敏感器进行姿态确定的航天器；第一次实现远程测控通信的航天器……而每个“第一”的背后都凝结了‘嫦娥工程’团队成员的心血，代表着科研人员对航天科技创新孜孜不倦的追求。

“‘嫦娥一号’卫星不仅书写了中国人从地球到月球的浪漫传奇，更将无数“中国制造”的范例彰显在38万千米之外的太空，在新世纪的探月热潮中留下了不平凡的足迹。月球探测工程从2004年立项到2007年实施发射，短短3年多的时间就实现了里程碑式突破，这是中国航天人拼搏精神、奋斗历程的印证与浓缩。

“‘嫦娥一号’任务的圆满成功，标志着中国人走向深空迈出了坚定坚实的第一步，中国从此迎来了月球与行星探测的辉煌时代，翻开了中国航天史上从太空迈向深空的新一页，铸就了中国航天事业发展的第三座里程碑，并再一次雄辩地证明，自强不息、勤劳智慧的中国人民有志气、有信心、有能力攀登世界科技高峰，不断为人类文明进步作出贡献。”

“月球探测工程研制模式固化得很好，执行得很有力，后面的人都按照要求一步步地在走，实现了预定目标，栾恩杰干了很多事。”他身边的同事这样说。

“嫦娥一号”卫星发射成功后，栾恩杰带队向92岁高龄的刘华清副主席作了汇报。刘华清听了汇报，竖起大拇指说：“干得好。”

“嫦娥一号”卫星发射成功后，栾恩杰和其他老同志退出了一线岗位。袁和平在文章中提道：“我要特别讲讲在栾恩杰身上体现的科学家精神。2007年，在‘嫦娥一号’发射成功之后，栾恩杰果断地提出建议，希望所有老专家、老同志全部退下来，让年轻人接班，让航天精神一代一代地传承下去。随后，一批年轻人起来了，成熟了一支队伍，培养了一批年轻人。栾恩杰感到欣慰的是有一批30岁、40岁的同志担当月球探测工程的重要职务，他认为这就是航天未来发展的希望。但是，从一线岗位退下来的栾恩杰时刻关注并指导着月球探测工程的每一阶段的进展。他说：‘我一生的最大追求，就是在实现中国梦上多做一些工作。’”

2008 年 11 月，栾恩杰（右二）等月球探测工程领导小组成员为我国首幅全月球影像图揭幕

八、深空探测，再创辉煌

“嫦娥一号”之后，我国月球探测驶入了蹄疾步稳的快车道。

栾恩杰说：

“2010 年 10 月 1 日，作为‘嫦娥一号’的备份星，‘嫦娥二号’再次绕月，承担了验证技术、深化月球科学探测的使命，不仅为落月探测验证了部分关键技术，而且超额完成多次拓展任务，为后续任务提供了支持。

“2013 年 12 月 2 日，‘嫦娥三号’成功落月，实现了我国航天器首次月面软着陆和巡视。

“2014 年 10 月 24 日，月地高速再入试验器发射获得成功，迈出了我国月球探测工程‘三步走’中承前启后的关键一步。

“2018 年 5 月 21 日，‘鹊桥’中继星发射。2018 年 12 月 8 日，‘嫦娥三号’的备份星——‘嫦娥四号’发射，实现了月球背面着陆。”

2010 年 9 月，栾恩杰在西昌发射“嫦娥二号”卫星火箭加注前评审会上讲话

作为领导小组高级顾问，栾恩杰时刻关心着工程进展，默默地为探月工程保驾护航。每当遇到困难之时，总是他带一批老专家帮助查问题、出主意，鼓励支持。对作为落月标志的“嫦娥三号”、返回标志的“嫦娥五号”，栾恩杰更是尤为关心。裴照宇记得在“嫦娥三号”研制期间，他多次被栾恩杰叫到办公室，详细询问着陆的方案、动力下降每个子段如何测量判断执行、障碍如何测量规避、涉核产品辐射量怎么计算防护……甚至有一次栾恩杰来到裴照宇办公室，询问为何三天的发射窗口会是三个月面落点。发射前栾恩杰亲临西昌，一定要站在最近的地方看发射，听火箭的轰鸣。2013 年 12 月 14 日晚，他在北京飞行控制中心看到成功着陆后，当即扔掉了拐杖，他说：“‘嫦娥三号’都稳稳地站在月球上了，我站在地球上还要什么拐杖。”

“嫦娥五号”选用新研制的“长征五号”火箭发射，栾恩杰担任“嫦娥五号”“长征五号”工程专家顾问组组长，倾注了大量心血。“长征五号”遥一发射时，他率专家顾问组来到文昌，为试验队把脉、释压、助阵。

“嫦娥五号”研制过程中曾有一次失利。探月中心和研制团队经常向栾恩杰汇报，他对此事非常关心，虽然腿脚不好，却经常到现场去听工作情况汇报，帮助分析解决问题，直至“嫦娥五号”走出困境，把问题解决到位，他才放心。他身边的人看到他对航天事业的全身心投入，都很感动，又很受鼓舞。

“长征五号”遥二失利，栾恩杰与专家顾问组多次到发动机设计、生产、试验现场，深入分析，认真把关。经过两年多归零，“长征五号”遥三发射时，他又来到文昌，就像关心病愈出门的孩子。

“嫦娥五号”发射前，栾恩杰率顾问组再次来到文昌，为试验队壮行，还赋了一首七言律诗送给胡浩总师：“嫦五出津乘龙船①，神箭腾飞送云天。脚下欢歌万泉水②，瞬间揽尽五指山③。家乡父老翘首望，盼尔落月再返还。待到四子王旗会，工程大计好收官。”他对胡浩说，只要记住后两句就可以了。这首诗是栾恩杰对探月工程的美好祝愿与殷切期望，表达了他对月球探测工程的拳拳之心。栾恩杰说，干航天这个行当，做了承诺，就要对得起国家，对得起人民，对得起自己的良心。

2020 年 11 月 24 日，“嫦娥五号”搭乘“长征五号”遥五火箭升空，执行月球采样返回任务。“嫦娥五号”到达月球轨道后，轨道舱和返回舱保持在轨运行，着陆器和上升器着陆月球表面。着陆器使用机械铲和钻头收集样本，再通过上升器把月球样本材料送回地球返回舱。最终采取“跳跃式再入大气层”的方式，减速并降落在内蒙古，探月工程三期任务如期实现。

“嫦娥五号”历经 23 天，闯过地月转移、近月制动、环月飞行、月面着陆、自动采样、月面起飞、月轨交会对接、再入返回等多个难关，成功携带月球样品返回地球，完成了这次意义非凡的太空之旅。

---

① 指从天津港出发。
② 指发射场在海南文昌。
③ 指“三个五”的联袂之合。

“嫦娥五号”的成功实施，标志着我国探月工程“绕、落、回”三步走规划如期完成。栾恩杰作为专家顾问组组长，在“嫦娥五号”发射场参加国防科工局（国家航天局）局长张克俭组织召开的会议上说：“‘嫦娥五号’是我从事航天工程50多年来最复杂的工程，这个工程的复杂表现在从落月到取样、从取样到返回、月轨交汇、对接转移、回归轨道、轨道控制、返回器降落到四子王旗，再按时收回来，还得圆满地把样品拿回家，整个过程一环扣一环，如果一个环节失利，就会前功尽弃。我们克服了重重难关，经过了14个大的步骤、环节、阶段，把1731克月球土壤带回地球，我们圆满地完成了这么复杂的工程，真的不容易。”他在祝贺“嫦娥五号”圆满成功的贺信及一篇文章中说，经过近17年，中国探月工程“绕、落、回”圆满收官，每次任务均一次成功！这是我们国人之骄傲，让外国人感到惊奇，赢得了中华民族的信心，给祖国争了光、争了气。

继“嫦娥五号”之后，我国行星探测也在紧锣密鼓地开展，探月中心启动了火星探测工程任务。栾恩杰担任火星探测工程“天问一号”专家顾问组组长，对任务进程的每一步都非常关注、经常过问，并给予指导。2020年7月23日，“天问一号”成功发射，实现了火星环绕、着陆、巡视。初战告捷，首次火星探测任务圆满完成，中央政治局委员、国务院副总理刘鹤代表党中央专门到国家航天局宣读了中央的贺信。

栾恩杰说：“我国的探测火星活动跳过了国际上多个国家首次探火所经历过的‘试探性’‘摸索性’‘接近性’的工程过程，在过去人类探索工程的基础上，一次就完成‘绕、落、巡’这三项任务，并且第一次探火就开展了火星车的巡视探测，截至2021年7月26日，‘祝融’号火星车已行驶450米。我们满怀信心地向中央报告‘我们有能力创新发展，在自主技术基础上确立并实现了落火巡视的工程目标’。我们在工程目标的牵引下，勇于创新，将分步实施的技术路线改变为一次发射、多目标验证，特别是在通信、指控延时的深空条件下，一次实现落火，安全闯过国际上宣传的‘恐怖7分钟’，安全降落。这是我们在技术工程上的一个重大突破。”

九、月面国旗，扬我国威

2020年12月3日23时10分，“嫦娥五号”在月面“挖土”自动采集并封存了月壤样品后，上升器3000N发动机工作约6分钟，成功将携带样品的上升器送入预定环月轨道。这是我国首次实现地外天体起飞。在点火起飞之前，“嫦娥五号”着陆器上升器组合体携带的一面“织物版”五星红旗冉冉升起，这是五星红旗第一次在月表进行动态展示。

2020年12月4日，国家航天局公布了“嫦娥五号”传回地面的国旗展示影像，一面鲜艳的五星红旗闪耀月球。看到这面五星红旗，栾恩杰内心一阵激动，他部署的在“嫦娥五号”探测器上展示国旗的任务圆满完成了。

栾恩杰说，“嫦娥五号”探测器要去月球，首要任务要把国旗展开，不要让大家光看石头。“嫦娥三号”探测器落在月球的时候，国旗贴在探测器上。他认为，国旗一定要有一个展开的过程。有了这样的想法，栾恩杰找到中国航天科工集团航天三江九部，布置给他们一个任务，让他们承担月面国旗展示系统的研制，而且一定要做成。这项任务长民族志气、展国家实力，承载了民族精神。通过在月亮上展示国旗，告诉世人我们的国家有信仰、有国魂。

中国航天科工集团航天三江九部领导和技术人员听到栾恩杰这一番话后，既兴奋又有压力。他们为承接“嫦娥五号”月面国旗展示系统这样艰巨、光荣的任务而兴奋，同时因为这项任务研制难度很大，担心不能圆满完成任务，承受了很大的压力。但他们心系祖国，化压力为动力，时刻不忘栾总的重托，决心把这件事当成大事，当成热爱党、热爱祖国的体现，为祖国增光。任务启动时，大家都表示要完成好栾总交办的任务，谁也不能给祖国丢脸。

研制团队按照栾恩杰提供的思路，对2013年12月15日“嫦娥三号”着陆器与“玉兔”号月球车完美互拍实现中国国旗首次亮相月球中的国旗进行了分析，并对2018年12月8日“嫦娥四号”探测器将国旗带向月球背面中的国旗进行了研究，针对“嫦娥五号”探测器国旗展示的方式、国旗的喷涂方式进行了论证。研制团队一致认为，“嫦娥五号”与“嫦娥三号”和“嫦娥四号”以及“玉兔”月球车上的国旗采用喷涂方式都不同，它要的是一幅动态展示的国旗，研制难度更大。

由于宇宙具有很强的电磁辐射，月球表面有着正负150摄氏度的温差等恶劣环境，这就决定了普通国旗无法在月球上使用。在月面的特殊环境中，为了在动态展示过程中保证国旗的完整和鲜艳，科研团队排除万难，发挥集体智慧，精心研讨，决定在设计上既要满足月面环境、国旗用料、颜色等要求，还要保证国旗卷起时在正负150摄氏度温差环境下不能粘连在一起，仅仅为了选择材料就用了一年多时间。经过反复的论证和试验，最终在月面动态展示的这面五星红旗，是用国产的特殊材料制作而成的，照片上“嫦娥”手中的国旗在太阳光的照耀下呈现出一抹鲜艳的“中国红”。

国旗展示系统的设计是月面红旗展示系统的核心工作。月表恶劣的温差环境，对国旗展示系统的工艺设计、集成设计也提出很高要求。由于“嫦娥五号”国旗展示系统起初重量达1千克，研制团队围绕系统减重下了大量功夫，不仅材料要轻质化，而且还要对设备进行“瘦身”，最终其重量仅12克，满足展示系统的要求，虽然只是一面旗帜，但它却展示在地外天体上。在月表环境下确保国旗鲜艳及展示机构的精准、庄严，则是对航天科技人员的考验。

研制过程中，国旗展示系统科研团队负责人经常向栾恩杰汇报工作进展情况，栾恩杰提出一定要保证质量，确保国旗展示系统的可靠性。科研团队不辜负他的厚望，几经努力，终于研制成功，并在“嫦娥五号”着陆器上升器组合体上成功展开。此时此刻，科研团队负责人范开春总师终于松了一口气。他说：“每次向栾总汇报的时候都十分紧张，因为总怕辜负老人家的信任和嘱托，现在我们成功了，他的思路实现了。看到国旗在月球上冉冉升起，作为中国人的自豪感油然而生。”

十、四子王旗，接回嫦娥

2020 年 12 月 17 日，内蒙古四子王旗，零下 30 多摄氏度的低温，寒风刺骨，大雪纷飞，原本难走的草原路已被积雪覆盖，近在眼前的牧户家，车辆都难以靠近。当“嫦娥五号”返回器顺利降落在四子王旗着陆区时，栾恩杰在落区指挥所里激动不已。他是专程来接“嫦娥”回家的。此行，同事和家人本不同意。因为其他专家顾问组的成员都在北京指挥中心观看“嫦娥”回家，原总装备部副部长、中国载人航天工程副总指挥牛红光为此事专门给栾恩杰打电话，劝他不要去现场，要以身体为重。而且当地冰天雪地的环境，异常寒冷的气候，万一摔倒或者伤风感冒，对于一位 80 岁的老人来说都是难以想象的。但是栾恩杰非去不可，这是一份沉甸甸的情感，更是一份对祖国的承诺。看到他对“嫦娥”这么深厚的感情，大家于心不忍，又阻止不了，只好让栾恩杰去了四子王旗。

栾恩杰在四子王旗

栾恩杰在现场跟大家说："我今天来，就是迎接我们的'嫦娥'从月亮返回她的家乡、她的祖国，所以我到这里十分激动。当'嫦娥一号'起飞的时候，我们充满自信，向中央承诺要完成'三步走'，我们一步一步地完成，从确定目标到实现目标是质的变化，是从一张纸变成现实，是摆在国人和世界面前的现实，中国人说做事要有头有尾。从'嫦娥一号'到'嫦娥五号'，经历了 17 年的时间。探月工程是中华民族的，是举国体制的成功。"为此，他豪迈地写道"仙女奔月颂千载，神州梦，敢逞强；珍祯只取一捧土，仰天笑，回故乡"。

在迎接返回舱的时候，考虑到他年龄、身体原因，大家都坚决不同意他到返回舱现场，栾恩杰跟探月中心副主任裴照宇说："你代表我摸一下返回舱吧。"裴照宇很感动，代表栾恩杰去摸了一下"嫦娥五号"返回舱，并照了一张相，回来给栾恩杰看了，说："您让我摸一下返回舱，我摸了。"

当天，中央电视台在落区派的记者看到栾恩杰亲临现场，对他进行了采访。栾恩杰对记者说："中国人从发射卫星到探月，经过一代又一代的接续奋斗，今天‘嫦娥五号’携带1731克土壤回到祖国。我来接‘嫦娥’回家，接‘嫦娥’回祖国。”在场的人们给予了热烈的掌声。记者让他用一句话表达此时此刻的心情，他说：“只有四个字，祖国万岁！”在他心中，翻滚着对祖国深切的热爱。他说：“中华民族在中国共产党领导下，战胜了一切困难，帝国主义的侵略、禁运、封锁、打压、破坏都没有阻止中国人民前进的步伐。过去我们有‘嫦娥奔月’的神话，今天我们实现了‘嫦娥’回家的梦想。当时，那种自豪感是满满的。”“祖国万岁”是他发自心底的呼声。

“待到四子王旗会，工程大计好收官”如今已然实现。在笼罩着新冠疫情阴霾、充满风险与挑战的2020年，“嫦娥五号”交上了一份满意的答卷：“月面起飞”载入史册，“旗开月表”振奋人心，“太空拥吻”惊险浪漫。探月逐梦的背后，总有一群如栾恩杰一样牧星耕天的追梦人。他们数十年如一日，从大山深处到大海之滨，一路追随、永不言弃；从翩翩少年到白发院士，他们矢志奋斗、不胜不休。

十一、至高荣誉，永生难忘

2021年2月22日上午，中共中央总书记、国家主席、中央军委主席习近平在北京人民大会堂亲切会见探月工程“嫦娥五号”任务参研参试人员代表并参观月球样品和探月工程成果展览，充分肯定了探月工程特别是“嫦娥五号”任务取得的成就。

习近平总书记强调，“嫦娥五号”任务的圆满成功，标志着月球探测工程“绕、落、回”三步走规划圆满收官，是发挥新型举国体制优势攻坚克难取得的又一重大成就，是航天强国建设征程中的重要里程碑，对我国航天事业发展具有十分重要的意义。17年来，参与探月工程研制建设的全体人员大力弘扬“追逐梦想、勇于探索、协同攻坚、合作共赢”的探月精神，不断攀登新的科技高峰，可喜可贺、令人欣慰。探索浩瀚宇宙是人类的共同梦想，要推动实施好月球探测工程四期，一步一个脚印开启星际探测新征程。要继续发挥新型举国体制优势，加大自主创新工作力度，统筹谋划，再接再厉，推动中国航天空间科学、空间技术、空间应用创新发展，积极开展国际合作，为增进人类福祉作出新的更大贡献。

孙家栋和栾恩杰是被特别邀请的探月工程“两总”的代表，受到了习近平总书记的亲切接见。习近平总书记与他们进行了亲切交流。随后，他们被请到总书记两旁坐下合影留念。栾恩杰说：“这对我来说既是巨大的鼓舞，更是至高的荣誉。我只做了我应该做的一点工作，党却给我这样高的荣誉。我只有永远听党的话，活到老学到老，跟党走到底！”

栾恩杰表示，要认真学习和领悟习近平总书记总结的“追逐梦想、勇于探索、协同攻坚、合作共赢”探月精神，深刻理解总书记的指示，坚定不移地贯彻落实总书记的要求，这是我们奋斗、担当和工作的遵循。

追逐梦想、勇于探索是栾恩杰和工程团队矢志不渝的情怀。伟大的事业始于梦想，38 万千米的那轮明月，是探月追梦人不懈的追求。栾恩杰既脚踏实地、仰望星空，又不负时光，在梦想之路上勤苦耕耘。他参与的探月工程的每一个大胆设想、每一个方案的成功实施，都是为了兑现对祖国和人民的庄严承诺。从一个个设想到一次次试验，每一次的技术突破、每一次的难关攻克背后都有他和团队勇于探索、奋勇拼搏的身影。

协同攻坚、合作共赢是祖国赋予我国重大工程研制的体制优势，也是栾恩杰和工程团队奉行的准则。举群力重协同，亿万双手，托举“嫦娥”飞天；亿万颗心，牵挂“嫦娥”回家。“行非常之事，乃有非常之功”。栾恩杰强调，探月工程是中国航天的一抹亮色，也是国家战略，体现了国家自立自强的意志。工程的顺利实施，体现了从中央领导到工程团队管理人员、技术人员的爱国情怀、勠力同心和担当作为。作为参与者，他感到非常自豪。

至高的荣誉，非获奖证书能比，它是一种无声的褒奖，更是一种价值的体现。不负众望，心系苍穹，栾恩杰用实际行动诠释了探月精神。

十二、探月成功，探寻秘诀

从2000年发表白皮书至今，当回首并盘点白皮书中所提出的发展目标时，栾恩杰说："可以欣慰的是，当时的形势分析和决策是完全准确的，国务院决定发表《中国的航天》白皮书是非常正确的。我们航天人没有辜负党和祖国的期望与信任，没有辜负政府各部门和全国各界的支持。为了实现我们确定的目标，所有参与探月工程的同志们奉献了他们的智慧和力量，他们的贡献应当与'两弹一星'、载人航天等航天重大工程一样载入我国航天事业的史册。正如李克强总理所说：'经过几代航天人的持续奋斗，我国航天事业创造了以'两弹一星'、载人航天、月球探测为代表的辉煌成就。'"

2021年，栾恩杰在回答国防科工局年轻人提出的"是什么力量促使我们完成了这样艰巨的任务、实现了我们对中央的承诺"时，总结了五点秘诀。

一是党中央、国务院、中央军委的领导和亲切关怀。

实施探月工程是党中央把握我国经济科技发展大势作出的重大战略决策。月球探测工程的立项与工程研制的每一步都得到了中央领导同志的关怀和支持。栾恩杰强调说：

“中国共产党的领导、社会主义制度的优越和举国体制，使工程实现了全国各部门大协作，这是最重要的，可以说是重中之重、核心之核心、重点之重点，无论怎么说都不为过。没有党中央、国务院、中央军委的领导和决策，就没有探月工程。探月工程体现了共产党的力量、社会主义制度的力量、中华民族的力量。

“2003 年，国务院启动中长期科技发展规划的制定工作。2006 年，发布的《国家中长期科学和技术发展规划纲要（2006—2020 年）》中确定了 16 项重大专项，其中一个专项就是探月工程。在国家讨论重大专项的时候，我是把国防和航天系统的重大工程上报国务院的第一人。

“在温家宝总理亲自主持的中央专委会上，我汇报了探月工程的规划。我向专委会提出国家中长期发展规划要在 2006 年开始实施，建议探月工程一期能否 2004 年启动，提前两年实施，先开展一期‘绕’的工程研制，这个‘绕’建议不进入国家中长期发展规划，而‘落、回’纳入国家中长期发展规划。在讨论环节，我又做了补充说明。专委会进行了热烈的讨论，最终确定探月工程从 2004 年到 2020 年实施‘绕、落、回’三步走的规划。总理在会上批准同意了首期探月工程，要求高质量、高效率、高标准地完成‘绕’的任务。我们用 14 亿元完成了首期工程，温家宝总理批复加了 6 亿元，我们又继续完成了‘嫦娥二号’任务。”

2004 年至 2007 年，中国首期探月工程利用三年多的时间，完成了产品生产和集成、可靠性增长和质量建造的工作，满怀信心地进入发射实施阶段。2007 年 10 月 24 日，“嫦娥一号”成功发射；11 月 26 日，一期“绕”取得圆满成功；12 月 12 日，党中央、国务院、中央军委在人民大会堂专门召开中国首次探月工程成功庆祝大会，胡锦涛总书记发表重要讲话。他指出，我国首次探月工程的成功是继人造地球卫星、载人航天飞行取得成功之后，我国航天事业发展的又一座里程碑，实现了中华民族的千年奔月梦想，开启了中国人走向深空、探索宇宙奥秘的时代，标志着我国已经进入世界具有深空探测能力的国家行列。胡锦涛总书记讲话中高屋建瓴地总结了工程的经验，作出了重要指示，提出了后续的工作目标和重要要求，这是党和国家对全体研制人员最高的奖赏，也是对全体研制人员的鼓舞和鞭策，更是完成后续重大工程的不竭动力。

二是全国各地方、各方面的大力协同和密切配合。

航天事业是全国大协作的结果，全国200多家单位、数万名科技工作者共同奋斗、团结协作、集智攻关，高质量高效益完成多次探测任务。航天这座丰碑的基石，就是由全国各行各业铺就的。航天是一个大系统，“嫦娥工程”参与者近一万人、数百个单位。单从火箭的重量来说，以“长征三号B”火箭为例，总重量561吨，推进剂420吨，其重量约占全箭的80%。它应属于化工产品，其结构件却属于有色金属产品，其多数器件又属于电子产品。航天工业技术涉及的设计、建造、验证、集成等各大系统都是协作配套的成果。栾恩杰说，没有党中央、国务院、中央军委给予的物质上、精神上的支持，没有全国各部门、各单位的协同、配合，没有全国各方面人力、物质、技术上的支援，没有高校、科研机构的积极参与，就不会有航天工程的成功。

栾恩杰说：

“探月工程的成功，离不开国家机关部委领导的大力支持。在月球探测工程论证过程中，负责科技工作的国务委员陈至立召集会议，把国家重大工程部署提上了日程。国务院参事、全国政协委员任玉岭同志非常关心月球探测工程，多次参加月球探测工程论证。我带队调研，任玉岭参事参加并经常向政协、科协反映月球探测工程的情况。科技部部长徐冠华、科技部副部长邓楠等部门领导非常支持月球探测工程。其他国家机关部委也给予了大力支持，这是月球探测工程取得成功的重要原因之一。

“探月工程的成功，离不开中国科学院和中国工程院以及相关高校、科研机构的大力支持。在月球探测工程论证和实施过程中，家栋、我与中国科学院和工程院进行多次沟通，并得到了他们的大力支持。论证的关键阶段，工程院审查了月球探测工程事项，科学院制定了月球探测工程科学目标。徐匡迪院长召集了二三十位院士参加的会议，我向他们作了汇报，院士们对月球探测工程给与了技术上和管理上的大力支持。

“探月工程的成功，离不开原总参谋部、总装备部、信息产业部、国土资源部、铁道部和海关总署、税务总局、中国电子科技集团，以及有关省市政府、电力、通信等部门的鼎力相助、大力支持。工程实施中，各部门、各单位及时协调解决了工程实施过程中出现的问题，有力地保障了工程研制建设工作的顺利进行。原总装备部具备从事国家重大工程的基础条件、拥有充足精干的技术骨干和专家队伍，以及完整配套的发射场，工程聘请原总装备部的领导同志做顾问，发射场的事情由原总装备部负责协调，基地领导以及总装各机关给予了全力支持。2006 年上半年，工程总体协调海关总署及时放行了有关部件，保障了卫星研制进度。2007 年，在总参谋部、空军的大力支持下，完成了卫星进场飞机的协调，保障了工程的实施进度。在 VLBI 分系统执行任务期间，针对发生的突然断电事件，工程副总指挥江绵恒及时向上海市委汇报，在上海市委、市政府的大力支持下，迅速落实了 VLBI 分系统水暖电等后勤保障。

“国防科工委在探月工程组织实施中发挥了牵引作用。国防科工委党组对月球探测工程论证以及工程目标提出要求，作出重大、审慎的决定。系统工程一司做了大量工作，在国防科工委党组最终讨论的时候，由系统工程一司副司长胡浩汇报，国防科工委党组作出成立探月中心的决策，同时定下目标任务，招兵买马，组建探月中心。

“月球探测工程得到了全国人民的厚爱和大力支持，社会各界积极参与工程标识征集等活动，在卫星发射升空后，更是对工程给予了极大的关注。承担具体任务的实施单位一路绿灯，把月球探测工程列为各单位的头号工程。”

三是建立了完善的组织管理体系。

重大工程项目的顺利实施离不开高效运转的组织体系。建立月球探测工程领导小组、工程“两总”、国防科工委月球探测工程中心和五大系统四级组织管理体系是月球探测工程得以顺利实施的关键。

工程领导小组作为工程组织管理体系的核心，贯彻落实党中央、国务院和中央军委的指示精神，在工程组织体系建设、工程目标确定、重大问题协调、转阶段等方面统揽全局，精心组织，笃志力行。时任国防科工委主任、工程领导小组组长张云川同志对工程每一阶段的进展都亲临现场，听取汇报，并指出具体的工作方向和方针，他深入实际、勇于担当的领导作风，对工程的完成起到关键作用。工程“两总”抓基础、抓关键、抓质量、抓系统协调，严格把关。火箭发射前，工程“两总”检查了所有主要研制单位，对其执行任务的准备情况逐一落实。认真执行“过程跟踪，节点控制，里程碑考核”这一系统工程要津。承担工程研制建设任务的各研制单位按照“程序规范、系统协调、分级负责”的原则，在主管部门的直接领导下，以总体下达的要求为依据，分级落实责任制，逐级抓产品研制和系统建设的组织、协调和管理。

探月中心的成立是工程协调顺利成功的重要保障。探月中心是圆满完成任务、达成工程目标重要的管理机构，发挥了重要的保障作用，锻炼了一批从事深空探测工程管理的队伍。探月中心发挥了举国体制的作用，大力统筹协调五大系统，使100多家单位、1万多各路人马得以有序、准确地开展工作，取得了丰硕的成果。探月中心成立以来，圆满完成了月球探测工程等标志性重大工程，是第一个向国家交卷的、圆满完成任务的工程单位。在“两总”的坚强指挥和探月中心强有力的组织协调下，“嫦娥一号”第一年起步动员，第二年开展了技术攻关，第三年就进入了决战的关键时刻，最后决战决胜。可以说，一年一个口号、一年一个目标、一年一项任务，最终取得了“绕、落、回”三个重大阶段的圆满成功。

栾恩杰说：

“在探月中心强有力的组织协调下，探月工程各项工作抓得实，协调会、现场办公会、‘两总’工作会，以及每年召开一次的全系统工作会等会议和工作部署都在按照工程方案有序推进。在抓对口协调、抓技术攻关、抓基础建设、抓组织建设四个方面作出了突出的贡献，使‘嫦娥一号’成为了整个‘嫦娥工程’的实施样板，对其他型号研发、其他工程的实施也起到了带头示范的作用。2020 年国家通过第三方机构对探月中心组织开展的重大工程的效果进行了评估，对探月中心组织开展的工作，特别是对经费没超、时间没拖、任务质量没降等目标的圆满完成给予了充分的肯定，而这些目标的完成实际上也是对整个探月工程的全面考核。探月中心经过 17 年有条不紊的发展，已经进入到非常成熟的阶段。

“2019 年 10 月 1 日，在新中国成立 70 周年庆祝仪式上，‘创新驱动’彩车接受了检阅，其中就包括探月中心主任刘继忠代表月球探测工程在彩车上向天安门招手致敬。我们团队光荣了，上彩车了，这是多大的荣誉呀，每位从事‘嫦娥工程’的同志都应该感到自豪，不要忘记财政部、科技部、全国科协、中国科学院、中国工程院等部委领导及专家对我们工程的偏爱。”

四是通过月球探测工程开辟了深空探测领域。

栾恩杰说：

“我们从尖端技术起步，具备一定的能力后开始搞航天。中国航天的老领导、老专家打基础，给我们留下的遗产是火箭、是导弹、是测控系统、是卫星，这些都是我们航天发展的基础。近年来，经过载人航天工程、‘嫦娥工程’的锻炼和锤炼，开辟了深空探测的领域。

“‘嫦娥工程’标志着中国探月工程的开始，也是中国在深空这一重大领域科学探索的开始。它不仅仅局限于月球，而是将进一步向火星、金星、土星，向着太阳系的所有行星，甚至太阳系外发展。中国航天不再只局限于航天工业了，大航天已经实现了。中国的深空探测已经开始，这就是月球探测工程的意义。

“深空探测不可逆转地向前发展，我国的月球探测工程已经取得了世界探月俱乐部的门票，同志们赶上了科学技术发展的大好时期，同时又赶上了中国航天的又一个里程碑‘深空探测’的关键一步。希望在月球探测工程的推动下，在科学、技术、人才、学科建设、基础能力建设等各方面取得新的成果。”

五是培养锻炼了一支开展深空探测的人才队伍。

栾恩杰说：

“月球探测工程锻炼了一支队伍，这是工程的重大成果。航天事业和别的行业不一样，这个行业是能够产生精神的行业。我们从事‘两弹一星’，形成了‘两弹一星’精神；从事航天事业，形成了航天传统精神；从事载人航天，形成了载人航天精神；从事月球探测工程，习近平总书记为我们总结了探月精神。对探月精神的提炼，充分体现了总书记对月球探测工程的关爱，是党对月球探测工程成就的肯定、鼓舞和鞭策。

“经过坚持不懈的努力，从起步时期的十几个人到如今这样一支敢打硬仗的队伍，我们的队伍不断壮大。这支队伍中的每一个人都在默默无闻地奉献着、献身于祖国的深空探测事业，其中包括许多航天界的老领导、老前辈、老同事和老战友，我们应当向他们致敬。这一路走来，我可以代表他们说：航天人说话是算数的，我们没有放空炮！

“中国的人才是哪来的？我个人认为，人才产生在实践上。毛主席说，在战争中学习战争，人才是在实践中产生出来的。这 17 年的‘嫦娥工程’，今天来看，我感到最欣慰的就是由三四十岁的年轻人担纲。我们这批人退下去的时候，最高兴的是什么？就是一批人都起来了，我们有接班人了。我们不但完成了任务，也培养了人才，特别是培养了一批能搞工程、会搞工程、善搞工程的技术和管理队伍。

"月球探测工程刚启动的时候，我周边的人有70%的人没干过航天，也没干过工程。'嫦娥工程'成功的时候，好多人通过锻炼成熟了，他们清楚干工程的规范和程序，掌握了干工程先要进行方案论证、然后模样设计、再做例行试验，知道了怎么组织试验、怎么搞发射、怎么做好质量控制、怎么搞验收，了解了怎么到靶场、到靶场后怎么协调发射程序。

"这17年的'嫦娥工程'，我感到最欣慰的就是在大航天的概念下，我们建立了包括科学家、工程师、实践家、航天各大系统在内的人才队伍。这支队伍由年轻人担当重任。他们始终坚持弘扬'两弹一星'精神和载人航天精神，在研制过程中，我没有给这支队伍发过一分钱奖金。通过重大工程的锻炼，这支队伍逐渐成长和成熟。卫星试验队在叶培建总指挥的领导下，做到了不放过任何疑点出厂、不带任何问题上天，党员积极发挥带头作用，年轻人勇于挑大梁，整个系统和谐、奋进。总的来说，通过工程的实施，整个研制队伍得到了锻炼，形成了我国开展深空探测的队伍。孙泽州起初担任'嫦娥工程'的型号副总设计师，现在做到了工程的副总师。他们工作遇到困难的时候，我很理解、支持他们，我们之间有很深的战友的感情。后继有人是让我最高兴的事。"

在栾恩杰心中，"嫦娥"就像是自己的孩子，这十几年来一路看着它长大。"嫦娥一号"卫星发射成功之后，栾恩杰建议表彰奖励研制人员，承担"嫦娥一号"卫星发射任务的一大批人受到了表彰和奖励，获得了各种荣誉。

2020年12月，探月工程阶段目标最终实现了。栾恩杰说："习近平总书记'不忘初心、牢记使命'的讲话说出了我们的心声。17年前，我们刚刚起步，从论证、报告、审查、专委会、总理批复、探月中心建立；'嫦娥一号'从启动年、攻坚年、决战年到决胜年一步步走来；从招兵买马、筹建队伍，到组织系统、确定路线、总体协调、系统协调、任务令下达；从技术攻关、测控补短板、地面全程实验、接口协调，到条件建设、质量复查、靶场对接、延时进场、模拟 1∶1 的演练。我们可以说是从零开始起步，‘嫦娥工程’是国家 16 项重大工程中的重中之重，温总理提出‘高质量、高效率、高标准’的要求。因为有党中央、国务院、中央军委的英明决策、正确领导、全力支持，所以我们才能完成这样一个持续 17 年的重大工程，并彰显了中国航天人的中国力量、中国能力、中国进度。”

第十一章

甘做绿叶护新花

栾恩杰非常重视人才。他知人善任、精心育人，具有爱才之心、选才之能、育才之力、容才之度。他强调，要培养和使用爱党爱国的人才，要结合实践培养人才、放手锻炼造就人才。

一、结合实践，培养人才

人才是引领发展的第一资源。栾恩杰认为，在人才培养上，现代的学校制度及其教育设计，固然有系统性、规范性、专业性等优势，家庭教育和社会教育也不容忽视，但实践教育确实对人才的培养、成长起到关键作用，特别是国家重大工程实践更是人才培养、人才成长的重要平台。人才与“大师”相辅相成，时代造就人才，也成就“大师”。

在接受国防科工局机关党委、团委组织的追星活动访谈时，栾恩杰对国防科技工业青年说：“2021 年 5 月 28 日，在中国科学院第二十次院士大会、中国工程院第十五次院士大会和中国科学技术协会第十次全国代表大会上，我亲耳聆听了习近平总书记的重要讲话，他说‘我国教育是能够培养出大师来的，我们要有这个自信’。我听了以后特别受鼓舞。我们国防进入了创新驱动发展的新时代，在这个时代，要求我们每一位国防科技工业战线的专家学者、工程师们，还有机关的领导同志们都要把实现中华民族伟大复兴这样重大的历史使命牢牢记在心里，变成我们的行动，要实现中国人两个百年、中华民族伟大复兴这样一个目标。你们赶上了好的时代，千万不要忘记我们的使命，兑现我们的誓言，为共产主义事业而奋斗，把一切献给祖国，强国就在各位手中实现。正如《年轻的朋友来相会》这首歌词所描述的情景，那个时候的山、那个时候的水将更加美丽，那个时候的祖国将更加强盛，我祝愿新一代在这个伟大的时代创造出新的成就。祝每一位心想事成、获得成功，这就是我对你们的希望。”

在学术、艺术或其他领域造诣极深且享有盛誉的人被尊称为“大师”。栾恩杰认为，有人把培养人才的人或取得成就的人叫“大师”，但“大师”从何而来，我们的教育历来是培养有社会主义觉悟的、有文化的劳动者，这是学生时代处于世界观形成阶段就知道的党的一贯主张。我们培养的人才要热爱祖国、热爱社会主义、拥护中国共产党的领导，实践中国共产党制定的方针和政策、部署和要求。这既是我们每名党员的义务，也是我们每位公民应该坚持的理念。

人才的培养方式有多种，而实践是人才培养的沃土。栾恩杰说：“首先，拥护党的领导，拥护社会主义制度，这是党教育我们的世界观。其次，要当劳动者，不要做人上人，我们的教育不是培养当官做老爷的人上之人。所谓的人才、‘大师’和科学家应该是在实践中、在课题的研究中、在工程的实践中、在技术的攻关中去锤炼和造就的，而不只是由学校培养的。古人曾说‘王侯将相，宁有种乎？’人非生而成才，不是因为学习好、成绩高、考上了重点高校就能产出‘大师’了。如果离开了实践，一定产生不了‘大师’。当然，学校的教育非常重要，学校肩负着坚持党的教育方针，培养有社会主义觉悟的、有文化的劳动者，以及勇于担当、敢于攻关、敢于创新的有真才实学的人才的重任。我一路走来就是在这种思想下培养的，我就是一名劳动者。有人对我说：‘老栾是战略科学家。’我一定会马上纠正，我就是工程师，就是画图的，就是拿烙铁、焊电路板的。当然，现在不需要画图了，计算机输入程序就出图了。”

栾恩杰强调，实践出真知，要在实践中培养我们的“大师”。他说：“参与月球探测工程的技术人员不是‘大师’吗？中国人圆满地完成了进入月球、降落月球、采样月球、物品转移等全过程，准确落入四子王旗，掌握深空探测技术的技术人员是不是‘大师’？

如果这些人不是‘大师’，什么样的人才能成为‘大师’？难道只有提出相对论的爱因斯坦、牛顿定律的牛顿是‘大师’吗？实践出‘大师’，‘大师’还要敢和高手交锋。我认为中国‘嫦娥五号’就是和高手交锋。凡是辛苦工作、无私奉献的工程研制人员以及举国体制下参与研制的人员都是在实践中经受考验的人才，探月工程之所以每一次任务都能圆满成功，是因为所有的参与人员都是英雄。全体航天人在不同岗位上脚踏实地、无私奉献的工作，发挥着光亮，汇成了中国航天前行的火炬。航天是万人一杆枪，没有广大航天人的共同奋斗努力，就没有我们中国航天的今天。有的单位因为工作性质，可能走不到前台，但是他们也一样发挥着光和热。包括中国航天科工二院二〇八所在内的航天技术基础所，在中国航天发展的历史上取得了辉煌的成绩。二〇八所在型号仿制、预研阶段，在信息搜集、整理、翻译、编辑等方面为一无图样、二无资料可借鉴的广大技术员提供了重要支撑。这些单位的工作人员对培养航天专家起到了功不可没的牵引作用，他们是航天事业的幕后英雄。”

1994 年 2 月 3 日，栾恩杰（中）到钱学森家拜年并交谈

栾恩杰接受记者采访时，有记者问：“‘嫦娥五号’最大的收获是什么？最感到欣慰的是什么？”栾恩杰回答说：“任务圆满完成，

真正心里踏实的是中国航天人实现了我们的承诺。在这十几年的时间里，成就了一批人，成长了一批人。现在的总师、总指挥平均四十来岁，这是我最高兴的事情，这就是真正的后继有人，我们有后发优势，实际上国外最羡慕的、最感到惧怕的是中国的人才。现在中国航天由一批四十来岁的专家组成了‘大师’型队伍。这批年轻人就是党培养的‘大师’，也是中国教育制度培养的‘大师’，我们社会主义制度、社会主义教育路线是能培养‘大师’的，这已经被历史所证明。钱学森说得完全正确，我们要有一流科学家、一流成果，要有叫得响的成绩，要有科学技术的话语权，这是老一辈对我们的期望。”

以重大工程为牵引、培养造就人才、激发人才创新活力是我国人才培养的一贯主张。栾恩杰重视在重大工程实践中培养人才，并努力创造人才成长的环境，特别是在“嫦娥一号”工程实施过程中培养了我国首批深空探测人才队伍。月球探测工程从 2004 年立项到 2007 年 10 月 14 日发射，栾恩杰作为“嫦娥一号”工程总指挥，带领精兵强将圆满完成了这项艰巨的任务。很多人表示，跟他在一起得到了培养和锻炼。他在技术上精益求精的态度和高深的专业造诣，为探月工程全体人员树立了榜样。

栾恩杰作为领导者、管理者，屡屡教导工程技术人员，要多为国家做事情，要多为国家奉献。他严于律己、宽以待人、平易近人，喜欢跟同事们交流技术和思想，在他身边的同事耳濡目染，感受非常深刻。月球探测工程培养出来一批优秀的总师，栾恩杰对他们取得的工作业绩很满意，倍感欣慰，每每说起来都喜形于色、非常骄傲。

探月工程立项和实施以来，胡浩、裴照宇一路跟随栾恩杰。栾恩杰一以贯之、坚持不懈的风范，过人的胆识，以及在工作中表现出来的对党忠诚、对人民负责、对事业执着的精神深深地影响着他们。胡浩成长为探月中心首任主任、“嫦娥一号”到“嫦娥五号”任务的重要组织者、“嫦娥五号”工程总设计师，担任 2021 年“中国航天公益形象大使”。裴照宇成长为探月中心副主任、“嫦娥工程”中心首批创建者、“嫦娥五号”工程副总设计师。他们在共同撰写的文章中回顾了栾恩杰在“嫦娥一号”直至“嫦娥五号”工程实施中发挥的重要作用，以及大力培养工程管理人员，对他们进行“传帮带”的突出事例。胡浩、裴照宇说：“2020 年 12 月 17 日 1 时 59 分，‘嫦娥五号’返回器平稳精准地降落在内蒙古四子王旗，这一刻宣告了中国探月‘绕、落、回’三步走完美收官。回顾从事探月的这 17 年，最难忘的任务还是第一步‘嫦娥一号’，首任工程总指挥栾恩杰院士（习惯了称他为栾总）为之作出的杰出贡献，永远铭记在我们心中。12 月 16 日，年逾 80 的栾总顶住了各方劝说，顶着严冬的极寒，坚定地来到冰天雪地的内蒙古四子王旗大庙指挥所，他要亲眼见证样品返回的那一刻，了却他‘待到四子王旗会，工程大计好收官’的心愿。他在返回器落地后的那番肺腑之言，感动了在场的每一个人，久久难以忘怀。”

首次火星探测任务“天问一号”总设计师张荣桥回忆栾恩杰对他的指导和帮助时满怀深情地说：“2004 年 7 月，我调到国防科工委探月中心工作，老先生时任中国首次月球探测任务总指挥，有幸在他的领导下工作，至今近 20 年。他的言传身教，让我受益匪浅。老先

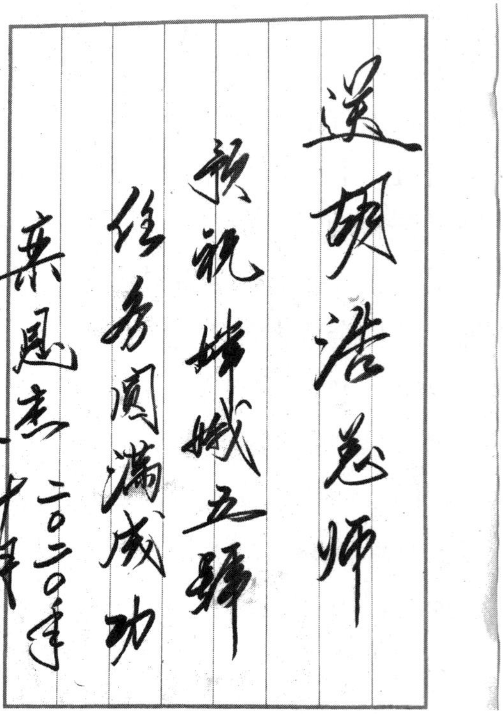

2020 年 12 月 17 日“嫦娥五号”返回内蒙古四子王旗前夕，栾恩杰为胡浩总师题词作诗，表达对嫦娥工程“绕、落、回”三阶段成功收官的夙愿

生是一位平易近人的长者，他当过二院的副院长，搞过‘撒手锏’型号，当过航天工业总公司副总经理和国防科工委副主任，知名度很高，所以我刚工作时就知道了他的名字。到了探月中心之后不久，因为老先生的召见，才有了第一次与老先生面对面的机会。第一次到他的办公室，我还是有些局促，坐定之后，他点燃香烟，问我：‘你抽烟吗？’我点头答复。他便递给我一支香烟，我点燃香烟，吸上两口，感觉放松不少。他在了解了我的学习经历、工作经历、家庭等情况之后，富有激情且非常细致地向我介绍了探月工程为什么要做、如何做，并语重心长地鼓励我要充分发挥专业能力多做工作、做好工作。这次见面谈话虽是第一次，但我感觉没有任何距离感和陌生感，一个平易近人的长者、一个知识渊博的学者、一个睿智的领导者，这是老先生给我留下的最初印象，随着交往日深，这样的感受愈加深刻。”

“在之后的工作中，老先生一直像关爱自己的孩子一样，关心和指导着我。2010 年根据领导安排，我从月球探测工程转向深空探测，我牵头组织论证了几年，但由于各种原因一直没能立项，我压力非常大，思想上不愉快。他深知我的处境和思想状况，多次找我谈话，化解我的纠结之处，鼓励我前行。2016 年首次火星探测任务立项，我被任命为工程总设计师之后没几天，他写了一封信和一首诗并装裱在精致的相框中送给我。从信中可以读出他的喜悦和兴奋，信的末尾署名‘老战友’，足见老先生的谦逊和平易近人。这首诗既有对我的鼓励又有对我的希望和嘱托，就像一位家长对即将走上考场的孩子那样，充满殷切和呵护。2020 年 7 月 23 日，‘天问一号’成功发射之后，我的手机上显示了他妻子王阿姨的电话号码，接通之后我听到了他熟悉的声音：‘打得好，祝贺你们！’喜悦和兴奋之情仿佛能隔屏触摸。随后老先生说‘你在靶场期间，我估摸着你该来电话了，可是没来，这个时候我就很着急。’这句话让我感动，也很汗颜。他哪只是关心最后的发射成功，从论证立项，到方案设计、试验验证，再到飞行控制，他一直在关心并指导着我们，遇到困难时他帮助解惑并给予鼓励，事情做成了，他与我们一起高兴、欢呼。”

2020年11月，栾恩杰专门把张荣桥叫到办公室，让张荣桥汇报“天问一号”飞行102天、环绕93天的飞行过程。令张荣桥感到很惊讶的是栾恩杰在进行交流时拿出来厚厚一沓自己验算的记事本，看得出他早已做了充分的准备，对此有深厚的积淀。

2007年12月，栾恩杰（中）与同志们研究“嫦娥一号”下传的月图

说起这些身边成长起来的总师级领导，栾恩杰骄傲地说：“他们都给国家争光了，我个人也感到很光荣。看到他们从不太清楚怎么搞工程，经过锻炼，成长为国家重大工程的总设计师，我非常欣慰。”在栾恩杰身边的工作人员除了一批技术人才成长为总设计师，还有一些行政岗位的人才成长为管理专家，李本正就是在栾恩杰身边锻炼出来的，他从国防科工委系统工程一司调到科技司，又从“嫦娥工程”办公室调到航空工业集团公司任党组副书记，在本职岗

位作出了贡献。每当谈到栾恩杰对他的指导和帮助时，李本正都满怀敬意、充满感激。

二、放手锻炼，造就人才

老一辈航天人在培养锻炼年轻骨干人才时常说："大胆去干，成功是你们的，失败是我们的。"栾恩杰在老领导的教诲下成长起来，当他成为领导时，他也同样鼓励年轻人大胆去闯、勇于担当。

助力人才成长要从多个方面入手，不仅要进行教育、指导，还要提供成长的平台。栾恩杰的学术、技术、管理思想影响了很多人，包括一些领导干部在内的很多人都得到过他的指导和帮助。栾恩杰认为，在型号研制形势最严峻的时候，往往是出干部、出人才的时候。好花绿叶扶，团队成员要互相扶持，作为带头人，要信任和鼓励团队成员，为团队成员提供更多锻炼和展露才华的机会。

中国航天科工四院十七所的老专家、老同志在回忆起和栾恩杰半个世纪的交往时说，他们和栾恩杰可以说是"亦师亦友，家国情怀"，永生难以忘怀。50年前，"巨浪"潜地导弹研制过程中，有一次，在基地进行设备装艇时，海军提出让瞄准工程组技术人员给相关指战员讲一次课。刘桂荣本以为应由组长栾恩杰讲课，然而栾恩杰为了给瞄准工程组同事提供更多的锻炼机会，提出让刘桂荣和王家骐讲课，并指定由刘桂荣主讲。刘桂荣很受鼓舞，当她看到面前不仅有十几个海军指战员，还有近200多名各方面专业技术人员坐满会议室时，非但没有忐忑，反而沉着自信地走上讲台，成功地讲解了瞄准原理和相关要求，大家给予了很高的评价。刘桂荣说，这次讲课的成功，来自于栾恩杰对她的信任、鼓励和鞭策，也使她再一次感受到栾恩杰有意培养和锻炼她。十七所在进行组内海飞试验时，栾恩杰授权技术人员全面负责瞄准系统标校和艇内水密电缆更换技术把关等工作，在发现电缆绝缘强度问题时又及时亲临现场、迅速给出解决办法、果断作出决定。

放手锻炼人才是促进人才成长的催化剂。栾恩杰担任十七所一室副主任期间，在全系统电子设备试样齐套后，他派技术人员在大连组织开展包括总体部、设备研制单位、海军等参加的全系统匹配联试。他强调：这次联试为“特准加班”，指定由一名技术人员做技术总抓。这次试验对技术人员本人及参试人员都是极大的锻炼和提高，参加试验的刘桂荣第一次操控设备，她感到无比兴奋，收获很大。

从事重大工程的人员说起栾恩杰对他们的培养和锻炼更是称赞不已。栾恩杰在二院、航空航天工业部、航天工业总公司、国防科工委的同事都感到：“栾恩杰确实是位好老师，每个认真听取并能理解他的话的人都会受益，他是不吝赐教的，在他身边工作很受益。”“栾主任很注重对身边工作人员的锻炼，提出的要求很高，锻炼的场景很多，总是放手让大家去干，他说有问题他担着。他对总师的要求特别高，要熟悉地面图和弹上图两张大图，要把原理图和接线图看清楚、看懂，这就不容易，因为工程都是大的系统，其实远不止两张图，涵盖各种各样的图，包括机械图、电器图、接线图等。栾主任提出的要求是很高的，他是想让你真正地弄懂这个系统，要把关系弄清楚，才知道问题出在哪里，这样才不会犯错误。在栾主任的手下进场要被考核的，他经常出题，要到现场答题的。我们在机关的时候经常被考，在他办公室的小黑板上画图，他确实是在锻炼我们，我们跟栾主任学习了很多东西。”

三、知人善任，使用人才

选贤任能、用当其时、知人善任、人尽其才不仅关系到人才自身的发展，还关系到人民群众的利益，更关系到党和国家事业的兴衰成败。栾恩杰知人善任，充分信任自己的同事，充分发挥每个人的主观能动性。他很少批评人，特别是不公开批评人。其实对于犯了错的同事不进行批评指责，实际上比批评更让人印象深刻。栾恩杰说，人家如果已经觉得自己有错，干吗非要批评他，不用批评，他就会觉得自己的事没有做好，自己会改的。

韩大明回忆说："栾总对人很包容，我刚给栾总当秘书不久，有一次去开型号会，都快到会议地点了，栾总问我带没带装有记录本、眼镜、计算器的包。我一拍脑袋、不好意思地说'忘记拿了'。没想到他并没有批评我，而是让我和他一起回去取。"其他同事也说："栾主任不批评比批评还厉害，这是栾主任管人管事的艺术。"

珍惜人才、爱护人才、尊重人才是门学问。栾恩杰爱护干部，善于鼓励人。他是一个带队伍的人，是领路人，也很善于鼓舞人，使同志们能够一心为事业。跟随栾恩杰多年的李本正说："我跟栾主任这么多年，我有很多工作方式和方法都是跟他学的，我觉得他善于抓大的工程、大的方向性的工作，看得特别准、特别远，而且会用人、信任人。

在航天工业总公司 1996 年质量整顿工作中，曾庆来、邵锦城、郭宝柱、张宏显等同志，一直在栾恩杰身边工作，对栾恩杰分管的工作尽心出力，在科研管理、质量管控"七十二条""二十八条""双五条”宣贯执行中全力支持栾恩杰的工作，发挥了骨干的作用，可谓他的左膀右臂，并在工作中结下了深厚的友谊。这几位左膀右臂中只有郭宝柱比栾恩杰年龄稍小，其他的同志都大他几岁。他们在工作中独当一面，武器系统研制由郭宝柱负责，总体科技管理由曾庆来负责，质量管理由邵锦城负责，张宏显在型号攻关中作出了贡献。栾恩杰说，这四位同志是有功劳的，他们负责制定的工作措施和管理办法，推动了中国航天从连续失利的阴影中走出来，采取的相关举措至今仍然在发挥着作用，为后续推出新管理方法、规章制度打下很好的基础。

曾庆来是原航空航天工业部综合计划司（后为综合规划计划部）负责人，他思考问题全面、办事成熟稳重、处理问题客观、敢于负责。栾恩杰在布置全面科研管理“七十二条”编写工作时，请曾庆来负责起草工作，其中包含“双五条”的内容。

邵锦城是原航空航天工业部质量司（后为质量技术监督部）负责人，针对质量问题的“二十八条”编写组的工作由他负责。为了保证编写质量，栾恩杰向曾庆来、邵锦城及编写组讲解编写的具体要求，使编写组能够了解编写的缘由，尽可能站在全局角度考虑问题。

郭宝柱从五院调到航空航天工业部，任科技司的司长，一直负责型号工作，承担所有的武器系统研制任务，是栾恩杰的得力干将。后来，栾恩杰准备把他带到国防科工委，让他负责系统工程一司（国家航天局）工作。郭宝柱因承担的科研任务没有完成暂时离不开，栾恩杰坚持等他把航天工业总公司的任务完成后到国防科工委报到。

张宏显是原航空航天工业部科学技术司副司长。在某型号攻关过程中，他陪同栾恩杰到基地、参加基地党委会、开展攻关研究、提出攻关策略，以及研制条件保障等工作。

2004年5月，栾恩杰（居中）在国防科工委楼前

任何一位有突出贡献的领导都有骨干作为辅佐，栾恩杰认为身边的这些干将就是人才，正是因为有了他们的通力协作、尽职尽责，他负责的各项工作才取得了优异成绩。

栾恩杰说：

“无论在高校还是从事重大工程，人除了有本事外，还要有协作精神才行。要培养将才和帅才，还要培养他怎么扩大眼界。有一篇文章专门提出来，在技术进步如此之快的今天，各位领导准备好了没有？当我们没有准备好的时候，新技术带给我们很大冲击，可能优势没有充分发挥出来，反倒会适得其反。对不利方面没有认识到位，造成只有问题出现的时候才进行弥补性的挽救和临时性处置的结果，达不到应有的目的。

“《中庸·大哉篇》云：‘致广大而尽精微，极高明而道中庸’。这是孔子的儿子子思的名句。中庸不是求平均、求稳，现在的说法就是不仅要站得高、看得远，开心界、开眼界，而且要脚踏实地干点活。这是老祖宗传给我们的哲学思想，我们要培养能致广大、站得高、看得远、脚踏实地、适应时代要求的人才。”

管理者站位越高，越知道怎么培养接班人。栾恩杰在谈到培养考察任用年轻领导干部的时候最注重哪些品质时说：

“对航天来说，年轻干部的培养是很重要的问题。首先，我比较注重的是一个人的学习态度。了解干部有一个过程，你要跟他在一起共过患难，在‘战壕里一起蹲过’，一起沟通交流过，这样可能对他的了解会比较深刻。但对于一般性了解而言，我往往看重学习态度。如果他善于学习、弱于心机，这样的人一定是谦逊的、诚恳的，我认为他一定会进步、一定会成才，当然成才要有一个过程。

“其次，我喜欢对人有敬爱之心的人、能与人和谐相处的人。如果认为凡事都是领导说的对，这不是‘敬’。善于团结同志，有宽容之心、大度、大气的人，我认为是好的。第三，我喜欢善于独立思考的人。独立思考的人一定是有学识的。因为他能独立思考，就必须有基础知识做支撑。善于独立思考和分析的人，他一定有学识、有见解，或者说他不是随波逐流的人，他不随事而行。这些能力是在实践中不断培养的，但需要他的领导和同志们给他支持和创造对他有利的条件，不然的话这些同志会遇到很多难处。一般老百姓说‘好人难为’就是这样的道理，我支持诚实诚恳的人。所以对年轻人，我的寄语就是踏实、诚实、好学、谦虚、敬人。”

韩大明说：“在栾总身边干了八年，耳濡目染之后，他的行为做事给我的影响都是潜移默化的。他教我们踏踏实实做人、踏踏实实干事。栾总当年跟我们说，做人要守住底线，不踩红线。按照航天的‘严、慎、细、实’的要求认真、严谨做事。他很重感情，我取得的每一个进步，他都会第一时间祝贺。他还曾经给我写了首‘水调歌头’的词鼓励我。这些我都铭刻在心。”

四、严谨治学，精心育人

2010年6月，栾恩杰被聘为哈尔滨工业大学航天学院名誉院长，而早在1989年，他已被聘为哈工大兼职教授。栾恩杰参加了航天学院成立仪式，在讲话时他特别强调，希望学校能培养懂轨道、控制、变轨、深空探测的人才。为此，栾恩杰招了第一批博士研究生就是从事轨道研究的人。现在这批学生都已经成长为教授，并参与了探月工程。

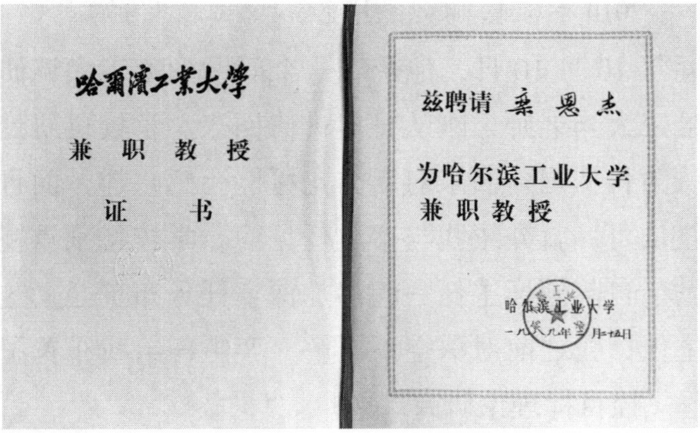

1989年2月，栾恩杰被母校哈尔滨工业大学聘为兼职教授

深空探测是在卫星应用和载人航天取得重大成就的基础上，向更广阔的太阳系空间进行的探索。栾恩杰在深空探测方面不断钻研，并由此带动了高校的相关课题研究。

北京理工大学宇航学院副院长、深空探测技术研究所所长崔平远教授说：

"我们做的事情都是栾主任指的路。1999年7月，栾主任到欧洲考察彗星探测，他感觉做天体探测有很好的发展前景，而且会对国内的深空探测是一个推动，考察回来之后就开始安排国内开展相

2010 年 6 月，栾恩杰接受哈尔滨工业大学聘书

关工作。同年 10 月 10 日，他带着这个问题到哈工大调研。那个时候我还在哈工大当老师，刚从日本进修回来。学校科研处张华处长找到我，认为我从国外回来对新方向可能会感兴趣，而且对我从事的研究比较认可，就介绍我与栾主任见面。学校特别重视，哈工大校长杨士勤亲自陪同栾主任一起参加深空任务布置会。这是我第一次见到栾主任，我之前对深空不了解，栾主任给我布置了深空探测小天体远程飞控目标理论研究课题。

“哈工大承担了栾主任这个课题任务之后高度重视，配备了队伍，组建了深空探测研究中心。在栾主任的推动下，进一步加大了深空研究的力度，2000 年在哈工大组织了一次全国深空探测学术会议，之后又成立了深空探测专业委员会。2002 年，专门组织了深空探测国际会议，邀请了国外航天局，包括加拿大和美国深空相关方面的专家共同研讨怎么推动深空国际合作。之后，开展了一系列活动来推动深空探测事业，每年都召开深空会议、出版深空期刊，推动了我国的月球探测工程立项。

“月球探测工程在 2004 年正式立项之前，在栾主任的指导下，在一些会议的组织上，在研究成果的宣传上做了很多工作。我们接触了很多新的理论，提出了最新的小天体探测。栾主任很形象地比喻为小行星‘附着’，就是虽然挨上了但是吸不住，有点什么干扰可能就跑了，‘附着’这个词是栾主任最先提出的，后来慢慢用起来了，大家都开始叫‘附着’了，包括一些小行星探测工程任务都说‘附着’，现在这个词用得比较普遍了。

“他在小天体深空研究方向上、课题推进的理论层面上都提出了高瞻远瞩的思路。当时我在哈工大的时候带着几个研究生，还有青年教师，进入了这个新领域，栾主任适时给予了指导。我们因此获得的第一个成果就是《远程空天非合作性飞行体交汇附着研究》，2003 年还获得国防科技进步奖二等奖。

“那个时候，栾主任是国防科工委副主任兼国家航天局局长，他忙中偷闲听取我们汇报课题进展情况。每次汇报的时候我们都很紧张，因为栾主任学术水平特别高、理论研究深入、概念清晰、提出的问题特别具体。他数学功底特别深厚，可以说公式推导得比数学老师推导得都完整，尤其是深空轨道的公式。天文上研究的轨道是自然轨道，可以从引力的角度去展开研究。栾主任让我们做有控轨道研究，有控就要有很多的约束，就会产生很多的新问题，因为

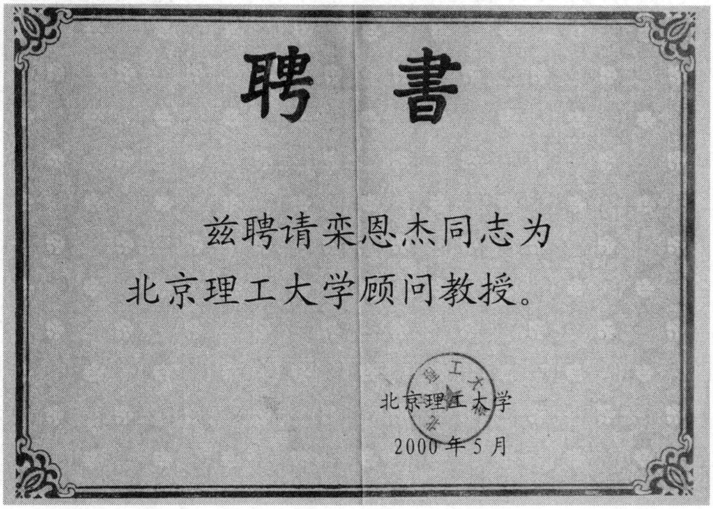

2000 年 5 月，栾恩杰被聘为北京理工大学顾问教授

探测器要受支配的，尤其是后来我们开展的‘嫦娥二号’从月球去探测小行星的研究，这就是天文自然轨道无法解决的问题。我们要把各种有控轨道设计出来，技术上要怎么实现也要阐释清楚，轨道研究能做到这个程度很不容易，这个课题最终获得国家科技进步奖二等奖。”

2008 年底，崔平远教授从哈工大调到了北京理工大学（简称北理工），向栾恩杰汇报就更方便了。2006 年，北理工成立宇航学院，校长、书记聘请栾恩杰兼名誉院长，定期为学院做指导。近年来，栾恩杰又给崔平远教授团队提出了关于多星联网的新命题，即小卫星怎么形成空间融合网络。他考虑的重点是课题的意义以及利弊。崔平远带领团队在这方面开展超前研究，包括网络布局、空间安全、网络安全运行等课题研究。

崔平远教授说：

“每次向栾主任汇报他都会提出新的思路，他去年（2020 年）到学校专门来了两次，跟张军校长和我们团队进行交流，他对专业发展方向特别关心。张校长原来是北航的书记，重点是做空管的，他在空中交通管制领域是国内做得较好的。栾主任跟张校长说，还应该拓宽一下，要从空中拓宽到天上，包括卫星的交通管理也应该提上日程了。张校长听后很高兴，说以前考虑把飞机管起来，现在如果把卫星管起来，空管这块地位就特别突出了，我国的星网集团成立了，基金委成立了交通处，空中的交通和天上的交通都纳入进来，对后期这个方向的发展起到很好的促进作用。

“栾主任一直指导我们做深空的方向，不仅是深空探测，对学院的发展也提出了很多建议，对于航天学院来说要研究的领域又拓宽了不少。他指导固体火箭等航天技术往哪个方向会有更好的发展前途，理论上怎样走得更前沿，怎样为工业部门做一些前期的研究。通过深空这些事情，不光是我们小团队，整个深空队伍都带起来了，除了研究‘附着’，还研究‘双零控制’。‘附着’表示挨上了这个现象，不是着陆，吸引力太小了，我们研究的‘双零控制’也是由这种现象产生出来的。返回地球、着陆月球都有一个反推火箭，速度不能太大，小行星如果有速度一弹就跑了，速度也得为零，速度和位置同时为零就附着上去了，这是针对小行星提的。现在很多人都在用这个概念，但是他们可能不知道出处，这其实就是栾主任最先提出的，通过我们写文章传播出去了。

"栾主任善于把事物现象的本质用形象的语言描述出来，他提出的'附着'和'双零控制'，根据特定的物理现象定义，既好记，也好理解。栾主任要求很严格，要求用新的方法来解决新的问题，并随时提出思路，包括怎么做、从哪个方向走都指明了方向。我感觉人的一生总会遇到一些'贵人'，栾主任是我们最大的'贵人'之一。20多年前，研究这个方向的还比较少。可以说，深空的很多研究领域是栾主任带领我们开拓出来的，包括我国的第一个深空学会、第一本期刊，带出的深空研究队伍，不仅是北理工、哈工大，通过宣传其他很多学校也都开始开展深空研究了。

"栾主任特别关心深空事业的发展，组织成立深空专业委员会及学术交流平台。从2004年开始已经召开18届年会。早期他一般都亲自参加，最近几年因为腿脚不太好，虽然没有参加，但是每届年会召开之前都向他汇报，包括主题怎么选定、请哪些人做大会报告，他都亲自指导。我要求团队的年轻人把栾主任安排的事做好，由理论功底很深的年轻教授带队继续深入开展深空研究，我们不会辜负栾主任的厚望。"

在栾恩杰的指导和支持下，崔平远教授带领团队开展轨道优化设计等课题研究，产生了一系列的成果。哈工大、北理工开展的深空探测课题研究荣获一项国家科技进步奖二等奖、多项国防科技一二等奖。崔平远教授到北理工之后被授予科技部第一位深空探测首席科学家，影响深远。他带领团队开展的课题，合作单位达到10个，开展了5年研究，支持了火星着陆的进程，现在还在承担国家的重点研发任务，包括小天体上怎么能更好地附着等问题，取得了很好的成效，在学会期刊、国际期刊上发表了一系列论文，出版了多部专著，产生了积极的影响。

前瞻思考、提前谋划已成为栾恩杰的思维习惯。他考虑问题既超前又很深入，他出思路、出想法，在研究过程中培养了一批人才。他治学严谨，对学生要求严格，不允许学生发表论文的时候挂他的名字，他强调发表论文不要凑数，从事的航天技术是高端技术，能提出创新理论很不容易。他非常关心他作为导师的学生们的论文或者课题报告，对学生提交的论文或者课题报告，他都要认真地审阅、修改，对他们出版的书籍，他也要一篇篇看、一篇篇改，很是辛苦。他带的学生都很优秀，2018 年在北京理工大学毕业的一位博士生是他的关门弟子，现在在北理工研究生院工作，干得很出色。

开展课题研究，尤其课题的前端研究是教育、科研的重要载体，更是促进专业领域发展和人才培养的重要途径。栾恩杰认为应该在高等院校和科研院所开展有前端意义的课题，进行科学探索，开展相关的技术攻关，由此产生凝聚这些科学与技术的工程，以技术突破和工程为牵引开展课题研究也是培养人才的重要途径。

科研合作作为开展课题研究的重要形式，对于发挥各方资源优势、提升科研能力的作用不可小觑。栾恩杰在哈尔滨工业大学给学生作报告时，专门谈了培养人才要有合作的精神和品格。他说："如果没有这种精神和品格，或者没有这方面的能力，是搞不出名堂的。因为现代的科学事业及科学的发展需要各方面的配合，科学研究结论也需要得到验证。李政道和杨振宁都是具有开创性思路的学者，他们敢想敢干，在 1956 年推翻了被人们尊崇几十年的'宇称守恒定律'，创立了'宇称不守恒定律'，起初没有被人接受，在得到验证后，一起获得诺贝尔物理学奖。因为科学思路和结论都要得到验证，没有得到验证的形成不了科学，只是一种假想。科学如果没有假想就不会成功，但是如果只有假想就是一种幻想，科学必须经过验证，不管是证实或者证伪，证伪一次就行，但证实需要多次。"

2003 年 9 月，栾恩杰（左）与李政道合影

“一个篱笆三个帮，搞学术研究不能单打独斗，科学的发展需要有左膀右臂的人才作为支撑。做学术不能搞一言堂，研究团队成员之间要鼓励、允许有正当的争论。”栾恩杰经常强调合作和正常争论的重要性，他认为司马光的《资治通鉴》之所以很成功，是因为有刘攽、范祖禹、刘恕这三位学问好、对历史清楚、又善于写作、又有政见的才子，他们相互之间有争论无隔阂，起到了很重要的支撑作用。我们要培养这种接班人，可以有争论，但是不能有隔阂，如果第一天有了争论，第二天就不配合你了，那样根本不是争论了，是闹个人意见了。我们为工作、为事业，可以争得面红耳赤，但这不是两人之间的矛盾，而是对学术看法的差异，是追求真理的差异，这个差异是对双方有利的过程，没有争论的结果也经不起时间的考验。

担任多项国家重点工程总指挥、取得丰硕研究和实践成果的栾恩杰在很多高校担任兼职教授，他治学严谨、不务虚名，不同意兼职高校以他的名字招生，也不同意挂名，强调要踏踏实实做学问、认认真真做研究。

栾恩杰在每一次授课前都会提前备课，用心准备课件。一些高校、企业、军队、教师、型号“两总”、工程技术人员都听过他的讲座，讲课内容涉及系统工程理论、航天发展、型号管理、科技前沿，以及时事热点分析和世界科技综述等内容。他讲课既注重理论，又注重案例分析，精彩生动，给大家留下了非常深刻的印象。

2004 年 10 月，栾恩杰（右一）参加西北工业大学航天学院名誉院长聘任仪式暨报告会

古语云：“授人以鱼不如授人以渔。”其内涵为传授给人知识不如传授给人学知识的方法，这句话对栾恩杰影响深远，他在写文章、做科普时非常注意读者、听众能不能看懂、听懂，能不能让大家把握相关的学习方法。栾恩杰身边的同志说：“栾主任善于并乐于将自己的知识授之于人。他常说，只有真正懂的人，才能让别人也懂。在论文集排版过程中，他反复阅读每一篇论文，让读者能够第一时间体会他的思想。他告诉我们，要多从读者的角度出书，文中的每一幅插图，都是在他的指导下，放在合适的位置，以帮助读者更好地理解文章内容。”

第十二章

业精于勤 多建树

栾恩杰深耕航天，在航天控制技术和航天工程管理等方面颇有建树，荣获国家科技进步奖等多个国内外重要奖项，并获得何梁何利奖等多项殊荣。出版的《航天系统工程运行》等专著已经成为很多高校的工程管理学教材。

一、技术精湛，专家风范

栾恩杰不忘初心、牢记使命，在国防科技工业、航天工程领域砥砺前行。他始终行走在科技报国的路上，坚守自己的学术信念，始终以工程技术为国家建设服务为己任。他将航天工作与生活，乃至生命融为一体，把学术研究作为一种生活方式。无论在什么时候，他的学术研究从不间断，常常手不释卷、笔耕不辍。他技术精湛、学术造诣深厚。只要涉及技术和学术问题，他不仅严格要求自己，也严格要求别人。有人要跟他探讨技术问题或者汇报航天领域的工作时都会有些“怵”，因为他无论是提出问题还是解答问题都很深刻，跟他接触的人无不为他学识的渊博所打动。

工科的 20 多位教师在会议室交流，当他讲到某一专业的前沿、最新研究方向后，在场教师都肃然起敬。华中科技大学校长李培根院士在第二次见到栾恩杰时对他说：“栾主任，你是‘大家’中的‘大家’，我也见过很多高级干部，包括部长层面的，像您这样对技术了解这么深，对每个细节了解这么透的人，以前没有见过。”

2021 年 5 月 20 日，栾恩杰在为国防科技工业“两总”培训班学员讲课时强调，担任总设计师、总指挥，只是提供了发挥本领的舞台和条件，管好别人首先要管好自己，以身作则、充实自己。所谓充实自己就是要不断地学习，工作不讲价钱、不发牢骚、不怕困难，出了问题不埋怨，这是总指挥的基本品格和作为干部的基本素质。多次担任总指挥的栾恩杰是这么说的，也是这么做的。

栾恩杰听取工作汇报

有一次，栾恩杰应邀去华中科技大学作报告，栾恩杰虚怀若谷，向一切内行人学习是他的人生信条。他善于从书本和实践中汲取技术营养，查看报告、数据、实物，动手推导公式，并进行计算，同时还倾听工程指挥线领导、一线科技人员、工人的意见和建议。张荣桥学的专业是电磁场与微波技术，他曾经受命给栾恩杰讲过课，栾恩杰听得很认真。月球探测工程专业涉及面非常广，他用计算器亲自计算轨道问题，包括火星轨道数据，经常找张荣桥要几个参数，回去计算。科学载荷属于新知识范畴，只要工程中新接触到的知识领域，他就一遍一遍地听，听的过程也是学习的过程，是对研制单位指导的过程，他听明白了、理解了，就从更高的层面对这些研制单位提出改进意见和建议。他喜欢思考问题、钻研问题，在研制工作中，对型号研制工作抓得很紧，研究很深入，从不放过一个疑点。

一直追逐科学、忠诚事业、钻研技术的栾恩杰嗜书如命。他读过的业务书多得难以计数，如“控制理论、惯性器体、导弹、火箭”等，这是他钻研几十年的专业书。他学的是控制专业，与控制系统相关的书，他都会去读。他还喜欢读关于国际上最新深空理论的书。前几年，他与在清华附中上学的外孙女去清华大学图书馆买了两本最新版的《控制论》，两本书都很厚，他用了很长时间把两本书读了一遍。他说，很想看看现在的教科书和他 50 年前读的教科书的差异。读完后，他感觉有天壤之别，认为现在的教科书比过去还要深一些、讲得更明白、视角更广，使他受益匪浅，这两本书仅读书笔记就记了 7 本。

栾恩杰身边的工作人员知道他喜欢不断汲取新知识，爱学习、爱钻研，经常给他带去最新出版的专业书籍。张良瑞看到比较好的书就会向他推荐，他照单全收。张荣桥买了一本书《轨道力学》，自己看过后感觉非常好，就给栾恩杰也买了一本。他从头到尾认真学习，在书上又是画线又是写批注。其中的公式，他先自己推导，推导完了，再把公式拿过来核对。书中错误之处用笔记录下来。他看完之后跟张荣桥交流说，这本书值得学习，感觉非常解渴。

栾恩杰不仅是技术专家，还是管理专家，他在工作中提出了很多管理方面的新理念。比如，针对重大工程提出了系统工程管理的思想，强调设计有规范、实验有依据等重要理念。在工程实施过程中遇到困难、挫折的时候，他善于解决问题、化解矛盾。他只要听说工程中存在的问题还没有解决，就会随时把相关系统的设计师叫到办公室听汇报，而且往往是他最先提出问题，并认真帮助分析、协调、解决问题。当“嫦娥一号”研制工作进行到一半的时候，针对测控能力不够，他立即号召各系统想方设法解决问题。他针对重大工程提出的对策、措施和建议，对我国航天科技事业的发展和重大工程的顺利实施都发挥了积极的作用。

说到自己所从事的工作，栾恩杰说：“我一开始做技术工作、设计工作。随着职务的提升，从工程组长、研究室主任、研究所所长、研究院副院长、总工程师、副总经理，到航天局局长，一个台阶一个台阶走。但我有一条，绝不丢掉脚踏实地的作风，绝不能随着职务的提升就脚不沾地。这个‘地’就是工作的质量、技术的发展、型号任务完成的进程、每次实验的过程，就是要接触实际。”

数学是自然科学的王冠，是其他科学研究的主要工具之一。栾恩杰数学功底扎实，始终坚持用数学来培养和锻炼思维能力。2000年的一天，一位技术员带着一位高校博士研究生向栾恩杰汇报课题。他的办公室里面有一块黑板，汇报过程中，他让这位博士生在黑板上用公式推导。推导完成后，他认真地看了看，说：“你这个公式可以简化。”于是他就在黑板上列出了简化的公式。当时，这位博士非常赞叹，连连夸奖他数学太厉害了。数学功底本来就深厚的他特别喜欢做数学题。有一次出差途中，他在火车卧铺上认真地做高中数学题，一道题一道题在演算，看得人目瞪口呆。

外语作为一种语言和沟通交流工具，在全球化时代对培养国际视野和跨文化沟通能力尤为重要。栾恩杰在中学、大学时代学的是俄语，2000年，他已经60岁了，开始学英语，请了一位老师教他，每天雷打不动坚持不懈地背单词、学语法、读课文，学得非常好，第一部航天白皮书英文版他都能背诵下来，并要求身边的工作人员也要背诵英文版航天白皮书。

张良瑞向栾恩杰推荐一本翻译成中文的外文技术书籍，他看完以后想要看原文。后来张良瑞好不容易淘到了原文版送给他，他欣喜不已，认真读了原文，还看出了翻译的问题，说有一些数量值翻译得不准确，原文不是这样的。经过验证，发现确实是中文版在量值上翻译有误，翻译者可能对量值、单位理解得不够，而导致翻译错误。

2018年11月13日，由国防科工局科学技术委员会和国防科技工业发展委员会整合而成的国防科技工业高端智囊团——国防科技工业科学技术委员会成立，栾恩杰担任委员会名誉主任。栾恩杰尽职尽责，完成了一系列中央交办的重大任务，破解了一系列制约改革发展的重点、难点、焦点问题，给中央、局机关主动出谋划策，开展前瞻性、针对性政策研究，提出专业性、建设性、切实管用的政策咨询建议，以科学咨询支撑科学决策。虽然他总说自己只是一名普通的工程师，但却是名副其实的“战略科学家”。

栾恩杰在课题研讨中发表意见

栾恩杰严谨治学的作风、超前思维、爱学习的精神，对他的同事产生了很深远的影响。张良瑞说：“说他是战略科学家不过分，说他是优秀的工程师也不过分，说他是领军统领的帅才、将才都不过分，因为他一直都在奋斗。连续三届当选中央候补委员，名不虚传，历史选择了他，组织选择了他，他自己也担得起组织赋予的责任。他是政治家，也是科学家和管理者。”

一分耕耘，一份收获。栾恩杰在各项工作中作出了突出的贡献，获得了多项荣誉。

2006 年，在人民大会堂耀眼的灯光下，栾恩杰和建筑大师吴良镛、艺术大师乔羽、著名经济学家林毅夫一起获得中国十大系列英才奖，颁奖词称赞“栾恩杰是著名的导弹控制技术专家和航天工程管理专家”。这句颁奖词，概括了他一生在航天事业上的两大建树。

图为栾恩杰当选2006年中国十大科技英才的证书

2015年2月10日，“栾恩杰星”命名仪式在北京举行。因为栾恩杰在中国月球探测工程首任总指挥任期上取得的突出科学成就，国际天文学联合会决定将编号第102536号小行星命名为“栾恩杰星”。

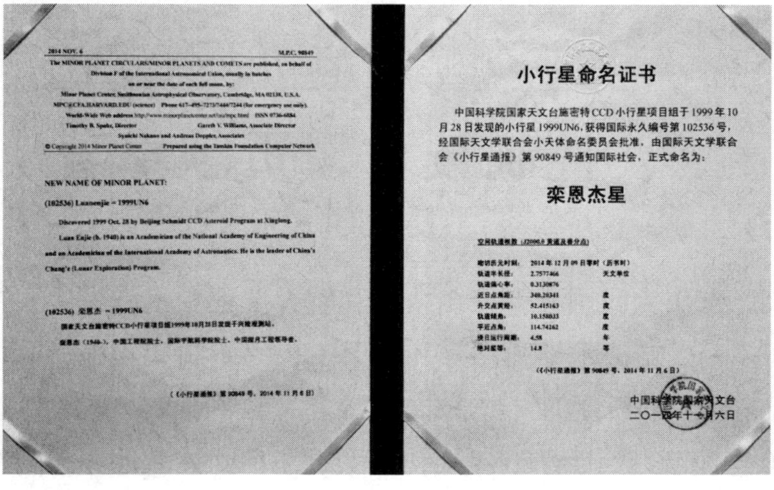

第102536号小行星“栾恩杰星”命名证书

栾恩杰获得的荣誉不胜枚举，但他一贯低调务实，把名誉看得很淡，不务虚功、不图虚名，坚守初心和使命，实干笃行，步伐坚定地向着星辰大海不断进发

栾恩杰2009年当选中国工程院院士证书

二、控制技术，贡献卓著

栾恩杰作为我国导弹控制技术和航天工程专家，先后主持和组织我国多个战略战术导弹型号和航天工程的研制和实施，取得了一系列开拓性和创新性的科技成果。

20世纪70年代至80年代初，栾恩杰在固体潜地导弹瞄准系统研制工作中作出了重要贡献。

固体潜地导弹有自己独有的特点：一是发动机采用了固体推进系统，使导弹本身及有关地面设备发生了众多的变化；二是作为与核潜艇配套的武器装备，对工作环境和作战模式提出了不少新的要求。

潜地导弹和陆基导弹相比有诸多差异和技术难点，而较大的一个不同之处是艇态的瞄准系统，栾恩杰就是这个系统的设计师。陆基导弹的瞄准是靠大地测量以及星光导航（包括现在的 GPS）确定导弹发射点的位置坐标并给出射击目标的方位信息，并将这些信息传递到弹上制导系统，而潜地导弹则失去了这些支持和大地环境的依托。潜艇是运动的，在发射的过程中仍在运动着，发射点是动态的，而且潜艇还有三个轴向的摇摆和艇体变形。这些都对瞄准系统提出了新的要求。可以说没有艇态瞄准系统的成功，就没有艇态战略武器。它是潜地导弹最具特色的系统之一。

科研道路是曲折的，攻关工作是艰苦的。在领导的支持和有关单位的协助下，栾恩杰带领瞄准工程组攻克了动态中瞄准等技术难题。他使出浑身解数，和同事们协同作战，像蚂蚁啃骨头那样攻关，针对一个个数据、一个个问题、一个个难题，通过一遍遍核实、一处处查找，一个个解决。经过数年的努力攻关，瞄准系统研制中遇到的各种问题都一一得到了解决，为该系统成功研制作出了突出贡献。

控制系统是固体潜地导弹研制中的关键技术之一。由于采用了固体发动机，又是在海中航行的潜艇上使用，带来了许多新的技术问题。自从承担研制“潜地导弹”瞄准系统任务之后，栾恩杰对型号任务进行了全面把握，明确了瞄准系统的设计要求和必须解决的关键技术问题。他集中力量抓控制系统方案论证工作，纠正了原方案设想中不合理的部分。为了攻克技术上的难关，栾恩杰连续加班加点，经常用计算器反复演算。他心里一直装着未解决的难题，日思夜想，寻找瞄准系统的角度及方向，一旦想出更好的办法，白天一上班就及时与大家讨论。

功夫不负有心人，栾恩杰攻克了潜地导弹动基座发射瞄准的核心关键技术，至今仍为我国潜地系列导弹所沿用。针对水下动基座的瞄准，为确定发射点坐标并根据发射点坐标与目标点坐标确定射击方位，他设计并实现了将艇上导航仪、导航计算机与导弹瞄准回路形成闭环，解决了水下无大地参照系和发射点不固定的难题。

栾恩杰结合潜地导弹与瞄准系统特点，为导弹制导平台初始零位的统一提出了解决方案。他认为，潜地导弹沿潜艇艏艉线两侧分布，瞄准系统要同时准备多发导弹进入发射状态，而各枚导弹制导系统基准存在不同的初始零位、存在不同的艇体变形，如果这些误差达到1'，则会使落点偏差增加近500米。栾恩杰和他的团队通过系统总体及光学接收器设计解决了艇体变形引起的瞄准误差。为确保导弹制导平台初始零位的统一，他提出在初始扫描时采用“多次回归”的方案，攻克了多发导弹初始方位同时可靠确定的难关。

经过十余年的研制，栾恩杰和研制团队经过系统方案的论证选择、新产品和新系统的研制、大量的技术攻关和试验验证，终于研制成功了我国第一个全自动、对多发导弹实现同时对准一个目标的一体化的瞄准系统，它的总精度达到了当时美国“北极星”导弹的水平，它的总体思路是以艇上惯性导航系统和弹道计算机将导弹制导系统的平台通过光电系统及综合设备实时跟踪并锁定方位。试验证明，栾恩杰带领团队研制的型号多发导弹同时瞄准的系统性能优于美国当时在役的“北极星”导弹，该系统1979年获国防科技重大成果二等奖。

栾恩杰强调，瞄准系统全部设备，包括长春光机所的光学设备，都是我国自主研制成功的成果，而且瞄准系统研制是集体智慧的结晶，控制所理论室、地面综合室、弹上综合室、长春光机所、东北长春物理所、航天第四总体设计部等多家单位参加了协同攻关。

1978年，栾恩杰负责我国首型陆基机动中程战略导弹瞄准系统的研制。1985年，栾恩杰任该型号的总指挥。

陆上筒装导弹一般是冷发射，即以燃气发生器将导弹弹射出筒，出筒后再点燃发动机。这种状态的一个缺点是一旦导弹出筒后出现问题，将造成发射工位人员和设施的损失。所以筒装或井下发

2021 年，栾恩杰（左四）在庆祝中国共产党成立 100 周年暨纪念人民军工创建 90 周年“军工记忆”盛典上

射时提出能否让导弹倾斜一个角度，使导弹出筒后离开发射工位。经过分析，栾恩杰发现如果筒、弹及惯性平台三个坐标存在误差，在发射程序上必须变换准则。他提出了“锁—倾”误差的概念，即陆上发射筒状态发射时，如果惯性平台先方位锁定然后导弹倾斜的工作方式将带来附加误差，确定了倾斜发射时必须遵循的“先倾斜后锁定”准则，避免了此项误差造成的千米级的落点偏差。

在陆上发射台、陆上发射筒和车载三种状态的方位瞄准控制系统的总体设计中，栾恩杰和团队成功解决了惯性导航平台方位控制回路准确跟踪地球自转的锁定精度问题，确保了导弹落点精度。

鉴于当时对导弹弹径的控制，栾恩杰提出了某型号弹爬高增程的思路并组织论证，在国防科工委和二炮的支持下，实现了该型导弹的型谱化、系列化发展。从实践看，这个思路牵引了我国中程战略导弹的发展需求，该系列导弹已装备部队成为撒手锏武器，1999 年获国家科技进步奖一等奖。

栾恩杰发挥技术专长，解决了一系列导弹研制过程中发现的问题。他任航空航天工业部（航天工业总公司）总工程师、副总经理期间，负责我国首型陆基机动洲际战略导弹的研制工作，组织研制队伍和各方面力量，攻克了以高能发动机和高精度惯性平台为代表的 13 项关键技术，并创造研制条件，保障任务完成，该型号取得了圆满成功。

在某型号导弹研制进入试样阶段、各实物研制参数已基本实现时，出现了弹体一阶振型与伺服机构谐振频率耦合，造成姿控系统一阶弹性不稳定的重大问题。在弹体和伺服系统都难以改动的情况下，栾恩杰提出了“虚拟采样”方案并应用于控制系统，通过软件方法成功地解决了该技术难题。2004 年，该型号获国家科技进步奖特等奖。

栾恩杰善于将研制成果进行总结，转化为航天型号培训教材，他主持编制了《弹道导弹工程》《运载火箭工程》《卫星工程》《防空导弹工程》《飞航导弹工程》等五大航天型号系列的培训教材，成为新任总指挥、总设计师等高层次工程与管理人才的必读材料。

袁和平说：“栾恩杰是一个由科学家成长为战略科学家的典型。栾恩杰是最早搞潜射导弹出身的航天专家，就潜射导弹这项尖端技术而言，当今世界也仅有四个安理会常任理事国掌握。中国潜射导弹发射成功，表明栾恩杰已是该领域顶级科学家。”

三、系统工程，成果丰硕

栾恩杰在航天项目管理、质量管理和产品研发等领域具有深厚积淀，提出了适合中国国情的系统工程管理理论与方法。

一是构建了我国航天系统工程运行的理论与方法。

航天系统工程是组织管理航天型号规划、计划、预研、研制、试验、生产，以及人才、物资、保障条件、经费的科学体系与方法。栾恩杰在数十年的学习、实践中，在航天项目管理、质量管理和产品研发等领域构建了适合国情的系统工程运行管理理论与方法。

在科学研究的过程中，一个正确概念的形成和确立往往会推动学科的跃升发展。栾恩杰基于对“系统工程运行”基本概念的理解，将系统工程与工程系统分开，使二者形成一对孪生的概念。他认为，系统工程运行与具体的工程系统建造是密切相关的，它们既有共性要求，也有各自不同的特性差异。中国航天的发展具有与中国特定环境和特定文化相适应的特殊性，与其他国家的系统工程运行并不完全一致。他结合理论和实践经验，从系统工程的基本概念、系统工程运行的基本知识、系统工程运行、系统工程管理及方法和工程文化这五个方面着手，构建了“系统工程运行”这一概念的基本框架，建立了一个理论和实践相结合的体系。

栾恩杰提出的“航天系统工程运行”是针对航天系统工程的实践过程，是系统工程在具体工程中的实际应用。他指出，随着中国航天事业的不断发展，其工程的复杂性、技术的难度、参与的单位和人员的增加等都给系统工程提出了新的要求，特别是国内外几十年航天活动的经验和教训，促使航天系统工程运行不断完善，诸如组织管理、计划管理、技术状态管理、质量管理、经费管理、风险管理等已逐步纳入系统工程运行之中。因此，系统工程是动态的、不断积累和完善的过程，随着工程实践的发展而发展，不会拘泥于某种固定的形式。

根据国外系统工程管理的方法，结合我国航天科技工程实践，栾恩杰提出系统工程管理要津是“过程跟踪，节点控制，里程碑考核”。它的核心思想是在项目管理的动态性、系统性上更突出了关键点和着力点。以此为核心形成的一系列管理措施和方法，已广泛运用于我国航天工程和型号研制中，尤其在月球探测工程实施中取得了显著效果，发展了我国航天系统工程管理理论。在研究工程哲学、工程方法论、工程知识论的过程中，他又对工程学的实践性和复杂工程系统的多学科交叉、新技术催生工程学新概念方面的问题有所接触和思考，发表了《深远空连续推进动力与施图林格解的解析》《工程与科学技术的关系——论工程在创新驱动发展中的作用和意义》等数篇文章，文章中涉及大量工程概念和公式的推导。

项目工程的实施涉及工程、技术、科学知识。在项目工程实践中，栾恩杰非常重视辩证地看待工程、技术、科学的关系，他认为把握好三者的关系是非常复杂而重要的问题，绝不能对这个问题认识过于简单化和教条化。2015 年，他发表了《国家重大工程是科技进步的牵引力——略论工程技术科学的关系》《国家重大工程是科技进步的牵引力——再论工程技术科学的关系》，对工程、技术、科学的关系，包括工程知识、技术知识、科学知识的关系进行了全面而辩证的分析，并把对这个问题的认识提高到了一个新的水平。他提出了科学、技术、工程三者存在“无首尾逻辑”的不断循环关系，三者互相依赖、互相推动，不但存在着“科学→技术→工程”方向的关系（在科学理论和思想指导下进行新技术开发，然后再运用到工程实践中），而且存在着“工程→技术→科学”方向的关系（工程实践过程中提出技术问题进而带动科学学科发展），这个观点已在学术界和工程界产生重要影响。

栾恩杰认为，经过实践检验的成熟技术知识在工程活动中具有重要作用和意义。对于“工程”或“已确定的工程”而言，由于它的可靠性、安全性、运行保证都有严格界定的条件，所以不允许进行无期限的探索，它必须在通用、成熟和可预期突破、无颠覆性失误的技术支撑下进行。

二是提出了“双五条”质量标准。

20 世纪 90 年代中期，航天发射任务和型号试验连续失利，经过大量案例分析，发现问题主要产生在故障出现后没有彻底消除其根源及技术状态轻易变动这两方面，并占据故障数的很大比重。只要把这两方面抓住，就是抓住了要害，因此他有针对性地提出了“定位准确，机理清楚，问题复现，措施有效，举一反三”五条质量问题归零标准及“确有必要，方案可靠，各方认可，试验验证，越级审批”五条技术状态控制标准，具有很强的指导性和可操作性，丰富了航天产品质量管理的理论与方法。这“双五条”标准也已经成为航天型号质量管理的准则，并广泛应用于国防科技工业全系统（航天、航空、兵器、舰船、核、军工电子等），国际宇航学会已将其纳入国际标准。

三是提出了基础能力战略。

任何一项工程都要有一个明晰的脉络和指导性的思路，近十年，在国家加大对国防科技工业投入的形势下，针对国防科技工业存在的设计人员水平虽然很高，但缺乏设计平台、生产条件和工艺水平相对落后，以及试验验证条件存在缺项的实际情况，栾恩杰提出了“设计上台阶，工艺上水平，验证上规模”的基础能力建设思路，在资金投向和技术发展上加大工艺和验证的技术基础力度，并采取一系列措施，整体提升了产品的研制能力和生产能力，保障了高新武器装备工程任务的圆满完成，推动了国防科技整体能力提升。

栾恩杰充分认识到在航天工作中积累的有益经验以及难忘的教训都是我国从事国防、航天事业的工程师们的宝贵财富，需要进一步总结和提炼。因此他组织实施了航天“设计、工艺、验证”三大规范工程，组织制定并发布规范5000多份，并将其推广到国防科技工业全系统。这些规范是对以往经验和教训的总结、归纳和升华，具有很强的理论性、技术性和实践性，取得了显著效果，在高新武器研制中发挥了重要作用。

四是提出了“实践工程学”概念。

近年来，栾恩杰结合我国航天工程的发展，对多年来从事的重大工程实践进行了梳理，提出了“实践工程学”的概念，这是对重大工程的经验总结和理论概括，涉及实践工程知识体系、能力要求、组织方法、过程监控、考核标准、人才的管理使用和人才队伍建设等方面内容。他持续深入地进行研究，并撰写了相关的论著。

五是撰写了一系列论著。

撰写学术文章、将自己的科研成果和论文著述认真修改、完善，积淀成一本本理论著作是栾恩杰闲暇之余的重要工作。他在多年研究、实践基础上，不断进行总结、提炼，撰写了《导弹贮存文集》《中国空间探索的切入点——“地月日大系统”研究》《可靠性工程的运行——关于扩展可靠性增长的理念》《关于 FTA 几个问题的讨论》《振兴军工制造业》《质量建造理念》《系统工程运行》《耕天思絮》《泊然思絮》等著作。这些论著取材严谨、持论精确，为航天领域和现代知识界提供了重要参考坐标，既有科技知识的传播价值，又有精神文化的传承价值，每一部论著的出版都倾注了栾恩杰的心血。

2023 年 9 月，收录了栾恩杰近十年所思所想的著作《泊然思絮》出版，书名有淡泊超然之意

四、深空探月，高屋建瓴

栾恩杰在深空探测技术与应用科学研究方面孜孜以求，通过学习研究以及工程实践，他深刻认识到深空探测对人类的持续生存和

不断向地球以外的空间扩展具有重要的现实意义。因此，他首次提出了我国航天由单一的航天工业扩展至包括应用和科学活动的“大航天”概念，明确阐述了空间技术、空间应用和空间科学为我国航天活动三大领域。他提出空间技术要按运载火箭和卫星两大型谱发展，空间应用要形成天地统筹的一体化应用体系，卫星应用要由实验应用型向应用服务型转变等思路，得到了普遍认可，并成为《中国的航天》白皮书的重要内容，推动了21世纪初中国航天的快速发展，为推动中国航天可持续发展贡献了智慧和力量。

为大幅提高我国进入空间的能力，栾恩杰推动和组织了我国无毒、无污染、高可靠、低成本的新一代运载火箭论证和研制，研究确定了新一代运载火箭模块化、组合化、系列化的发展思路；坚持“动力先行”原则，组织实施“120吨液氧煤油发动机”“50吨氢氧发动机”等核心技术的预研工作，取得阶段性成果，奠定了新一代运载火箭发展基础。

2004年4月，栾恩杰在“探测一号”卫星交付仪式上讲话

“空间科学应以月球探测为起点，以‘地月日大系统’研究为切入点，深入探索中国空间技术、空间应用与空间科学的发展。”这是栾恩杰首次提出的观点。他通过学习研究，进一步了解国际空间探索发展的新趋势，结合我国实际情况，提出了“进入外太空，提升航天能力，探索空间，关注对地观测，适度开展空间科学研究，推动科学技术的发展”等发展设想。他认为，中国开展“地月日大系统”研究的条件已经成熟，中国已经具备了一定的技术条件和基础条件，月球探测工程将为开展“地月日大系统”研究提供宝贵经验，我们可以借鉴前人的成果，站在更高的起点。针对如何开展“地月日大系统”研究，他提出，要从顶层设计开始，用系统的观点来研究问题；统筹考虑和安排地球科学和应用、地月日大系统研究、月球探测、其他空间探索活动，以及航天技术发展和基础研究等活动；以地球研究为中心；加强基础研究和建设，突破关键技术；开展国际合作；开展航天、天文学、地学等多学科综合研究，取得重大突破；建立观测数据集成和应用系统，这些重要思想和理论对深空探测领域发展具有重要意义。

2000 年以来，栾恩杰在月球探测工程管理方面作出突出贡献。

一是提出了我国月球探测工程“三步走”的发展战略。

在确立我国月球与深空探测发展战略中，结合国情，栾恩杰凝练出“探、登、住（驻）”的长远发展思路，及我国月球探测“绕、落、回”的技术发展路线，已纳入国家中长期科技发展规划。为推动月球探测工程顺利开展，2000 年，在他的组织协调下，提前启动了关键技术攻关，为工程立项实施创造了条件，为工程立项后少走弯路、短期内实现工程目标提供了有效保证。

袁和平在《战略科学家与国家重大科技工程（二）》文章中提道：“栾恩杰基于对月球探测工程的深入研究，用很通俗易懂的语言提出了我国月球航天活动分为无人探月、载人登月、月面驻留（探、登、住）三个阶段的长远发展战略，由此也开启了他从潜射导弹科学家到战略科学家的成长之旅。”

二是确定了月球探测工程总体设计思路。

“嫦娥一号”是我国首次探月，带来了诸多挑战（如轨道设计、远程测控、空间环境适应等）。为确保首次探月工程成功，栾恩杰提出了“充分利用成熟技术，加强系统集成创新，优化总体设计，充分进行地面验证、采取多种冗余技术、提高整个工程可靠性”的总体设计思路。按照这一设计思路，确立了合理可行的工程目标、科学目标和总体技术方案，并采用成熟的“长三甲”火箭和西昌卫星发射中心，对“东方红三号”平台进行适应性改进，集成了航天测控网和天文观测网，研制了多种有效载荷，新建了地面应用系统。这些方案的实施使月球探测工程用较短的时间、较少的花费，高质量地完成了任务。

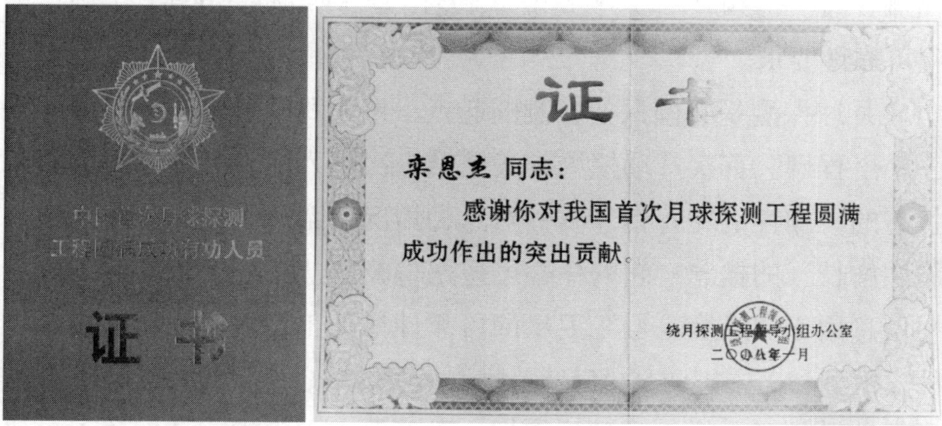

栾恩杰首次月球探测工程任务突出贡献者称号

三是提出了月球探测工程“三要素”管理思想。

针对“嫦娥工程”某些指标缺少依据、仪器设备设计缺少规范、地面验证条件缺少标准等情况，栾恩杰提出“指标有依据、设计有规范、验证有标准”三项基本要素的管理要求，实际上诸多创新性工程都应在工程实施之初抓住这三个要素。在三要素管理的要求下，为确定首次月球探测工程采用的月球参数，他组织编制了“嫦娥工程”月球手册；为有效载荷验证，他组织研制了中国的模拟月壤，编撰了“嫦娥工程”标准，制定了各阶段验证试验和转阶段的放行准则；为验证轨道设计参数的正确性，他推演出轨道近、远地点能量平衡式，利用这个平衡式可以更加方便、准确地计算轨道的需求速度及卫星推进剂的需求量。这三项基本要素的落实，不仅保障了月球探测工程的顺利实施，也为后续工程的开展打下了基础。

四是提出了“质量建造”的理念及“扩展可靠性增长”概念。

在月球探测工程中，栾恩杰督促所有系统按照“质量建造”的理念开展工作。其核心思想是在设计阶段把质量作为技术指标设计进去，在生产阶段把质量生产出来，其主要方法是全面进行可靠性指标分配、可靠性指标设计、可靠性指标的评估验证，以及 FMECA（故障模式、影响及危害性分析）设计，实现“质量建造”，满足工程可靠性要求。

月球探测是我国深空探测的起点，也是我国航天事业发展的第三个里程碑。首次月球探测是我国第一次进入地外天体，缺少相同状态的可靠性的先验信息，针对这种情况，栾恩杰提出了“扩展可靠性增长”的概念，它的核心思想是将技术状态相类似产品的可靠性信息用于“嫦娥一号”卫星的可靠性增长工作。这一新的概念与杜安模型和美国国防部 ASMAA 模型是相容的，为“嫦娥一号”卫星可靠性增长工作提供了理论依据，对确保工程圆满成功发挥了重要作用。这一研究成果发表在《质量与可靠性》杂志 2008 年第 6 期。

在全体参研参试人员的共同努力及全国人民的大力支持下，栾恩杰组织攻克了奔月轨道设计、日月地三体定向、远距离测控、地月空间环境适应等多项关键技术，实现了“高标准、高质量、高效率”的要求。“嫦娥一号”卫星实现了“准时发射、精确入轨、有效探测，在轨利用、受控撞月”，获得了完整清晰的全月球图像和大量的科学数据，为我国开展月球科学研究创造了条件。2009 年，月球探测工程获国家科技进步奖特等奖。

2009 年，绕月探测工程获国家科技进步特等奖

五是在工程技术领域里不辍耕耘。

栾恩杰说：

“这十余年，使我有时间思考工程技术的某些理性的思维问题。特别是在中国工程院开展的《工程哲学》《工程方法论》《工程知识论》的中国工程学研究和探索中参与了一些工作，让我在任务负担较轻的状态下，可以做‘理念、理论’方面的一些思考。从‘十五’‘十一五’开始，我们国家开展了中长期发展的研究，并启动了‘十六项重大工程’的研制。我国的工程科技已经进入了国际先进行列。中国的高铁、中国的桥梁、以盾构机为代表的中国大型机械、中国的船舶（航母、深潜）、中国的航空（舰载机、五代机、大型运输机）、中国的水利（三峡、南水北调）、中国的电力（超高压）、中国的能源（核、水、风、光）、中国的航天（通、导、遥、科）、中国的农业（高产稻）等中国制造都已成为当代中国的闪亮名片。我们应当也有能力和资格总结我们的工程经验和理论，所以这段时间我写了一些文章，参加了中国工程院组织的‘科学、技术、工程’方面的论坛。

栾恩杰参与编写的《工程哲学》《工程方法论》《工程知识论》

“我在读书或写文章的时候，往往会产生一种快乐。作者或读者好似坐在我对面的一位学者，在不断地提出问题，读书就是在和作者进行交谈。每当这时，我就会不自觉地产生诸多回答对方的理由，而在思考如何回答的过程中，我会萌生出过去未曾出现的论点，这确实给我带来快乐。如同真有一位学者，在与他的对话中，我被他说服。在思考施图林格解的解析过程中，我曾遇到过困境，但在与施图林格表达式的对话中，一旦想到对其积分即可成功的时候，那种快乐只有那个时刻才会产生。你们在看那篇文章时，一定能体会到我那种唠唠叨叨、反反复复、细咀慢嚼的愉快。”

第十三章

温馨港湾爱悠长

栾恩杰有一个温馨和谐的家，父母家人永远是他坚定的后盾，他与妻子相濡以沫，共同走过了50余年，尽享天伦之乐。

一、父母家人，坚定后盾

父母家人永远是每位航天人的坚强后盾。栾恩杰谈到他的父母家人，总是满怀感激。他说：

“我的父母从未向我提出过任何一点生活方面的要求，他们告诫我的只有一个：为国家做好工作，不要惦念家。当我上大学时，父亲给我的信，总是‘家里一切都好，不要挂念，努力学习好。父字’。我被选为十三届中央候补委员的时候，父母听到消息时非常高兴，并告诫我一定要谦逊、谨慎，要更加发奋工作，不能给党丢脸。父母的告诫使我终身难忘。

“父母把国家的事作为大事，家里的事放在后面。我那时没有助学金（因为父亲是干部），为了让我无忧无虑地学习，家里省吃俭用，家里每月给我30元，所有的吃用和学习工具、书籍、纸墨都由我自己安排。

“我读大学的时候，父亲身体已经不太好，但我一直不知道。5年时间我没有回过父母家一次，都是回到齐齐哈尔看我的二伯父和姑母。读研之后，我回家才真正了解到父亲生病的情况。等到我工作的时候就更没有机会回家了。其中有一次与同志们一起到昆明出差路过的时候在家只住了一宿。

“我的家温馨和睦，充满着浓浓的爱。我对父母没有照顾过一天，一直是我的四位弟弟陪伴在父母、伯父、姑母身边。我的四位弟弟是非常孝顺的，只有我没有尽到责任，老了以后更有这种感受。

我的弟弟们与老人们一起生活，二伯父住在二弟家、姑母住在三弟家，伯父去世后，姑母又回到母亲身边，和四弟共同生活。父亲去世的时候，我不在他身边，当时我正在基地执行任务。母亲去世的时候，我正在开会，家里没向我透露一点他们住院病重的消息。二伯、姑母去世的时候，我都因为工作离不开而没能回家。当老伴告诉我消息的时候，我也只能说：‘告诉孩子，戴个孝。’如今，我的弟弟们也是报喜不报忧，为的是不让我担心、不影响我的工作。他们都知道航天的事都是大事。现在他们仍然这样，也因为我年岁大了怕我着急。前几天，听说我四弟来京做手术，但五弟说只告诉大嫂，不告诉大哥。这就是我的亲人！

“2013 年是我父亲一百周年诞辰，我们在北京、桂林两地的孩子们举行了一次网上纪念活动。为了这次活动，桂林的弟弟们还挂了一个横幅，庆祝父亲百年诞辰。我为这个活动写了一篇《百年赋》。在这篇文章里，我回忆了祖父育人、父亲求学和学习驾驶技能、参加抗美援朝、抗美援越的历程，以及父母的教育和儿女的感悟，归纳出四句家风：‘以孝治家，以志立身，以技立业，以诚立风。’我就是在‘家和有长序’的孝、‘为人有志气’的身、‘养家有技能’的业、‘诚实诚恳待人与事’的家庭氛围下生活和成长起来的，这就是我们要往下传的家风。

栾恩杰与弟弟们为父亲诞辰百年撰写的《同气连枝散文》

“今年七一是党的百年庆，四弟发给每家 2000 元，作为庆党百年活动用，让全家、孩子们都记得党的恩德。一个有信仰的伟大的党，才能在经历一百年的时间将一个积贫积弱的旧中国变为一个世界强国，赢得民族的复兴、人民的幸福、世界的敬重。中国共产党的历史已经证明了这一伟大的真理，只有共产党才能救中国，没有共产党就没有新中国！同样，作为一个家庭，特别是一个共产党员的家庭，也应当是有信仰、有精神、有家风。我将把自己的家风传下去，把爱党敬业、为国家奉献、为人民服务的家风传承下去！”

二、相濡以沫，温馨港湾

有人说，一个成功的男人背后一定有一个伟大的女人。栾恩杰有一位无怨无悔支持他从事航天事业的妻子。他与妻子王胜萍相濡以沫 50 余载，感情非常深厚。

回忆起与妻子从相识、相知、恋爱到结婚，栾恩杰说：

“我当时找对象很困难，家里也很着急。在上大学的时候，我父母不允许我谈对象，学校也不提倡学生谈对象，我很尊重父母的要求和学校的规定。我 25 岁哈工大毕业，28 岁清华大学毕业，在高校读了 8 年书。毕业后去了内蒙古，之后又从内蒙古搬到北京，工作很忙，我自己也不好意思张口说找对象的事情，一转眼就 30 岁了。

“我父亲很着急，他让我母亲问我是不是有对象没跟家里说，当知道我确实没有对象的时候，我父亲就出面了。正好我父亲的同事、老战友在铁道部物资局工作，是一位领导干部，他到桂林出差时见到我父亲，我父亲就托他帮忙给我找对象，他痛快地答应了。不久，我父亲写信告诉我，他的这位北京战友帮我介绍的姑娘叫王胜萍。她是一位出身于老革命军人家庭的孩子，战争年代被安排在老乡家寄养，全国解放后才从老乡家回到她的父母身边，并说这个孩子表现不错，她姐姐上大学，妹妹和弟弟们参军，就她一个人在北京。

“很快，我就见到了未来的岳母和王胜萍。我岳母也是抗战时期入党的老同志。我岳父百团大战的时候是指导员，因为受伤被炸掉一条腿，由一个勤务兵陪着他藏到山洞里。地下党派可靠的堡垒户给他送饭，这个送饭的人就是我现在的岳母——张玉亭，一来二去两人产生了感情就结婚了，解放战争胜利后就一起进北京城了。1970 年十一放假期间，我父亲的战友领着我去见了岳母和王胜萍。那时候我 30 岁，她 22 岁，差 8 岁。她母亲见到我，表示同意。

“当时正值‘文革’时期，七机部处于向三线搬迁的时候，听说我们研究所要搬到四川。所以我首先跟王胜萍提出的一个条件就是我可能要搬到四川，你能不能跟去？我老伴对这个问题没有一点迟疑地说：‘能！’我们的‘关键性谈判’就这样结束了。由于我已经 30 岁，我父母认为，我年龄大了，拖不起，没有谈来谈去的必要，如果双方同意，就向组织打报告，申请结婚。随后组织派人做政治审查，当时她是铁路局东郊站的货物员。所里派张福森同志去做政治审查。张福森是我们清华大学的同学，我们俩是一块儿下农场的老战友，他后来当选为中央委员、担任过司法部部长。婚前政审顺利通过，单位同意结婚申请，我父亲就说赶紧结婚吧，所以转年春节回家我们就结婚了。在北京没办婚礼，那时候流行旅行结婚。

“我和王胜萍回广西桂林的父母家办了婚礼，正值我父亲因病在家休养。桂林铁路分局听说老同志的孩子回来结婚，组队来了五六个人手捧着毛主席画像、毛主席像章和红宝书来贺喜。从桂林回到北京，我们给单位的同事发了喜糖，这就算结婚了，那个时候都这样。我还有一张在桂林时结婚照，那是我与老伴和父母在桂林七星岩的留影。我们两个人穿着父母为我和老伴做的新衣服——呢子服。那时候已经算是高档的服装了。我二伯父给我买了一块‘上海牌’手表作为祝贺。

“我老伴跟我结婚后，可以说她就没有自己的事业了，因为她嫁给了航天。她很聪明，可惜她读高中时候‘文革’就开始了，如果给她机会考大学，我认为她是可以考上大学的。结婚后，她就开始照顾家，由于工作忙，我成天在外边。有时候我也想过，我老伴确实不容易，23 岁嫁给我，第二年生老大，全靠她一个人照顾孩子，实际上她也非常年轻。特别是我笨，家务事一概不会，厨房不进，衣服不洗，家里一切都由老伴负责，这个‘优点’一直保持到现在。我一直从事繁重的管理和业务工作，心思全放在单位，家里的一切事务我全然不管，都由老伴一人担起来。

1996 年，栾恩杰与妻子王胜萍银婚纪念

“我到现在也不进厨房。她现在 70 多岁了，每天还得给我做饭，还在继续她的‘工程’——伺候我。我心疼她，跟她说咱们雇一个人吧，她坚决不同意。所以我说嫁给航天人的家属都要准备‘自力更生’的能力，有这种准备的人，才会真正成为航天的家属。那段时间我经常出差，一去靶场就一两个月甚至更长时间。我们发射‘亚洲一号’卫星，坐专列走一个礼拜才能到目的地。空车回来

时更慢，要在编组站等车。每次去做试验，自己有压力，但是家属们承受的生活上的压力、精神上的担忧则更大。因为任务的好坏、成败也牵挂着家属的心，他们跟前线的同志们同喜同乐。”

为了中国的航天事业，无数航天人舍小家顾大家，栾恩杰就是其中的杰出代表，他是一位顾不上家的航天人。从事航天工作以来，工作任务繁重，经常在外面出差，常年在靶场。他说：“没有兄弟们对父母、伯父、姑母的孝，就没有我不思家愁的轻装；没有老伴把家庭支撑起来，就没有我对航天工作的全心投入；这是我身边所有航天战友的共同状态。但我愧疚的是我没有在老人身边，没有给他们送过一杯水；我愧疚的是在自己的家里，把一切家务都交给了老伴，带我儿子看耳聋病也是她一个人，我对家庭和亲人是有愧疚的。这种愧疚，我无法消除，因为这是亲情的支撑、是家人的奉献、是融入我血液的力量。”

由于工作任务比较重，完成一次任务要在外工作几个月，在家时间短，出差时间多。家里发生的对栾恩杰来说特别重要的几件事，他都没有在家。

妻子王胜萍起初是北京市铁路子弟小学的语文教师及班主任，教学工作特别辛苦，后来转入航天系统，在航天档案馆退休。王胜萍喜欢干事业的男人，对一心扑在工作上的栾恩杰很是满

2005 年，栾恩杰与妻子王胜萍在齐齐哈尔扎龙自然保护区

意。结婚后，原来住在部队大院没干过家务的妻子为了让栾恩杰安心从事航天事业，承担了照顾孩子和所有家务的重任。1976 年 7 月唐山大地震，栾恩杰正带队在长春做试验，震后消息中断，从长春到北京的铁路一时不通车。只见伤员往长春送来，但不知具体情况，听说北京也受到了一些损失，就更加担心。北京也有余震，家里只有他妻子和儿子，妻子实在没办法，带着儿子去广西桂林父母家躲避地震，在那里小住了一段时间。

孩子是父母心头永远的牵挂。说起自己的孩子，栾恩杰除了深深的爱之外，还有深深的歉疚。他的儿子很小的时候发高烧，当时他又在靶场，妻子带儿子去医院看病，打了一针庆大霉素，没想到耳膜受损导致聋哑，造成终身残疾。他妻子当时还是小学的班主任，克服困难带孩子到处治疗、吃汤药、扎针灸。此时的栾恩杰忙于工作，根本脱不开身，他的内心对妻子和孩子充满了歉疚。女儿很小的时候被栾恩杰姑母带到齐齐哈尔，后来又带到桂林，由桂林的亲人们帮助照顾，一直到上初中才回到他们身边。

栾恩杰的儿子曾经走丢过。有一天，他的妻子带着女儿、儿子在八一湖玩，一不留神，儿子跑丢了，他妻子找遍了公园各个角落都没有找到，家人紧急寻找，当天晚上找不到，第二天找不到，第三天还是找不到，最后只得报到所里。此时栾恩杰任研究室副主任，正带队在试验基地做试验。

在儿子丢了几天后，栾恩杰接到电话，让他快回来，但电话里没有说儿子丢失的事情。他只知道家里有事，内心非常焦急。十七所所长召集全所干部召开寻找孩子的调度会，印了很多张有孩子照片的寻人启事，发动人员去有关方向张贴，同时报警。至今栾恩杰家里一本照片集里还有寻找孩子时候的照片。栾恩杰有一位五七干校农场的同学感冒在家，听到此消息非常焦急，不顾身体不适马上拿起电话到处打探消息，最后一个电话打到门头沟派出所，问对方："有没有见到一个不会讲话的孩子？"结果门头沟那边说："有一个，被收容所收留。”十七所马上派车赶到门头沟，那时候孩子已经丢了三四天了。

栾恩杰回忆说：“十七所的兰所长、裴书记都是我的老领导，他们召集各室的主任，召开找孩子的调度会，全所出动，仍没有找到。我接到电话后，部里在靶场的程连昌副部长指示，一定要我回京，这里的工作由十七所一室的张艳荣同志负责完成好，我马上乘卡车到大同，再由大同到北京，在北京的广安门火车站下车，我在火车站转了好几圈，盼着我能找到儿子。等我回到我家的院子，同事家的小孩告诉我：‘栾叔叔，曦曦找到了。’我心才落地了。我只是傻傻地：‘啊，啊！’连个谢谢都没说。我儿子找到了，我感谢所里的领导和同志们，真心地感谢组织。”

栾恩杰父亲去世的时候，他正在试验基地。航空航天工业部知道这个消息，怕他过于伤心，紧急通知他从靶场返回。返回路上，陪护人对他热情周到地照顾，安抚他的情绪。到家了，妻子说：“爸爸走了。”栾恩杰一时没反应过来，问：“到哪去了。”妻子没有说话，栾恩杰这才知道父亲去世了。

栾恩杰对家人充满了爱。在20世纪70年代—80年代，物质生活匮乏，工资不高，每个月都过得紧巴巴的。他每次参加试验给的伙食补助，如罐头等食品，他都舍不得吃，都要拎回来给妻子和孩子吃。

说到老伴，栾恩杰说：“我老伴受了不少苦，但她从来没有给我写过信报家里的困难，包括牢骚，这样的信一封都没有，她有她母亲那种坚强。“文革“期间，我们俩已经结婚了，我岳父被打成走资派，从铁道部下放到驻马店的五七干校，冰天雪地的时候，让他去水井打水，水井四周都是冰，却没人帮忙。他只有一条腿，是个残疾人，他却坚持自己去打水。我岳母听说后就不干了，跟我说她要去五七干校，说‘我这次是去斗争的，救你爸爸，我非把你爸爸拉回来不行’。于是她自己一个人去了。结果她真把岳父给拉回来了，

栾恩杰（前排左二）与家人们合影

她很能顶事、很能扛事，我佩服岳母的胆量，我从岳母身上感到老革命军人坚定的信念和坚强的意志品格，我老伴具有的坚强的品质就很像她的母亲。她从来不因为家里的事让我分心，她说嫁给了航天就有了思想准备，并付诸行动。”

提起儿女，栾恩杰深情地说：“我欠我的儿女太多，女儿的学习我没有管过，儿子的耳聋我也没带着看过，连二院党委书记王可立都帮忙告诉我哪个地方治耳聋。我连做梦都会梦到儿子叫我‘爸爸’。我也盼望儿子能恢复听力，可今年他已经47岁了。儿子每次住院时都是老伴儿一人陪伴。对家人在生活上我没有一点儿实际行动，我愧对他们。他们已经习惯我不管他们，有事情就找妈妈，他们的自立能力比我强。他们对我的支持是最大的；而且他们都很守纪律和规矩，从不询问我的工作。现在孩子们在党的教育下，正在努力工作。我也像我的父母告诉我一样告诉他们‘要好好工作，不要挂念我们’。我现在空闲的时间多了，反而总想问问他们工作的情况。”

2020年10月25日，栾恩杰在80岁生日时满含深情地为家人写下了下面的一段话。

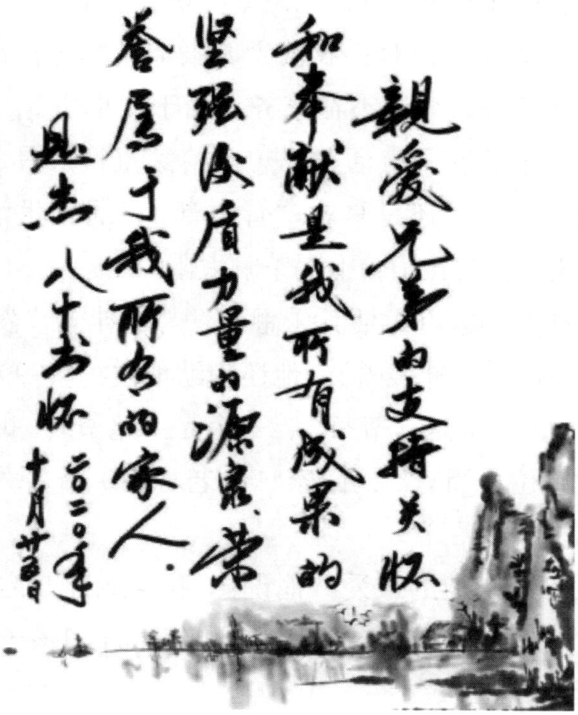

2020年10月，栾恩杰80岁生日前夕作《八十书怀》，
首页表达对家人的感谢

三、天伦之乐，情深爱浓

栾恩杰是个易动感情、更重感情的人，作为航天工程的管理者和科学家，栾恩杰把绝大部分时间都放在了工作上，但他对家、对妻子，有着深深的眷恋。“神五”发射时候，总装备部领导组织了“神五”指挥系统的“两总”妻子去靶场参观的活动，让妻子们感受

一下靶场的状态，体验一下自己丈夫的工作。栾恩杰携同妻子去了靶场之后，在大家交流的场合，栾恩杰声情并茂地夸自己的贤内助，足见妻子在他心目中的份量，他说军功章大半都是妻子的。

栾恩杰生活朴素，对穿衣戴帽、服饰品牌等都没有太高要求，只要干净整洁就好。栾恩杰在家务上属于“小白”，但是退休后总想为家里做点事儿、干点活儿，想着给家里换灯具、买家居用品，但每每事与愿违，但还是喜欢“管一管”，居家生活充满了情趣。除了看书，他还喜欢在阳台上喝茶晒太阳。

如今栾恩杰的家庭生活其乐融融。与老伴儿“夜路湖畔，牵手携游；水浮星影，恋伴残羞”。他还幽默地说：“1999 年我一年得了两个‘职称’，一个是‘爷爷’，一个是‘姥爷’。我当时和周围的人说，我在单位‘当官’，回家‘做老（姥）爷’，加在一起就是‘当官做老（姥）爷’。”

老伴儿永远是他的最爱。他说：“我与老伴儿之间的感情已经变为亲情，已经结婚 50 多年了，2021 年 1 月和孩子们一起庆祝金婚，在女儿家吃的饭。”

2021 年 1 月，栾恩杰与妻子王胜萍金婚纪念

第十四章

壮心不已 耕天人

如今的栾恩杰是一位亲和谦逊的老人，一头银发，戴副眼镜，笑起来，眼睛眯成一条缝。工作中，他是严谨可敬的航天人；生活中，他幽默风趣，乐观开朗。这样一位可亲可敬的老人，依然一以贯之地为国防科技和航天事业的发展献计献策，发挥余热。他爱党爱国、人格如金、勤奋学习、笔耕不辍。

一、光荣退休，发挥余热

栾恩杰说，近十年是航天任务最重的十年，也是重大任务的关键年，是探月收官年、行星际火星开启年、载人空间站建设年，北斗系统进入服务期，遥感卫星进入亚米级，他参与了这些重大工程的筹划和一些实施工作，而且担任组织交付的“长征五号”“嫦娥五号”“火星（天问一号）”这三个项目的专家顾问组组长，任务具有挑战性，工作很充实。

2019 年，根据中共中央组织部文件，栾恩杰正式退休。他遵守中央的退休制度，向党组织表态：坚决拥护，坚决照办。栾恩杰说：“我是党的干部，我听从党的召唤，让我退就退下来，一切服从指挥，决不给党组织添麻烦。”

栾恩杰退休后唯一的兼职就是国防科技工业科学技术委员会名誉主任。本应该享受退休生活的栾恩杰并没有闲下来，每天把事情安排得满满当当，他说：

“领导让我做什么我就做什么。如果让我参加课题组搞研究，向党组请示后，如果同意我就做，不同意就不做。继续从事国防科技和航天领域的课题研究是我喜欢做的事情。我研究生毕业参加工作以来，一直到航天工业总公司时期，从没有跳过槽，一直在航天领域，所以我还真就离不开这个事业了。如果有人想让我说‘忘了’，我不会；想让我说‘不爱了’，我不会；想让我说‘不想它’，我不会。只是我不做具体事情，就做一些我该想的、能想的、该说的、能说的，比如参加一些发展规划和专项课题，如果需要让我看看课题报告，那我就认真地去看。

“我是搞工程的人，干了50多年工程师，干了这么多重大工程，积累了比较丰富的知识和经验，这都是党给我的。这些知识和经验，我认为还是很可贵的，应该留下来，值得总结。近年来我在思考中国的工程学。因为现在中国的工科院校里有物理学、化学、工业电子学、计算机学、计算应用学、通信学等学科，但是还没有工程学学科，还没有形成中国自己的工程学。现在的中国已经是自立于世界民族之林的中国，是应当使我们每个中国人感到无比自豪的中国。我们可以盘点出不计其数的‘工程第一’，比如造桥全世界第一，中国公路、铁路建设世界第一，重型机械世界第一，船舶建造世界第一，航天领域发展速度世界第一等诸多‘第一’。所以中国工程界应该有中国的工程学科。党的二十大创新提出了中国式现代化的论断，而实现科技高水平自立自强，是中国式现代化的关键。要实现科技高水平自立自强，要实施国家重大工程，以及关键核心技术攻关，都需要工程学作为支撑。所以，我可以在工程学研究领域多做一些工作。”

中国工程院组织院士们编写《工程哲学》《工程方法论》《工程知识论》三本教材，栾恩杰院士撰写过一些相关文章，工程院请他参加三本书的撰写，成为编著者之一。栾恩杰在工程领域做了一些储备，也有一些自己的思考，他说要对得起自己这么多年的经历，这也是党给他创造的机会，要把在脑子里形成的经验和理论留下来，告诉后人。

栾恩杰虽然退休了，但没有“退岗”。他与退休前上班时间基本一致，只是2020年以来在新冠肺炎疫情形势下，以居家办公为

栾恩杰（右二，由近及远）参加国防科技工业科技委会议

主，到科技委工作主要是与人沟通交流、参会，针对一些专题请相应专家来讨论问题。他说，每次开会对他来说都是一次学习、一次思考，也是一次教学。因为有些工作，青年人没有经历过，需要向他们介绍，向他们讲述航天几十年经历的成功与失败、经验与教训，以及不断战胜困难、不断发展的历程。

航天事业是栾恩杰永远的牵挂，他十分关心、支持中国航天的发展，他说：

“习近平总书记已经做了中国发展的远景指示，强国、强军的战略已经确定了，已纳入“两个一百年”的奋斗目标。航天强国作为强国强军目标的重要支撑，为航天的发展指明了方向。航天强国是当代航天人应该承担的历史使命。

“毛主席说，路线决定之后，干部就是决定的因素。强国目标有了，路线有了，方针也有了，在这个时候我最关心的是干部队伍的建设问题，航天的干部队伍是具有传统精神的干部队伍。我们这个队伍有信仰，是一支听党话、跟党走的队伍，拥有一支忠诚于党的事业的坚强领导集体。我们能够站在时代的高度去展望未来，我们能够跟踪发展，我们能够提出前瞻性的发展方向，我们能够抓住问题并解决问题。这样的干部队伍具有顽强的精神、坚定的意志，能够完成强国、强军、强航天这样一个光荣而艰巨的任务。我们要牢记习主席的嘱托，不忘初心、牢记使命。我们心中要有老百姓，要和群众站在一起，共同去奋斗，共同承担风险。”

回顾过去，是为了开拓更加美好的未来。“栾主任重视历史性的回顾与总结，他告诉我们，只有不忘历史，才知道哪里是初心，才能有真正的使命感和责任感。2021 年，在中国共产党建党百年之际，他深入总结国防科技工业的发展历史，尤其是国防科工委建立以来的光辉历程，形成了《国防科技工业创新发展 20 年——论两大攻坚战创新成果》等文章，并在国防科技工业科技委首届创新论坛上作专题报告。他还回顾了他负责完成的‘亚星一号’、载人航天工程、月球探测工程的经历，形成了多篇具有历史价值的文章。”栾恩杰身边的同志们在谈到他对初心的理解及近年来所做的工作时说了这番话。

二、爱党爱国，矢志不移

栾恩杰挚爱中国共产党。他说：

“我的知识是党给的，我的工作条件是党给的，我的工作机会是党给的，没有党和国家就没有我今天的成绩。党引导我从少先队员、共青团员到共产党员；从小学到读研究生；业务上从技术员、工程师、研究员到院士，职务上从工程组到国防科工委副主任兼国家航天局局长；特别是连任党的十三届、十四届、十五届中央候补委员，两届全国政协常委兼科教文卫体委员会副主任，两届中国科学技术协会副主席，是党给了我学习的机会、给了我工作的条件，把我放到关键的岗位，没有党就没有我的一切！党给我很多荣誉。没有祖国的培养，没有党的恩情，没有航天事业的发展，就没有我现在的成绩。我感恩祖国的培养，党的教育和信任。

“此生无憾，特别是当我看到‘亚洲一号’卫星发射成功、‘长征五号’火箭成功、载人航天成功、‘嫦娥工程’成功、火星探测工程成功的时候，我感到特别满足。我特别骄傲生长于毛泽东时代，如今又生活在实现强国梦的习近平时代。我十分自豪，我完成了党和国家交付的任务，承担的多项重大工程兑现了对祖国的承诺。我可以向祖国汇报，我没有辜负党的委托、组织的信任。这就是我的‘家国情怀’，奉献于国也是全家对我的期望。父母对我的‘家国情怀’的教育质朴无华。每当我完成了党组织交付的任务，正是全家最幸福的时刻。我父母对我的嘱咐就是‘好好学习，好好工作，不要惦记家’。

“我相信党！从我稍稍懂事时起就知道是共产党解放了我们，赶走了鬼子，让我上了学，我是我们家供出来的第一个大学生。

“我相信党！即便在“文化大革命”那样特殊的年代，我心中仍有一个坚定的信念，相信国家一定会好起来的！我们党有能力领导人民，因为她的宗旨就是为人民服务，我们有能力修正错误，因为我们党有实事求是的作风；我们党有能力实现强国梦，因为我们党有马克思列宁主义、毛泽东思想、邓小平理论和三个代表、科学发展观、习近平新时代中国特色社会主义思想的指引。只有党才能让我们中华民族站起来、富起来、强起来，走上了伟大复兴的征程！

“我相信党！因为我们党扎根在伟大的中国人民心中，她放眼全人类的命运！世界上没有一个党会像中国共产党这样心怀天下、以人为本、融化在人民之中！”

栾恩杰有浓厚的爱党爱国情结，他赤忱丹心，始终与党同频共振。他说：“多年来，我认真学习贯彻中央指示，并抽出时间多学习、多思考。我深深地感到形势变化太快，应该学习的东西太多。我认真学习历次中央全会精神，每次参加党组民主生活会前都会做好充分的准备。”他认真阅读党要求读的书报资料。人民日报、党刊等报刊、文件是他的必读教材，是工作之所依。“文革”中，毛主席说要读《红楼梦》，他就去买《红楼梦》来读，听说读一遍不行，他就读两遍。要求读《水浒传》，他就读《水浒传》。党组织要求读的一些时政类文章，他一定要读。要求党员必读的文件，他一定要认真仔细研读。国外科技的报道、情况进展、各类通信短文、某些行业杂志，如《国家人文历史》《中国国家地理》《中国航天》等都广泛涉猎，这是他的兴趣所在。他还经常读科技发展的一些信息，特别是有关航天、有关国家科技发展的信息。

2021年，中国共产党建党一百周年，已经读过《毛泽东选集》的栾恩杰再一次认真地学习了精装版的全套《毛泽东选集》，用两个多月时间读完并在书上做读书笔记。他说：“毛主席是伟人。他三十几岁写的文章，我现在仍然是当论文去读，当教科书去读，每一次读完感受都不同。”

在中国共产党建党一百周年之际，有着50余年党龄的栾恩杰很虔诚地戴上了“光荣在党50年”纪念章，他既兴奋又激动。在接受采访的时候，他说：

“在“文革”前我就加入了中国共产党。我在哈工大读大学的时候就提出了入党申请。家里面在我入党这个问题上对我的期望值很高，将之看作是政治表现的一个标准。我父亲说，学习重要，入党也很重要。

“大学期间，我主动找党支部书记谈话，积极向党组织靠拢，向党交心，表达了争取早日加入党组织的意愿。当时入党人数较少，哈工大在我考入清华大学后把我的入党申请和政治表现转给清华。到清华以后，我努力完成党组织交给的任务，积极参加‘四清’运动，成为北京‘四清’工作队队员，工作生活在农村，按照规定交

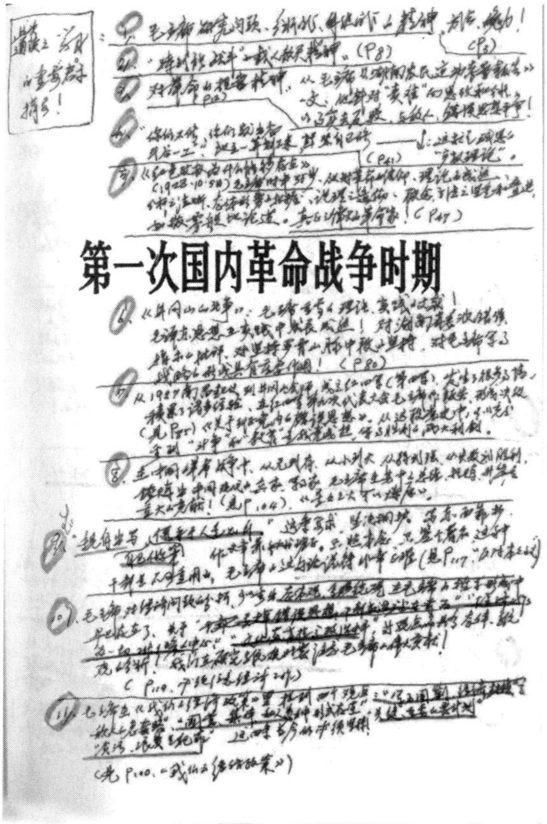

栾恩杰在《毛泽东选集》第一卷上作的注

钱和粮票到贫下中农家吃饭。党组织在此期间考验、考察我的工作态度、对党的忠诚等各方面情况，并且在‘四清’前线发展我加入了中国共产党。

“与我一个宿舍的汤鹤龄是党员，他参加了讨论我入党的支部会议，会后通知我填写《入党志愿书》。支部党员大会通过了我的入党志愿，兴奋的我为此还写过一段话，相当于入党誓言，表达了我这辈子一定不辜负党对我的信任的决心，我认为入党是无比神圣的事情。

“所以说能够入党，对我人生的成长、政治的成熟和坚定决心跟党走、为党服务、为祖国奉献都是重大的事情。以后不管我走到哪个岗位，我都记着入党这一天，那种感情就是特别单纯的一种对组织的忠诚。后来，到延安参观，我站在窑洞前面的誓词旁庄严宣誓，这也是我从内心发出来的誓言。每次到红色教育基地，我都感到很神圣。

“有一次，我带孙女去鸭绿江边的时候，我对她说，你的太爷爷到江对岸参加了抗美援朝战争，我们家庭是光荣的家庭，要爱党爱国。在佩戴‘光荣在党50年’纪念章的时候，有一批新党员在党旗前宣誓，我们这批党龄50年的老党员站起来跟着一起宣誓，我是很激动的。50多年前我还是青年，我光荣地入党了。50多年后，我虽已步入老年，但我的初心不改，依然忠诚于党、忠诚于人民。”

2021年6月，栾恩杰在国防科工局“光荣在党50年”纪念章授予仪式上发言

清正廉洁是融入中国共产党人血脉之中的不变本色，也是中国共产党人代代传承的红色基因。栾恩杰勤政廉洁、生活朴素，无论在工作中还是在生活中，他始终保持着艰苦朴素的作风，从不以权谋私。他不但是航天战线的领导干部和指挥员，也是有血有肉、有情有义的普通战士。他重情谊、重友谊，尊重老专家、老领导，关

心同志，关心身边人，对一起共事的同志像朋友一样，多年以后依然牵挂着他们，关心他们的工作和生活等情况，结下了深厚的友谊。

调查研究是我党的优良传统。栾恩杰特别注重调查研究，无论他在哪个工作岗位，都会按照分管工作的要求，实事求是开展调研。在航天工业总公司期间，他每年都制订调研计划，有针对性地选取各单位、班组、研究室、基地、机关部门等调研单位和调研对象，注意听取各单位、各方人员对质量工作、科研管理改革等工作的意见和建议，并做好调研信息反馈。

航天精神的传承和弘扬是中华优秀传统文化的精髓，是实现中华民族伟大复兴、航天事业发展壮大的不竭动力。栾恩杰在多个场合提到航天精神、航天文化，他是航天精神传承的优秀代表。中国航天重视文化建设，航天精神是航天文化的核心部分。栾恩杰认为航天精神在推动航天事业发展的进程中和传承中发挥了重要作用。他说：

“航天工业部部长张钧、副部长刘纪原总结过航天传统精神，就是‘自力更生、艰苦奋斗，大力协同，无私奉献，严谨务实，勇于攀登’。我个人感觉航天传统精神内容非常丰富，是我们航天几十年，特别是第一代航天人用他们的生命拼出来的精神，是在我们队伍里形成的，是老一辈给我们积淀的。比如说‘自力更生、艰苦奋斗’，我给同志们作报告时经常讲。我还讲过三线的艰苦、三线人的精神。航天传统精神是老一代航天人用血汗换来的，并且由我们这一代航天人继承和弘扬。

“航天传统精神是指导我们实践的宝贵精神财富，它不只具有教育意义，更具有指导和实践意义。航天传统精神不是高高在上的，它一定是落地的，是要脚踏实地传承和弘扬的。按现在说法，就是要抓铁有痕、脚踏实地去践行，航天精神在我们航天人的生命里、血液里流淌，是在每件事情上都要认真踏实地实践的精神。”

中国工程院
CHINESE ACADEMY OF ENGINEERING

贺信

尊敬的栾恩杰院士：

暑退九霄净，秋澄万景清。在您八十寿辰之际，我谨代表中国工程院，向您和您的家人致以崇高的敬意和诚挚的祝福！

您是国防事业忠诚的开拓者和卓越的管理者。您作为导弹控制技术专家和航天工程管理专家，为我国国防建设和航天事业发展做出了重大贡献。我国水下发射潜地导弹从无到有、陆基机动固体导弹系列化发展、载人航天工程重大突破、探月与深空探测工程开创，无一不凝结着您的心血与汗水。您倡导并组织完成了我国首部航天白皮书，组织研究制订了我国面向21世纪航天发展战略，开启了中国航天由近地走向深空的远大征程。

您是严谨的学者，勤于学习，善于学习，用钉钉子精神面对工程实践中的困难，锲而不舍、深入钻研，以求真知。您以老一辈航天人执着坚毅、顽强进取、奋发图强的精神和敢与天公试比高的豪迈气魄，激励一代代后人传航天之薪火。

白发犹存千里志，银丝激励后来人。您主编出版了我国首部《国防科技名词大典》，撰写出版了学术专著《航天系统工程运行》，发表了多篇学术论文，让您的管理经验和思想在新一代国防和航天人身上得到了传承。您自强不息的科学家精神和强烈的家国情怀，影响了一批又一批青年骨干和优秀管理人才。

耕天思绪不辍，探索永无止境。今天，中国国防和航天事业已跻身世界前列，您依然热心于国防建设和航天发展，积极主持和参与中国工程院战略咨询研究项目，为国家高端智库建设不断贡献力量。

南山献颂，日月长明！在此，向您和您的家人表示衷心的感谢，祝福您健康长寿，阖家幸福！

中国工程院
二〇二〇年十月二十五日
李晓红

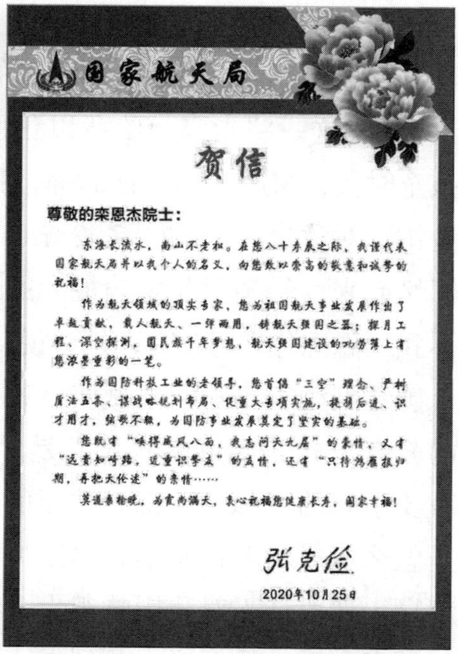

国家航天局

贺信

尊敬的栾恩杰院士：

东海长流水，南山不老松。在您八十寿辰之际，我谨代表国家航天局并以我个人的名义，向您致以崇高的敬意和诚挚的祝福！

作为航天领域的顶尖专家，您为祖国航天事业发展作出了卓越贡献，载人航天、一弹两用，铸航天强国之器；探月工程、深空探测，圆民族千年梦想，航天强国建设的功劳簿上有您浓墨重彩的一笔。

作为国防科技工业的老领导，您首倡“三空”理念、严树质法五条、谋战略规划布局、促重大专项实施，提携后进、识才用才，弦歌不辍，为国防事业发展奠定了坚实的基础。

您既有“唤得威风八面，我志问天九层”的豪情，又有“远贵知峙路，近重识挚友”的友情，还有“只待鸿雁报归期，再把天伦述”的亲情……

莫道桑榆晚，为霞尚满天，衷心祝福您健康长寿，阖家幸福！

张克俭
2020年10月25日

中国工程院院长李晓红、国家航天局局长张克俭为栾恩杰八十岁生日写的贺信

栾恩杰诚恳地说：“航天事业的成就，绝不是一两个人干的，也不是几个人干的。它是在党的领导下，航天战线所有人艰苦奋斗的结果，是全国人民全力支持的结果。比如，我们的月球探测工程，直接参与工程的就有 500 多个班组，总数近万人，是全国大协作的成果。”从栾恩杰倾吐的肺腑之言中，我们听到了一个老航天人爱党爱国的真情实感的流露。

三、率真谦和，人格如金

人的一生，有两种力量最有魅力：一种是思想的力量，一种是人格的力量。

思想的力量来自自身通过学习、阅历获得的坚定的信念，来自从他人他事上获得的启迪和积极的影响。栾恩杰说：

“我这一路走来，给我以正面引导、有益影响的人有很多。在孩童时代，家庭是第一任老师，我从家人那里体会到了温暖、体贴、爱护，对我最有影响的是我母亲，因为父亲一直在外面工作。现在回忆起来，母亲对我影响最大的地方就是诚实。母亲平时就常常告诉我‘恩杰你要诚实’，她会说‘有些孩子不诚实不好’。我从她身上感觉到她很不喜欢不诚实、说假话骗人的孩子。孩童时代，母亲的教育方式是无形的教育，是‘不教而教’。在青少年时代，所有教我学问的老师对我都有重要的影响。那时候老师要求读的《钢铁是怎么炼成的》这本书，奥斯特洛夫斯基关于‘人的一生应该怎么度过’那段话，对我影响很大，我现在记忆犹新。我崇拜中国的保尔柯察金——吴运铎，我到书店买了一本他的《把一切献给党》这本书认真阅读。他做枪榴弹的时候冒着生命的危险，在手被炸、双目失明的时候仍然在研究武器，他强烈的爱国精神和顽强的毅力让我深受感动。大学时代，毛主席题词‘向雷锋同志学习’，全国掀起学雷锋热潮。雷锋和我同岁，都是 1940 年出生。当时看到他的日记，学习他的精神，感受到雷锋有非常高尚的品德，他把钱捐给遇到困难的灾民，节假日帮老百姓干活，做公益的事业，他有非常高尚的共产主义情操。我很敬佩雷锋，从雷锋身上感觉到了差距。到了七机部以后，钱学森以及航天系统的英模都是我学习的榜样，包括张履谦（著名雷达技术专家、中国工程院院士）同志，他在一手抱孩子、一手做饭情况下还坚持看书学习的事迹感动了我。后来，我几次见到张履谦，我对他说‘你是我学习的榜样’。这一路走来，所有我接触的人都是我的老师，所有教我的老师都是我的师长，所有的同志都是我的战友，所有的首长都是我敬重的引路人，他们对我都有很大的影响。

“一语不能践，万事成虚空。”习近平总书记指出：“实事求是是马克思主义的根本观点，是中国共产党人认识世界、改造世界的根本要求，是我们党的基本思想方法、工作方法、领导方法。”

栾恩杰历来倡导从事工程实践等工作一定要遵循实事求是的原则，坚持一切从实际出发，这是他想问题、作决策、办事情的出发点和落脚点。他是实事求是思想的倡导者，也是践行者。他说：“系统工程理论方法体系来源于中国航天实践，并可以直接应用于实践，是具有中国航天特色的系统工程理论方法体系。”他善于从工程实践中探求规律。他认为，突破载人航天技术之后，继续进军深空探测是航天技术发展的必然规律，也是实事求是思想的重要体现。

实事求是是航天一系列重大工程成功的法宝，也是像栾恩杰一样从事航天、奉献航天的航天人奉为圭臬的思想准则。作为月球探测工程重要的组织者、领导者，他用行动践行实事求是思想的精髓，心里始终绷住一根弦，就是充分利用成熟的技术、踏踏实实地做方案、精雕细琢地完成技术指标，不务虚，用成熟技术打底，他自己心里就有底。

劳伦斯说：“使人高贵的是人的品格。”人格是做人的品牌。人格如金，纯度越高，品位越高。人格的锤炼来自艰难困苦的磨炼，来自玉汝于成的沉淀。栾恩杰说他最高兴的事是“成功”，那种兴奋是从心底发出的，振动着每个细胞。他说，“巨浪”潜地导弹经历连续三发的失败后获得成功，“亚洲一号”卫星非常圆满地将其送入任务轨道，第一次载人飞船“神舟五号”成功返回、杨利伟同志出舱，“嫦娥一号”卫星传回第一条月球影像，“嫦娥三号”平稳落月，“嫦娥五号”采样返回成功落地，“天问一号”卫星成功降落火星，这些重大工程成功的时候，都是他最享受的时候。特别是这些重大工程任务在研制过程中都经历了严峻的考验和艰苦锤炼，因此在成功后的那种发自内心的喜悦可以融化一切辛苦和劳累、忧虑和烦恼。每一次成功都是向祖国汇报、都是向党交出的答卷。兴奋与奋斗相伴相随，没有奋斗过、担心过、紧张过，就不会有放松的兴奋和胜利的享受。

在栾恩杰身边的工作人员都说，与栾恩杰在一起工作、学习时间越长越知道怎么做人、怎么做事。栾恩杰在接受采访时，总结了自己的性格特点和领导风格，他说：

“我是一个很随和的人，和我相处时间长了就会知道。我也批评过人。有一次在做试验的时候，我们到大连坐专列送弹，有一位同志却漏乘了。我就找他想问清楚，结果他的回答构不成漏乘的理由，于是我很严厉地批评了他。我说这么重要的任务，一辈子能遇到几回，我们研制导弹 20 年，第一次进场你就漏乘，这是不允许犯的错误，要严肃处理你，你要记住这件事，回去后好好工作，如果这发弹打得好，一切好说。如果打得不好，我就处分你。结果这发弹打得很好，我告诉他，你啥事没有了，以后一定要注意，不能再出现这种错误。

2020 年 5 月，栾恩杰在国防科技工业科技委与中国北斗卫星导航系统总设计师杨长风院士等交流（左起：郑鹏、朱毅、杨长风、栾恩杰、方忆平、王慧林）

“我尊重我的领导和同事，我把他们都看成我的老师。如果年龄比我大，就把他看成是我的长辈，对老师、对长辈哪有不敬的道理呢？只要领导和群众合心了，上下级一致了，最终都可以有一个好的结果。如果相互之间有矛盾，正确的路线也能产生失败的结论。这就是毛主席‘团结起来，争取更大的胜利’的道理。毛主席说团结一切可以团结的人，包括反对过你的人。毛主席用他一辈子的革命奋斗经验，谆谆地教导我们团结是力量，它是铁是钢，它比铁还硬，比钢还强，它敢向法西斯挑战。如果说我还有什么长处，那就是我能团结人。所有和我共事的人都知道，对身边的每一个人，我都很爱护。因为既然在一起共事，我们就是战友，就有情谊。”

栾恩杰为一些同事题过词，也作过一些诗词，表达他对同事们的感谢之情，鼓励同事们继续做好工作。2004 年 5 月，国防科工委科技与质量司同事们赠送栾恩杰一首词牌为《定风波》的词，其中的词句“学比贤儒品亦娇”饱含了对他的学术、人品的赞誉。栾恩杰为此即兴和词，他用“常忆携手踏歌行”等词句表达了与同事们之间亲密的战友情。

栾恩杰说：“我是率直、直爽、真诚的人。我办事不喜欢拖拉，既然想干就认真地干。我讲话、写文章，从来没有人代笔，我都自己说、自己写。我要对自己负责，讲话要讲真话，自己的话自己讲，黑格尔有一句话：只有用自己本国语言的文字写的东西，那个东西才是自己的。”

国防科工局信息中心原党委书记方忆平同志深情地写道：“栾恩杰院士深耕航天，情系军工，‘唤得威风八面，我志问天九层’是他真实的自我写照，他把对人民的忠诚铸写在浩渺太空和祖国的大地海洋，编方案、审大纲、搭样机、建系统、谋创新、开新局、话改革、促开放、讲传统、育人才，成就非凡，谱写了光辉的人生华章，其经历对我们普通干部和科技人员来说，的确是高山仰止！在航天宏观政策研究、军工大数据体系、军工产业链供应链评估、通信导航遥感卫星和区块链应用、战争效益评估等领域受到栾院士多次指导，受益良多，终生难忘。”

栾恩杰为人正直，开朗随和，平易近人，没有架子，平常和机关工作人员、秘书、干事、机关的部长、厂所领导、基层的群众都能够诚恳地相待，做事有原则、敢决断，有担当、有想法，他很尊重下属的意见建议，只要提得合理可行，基本上都会采纳意见，大家对他的评价都很高。他很有政治敏感性和战略眼光，对中央决定的事情、上级要求的工作坚决执行。他还很有灵活性，不拘泥，不古板，有思路，有想法。

生命的格局，决定人生的高度。栾恩杰的同事们都说他具有大格局，具有功之成非成于成之日、功成不必在我的精神境界，具有功成必定有我的担当，具有一张蓝图绘到底的钉钉子的精神，具有下好先手棋的前瞻意识。他高瞻远瞩，技术领域刚刚推出新名词、新概念的时候，他总是先行开展研究。他高度重视开展与航天未来发展相关的创新项目研究，在课题研究工作中极为严谨细致，为传递科技星火不遗余力。如今的栾恩杰，虽已耄耋之年，依旧坚持工作，孜孜不倦学习，继续发光发热。

四、终身学习，手不释卷

栾恩杰说自己是个缺乏爱好或者不会对其他事情着迷的人。他不爱看球赛、电影、电视剧，不打牌，也不擅长养小动物和花草，他说即使做了这些也没有长性。虽然喜欢看话剧，但是又感觉浪费时间。唯一的兴趣就是看书。他的常态是上班开会、讨论材料，下班看书、写材料、思考一些事情。他说："学习、读书，我一直是求知若渴的状态，虽然我现在老了，但是我求知欲望很强。我不会别的，不会玩，我就喜欢坐在那里看书。我读了很多书，一个月我平均能读一本厚书，薄的书能读很多本。"

一位哲学家说过："习惯是一种巨大且顽强的力量，它可以主宰人生。"栾恩杰将大部分时间用于读书学习，已经养成了习惯。他阅读涉猎很广，在他家里，桌子上有书，床上有书，甚至厕所里还有书，只要一有时间就读书。除了前面提到的读业务需要的书，他还喜欢读哲学类的书，包括哲学名著，他阅读了四本《马列选集》，认为这是必须要读的。

栾恩杰阅读了维特根斯坦的《语言哲学》，还有尼采的《偶像的黄昏》、萨特的《存在主义》等哲学书籍，他感到有些哲学家谈的纯哲学的居多，缺少现代科技发展的基础，而科学家一定是哲学家，比如，牛顿的《自然科学的数学原理》很有哲理，牛顿力学三大定律成为经典定律。他更爱读自然科学书籍，欧几里得《几何原本》，他花了三个月时间把这个大部头著作读了一遍，而且把书上所有的习题都解了出来，并加上自己的理解做了批注。他还读过达尔文的自然进化论、天体运行等书籍，这些书看起来很枯燥，能看完绝对需要毅力。他孜孜以求渴求知识的情怀、手不释卷的习惯令人钦佩不已。

栾恩杰喜欢读历史书，他认为历史与哲学史息息相关，如齐桓公的稷下学堂（与柏拉图是同时期），百家争鸣、共处共辩、互纳互吸。他说，如果国人并不看重的"名家"（诸子百家中专门研究自然科学的一家）们的哲学思维能发展下去，极有可能产生极大或极小的微积分概念。法、阴阳、纵横、儒释道诸家的思辨性，儒家的子、经、理、心等各学派经典著作都是他很喜欢读的书籍。

栾恩杰喜欢读国学、现代文学、当代文学名著。他通读了《鲁迅全集》18 卷，他说从鲁迅作品中可以学习批判的逻辑思维，《论语》读了三遍，有了一定的国学积累。此外，他还阅读了《大国崛起》《话说中国》乃至一些释教经典等书籍。

栾恩杰最享受的事情是“解惑”，当某一个课题、某一个疑问有了解决的渠道和思路，或者有了一个论证的逻辑链时是他最兴奋的时候，他会毫不迟疑地立即记下心得，他形容这种感觉是“待到山花烂漫时，我在路边笑”，那种兴奋之情无以言表。

耄耋之年的栾恩杰依然保持看书、学习、思考的习惯，仍坚持每天看书学习，仍坚持边读书边做笔记，一摞摞厚厚的读书笔记本见证了他的勤奋努力。他通过自己的身体力行，感受到一个人的专业是可以更新的，因为专业之间有互通性，只要把握基本概念和原理，就可以在本专业基础上涉猎其他专业。大概每 2~3 个月，他都要换一批专业书来读。他喜欢研究技术问题，只要看到书中的数据，他就会亲自算一遍。

五、笔耕不辍，诗词人生

栾恩杰感情丰富，对生活充满热爱。他身边的工作人员有一次无意中听到他唱歌，感觉他唱歌很好听。他说他爱听歌，有时候上下班路上，听着车上播放的歌曲，也是一种享受。

栾恩杰虽然学的是理工专业，但他既有工科的理性思维，又有文科的细腻情怀。他特别喜爱中国传统文化，写得一手好诗词。

俗话说“写诗填词”，诗要“写”，是诗人的主动行为。词要“填”，要按填词的规矩来，某种程度上属于被动行为。栾恩杰写诗填词从不刻意，往往是心有所感、需要抒发情怀时就信笔拈来，明志励志，或者是对别人赠他诗词的回赠。2005 年 12 月，他创作的近百首诗词收入《村子情怀》，书中有栾恩杰刚劲潇洒的书法作品，还有他儿子栾旭曦细腻传神的工笔插画。该书由中国宇航出版社出版，其中有用《满江红》《水龙吟》《定风波》《调笑令》等词牌写的词，也有七言或五言诗，还有自由诗。

“诗言志，歌咏言，声依永，律和声。”栾恩杰喜欢用诗表达情绪，他说：“这个爱好是我真挚感情的流露。”每当成功完成发射任务时，每当看了一篇好文章想抒发情感时，他都要写首诗或词以表达当时的情绪。他通过诗词抒发壮志豪情、展现诚挚友情、表达浓浓亲情、表露感怀心情，他的诗词有感而发，字里行间饱含着真挚之情。

2009 年《村子情怀》出版，其收录了栾恩杰为航天事业和亲情友情所作诗词近百首

“涛海助巨浪，我辈逞雄腰”是他为我国第一代潜地导弹“巨浪”潜地导弹写的诗；“一弹两用成创举，机动班车开首列”是他为我国第一代陆基机动战略导弹“东风二十一号”写的诗。“箭矢载船飞天，布阵点将苍穹。静寂玉皇忽惊问，何处播种闹太空，多了几颗星。唤得威风八面，我志问天九层。壮哉已觉天地小，太空斗场论输赢，神州傲长征”，这首《破阵子 · 太空长征》是赞长征系列火箭的词。“出舱亮相红旗手，漫布披挂太空衣。收回神八真精彩，又报神九开新局”，这首《贺航天工程》是他为和原第七机械工业部副部长李明实的诗作有感而作。“姣盘美，望乡镜。九天寰宇，嫦娥女盼归送，今日广寒星云舞。五星旗展，圆我中华梦”，这是他在

“嫦娥五号”成功返回时即兴填的词。

“耕天用箭，环宇为田，播种星斗，造福人间”，是他抒写耕天的诗。“汇聚精英三十万，神舟摆渡游太空”，这是他献给航天战友的歌。“不悔，人生有此一搏。光荣，为她抖出豪迈”，这是写给中国国家航天局局旗之歌。“筑基石，谋韬略。定大计，图发展。秉笔壮锋力，彩绘新篇。呐喊拚冲声声震，捷报喜讯处处传。天知否，勇士伴美酒，醉人间”，这是他为国防科工委科技与质量司填的词。“漫漫荆棘路，赤赤报国心。不言同愁日，但喜壮军魂”，这是祝贺某型号圆满成功写的诗。“敬爱的党，接受您儿子的誓言，在斗争的风浪中把他考验，狠狠加一锤，是钢是铁火中炼”是他入党之初对党的誓言。“一代胜过一代我们盼着的是接力者无畏的奋斗”，这是献给新一代航天人的诗。“常忆当年鞠师礼，学长戏谑笑犹欢。铺得彩虹放天路，恩重滋厚载情缘。何处惊镝报翀响，迅指滥觞清华园”，这首题为《拜师礼》的诗是他在抒发与清华大学研究生导师严普强先生的师生之情。“远贵知崎路，近重识挚友”，这是他在抒发友情。“柑橘留，新蔗存凉处。只待鸿雁报归期，再把天伦述”，这是他在抒发亲情。“神往天际外，凡事地上求，诗言意到处，领悟异荣辱”，这是他在描述心情……

诗歌可以启迪、引导人们思考人生、思考世界、思考内心。栾恩杰在《村子情怀》“后记”中写道：“诗为言生，且有声外之意。一首好词，其韵合词，读起来有似铁珠落地，铿锵之响，给人以清脆、振奋之感；有似涓涓细雨，潺潺之声让人心醉。”

诗词是一种“调剂”。在繁重的任务之余，诗词给栾恩杰带来一种放松、一种愉悦，四弟栾新智称他是“一个耕天的诗人”。

诗词赋予了栾恩杰奋斗不息的力量，诗词中气游天地的神思点亮了他心中的最初始的梦想。诗词赋予了栾恩杰“问天”的力量，因为在那浩瀚的文字中，有最广阔、最伟大的理想。栾恩杰曾说：科学和艺术在哲学层面是相通的。宇宙间万物有灵，我们要成为真正的“世界公民”，就必须以宇宙万物为友、以人间哀乐为怀。而诗词，恰好拥有这种最真挚的力量。

当有人问起栾恩杰是什么时候开始喜欢写诗和填词这个问题时，他说：“写诗和填词对我来说，年轻时候就开始了，起初就是‘玩儿’，有感而发。通过写诗，让自己写的东西具有感染自己的力量，如果你都不能感染自己，那就说服不了别人。诗歌是语言的一种表达。正如学生为什么要学好语言一样，我们学习任何一门学问都是通过语言交流的，维特根斯坦对语言的解读跟我们中国的‘悟’有异曲同工之妙。从哲学意义上说，内心感知是靠语言来解答的，就像‘悟’。中国人很聪明，很会‘悟’，自己去心领神会，中国人把‘悟’解答了，外国人还解答不了，于是形成了维特根斯坦《语言哲学》。写诗、填词，本身就是‘悟’的过程，是内心情感的一种表达。”

2024 年 10 月，栾恩杰参观预研展时现场题词

在本书的写作任务即将完成的时候，我们不禁对栾恩杰的人生经历感慨万端。在我国航天事业发展中，栾恩杰是一位优秀和杰出

的代表，他是一位既仰望星空又脚踏实地的战略科学家。他从型号研制技术人员起步，成长为潜地导弹和陆基机动导弹的总指挥、载人航天副总指挥、月球探测工程总指挥，始终忠于祖国、忠于党和人民，这是他从事崇高事业的根基。

伟大的事业需要伟大的精神，伟大的征程需要伟大的力量。栾恩杰践行了航天传统精神、“两弹一星”精神、载人航天精神、探月精神，为了中国航天的发展，“敢踏前人未探路”，矢志不渝，热情不减，逐梦星辰大海，胸怀报国之志，淡泊名利，无私奉献，为航天事业作出了重要贡献。在他身上，我们深切地感受到一名对党赤诚的航天人的精神与情怀。希望栾恩杰的事迹能够鼓舞一代又一代的年轻人去热爱航天、奉献航天，在建设航天强国的征途上薪火相传，让中国探索航天的脚步行稳致远！

附　录

附录 1

栾恩杰院士大事年表

1940 年 10 月 25 日　出生于吉林省白城子。
1946 年　举家迁往黑龙江省齐齐哈尔市。
1949 年 3 月　在齐齐哈尔铁路第一子弟小学读书。
1954 年 7 月　小学毕业。
9 月　在齐齐哈尔铁路第一中学读书。
1957 年 7 月　初中毕业。
9 月　在齐齐哈尔铁路第一中学读书。
1960 年 7 月　高中毕业，考取哈尔滨工业大学。
9 月　哈尔滨工业大学自动控制系惯性导航与陀螺仪表专业学习。
1965 年 6 月　哈尔滨工业大学毕业，考取清华大学研究生。
9 月　清华大学精密仪器与机械学系（研究生）学习。
1966 年 4 月　加入中国共产党。
1968 年 7 月　清华大学研究生毕业。
9 月　第七机械工业部四院四部技术员。
10 月　兰州军区空军五七干校劳动（一年半左右）。
1970 年 4 月　随第七机械工业部四院四部迁到北京；第七机械工业部十七所一室工程组长。
1971 年 1 月　与王胜萍结婚。
1978 年　第七机械工业部十七所一室副主任。
1979 年　获国家国防科技重大成果二等奖。

12 月　获国务院科学技术干部局颁发的工程师证书。

1982 年 8 月　航天工业部十七所副所长。

1983 年 2 月　赴美考察。

1984 年 1 月　获航天工业部第二研究院授予的 1983 年度先进工作（生产）者称号。

2 月　航天工业部十七所所长。

10 月　航天工业部第二研究院副院长。

1987 年 8 月　被任命为第十一届亚运会电子服务系统工程计算机工程分指挥部总指挥。

9 月　中央党校中青年干部培训班学习。

11 月　在中国共产党第十三次全国代表大会上，当选为中央委员会候补委员。

1988 年 7 月　任潜地固体战略导弹、陆基机动战略导弹总指挥。

10 月　任航空航天工业部总工程师。

1989 年 2 月　被哈尔滨工业大学聘为兼职教授。

1990 年 1 月　任“亚洲一号”发射任务大队长。

4 月　圆满完成“亚洲一号”发射任务，在政协礼堂举办的“亚洲一号”卫星发射情况报告会上作报告。

5 月　在云岗通信卫星地面接收站主持 CCTV 北京国际卫星电视地球站开通仪式。

1991 年 10 月　在北京军事博物馆主持“中国航天三十五周年成果应用展览会”开幕仪式；出席中国资源卫星应用中心、航天系统工程发展中心、中国计算机自动测量与控制技术协会成立大会。

1992 年 10 月　在中国共产党第十四次全国代表大会上，当选为中央委员会候补委员。

12 月　获航空航天工业部“有突出贡献专家”称号；在组织编制航天型号研制实施纲要和航天队伍建设实施细则工作中作出突出贡献，获航空航天工业部表彰。

1993 年 5 月　中国航天工业总公司副总经理兼国家航天局副局长。

7 月　在中国航空学会第五次全国会员代表大会上，当选为中国航空学会第五届理事会理事。

10 月　与刘纪原总经理一起陪同邹家华副总理参观中国航天成果应用展览。

1994 年 1 月　在航天二院受到江泽民总书记的接见；陪同中共中央办公厅主任曾庆红、国家计划委员会主任曾培炎视察二院。

2 月　陪同全国政协主席李瑞环到钱学森家拜年并交谈。

4 月　会见巴西代表团，就中巴空间合作举行会谈。

9 月　与俄罗斯宇航局进行合作项目洽谈。

1996 年 6 月　与刘纪原总经理一起陪同国务院总理李鹏视察二院。

1997 年 9 月　出席中国共产党第十五次全国代表大会，当选为中央委员会候补委员。

11 月　陪同中央军委副主席刘华清视察二院；陪同国务委员吴仪调研。

1998 年 3 月　被国务院任命为国防科工委副主任兼国家航天局局长。

5 月　会见以色列国防部军援军贸局局长班哈南将军一行。

7 月　出席航天工业总公司“总经理责任令第四次专题

调度会”并讲话。

1999 年 1 月　获中国航天工业总公司科学技术进步奖。

6 月　任中国科学技术协会顾问；获由国务委员兼外交部部长唐家璇签署率中国代表团出席第三次联合国探索与和平利用外层空间会议全权证书。

7 月　出访欧洲，访问奥地利、德国、乌克兰；出席第三次联合国探索与和平利用外层空间会议并作大会发言。

9 月　任国防科学技术奖评审委员会主任委员。

10 月　任命为新中国成立 50 周年阅兵指挥部领导成员之一，在北京天安门城楼上出席阅兵仪式；陪同国务院副总理吴邦国参观航天二院，在北京出席国防科工委与北京市科技合作协议签署仪式；获国家科学技术进步奖一等奖。

12 月　被聘为中国航空学会第六届理事会名誉理事；被聘为华中理工大学国防科技研究院高级顾问。

2000 年 3 月　被聘为国防科技名词大典总编审委员会主任、总编辑委员会总主编，组织出版《国防科技名词大典》。

5 月　被聘为北京理工大学顾问教授。

6 月　被聘为北京航空航天大学兼职教授。

9 月　陪同总装备部部长曹刚川上将在山西太原发射中心任务现场指导工作。

10 月　获“1998—1999 年度航天奖”荣誉证书。

11 月　《国防科技知识普及丛书》获国防科学技术奖一等奖；在国务院新闻办记者招待会上发言，介绍中国民用航空航天工业的发展、政策和国际合作；倡议并牵头组织编写的《中国的航天》白皮书发布。

2001 年 2 月　任国防科工委专家咨询委员会主任委员；被聘为南京理工大学顾问教授。

3 月　任国防科工委军工产品质量管理标准化技术委员会主任委员；参观航天预研成果展；主编的《中国航天文化》出版发行。

4 月　刘华清上将为栾恩杰题词“任重道远”。

6 月　当选中国科学技术协会第六届常委、副主席；陪同国务院副总理吴邦国视察航天二院。

2002 年 3 月　考察北京国家天文台；获俄罗斯航空航天局授予的“加加林”荣誉勋章。

4 月　被中国载人航天工程办公室授予重要贡献奖；迎接“神舟三号”飞船抵京；与上海市市长徐匡迪会谈。

6 月　任中国质量协会第七届理事会副会长。

8 月　获俄罗斯航空航天局“季托夫”荣誉勋章。

9 月　被聘为中国科学院研究生院信息科学与工程学院院长。

10 月　出席 2002 年“世界空间周”开幕式及学术报告会。

11 月　陪同总装备部副部长李安东出席航天二院成立 45 周年庆祝大会。

2003 年 3 月　当选政协第十届全国委员会委员、常委，教科文卫体委员会副主任委员。

4 月　获国家科学技术进步奖特等奖。

7 月　当选国际宇航科学院院士。

8 月　获俄罗斯航空航天局“蓝色之星”荣誉勋章。

9 月　与诺贝尔奖获得者李政道教授会面；与诺贝尔奖获得者丁肇中教授会面。

10月　作为第一次载人航天工程的副总指挥，见证“神舟五号”载人飞船成功发射，受到胡锦涛总书记接见；在北京航天飞行指挥控制中心陪同国务院总理温家宝观看“神舟五号”飞船返回。

12月　主持编写的《国防科技名词大典》获国防科学技术奖一等奖；被中国载人航天工程办公室聘为《载人航天》期刊编辑委员会顾问。

2004年1月　“中国载人航天工程（工程总体）”获国家科学技术进步奖特等奖。

2月　任中国月球探测工程总指挥。

3月　在全国政协十届二次会议大会上发言。

4月　任国防科工委专家咨询委员会主任委员。

7月　在十六届中共中央政治局第十五次集体学习上，与总装备部科技委郭桂蓉教授共同就“坚持国防建设与经济建设协调发展的方针问题”进行了讲解，并交流体会；获国防科学技术工业委员会张云川主任颁发的为中央政治局第十五次集体学习讲课稿起草工作作出突出贡献荣誉证书。

8月　获“为我国月球探测工程立项做出突出贡献”荣誉证书。

10月　被西北工业大学聘为航天学院名誉院长。

11月　“振兴军工制造业研究”获国防科学技术奖一等奖；任宇航智能控制技术国家级重点实验室学术委员会主任委员。

2005年3月　出席《航天型号“两总”必读》首发式。

4月　出席“航天技术创新 促进产业发展”专家论坛；在中国宇航学会专家论坛上致辞。

10月　参加庆祝“神舟六号”载人飞行任务圆满成功

活动。

12 月　诗词集《村子情怀》出版；获国家科学技术进步奖特等奖（某重点型号项目）。

2006 年 2 月　被聘为华中科技大学兼职教授。

4 月　任中国质量协会第八届理事会副会长；在香港理工大学、香港科技大学作科技报告；接受香港文汇报采访。

5 月　当选中国科学技术协会第七届常委、副主席。

11 月　在国防大学被授予学术讲座纪念奖。

2007 年 2 月　荣获 2006 年中国十大科技英才称号奖牌。

7 月　在月球探测与利用大会上讲话；在人民大会堂出席第六届中国科学家论坛，作题为“积极探索与实践建设创新型国防科技工业”的主题报告。

8 月　出席“嫦娥一号”出征仪式。

10 月　在西昌卫星发射中心主持我国月球探测工程发射任务。

11 月　参加中央电视台《大家》栏目访谈，接受《解放军报》记者采访；出席庆祝中国运载火箭技术研究院建院 50 周年大会。

12 月　获香港理工大学荣誉工程学博士；被评为“月球探测工程突出贡献者”。

2008 年 1 月　获评中国首次月球探测工程圆满成功有功人员；被北京控制工程研究所空间智能控制技术国家级重点实验室聘为《空间控制技术与应用》第六届编辑委员会顾问。

2 月　获 2007 年中国十大魅力英才称号奖杯。

3 月　任国家国防科技工业局科学技术委员会主任委员；被黑龙江省人民政府省长栗战书聘为省人民

政府顾问。

6月 被中华人民共和国国史学会聘为“两弹一星”历史研究会顾问。

12月 出席《星际航行概论》出版发行暨庆贺钱学森97岁生日座谈会；“月球探测工程”获国防科学技术进步奖特等奖。

2009年3月 编著的《耕天思絮——栾恩杰论文选编》出版。

4月 任中国遥感应用协会第四届理事长，出席中国遥感应用协会第四届一次理事大会暨学术研讨会。

10月 当选中国工程院院士。

11月 获何梁何利基金科学与技术进步奖。

12月 被中国航天科工集团公司聘为第三届科学技术委员会顾问。

2010年1月 编著的《航天系统工程运行》出版。

4月 当选政协第十一届全国委员会委员、常委，教科文卫体委员会副主任委员；出席中国遥感应用协会应用发展战略研讨会。

6月 接受哈尔滨工业大学王树国校长颁发的航天学院名誉院长证书。

9月 参加“嫦娥二号”卫星发射前评审会，在西昌发射“嫦娥二号”卫星指挥部会议上讲话；出席中国遥感应用协会年会暨区域遥感发展与产业发展高层论坛。

11月 与“嫦娥二号”任务突出贡献者和突出贡献单位代表一同受到中央领导接见；在2010年“世界航天 中国荣耀——全球航天英雄评选”中，被评选为全球十大航天英雄之一。

12月 出席中国航天质量奖颁奖大会并为获奖单位及

个人颁奖；获“探月工程‘嫦娥二号’任务突出贡献者”称号。

2011 年 1 月 调研中国航天科技集团九院。

4 月 出席庆祝清华大学建校 100 周年大会，与胡锦涛总书记等党和国家领导人合影；出席中国宇航学会第六次会员代表大会、第六届理事会第一次常务理事会。

5 月 被聘为国家空间科学专家委员会委员；任中国科学技术协会荣誉委员。

7 月 被总装备部聘为载人登月综合论证评审专家组副组长。

8 月 被中国航天科技集团公司聘为元器件保证研究中心高级顾问。

10 月 出席中国遥感卫星应用协会年会暨高分专项区域应用交流会，为获奖单位颁奖。

12 月 被中国工程院聘为中国航天工程科技发展战略研究院学术委员会副主任。

2012 年 3 月 被聘为中国宇航出版有限责任公司专家指导委员会主任；接受第十二届全国政协主席俞正声颁发的政协第十一届全国委员会常务委员纪念牌。

5 月 出席国际宇航科学院院士日活动并与 IAA 秘书长康坦会面。

11 月 获第八届中国“航空航天月桂奖”终身奉献奖。

2013 年 1 月 参加党和国家领导同志接见探月工程“嫦娥三号”任务参研参试人员代表活动并合影。

2014 年 1 月 出席中国遥感应用协会年会暨高分行业区域研讨会，并为“两总”颁发聘书；调研天津大运载基地；在中国科技会堂出席中国科协第八届全委会第五次会议。

6月　出席国家自然科学基金委“十三五”发展战略高层专家座谈会。

7月　出席航天战略研究院学术委员会扩大会议。

9月　出席全国质量奖评审大会；出席第四届国家科学技术进步奖励委员会第七次会议；出席中国遥感应用协会第五次会员代表大会。

11月　国际天文学联合会将国际永久编号第102536号小行星命名为“栾恩杰星”。

12月　参加发改委“十三五”规划基本思路专家座谈会；出席“探月工程”实施十周年座谈会。

2015年1月　出席中国工程科技2035发展战略研究项目总体组第一次会议。

6月　参加国防科技工业发展战略委员会第一次全体会议；在天津航天城检查指导相关任务方案。

8月　出席国家空间科学专家委员会全体会议。

2016年1月　参加发改委“十三五”规划专家委员会全体会议。

3月　出席清华大学“院士回母校”活动启动仪式暨首场报告会。

4月　出席首个中国航天日论坛。

5月　在国防大学作型号“两总”培训班专题讲座。

6月　出席中国科学技术协会第九次全国代表大会；出席“工程方法论”交流论坛。

8月　接受《中国航天60年》节目组采访；参加“长征五号”首飞专家顾问组全体会议。

10月　接受央视《面对面》采访。

2017年1月　出席探月三期暨“长征五号”任务指挥部会议。

6月　出席哈尔滨工业大学航天学院30周年活动并调

研座谈。

7月　担任国防科技工业科技委主任并出席全体委员会议；参加“百年科技强国”论坛。

2018年8月　参加“航天强国”规划论证会。

11月　在北京理工大学作《不忘初心，牢记使命，发扬老传统，创造新辉煌》航天专题报告；担任国防科技工业科技委名誉主任，并出席科技委成立大会。

2019年7月　创立“八八论坛”并出席首届论坛暨“航天软件复杂度战略研究”研讨会。

9月　参加央视“福寿中国”重阳晚会；作为特邀嘉宾出席“第十届航控论坛——智能感知与识别”并致辞。

10月　荣获“庆祝中华人民共和国成立70周年”纪念章；指导火星探测任务飞行器外场试验。

11月　出席“工程知识论”交流论坛。

12月　在海南文昌发射基地指导“长征五号”遥三火箭发射任务；出席思源人工智能科技协同创新联盟成立大会。

2020年4月　接受哈尔滨工业大学百年校庆纪录片专题采访。

7月　在北京航天飞行控制中心指导“天问一号”火星探测器发射任务。

11月　在海南文昌发射基地指导“嫦娥五号”卫星发射任务。

12月　在内蒙古四子王旗参加“嫦娥五号”返回舱现场回收任务；出席首届工程咨询和工程哲学论坛并作专题报告。

2021年1月　出席航天飞行智能控制重点实验室学术指导委员

会年会。

2月　在人民大会堂参加探月工程“嫦娥五号”任务参研参试人员代表见面会，并接受习近平总书记接见；接受新华社、人民日报、光明日报等媒体新闻采访。

4月　出席思源联盟人工智能创新中心揭牌仪式并致辞；接受新华社《瞭望》杂志专访；在国防科工局党史学习教育活动中作“传承红色基因，弘扬军工精神”科技大讲堂主题讲座。

5月　出席“工程哲学与工程创新”论坛并作专题报告；参加央视《军工记忆·礼献七一》节目录制，获颁“首次探月工程”和“巨浪”潜地导弹型号研制特别贡献奖。

6月　出席火星车“祝融号”首批图像发布会；出席“光荣在党50年”纪念章颁发仪式并发言。

9月　接受央视《吾家吾国》节目专访。

10月　调研中国航天科技集团一院。

2022年1月　接受清华大学精密仪器系90周年庆采访。

6月　参加探月精神系列丛书专题研讨会。

8月　出席国防科技工业科学技术委员会首届创新论坛并作主题报告。

9月　编著《泊然思絮——栾恩杰论文选编》出版。

附录 2

栾恩杰主要论著目录

1. 栾恩杰 . 泊然思絮——栾恩杰论文选编［M］. 北京：中国宇航出版社，2022.

2. 殷瑞钰，李伯聪，栾恩杰等 .《工程知识论》［M］. 北京：高等教育出版社，2020.

3. 栾恩杰 . 航天系统工程运行［M］. 北京：中国宇航出版社，2010.

4. 栾恩杰 . 耕天思絮——栾恩杰论文选编［M］. 北京：中国宇航出版社，2009.

5. 栾恩杰 . 村子情怀——栾恩杰诗词集［M］. 北京：中国宇航出版社，2005.

6. 栾恩杰 . 国防科技名词大典：（共七卷）［M］. 北京：航空工业出版社等，2002.

7. 栾恩杰 . 国防科技知识普及丛书（含核能、兵器、航空、航天、舰船共 5 册）［M］. 国防科学技术工业委员，汇编 . 中国宇航出版社，1999.

8. 栾恩杰 . 院士解锁中国科技航天卷——飞天神器逐梦太空［M］. 北京：中国少年儿童出版社，2023

9. 栾恩杰 . 国防科技工业创新发展的 20 年——论“两大攻坚战”的创新成果［J］. 国防科技工业，2022（02）：36-40.

10. 栾恩杰 . 系统工程思想的演化：古代先贤的系统工程观到当代复杂系统工程方法［J］. 工程管理科技前沿，2022，41（05）：

1–8.

11. 栾恩杰 . 迈向中国工程学：关于工程知识论的若干思考［J］. 工程研究——跨学科视野中的工程，2021，13（05）：463–470.

12. 栾恩杰 . 在工程与科学技术的融合中担当重任［J］. 军工文化，2021（10）：6–10.

13. 栾恩杰 . 关于航天未来发展的几点思考［J］. 国防科技工业，2020（09）：28–33.

14. 栾恩杰 . 中国航天的系统工程［J］. 航天工业管理，2019（10）：16–22.

15. 栾恩杰 . 关于创新生态的思考——兼论六条创新文化［J］. 中国航天，2019（09）：6–11.

16. 栾恩杰 . 工程与科学技术的融合共进论工程在创新驱动发展中的作用和意义（下）［J］. 国防科技工业，2019（07）：18–21.

17. 栾恩杰 . 关于现代工程知识的辩证思考［J］. 工程研究——跨学科视野中的工程，2019，11（03）：272–280.

18. 栾恩杰 . 工程与科学技术的融合共进论工程在创新驱动发展中的作用和意义（上）［J］. 国防科技工业，2019（06）：30–33.

19. 栾恩杰 . 深远空连续推进动力与施图林格解的解析［J］. 深空探测学报，2018，5(04）：301–322.DOI：10.15982/j.issn.2095–7777.2018.04.001.

20. 栾恩杰 . 关于“商业航天”有关问题的讨论［J］. 国防科技工业，2018（08）：28–35.

21. 栾恩杰 . 探索浩瀚宇宙 建设航天强国——纪念中国深空探测 12 周年［J］. 深空探测学报，2016，3（04）：295–306.DOI：10.15982/j.issn.2095–7777.2016.04.001.

22. 栾恩杰 . 中国航天进入创新驱动的发展期［J］. 国防科技工业，2016（10）：23–27.

23. 栾恩杰 . 国家重大工程是科技进步的牵引力——再论工程

技术科学的关系［J］. 工程研究——跨学科视野中的工程，2015，7（04）：317–322.

24. 栾恩杰 . 建设航天强国 战略研究先行［J］. 国防科技工业，2015（11）：12–13.

25. 栾恩杰 . 论工程在科技及经济社会发展中的创新驱动作用［J］. 工程研究 – 跨学科视野中的工程，2014，6（04）：323–331.

26. 栾恩杰 .《深空探测学报》发刊贺词［J］. 深空探测学报，2014，1（01）：7–8.DOI：10.15982/j.issn.2095–7777.2014.01.001.

27. 栾恩杰 . 开展探月活动将广泛推动我国科技发展［J］. 中国科技投资，2009（12）：44–46.

28. 栾恩杰 . 敢上九天揽月——忆“嫦娥工程”二三事［J］. 紫光阁，2009（S1）：39–42.

29. 栾恩杰 . 卫星轨道近地点和远地点能量平衡式［J］. 科技导报，2009，27（05）：28–32.

30. 栾恩杰 . 关于 FTA 几个问题的讨论［J］. 质量与可靠性，2009（01）：10–12.

31. 栾恩杰 . 可靠性工程的运行——关于扩展可靠性增长的理念［J］. 质量与可靠性，2008（06）：3–7.

32. 栾恩杰 . 拉弗曲线右半部可实现性研究［J］. 哈尔滨工业大学学报（社会科学版），2008（03）：1–4.DOI：10.16822/j.cnki.hitskb.2008.03.001.

33. 栾恩杰，孙家栋 . 首次月球探测工程中的系统工程理念［J］. 国防科技工业，2008（01）：17–20，35.

34. 栾恩杰 . 积极探索与实践建设创新型国防科技工业［J］. 科学中国人，2007（08）：124–125.

35. 栾恩杰 . 中国空间探索的切入点——“地月日大系统研究”的观念［J］. 航天器工程，2007（03）：1–8.

36. 栾恩杰．中国的探月工程——中国航天第三个里程碑［J］．中国航天，2007（02）：3–7.

37. 栾恩杰．中国的探月工程——中国航天第三个里程碑［J］．中国工程科学，2006（10）：31–36.

38. 栾恩杰．回首五十载艰辛奋斗 祺迎新世纪更加辉煌［J］．航天工业管理，2006（10）：20–29.

39. 栾恩杰．深空探测的发展和对我们的挑战——栾恩杰在深空探测专业委员会第一届学术年会上的讲话［J］．中国航天，2005（03）：13–16.

40. 栾恩杰．科技资源共享不容忽视［J］．科技信息，2004（05）：29–30.

41. 栾恩杰．深化科技体制改革 推进科技资源共享［J］．中国科技产业，2004（04）：7–8.

42. 栾恩杰．确立科学发展观 推进科技资源共享［J］．中国青年科技，2004（03）：11–12.

43. 栾恩杰．加强制造技术创新 促进军工制造业发展［J］．国防科技工业，2003（08）：12–14.

44. 栾恩杰．军工制造业与先进制造技术［J］．中国制造业信息化，2003（07）：4–8.

45. 栾恩杰．国家航天局局长：我国为什么要启动探月工程［J］．中国航天，2003（04）：4–6，10.

46. 栾恩杰．提高对“三大规范”重要性的认识为振兴国防科技工业而努力奋斗［J］．核标准计量与质量，2002（02）：3–7.

47. 栾恩杰．提高对“三大规范”重要性的认识为振兴国防科技工业而努力奋斗——国防科工委栾恩杰副主任在国防科技工业“三大规范”经验交流会上的讲话［J］．船舶标准化与质量，2002（03）：4–7.

48. 栾恩杰．提高对“三大规范”重要性的认识为振兴国防科技工业而努力奋斗［J］. 航空标准化与质量，2002（03）：3–7. DOI：10.13237/j.cnki.asq.2002.03.001.

49. 栾恩杰 . 中国航天发展政策和展望［J］. 高科技与产业化，2001（S1）：7–9.

50. 栾恩杰 . 中国航天发展的新纪元——纪念《中国的航天》白皮书发表一周年［J］. 中国航天，2001（12）：5–6.

51. 栾恩杰 . 彻底转变观念完善生产体系抓好产品质量圆满完成高新工程批生产任务［J］. 航天工业管理，2001（11）：2–5.

52. 栾恩杰 . 推动航天全面协调发展［N］. 中国航天报，2001–11–21（002）.DOI：10.28083/n.cnki.nchtb.2001.000071.5.

53. 栾恩杰 . 中国航天发展政策和展望［J］. 中国航天，2001（10）：4–6.

54. 栾恩杰 . 中国航天跨越前进［N］. 中国航天报，2001–09–28（004）.DOI：10.28083/n.cnki.nchtb.2001.000343.

55. 栾恩杰 . 加强国防军工配套质量工作　提高武器装备质量水平［J］. 国防科技工业，2001（09）：13–15.

56. 栾恩杰 . 认真学习中国航天白皮书 走有中国特色的航天发展道路［N］. 科技日报，2001–06–19（008）.DOI：10.28502/n.cnki.nkjrb.2001.004745.

57. 栾恩杰 . 认真学习中国航天白皮书 走有中国特色的航天发展道路［J］. 国防科技工业，2001（01）：13–15.

58. 栾恩杰 . 面向 21 世纪的中国航天——在首届世界空间周庆祝大会上的讲话［J］. 中国航天，2000（11）：6–7.

59. 栾恩杰 . 铸就勇于创新的航天丰碑——纪念我国第一颗人造地球卫星发射三十周年［J］. 中国航天，2000（05）：3–4+14.

60. 栾恩杰 . 国防科技工业标准化工作要改革——视察中国航空第 301 所的讲话［J］. 核标准计量与质量，2000（01）：1–3.

61. 栾恩杰 . 放松学习就会落伍［J］. 思想政治工作研究，2000

（03）：11.

62. 栾恩杰．办好《航天标准化》为航天科技工业标准化服务［J］．航天标准化，1998（02）：2.

63. 栾恩杰．赴一院一部和二院二十三所的调研随笔［J］．航天工业管理，1996（04）：1–4.

64. 栾恩杰．航天高科技与名牌战略［J］．质量与可靠性，1995（01）：1–3.

65. 栾恩杰．强化质量管理加强可靠性工作为航天产品质量上台阶而努力——新年献辞［J］．质量与可靠性，1994（01）：1.

66. 栾恩杰．放开民品 加快向社会主义市场经济过渡 航天民品事业前途光明—航空航天工业部栾恩杰总工程师在 1992 年度航天系统民品工作会议上的讲话（1992 年 11 月 25 日）［J］．军民两用技术与产品，1993（01）：6–11.DOI：10.19385/j.cnki.1009–8119.1993.01.004.

67. 栾恩杰．继承传统 发扬光大 迎着困难 再次创业［J］．军民两用技术与产品，1991（10）：1–3.DOI：10.19385/j.cnki.1009–8119.1991.10.001.

68. 栾恩杰．把我部民品工作推向新阶段［J］．军民两用技术与产品，1990（02）：2–4.DOI：10.19385/j.cnki.1009–8119.1990.02.001.

参 考 文 献

［1］栾恩杰．国防科技知识普及丛书（含核能、兵器、航空、航天、舰船共5册）［M］．国防科学技术工业委员，汇编．北京：中国宇航出版社，1999.

［2］《中国航天文化》写作组．中国航天文化［M］．北京：华南理工大学出版社，2001.

［3］栾恩杰．国防科技名词大典：（共七卷）［M］．北京：航空工业出版社，2002.

［4］栾恩杰．村子情怀［M］．北京：中国宇航出版社，2005.

［5］国防科工委月球探测工程中心．中国探月［M］．北京：科学出版社，2007.

［6］栾恩杰．耕天思絮：栾恩杰论文选编［M］．北京：中国宇航出版社，2009.

［7］中国航天科工集团第二研究院科技委．雷震海天：导弹总体与控制技术专家黄纬禄［M］．北京：中国宇航出版社，2009.

［8］栾恩杰．航天系统工程运行［M］．北京：中国宇航出版社，2010.

［9］王建蒙．孙家栋［M］．北京：中国青年出版社，2014.

［10］刘经勇，等．陈德仁院士传记［M］．北京：中国宇航出版社，2016.

［11］中国航天事业的60年编委会．中国航天事业的60年［M］．北京：北京大学出版社，2016.

［12］殷瑞珏，李伯聪，栾恩杰，等．工程知识论［M］．北京：高等

教育出版社，2020.
[13] 栾恩杰 . 泊然思絮：栾恩杰论文选编［ M ］. 北京：中国宇航出版社，2022.
[14] 栾恩杰 . 院士解锁中国科技航天卷：飞天神器逐梦太空［ M ］. 北京：中国少年儿童出版社，2023.
[15] 科质思絮编委会 . 难以忘怀的记忆：我们共同奋斗的日子［ M ］. 北京：中国宇航出版社，2023.
[16] 胡浩，裴照宇 . 迈向深空的第一步［ J ］. 北京：国防科技工业，2022（ 01 ）.

后　记

这本书从2021年初春开始采访，到今天定稿，历时三年余。当我们接到这一任务时，深深感到撰写院士传记是一项很光荣、很有意义的工作，但同时又感到肩上的担子沉甸甸的。因为栾恩杰院士是我国著名的导弹自动控制技术和航天工程管理专家，是一位令人高山仰止的战略科学家、专家、学者，要完整勾勒出他丰富的人生内涵、坚持不懈奋斗的历程和辉煌业绩，不是一件容易的事情，可以说是一项艰苦的创造性的劳动，我们须臾不敢懈怠。要把栾院士传记写好，必须认真策划、大量收集素材、广泛访谈、精心梳理架构、集中写作，这是一个需要反复修改迭代的过程，很幸运在这过程中有栾院士和国防科技工业科技委领导和同志、国防科工局相关司局领导和同志、中国工程院领导和同志、中央机关的领导和同志、航空工业出版社的领导和同志，以及航天科工集团二院二〇八所领导和同志的大力指导、支持和帮助。

策划、采访、写作、修改完善阶段，我们明确了本书的主要基调。栾院士反复强调：他的一切都是党给的，爱党爱国的情怀作为贯穿本书的一条主线。

国防科技工业科技委员会朱毅二级巡视员、林丽处长、屈昌海主管在本书策划、写作计划指导、联系采访对象、每一阶段和每一节点的对接都为我们指明方向、明确重点，悉心教导，不遗余力，并为我们提供了传记写作的第一手资料、图片等资源和便利条件。朱毅二级巡视员多次组织召开编写组会议，审核文稿，修改完善，为提高撰写质量等方面作出了贡献。林丽处长给予了充分的支持。屈昌海等主管协调进度，提出要求，为顺利完成撰写工作付出了心血。

在写作的各个阶段，我们尽可能通过各种渠道，全面收集栾院士的大量的证书、证件、手稿、照片、报道、实物、著作、自述、档案等有关文献，通过对栾院士本人及同事、同学、家人、亲友的采访，获取了大量的原始资料。我们充分利用采集获得的资料，以时间为主线，以栾院士学术成长的主要时间节点和阶段作为章节划分的依据，我们力求全面准确展现和如实反映栾院士的学术和工程实践成长经历，将其工作经历、取得的成就与中国国防科技、航天事业发展联系起来，在时代大背景中展现栾院士的人生历程。

栾院士虽已80余岁，但身体健康、性格开朗、精神矍铄、机敏健谈。他非常支持我们的工作。我们对他进行了多次采访，每次采访前他都精心准备，凭借过人的记忆力尽量回忆逝去已久的往事，坦诚面对我们的各种提问。在倾听他的故事的过程中，他对党培养的感恩之情，对国家的一片赤子之情，他丰富的工作生活阅历，都深深地感动着我们、震撼着我们的心灵、启迪我们对人生的思考。通过对栾恩杰院士的人生经历的了解，以及对他所著述文章的整理，我们受益匪浅。尤其令我们感动的是，当他谈到“轨道平衡式”“锁—倾”误差等概念时，为了加深我们的理解，在办公室的白板上又写又画，复杂的公式脱口而出，连续讲解3个多小时，中间没有休息，不辞辛苦，对于他这个年龄的老人来说，实属不易。他的学术造诣、崇高的精神境界、思想理念、道德情操、人格魅力，以及对航天国防事业的不懈追求和无私奉献，都深深打动我们。我们热切希望能尽快把这份有着传奇色彩、具有教育意义的人生答卷呈现给读者，让大家与我们共同分享这些感动，共同感悟这位耄耋老人的非凡人生。

一些曾经和栾院士共事的老战友、同事特别令我们既感激又感动。在新冠疫情蔓延的严峻形势下，他们或者是通过书面方式接受采访，或者亲自来到会议室、办公室接受采访，或者在百忙之中拨冗接受采访，令我们感激不尽。

我们书面采访了十七所工程组的老同志，包括杜英乔、梁士元、张艳荣、刘改之、刘桂荣、李高风，他们年事已高，在疫情期间按照我们的采访提纲，精心准备素材。我们采访了路志忠、张良瑞、张荣桥、胡浩、刘云峰、韩大明、孟汉城、李本正、原俊安、高志强、崔平远、罗格、王崑声、范开春等曾经与栾院士一起工作的老同事、老战友，他们知无不谈，为我们全方位了解栾院士提供了非常宝贵的素材。

我们采访了栾院士的家人，他的妻子王胜萍为我们提供了很多珍贵的照片和相关实物。我们前往广西采访了栾恩杰的四位弟弟及家人，包括栾恩全、栾新民、栾新智、栾新慧等，在此向他们表示衷心的感谢。我们前往齐齐哈尔采访了栾院士的老同学赵元强和他的妻子，采访了栾院士中学时期的数学老师马仁春的儿子马庆志，以及齐齐哈尔中学董海、王婷、安东旭等校领导，齐齐哈尔市教育局刘凤德等领导，在此表示深深的谢意。

中国工程院作为“中国工程院院士传记”系列丛书的组织单位，对本书的编写、审核和出版等工作给予了大力的指导、帮助和支持，曾任中国工程院工作秘书长的葛能全高度重视，亲自审核本书，对本书的框架、写作内容等提出了十分宝贵的修改、完善意见。吴晓东主任、赵千处长对本书的编写和出版等工作给予了充分的支持和帮助。

作为编写组成员之一的中国航天科工集团二院二〇八所领导对栾院士传记撰写工作高度重视，多次对参与撰写的人员提出要求，将其作为二〇八所年度重点工作。李啸龙所长、吴锋书记、吴运秋书记、张海峰主任、吴勤副所长等通过会议和督办、交流等方式与编写者就传记工作开展座谈，指导传记的修改完善。

在采访和写作、修改过程中，我们在院士大量口述素材的基础上参考了相关素材。为了全方位了解栾院士的风采，我们旁听了相关媒体以及国防科工局等相关团队采访栾院士全过程，参与了栾院士参加的课题评审和讲座、学术活动，从各个方位感受他的言谈举止、学术素养和人格魅力。

在撰写过程中，不仅栾恩杰院士本人的个人魅力，还有他的整个团队，他身边许许多多人的精神境界、道德品行、人格魅力也都在深深地感染着我们。我们不仅学习了有关航天领域的专业知识，更学习了栾院士立志报国、拼搏进取的精神，使我们大受裨益。

人的一生总有一种坚持，总有一些东西让我们去执着地追求。我们的国家，我们的社会，需要这种追求。在创作过程中我们自始至终被一种责任感驱使着走近栾恩杰院士，对他那坦荡胸怀、超人的毅力、激情敏捷的思维感受所感动。至今，我们仍然能看到这位80余岁高龄的院士仍在勤奋忘我地工作，他的思维似乎从没有中断过，创新的灵感似乎永远不会枯竭，他理想信念坚定，满怀着中国梦、强国梦、航天梦，继续为党为国发光发热。

尽管我们的语言表达能力非常有限，但院士本人一次次地要求要尽最大可能通过文字把老一代航天人强烈的爱国情怀和崇高的精神境界表现出来。栾恩杰院士有许许多多动人的故事，力求这本传记翔实、准确、可读，但又不可能写得面面俱到，只能有所选择地记述其中一些重要的事实。由于编者的能力水平以及保密要求不可避免地留下了些许遗憾，有些史料因时间跨度久远而无从查找，查找大量翔实的资料因有关要求而未能收录，有些情节背景表述得不够详尽，有些已收录的材料又进行了删节，在此我们深表歉意。

国防科工局离退休干部局局长韩大明十分关心本书的编写工作，不仅热情地接受我们的采访，还对本书进行了十分认真的修改和审查把关。中央机关原副局长、国防科工局信息中心原党委书记兼副主任方忆平高级工程师对全书进行了7轮非常认真细致的修改、完善，对重要历史事件的时间、地点、人物进行了反复订正，为确保本书的质量作出了特别的贡献。在中央机关工作的赵忠和、祈海明、魏瑞刚同志也参与了部分章节的修改。

本书经过多次征求各方面意见，书稿完成后经传记编写委员会评审，提出了具体修改意见，得到了齐齐哈尔中学、哈尔滨工业大学、清华大学等相关单位以及与栾院士一起工作过的专家、学者、领导和同事的大力支持与协助。航空工业出版社为指导本书修改给予了热情帮助和支持，付出了辛勤劳动，再次向他们表示感谢。

由于我们水平有限，难达初衷，有疏漏和不足之处，恳请广大读者和所有关心中国航天和国防事业的朋友提出宝贵的意见，我们在此致以诚挚的谢意。